U0114057

世界又熱、又平、又擠

全球暖化、能源耗竭、人口爆炸危機下的新經濟革命

Thomas L. Friedman
湯馬斯・佛里曼

Hot, Flat, and Crowded

Why The World Needs a **Green Revolution**
—— And How We Can Renew Our Global Future

譯

丘羽先｜李欣容｜許貴運｜童一寧｜黃孝如｜楊舒琬｜蔡菁芳｜顧淑馨

作者佛里曼為台灣讀者親筆寫下誠摯的建言與祝福。

2008 年 9 月 2 日於美國華盛頓特區紐約時報辦公室（攝影｜Yuri Gripas）

To my readers in Taiwan,

The world is becoming hot, flat and crowded. Finding the solutions for such a world will be a great opportunity. It will require enormous innovation. No country is better positioned to be a leader of the green revolution than Taiwan. I hope you seize this opportunity. Good luck!

Thomas

給我在台灣的讀者：
這世界變得又熱、又平、又擠，為這樣的世界找出解決之道，是一個偉大的機會，需要很多創新。沒有哪個國家比台灣站在更好的位置上，成為綠能革命的領導者。我希望你們能把握住這個機會。
祝　好運！

湯馬斯・佛里曼

丘羽先

英國華威大學英語教學暨英國文化研究碩士，輔仁大學翻譯學研究所中英口譯組碩士。譯有《變的美學》、《情緒的驚人力量》等書。現為講師兼譯者。

李欣容

台灣大學中文系畢業，美國蒙特瑞國際研究學院翻譯暨口譯研究所碩士，譯有《躁鬱之心》及《巴塔哥尼亞高原上》（皆為天下文化出版）。

許貴運

中央大學英文系、輔仁大學英文研究所畢業。曾任《英文中國郵報》及《英文台北時報》編譯及記者十餘年，現從事中翻英及英翻中工作，翻譯過《中國大世紀》等書籍近十本，也曾是《國家地理雜誌》中文版譯者。

童一寧

政治大學新聞系、台灣大學新聞研究所畢業，曾任職電視台、報社、電影公司，現擔任國內某大型影展競賽統籌，未來以專業文字工作者為目標。不工作的時候，什麼都喜歡，只要是有樂趣的事情，比如旅行、閱讀、攝影、舞蹈、衝浪、拳擊、合氣道。譯有《神祕左手幫》等。

黃孝如

政治大學哲學系畢業，曾任天下文化、遠流出版公司主編，城邦出版集團原水文化總編輯，台北書展基金會執行長。譯作有《生涯定位》、《相愛到白頭》、《世界的另一種可能》（皆為天下文化出版）、《夏日農莊》、《這輩子，你想做什麼？》等。

楊舒珺

加拿大麥基爾大學財金系學士，輔仁大學翻譯學研究所中英口筆譯組。現為自由譯者，譯有《業績是勉強出來的！》（天下文化）等。

蔡菁芳

台灣大學建築與城鄉研究所畢業，曾任專業者都市改革組織（OURs）副祕書長，現任汗得學社（H.A.N.D.）研究員。譯作有《為了我們的孩子而寫的求生手冊──七個決定未來的全球變遷趨勢》（天下文化）。

顧淑馨

台灣大學歷史系畢業、淡江大學美國研究所碩士。業餘從事翻譯工作近二十年，主要譯作有《樂在溝通》、《與成功有約》、《反挫》、《全球弔詭》、《競爭大未來》、《大外交》等，近作有《勇敢抉擇》、《全心待客》、《新世代科技冒險家》、《我的廣告人生》等。

（按姓氏筆畫順序排列）

CONTENTS

第二部｜**我們為何會變成這樣？**

第三部｜**我們要如何往前邁進？**

我們正面臨一場綠色革命嗎？沒有資源的願景只是一種幻覺，現在我們有的只是綠色幻覺，而不是綠色革命。我們必須投入所有的資本與智慧，才能應付眼前的挑戰，看看過去五年，你可能會覺得我們真的在進行一場綠色革命，但看看未來十年我們必須達成的目標，就知道我們只是在辦派對而已。

當我們的電力設施能與所有的用電設備連線，並且全依照屬於自己的能源計畫，聰明的自動開啟、關閉、買電、儲電，甚至是賣電給電網……我們就是以更高的能源效率，取代了更多發電廠的興建，以最少的金錢、最低的汙染，享受最好的生活品質。這不是魔法、也不是科幻小說的情節，而是已經近在咫尺的未來！

我們需要為綠色能源科技創造出瘋狂的需求，我們更需要一個為綠色能源而存在的市場。唯有利益之父所帶來的各種賦稅、法令、獎勵或處罰性的誘因，才能趕在大地之母來課我們的稅之前，打造出足以激發綠色能源茁壯、突破、革新的能源花園。到那時，石油時代終將因綠色能源系統的興起而結束。

回顧過往歷史，你會發現：在意想不到的產業革新背後，往往有著強硬法規的推動；這就是在這場綠能革命中，政府必須扮演的角色——運用公權力來決定價格、制訂各種法令與規範，讓「綠」不再只是一個選項，而是唯一的標準，讓那些能源業者面對「不改變，就淘汰」的局面……

想像一個沒有森林、沒有珊瑚礁、沒有魚的世界。想像一個只有在雨季才見得到河流的世界。這些想像，在愈來愈多地方，已經成真。《聖經》裡的諾亞，用一艘方舟就拯救了當時世上所有的生物物種。今日，我們需要一百萬個諾亞，一百萬艘方舟，遍布地球每個角落，才能拯救這個時代的全部物種。

在又熱、又平、又擠的世界，靠更多開採、更多消費及對資源的更多利用，已經無法再取得長久的競爭優勢了。當社會、市場及大自然要求我們對使用能源及天然資源付出成本時，唯有比別人更綠一籌，才能造成釜底抽薪的改變，取得致勝先機。

第四部 | **綠色新未來**

高希均（遠見・天下文化事業群創辦人）

「世界又熱、又平、又擠」，怎麼辦？
——導讀佛里曼新著

（一）市場機制的失靈

「戰爭」是人類二十世紀的夢魘，「能源危機」則是人類二十一世紀所面臨的最大挑戰，而這項挑戰由於市場機制的失靈使情勢更加惡化。

從經濟學理來推論，只要按照市場機制，價格的暴升或暴跌與供需的過剩或不足只是暫時狀況，透過供給者與需要者一段時間的調整，均衡的狀態就可以恢復。

如果人的生產與消費行為都是這樣的理性，且可預測，那麼世界就不會出現「石油危機」了。這也就是為什麼《誰說人是理性的》（*Predictably Irrational*）這本書引起了全球讀者的閱讀興趣。

事實上，油價不穩定的來源是：(1)需要增加太快，供給趕不上；(2)基於政治上的對抗、經濟上的壟斷等因素，石油輸出國不願意增加，甚至減少產量；(3)石油的替代品太少以及發展速度太慢，沒有發揮遏阻功能；(4)投機客在期貨市場上，有時興風作浪。

市場機制的失靈，把我們帶回到殘酷的現實世界。這就是佛里曼要撰述這本新著的重要動機。

（二）又熱、又平、又擠

佛里曼於2005年發表《世界是平的》一書後，再度獲得多項國際榮譽。做為一個《紐約時報》新聞記者與專欄作家，先後已獲得新聞界中最高榮譽的三座普立茲獎。他因報導中東紛爭，第一次得獎時年僅三十。

近三年來，幾乎他所有的論述、演講、訪談，已從人對人、宗教對宗教、國對國的紛爭轉移到人對自然、人對能源、人對子孫的掠奪。圍繞的大主題是：能源與環保。出現在他文章中最多的議題是「能源氣候年代」、潔淨電力、能源效率、資源生產力、石油輸出國的獨裁、徵油價稅、美國政府的無能、新興國家（如中國、印度）能源需求激增帶來的新挑戰。

對於本書的脈絡，可先做個簡單的理解。

首先，當前人類「能源危機」可以概括的包括：需求激增、供給不足、能源耗竭、替代品不足，因此每隔一段時期，便帶來油價的狂飆；另一方面在使用能源過程中，帶來了各種破壞氣候及生態的可怕後果。

因此，面對地球變熱、變平、變擠，產生了「需要面」的巨大改變之後，必須要設法在「供給面」採取對策。

這即是在書中最後一章，佛里曼借用美國戴爾電腦（Dell）創辦人提到的一個名詞：「再世代」（Re-generation）來鼓舞大家。「再世代」是指全球人類，不論年歲，共同努力於資源之「再生」（renewable resources）、「再用」（recycling）、與「再改造」（re-engineering）。

美國是今天的超級強國，中國是今天的另一個強國。書中的一個結論是：

中國好，地球就會好（As goes China, so goes planet earth.）。在能源的這一仗上，中國人要爭氣！

在西方社會中，受人尊敬的公共知識份子，是有能力來推動一個新思潮與新運動的辯論。這本新書的主標題是：「又熱、又平、又擠」（Hot, Flat, and Crowded）。且引證書中一些數字：

(1)地球變「熱」了。除非人類採取措施大量減少二氧化碳，專家們警告：氣候變化「可能會帶來對空氣、海洋、冰山、土地、海岸線、物種等突發且無法扭轉的傷害」；「不在2012年之前採取行動，就會太晚，關鍵就在這幾年」。平均溫度即使只上升攝氏0.8度，就會產生重大的水災、旱災、熱浪、野火、冰融，及對動植物生存的傷害。

(2)地球變「平」了。因為技術快速發展（電腦、網路、軟體），冷戰結束，蘇聯解體，共同市場建立，貿易障礙減少等因素，使前所未有的全球人口，加入了全球化行列，形成了中產階級的崛起，也加速了對能源的需求，特別是新興國家（如中國）的需要激增。

(3)地球變「擠」了。1800年，倫敦是全球最大城市，人口100萬。1995年，世界上有280個城市人口超過100萬，超過1,000萬人口的大都市也有14個。

由於作者思維犀利，說理清晰，文字流暢，具有說故事的才能，全書讀來十分引人入勝。本書題材融合了經濟、政治、環保、科技、願景，讀後會使大部分讀者感受到正跟上了當前「綠能革命」的步伐，擴大了視野，增加了熱情，也會要求自己對「綠能革命」不能置身事外。

這使我想起三十六年前另一本重要著作：《成長的極限》（*Limits to*

Growth）。那是1972年，此書出版後立刻轟動歐洲。當時我剛好在丹麥哥本哈根教書，講授經濟發展與國際貿易。

作者米道斯（Dennis L. Meadows）是美國麻省理工學院博士，擅長系統分析。與其他三位作者在書中做了各種模式的演算。模式是根據五個指標——世界人口、工業化、汙染、糧食生產與資源消耗——來估算經濟成長能否持續。書中悲觀的推論指出：人類如不採取各種補救與防禦措施，經濟成長就會面臨崩潰。這使一些人指責這群年輕的「蛋頭學者」是馬爾薩斯（1798年出版《人口論》）新幽魂的復活。

已近退休年齡的米道斯博士在2006年重溫舊著時表示，現在的情況比當年的生態破壞（ecological collapse）悲觀預測更糟：「自然資源的急速枯竭、汙染的增加、自然危害的頻繁、政治的不安定、油價的暴升、政府舉債的大量增加……。人類已經超越了警戒線，危機不是不可以避免，但是會愈來愈困難。」這位三十年前就憂心忡忡的環境科學家，現在已另有佛里曼來接棒了。

（三）「綠能革命」的推動者

佛里曼變成了世界舞台上一位耀眼的、自己任命的「綠能革命」推動者。他提倡以「綠色」變成「新的紅色、白色、藍色」（美國國旗的顏色）——象徵美國新願景。有《紐約時報》做傳播平台，他每週撰述二篇專論，產生了無遠弗屆的影響力。

新著的立論是建築在他提出的五個趨勢上：(1)能源與資源的供需失衡、(2)

產油國的獨裁、(3)失控的氣候變遷、(4)能源匱乏（如電力）、(5)生物多樣性消失。他認為：二十一世紀能否安定，端視人類能否處理這些愈陷愈深的問題。

這位在明尼蘇達州出生的美籍猶太人，是一位具有相當愛國主義色彩的意見領袖。他極端擔心如果美國政治人物不能兌現三項承諾，美國將難以立足充滿能源危機的世界。這三項承諾是：(1)加速發展綠色能源；(2)美國不再是石油輸入國；(3)採取具體措施改善氣候暖化。

近來在美國新聞界受到推崇的一位新秀，是《新聞週刊》國際版總編輯薩卡里亞（Fareed Zakaria）。他出生於印度，受教育於哈佛，剛於今年出版了另一本著作：《後美國世界》（*The Post-American World*），書中最重要的論點是：十九世紀英國之衰退是來自經濟力量的衰退；二十世紀美國的衰退是來自政治勢力的衰退；二十一世紀將與美國並起並坐的是來自「其他國家的興起」（The Rise of the Rest），特別是指中國、印度、巴西、俄羅斯、南非等等。

佛里曼做為一個全球採訪的專欄作家，自然格外感受到這種來自東方社會帶給美國及西方世界的指責，試舉三個說法：

(1)西方認為他們是問題的「解決者」，實際上是「麻煩製造者」。他們的優越感與自私心，永遠是把自己的利益與享受放在第一位。

(2)要求新興國家的改善（從節約能源到性別平等），不僅在自己發展過程中全犯過，此刻仍在犯這些錯誤。

(3)占全球12%的西方世界人口，占用了地球上太多的能源、市場、財富及權力；其餘88%的人口還要不斷的接受西方的教訓。

面對這種指責，更使佛里曼要提倡「綠能革命」。因為它不僅創造各種商

機，且會使社會更健康、更安全、更有競爭力。如果人類真能完成這一場經濟大革命，也就完全符合了「綠色行動」（Code Green）。

（四）石油替代的可能性

1970年代初第一次石油危機發生後，面對暴升的油價，沙烏地阿拉伯的石油部長亞瑪尼親王（Sheikh Yamani）警告石油輸出國家：「要記住：石器時代的消失並不是用光了石頭。」他擔心石油的替代能源會立刻出現。令人失望、甚至氣憤的是：四十年來這麼可怕的油價，居然沒有出現可以替代的能源，來終結「石油時代」！

一個重要的解釋是：油價的不穩定（暴升後的暴跌），無法使民間企業敢做長時期的研發與大規模的生產。專家估計石油輸出國平均生產一桶石油的成本約為10美元，而相當於一桶石油的替代品則在50–60美元之間。此即是說：石油輸出國隨時可以出手，使油價暴跌，封殺大規模替代品的生產。

科學家與企業家早就知道有來自「地獄」的燃料（汙染多）如煤、石油、天然氣；有來自「天堂」的燃料（汙染少）如太陽能、水力、風力、潮汐。那麼，為什麼企業家沒有做較佳的選擇？答案是：除了研發與生產成本，在美國這個石油產業壟斷的社會，還有政治上難以克服的障礙。它來自比科學家與企業家更聰明的國會說客（lobbyist）。他們有本領為了維護石油公司的利益，擋住任何能源替代的獎勵方案。

因此，佛里曼在書中建議：美國社會所需的能源政策，是要政府積極參

與：訂定最低油價（price floor），企業才敢發展替代能源；提供誘因，企業才肯大量創新。政府要介入，但要讓市場機能與創投評估扮演主角，決定哪些企業的新投資會有利潤與風險。

（五）掀起另一波浪潮

做為一位舉足輕重的美國專欄作家，佛里曼充滿熱情，也充滿焦慮；所提倡的「能源節約」與「能源替代」的願景清晰，但又有各種無力感。看到美國國內石油利益團體的龐大勢力，各種替代方案之難以推動，他「天真」的指出：讓美國變成「一日中國」──以無比的中央集權來訂定所需的新能源政策，然後第二天又再變回美國。他希望「紅色」中國（Red China）也要變成「綠色」中國（Green China）。他希望中國從追求經濟成長的優先，轉變成追求綠色成長的優先。

書中充滿了令人警惕的論點：

・企業走向綠色革命是增加競爭力的一種機會，不是增加成本的一種壓力。
・近年去中國，看到那邊的汙染，發現人民講話是愈來愈自在，但是呼吸卻愈來愈困難。
・沒有痛苦的「革命」，不是革命，是「派對」；追求的是綠色「革命」，不是綠色「派對」。
・在能源節約上，唯有改變現狀，才能維持現狀。

‧人類正如在水缸中被加溫的青蛙，務必要及時設法跳出能源危機。

‧美國要維持其領導地位，必須要在能源節約與開發上領先。

　　我相信這本新著會掀起另一波全球能源革命的新浪潮——尤其在美國與中國。佛里曼最大的希望或許是：經過大家的參與，能將「綠能革命」，從難以落實的僵局，變成「擋不住」的主流，徹底改善二十一世紀人類所面臨最大的危機。

鄭崇華（台達電子創辦人暨董事長）

環保節能愛地球

天下遠見出版公司在我出國前夕，給了我這本《世界又熱、又平、又擠》的中文譯稿，邀請我寫推薦序，我利用旅途往返在飛機上的空閒時間，加上回來後的幾個夜晚，把這本中譯稿讀完。

本書的作者湯馬斯・佛里曼（Thomas L. Friedman）不僅是美國、也是全球輿論最大影響力的新聞工作者，他的前一本著作《世界是平的》連續六十四週在Amazon.com暢銷，造成轟動，成為各界談論的焦點。繼《世界是平的》之後，作者用了三年的時間完成了這本《世界又熱、又平、又擠》。又熱，指的是全球暖化造成地球氣候變遷；又平，談的是新興國家崛起，更多的人過著像美國人一樣的生活，造成能源耗竭；又擠，是近世紀人口快速的膨脹。這三項問題同時發生，造成能源供需失衡、生物滅絕加劇、產油國獨裁增強、氣候變遷加速，也可能造成地球動盪不安、危機重重。作者親身到世界各地做深入的調查採訪，書中也引用了其他的重要資料，其精采豐富的內容，身歷其境的生動描述報導，讓我們對目前世界各地的情況，有更清楚深刻的瞭解。如何讓地球以更環保、更能持久的方式成長，將是二十一世紀人類的最大挑戰。

本書前半部，描述、診斷了目前的危機與挑戰，後半部談的是如何往前邁進、拯救地球。全書雖然是站在美國人的立場來寫，但應可喚起大家的覺醒，讓讀者得到啟發，瞭解目前我們面臨的問題之嚴重性與急迫性，政府需要有遠見的新政策、企業應有新的工業革命、全民更要有「環保、節能、愛地球」的認知與新的生活習慣。

無知的心態，自大的政策，落後的發展

本書的開始，就以911事件之後，將土耳其的美國大使館遷徙到新建築的故事，描述新的使館在安全性上，嚴密到「連鳥都飛不過去」，這卻使得友邦和合作夥伴敬而遠之。美國為了防止恐怖份子突擊，在世界各地築起有史以來最多的高牆，切斷了與盟友的聯繫與合作。美國的入境程序與安檢，造成國內外旅客的不便與反感，而且也使人產生了一種恐懼與挫折感，讓國際商務和觀光旅客，都對美國敬謝不敏。

另外，自1980年代起，美國人逐漸出現投機心態，有些人做著坐享其成的美夢，政府對於該執行的事，無限期的拖延，就如今日美國次級房貸，造成大型金融機構的經營危機甚至倒閉，而這些問題所帶來的經濟風暴，已經引起全球的經濟衰退。

回顧1973到1974年間阿拉伯石油禁運事件後，歐洲人與日本人積極的推展提升能源效率運動，並且提高汽油稅，鼓勵開發再生能源，以降低對化石能源的依賴。法國傾國家之力注入大筆投資發展核能，並利用核廢料加以處理，再產生能源；丹麥的政策則是利用課稅的方式使石油價格提高，促使民眾重視節約，政府及早將發展重心著眼在太陽能與風力發電，讓丹麥從1981年起至今的經濟成長率高達70％；而開發中國家巴西也開展了用甘蔗等農產品提煉乙醇，靠自產的石油及乙醇，巴西已經完全不需進口原油。

這些及早因應的國家，目前都有非常好的成績。反觀美國，在福特總統與卡特總統制訂的車輛油耗標準在1985年達成目標後，雷根總統不但未繼續執行，反而在1986年將標準放鬆，並且刪除卡特總統大部分的再生能源計畫預算，他以為自己為不景氣的美國汽車業與石油業帶來曙光，作者書中用「雷根

政府對促使蘇聯垮台有貢獻，對養成美國目前如此依賴沙烏地阿拉伯，也厥功至偉」來諷刺。由於美國對環保的不積極，2003年，中國大陸的汽車油耗標準里程數已經超越美國，到2008年更高出美國的標準5英里，美國則要等到2020年才會到達目前歐日等地的每加侖35英里標準，等於落後了12年。

作者認為，以美國為首的高度開發國家嚴重的「染上油癮」，卻忽略了對石油的依賴會促使產油國走向強權獨裁，這非但阻礙了民主化，也製造了許多國際衝突與對立。書中寫道，2001年小布希在任總統時，白宮發言人佛萊契（Ari Fleischer）在例行新聞簡報中，面對記者問及美國的人均能源消耗量遠超過世界上其他國家，總統的看法為何？佛萊契回答：「總統認為美式生活就是如此，政策制訂者的目標應該是保護這種生活方式。美國人的生活是上帝的恩賜。」

這段話把小布希的無知與自大表露無遺，這種錯誤的心態與政策，導致小布希在任期快結束時，還不得不親訪沙烏地阿拉伯，要求阿不都拉國王（King Abdullah）在汽油價格上「解救」美國一下。

911事件後，美國國防部長倫斯斐（Donald Rumsfeld）回答士兵詢問為什麼不給軍隊合適的裝備，就把同胞送上伊拉克戰場，他回答：「要打仗時，有什麼軍隊就派什麼軍隊，而不是派自己想要、或是以後希望擁有的軍隊。」這道盡了美國淪落的地步。

此外，作者在2007年的隨行採訪行程中，與海軍上將法隆（William Fallon）一起到伊拉克，查訪醫護站時，法隆上將與醫護人員聊天，他們都是交互輪調來此服務30、60、180天不等，法隆上將問他們如何協調大家來去的時間，後排有一位護士大聲說：「長官，我們都是同一個團隊的！」作者四下看一看整個房間裡的人，包括西裔美國人、非裔美國人、亞裔美國人、白種美國人……

等，整個美國民族大熔爐全部到齊，大家同心協力，其中有一半是女性，更不乏將家人子女留在國內到伊拉克服務半年到一年的為人母者。作者離去時，心裡想：「美國做了什麼好事，修得這麼好的人民？」這也是我對台灣人民過去選出錯誤國家領導人後，同樣的感慨！

面對能源匱乏，危機就是轉機

面對能源匱乏的挑戰，如何解決這個問題，對於國家或個人，其實都蘊含了絕佳的機會。回到經營企業的態度，這也是我在公司內部經常強調的「危機就是轉機」，如何建立高效率的能源系統讓經濟持續發展，就是「能源氣候年代」中最大的挑戰。因為環保節能已經變成一種策略，只要有助於減輕地球暖化、維持生物多樣性、打破產油國獨裁，就是改變全世界，美國如此，世上所有國家、地區或個人亦然。

至於我們該如何起步，我想必須從制訂提升能源使用效率的綠色標準開始。除了電子產品的效率規範、汽車油耗里程的提升，我們更要鼓勵發展潔淨、高效率的再生能源。此外，產品從設計階段開始，就納入其回收或拆解的便利性，使原物料能不斷重複使用。

從工業革命至今，成本的計算，只把取得天然物資（如開採礦物）的費用列入，忽略了其所使用的最大資本是天然物資，如礦物的本身，以及自然界生命系統和生態系統所供應的自然環境，我們統稱為「自然資本」。如果到今天，仍然把自然資本當作取之不盡、用之不竭的免費供應，人口大量膨脹、人類活動的大量增加，必然加速自然資源枯竭，自然生命及生態平衡系統遭到破壞，人類也將無以為繼。

改變大自然，不是成就，是浩劫

近年來，全球暖化已經喚起了國際間前所未有的重視。2007年初，由全球一百一十多國的兩千多位科學家所組成的聯合國跨政府氣候變遷小組（Intergovernmental Panel on Climate Change，IPCC）公布了自1988年成立以來的第四份報告，科學家們有九成的把握相信，近世紀人類排放了過量會吸收地球所反射紅外線的二氧化碳等氣體至大氣層中，造成全球暖化，使得冰河及極地冰帽融化、洋流和氣候改變及海平面升高。他們預估，若世界各國不能在2015年前阻止大氣中的二氧化碳濃度突破450 ppm，那麼二十一世紀末的全球溫度將較1990年代再上升攝氏2度，屆時將會有數十億人口因水源枯竭面臨缺水危機，甚至因極端氣候造成的巨大天災而被迫成為無家可歸的環境難民，同時還會有三成的物種從地球上消失。由此可見問題的嚴重性與迫切性，如果我們不立即採取行動做有效的改變，大災難即將在這個世紀末發生。

當你讀了第五章「失控的氣候變遷」，談到了上述IPCC的報告，科學家深怕危言聳聽，因此在報告中寫得較為謹慎保守。事實上，IPCC的計算數據皆起於1990年代，尤其過去五年中國大陸突然爆炸性崛起的工業發展，並未包含其中，全球暖化趨勢「證據確鑿」，而且還會有更可怕的未知數，例如從西伯利亞西部延伸到阿拉斯加的極地寒原，如果解凍，釋放出大量的甲烷，情況會非常嚴重。

IPCC的主席帕喬里（Rajendra Pachauri）日前接受BBC的採訪指出，「聯合國糧農組織（FAO）估計，肉品生產直接造成的溫室氣體排放，約占全球總量的18%，交通運輸的排放量只占了13%，牛羊打嗝與排氣會釋出大量甲烷，其溫室效應高達等量二氧化碳的23倍。」世界關懷農業組織（Compassion In World

Farming，CIWF）呼籲各國政府在協商〈京都議定書〉的同時，也要針對減少肉類生產與消耗量訂定明確目標。該組織指出，過去四十年來，全球肉類消費量直線上升，嚴重威脅人體健康與地球生態環境。全球至少有三分之一的糧食用於飼料，獲取1公斤的牛肉需要消耗10公斤的飼料與10萬公升的水；全球農場牲畜每天至少製造130億噸的廢棄物，汙染土壤與河川，加劇全球暖化。由此可知大家要少吃肉，不僅拯救地球，而且有益健康。我們一邊努力改變、一邊學習，將會得到很多過去沒有發現的未知因素。

我們應當深思，蒼穹宇宙經過46億年才讓太陽系與地球漸次演化成適合生物居住的環境，但人類卻在這麼短的時間之內，做到「改變大自然」這麼浩大的工程，身為萬物之靈，這絕不是人類的成就，而是浩劫。

過去，環保議題相關書籍在台灣的銷路一直欠佳，我實在不希望大家只是口頭上關切環保，卻沒有實際的行動。每當看到暢銷書排行榜中，名列前茅的總是教大家如何致富、如何成功，我常想，如果後代子孫的生存都有問題，我們怎麼還能終日汲汲於獲取更多眼前利益？因此，我要特別肯定天下遠見出版公司將本書付梓，也要藉這個機會向大家推薦，本書絕對是一本廣泛適合於執政者、企業界，乃至一般民眾的環保節能工具書，而我也已經決定將本書做為台達電子所有同仁人手一本的環保節能策略教材，讓這些駭人的真相廣為周知，凝聚更多人的環境意識，一起為地球的永續發展而努力。

第一部

我們的現況

第一章
綠是國家新實力

我們正邁入的新時代，充滿了劇烈的政經及社會變局，

實際的情況，比表面上看起來要危險更多，

主要的推力乃是從天而降，來自於大自然，

一個國家想要在這種時代蓬勃興盛，

便須以綠化做為國家安全及經濟利益的核心。

這不只關係到如何點亮家中燈火，也關係到如何點亮未來。

德國的工程，瑞士的創新，美國人掛零。

　　——戴姆勒（Daimler）公司在南非宣傳Smart forfour小型車的廣告看板標語

2004年6月，我帶著小女奧莉造訪倫敦，有一天晚上我們到維多利亞車站附近的劇院，看舞台劇「舞動人生」（Billy Elliot）。中場休息時間，我站起來伸伸腿，此時有個陌生人走過來對我說：「請問你是佛里曼先生嗎？」我點頭答是，他自我介紹說：「我是提納威（Emad Tinawi），敘利亞裔的美國人，在博思管理顧問公司（Booz Allen）工作。」提納威表示，他對我寫的某些專欄文章不表認同，尤其是談中東問題的部分，可是有一篇他特別喜歡，到現在還一直保留著。

我很好奇的問他：「是哪一篇？」

他說：「那一篇的題目叫做〈飛鳥絕跡的地方〉（Where Birds Don't Fly）。」一時之間我頓住了，我記得寫過這樣的標題，卻想不起來內容或發表時間。他提醒我：「那一篇是寫911事件之後，新建的美國駐土耳其伊斯坦堡領事館。」

銅牆鐵壁，隔絕了所有可能

多年來，美國駐伊斯坦堡的總部一直設在柯皮豪廈（Palazzo Corpi），那是一棟位於市中心鬧區的古老建築，擠在許多小市集、圓頂清真寺，和鄂圖曼時期老建築及現代建築中，富麗宏偉，十分搶眼。這棟房子建於1882年，25年後被美國政府買下，有三面毗連狹窄的街道，完全融入伊斯坦堡的街景。土耳其人來這裡申請簽證、到圖書館瀏覽圖書，或是與美國外交官打交道，都很方便。

然而，911事件後，美國政府為了進行全球使領館的全面安全升級，決定關閉設於柯皮豪廈的領事館。2003年6月，新建的美國領事館在伊斯提尼（Istinye）啟用，這裡位於郊區，距市中心約12英里。2005年4月25日的《聯邦時報》❶有一則報導：「新落成的領事館建於堅固的岩盤上，占地22英畝，約為舊館舍的15倍大。」還說「國務院現在要求，具保護作用的圍牆至少要距離使領館100

---

❶《聯邦時報》（Federal Times）每週出刊，提供美國聯邦政府主管相關資訊。

英尺遠。圍牆和路障必須能夠防禦汽車爆炸和衝撞攻擊，也必須難以攀爬。館舍周圍要設警衛崗哨，門窗要能防彈及強力闖入，並且堅固到足以抗震、抗炸彈。」

這些新建使領館的堅固程度，也足以讓訪客、友人和合作夥伴敬而遠之。事實上，我在2005年首次見到伊斯坦堡的新領事館時，最感訝異的是，它實在像極了一棟戒備森嚴、缺乏吸引力的監獄，就只差一條爬滿鱷魚的壕溝，跟一塊板子上用大紅字寫著：「歡迎所有訪客。注意！你即將踏入美國駐伊斯坦堡領事館，請勿輕舉妄動，否則格殺勿論。」

由真人實事改編，講述美國青年被關在土耳其監獄的電影「午夜快車」（Midnight Express），大可以到這裡取景。

不過這樣的高度戒備，確實有其必要：有些美國外交官還能活到今天，恐怕多虧了這座要塞。2003年11月20日，距美國駐伊斯坦堡新領事館啟用後半年，小布希總統在倫敦與當時的英國首相布萊爾會談，土國伊斯蘭恐怖份子在伊斯坦堡對匯豐銀行及英國領事館引爆卡車炸

> 全球氣候暖化、中產階級在各地驚人的崛起，以及人口快速成長，這三箭同時齊發，可能會讓地球動盪不安，危機四伏。

彈，造成包括英國總領事在內的30人死亡，至少400人受傷。被炸得滿目瘡痍的英國領事館距離柯皮豪廈，只有幾步路之遙。

案發後，據說被捕的恐怖份子中，有一人告訴土國警方，他與同黨原想炸毀新的美國領事館，可是去伊斯提尼探查後，發現它堅不可摧。一位美國駐伊斯坦堡的高階外交官告訴我更多內幕：據土耳其安全官員透露，那名恐怖份子形容，新的美國領事館安全到「連鳥都不許飛過」。我永遠都忘不了這幅景象：高度警戒到連鳥都不許飛過……（2008年7月9日，土國警方在美國領事館外，擊斃三名顯然是想破壞圍牆的恐怖份子，此事更凸顯安全的重要性。）

提納威和我就這種種的安全限制，如何侵蝕外國人對美國的觀感和美國對自己的觀感，交換心得。他身為敘利亞裔美國人，顯然對此感到憂心，他從我寫的專欄中看出我也是心有戚戚焉。

因為在一個飛鳥絕跡的地方，人們不會互相往來、思想無從激發、友誼無從培養、刻板印象無從打破、協力合作不會發生、信任無法建立、自由無法大鳴大放。這不會是美國想給人的印象，美國人也經不起這樣的改變。躲在防衛碉堡裡的美國，無法讓目前仍奔流不已的思想、創新、志願服務和行善等滔滔江河更加源遠流長。這樣的美國，也扮演不了它長久以來為世界所擔綱的關鍵角色：是希望的燈塔，永遠能為人們所仰賴，領導世界面對當前最重要的挑戰。我們需要這樣的美國，也需要成為這樣的美國，如今尤甚於以往。

在這本書裡，會探討為何有如此需要的原因。

本書的核心論點非常簡單：美國出了問題，世界也出了問題。美國的問題是：近年來它迷失了方向。這情形，某部分是911事件造成的，另外則是來自於近三十年來，美國社會所養成的壞習慣，削弱了美國社會接受重大挑戰的能力和意願。

世界也面臨到地球愈來愈熱、愈平、愈擁擠的問題。全球氣候暖化、中產階級在各地驚人的崛起，以及人口快速成長，這三箭同時齊發，可能會讓地球動盪不安，危機四伏。尤其熱、平、擠三項因素相結合，造成能源供應吃緊、動植物滅絕加劇、能源貧富差距加深、產油國獨裁加強、氣候變遷加速。二十一世紀地球的生活品質，大半取決於我們如何應對這些糾結在一起的全球趨勢。

展開綠色行動，迎向當前嚴峻的挑戰

我深信美國解決本身大問題，恢復「昔日光輝」的上上策，就是由美國人帶頭來解決世界的大問題。當世界愈來愈熱、愈平、愈擠時，創造工具、系統、能源和倫理，讓地球以更潔淨、更永續的方式成長，這個任務將是這一代

人類最大的挑戰。

這個挑戰,對美國來說,其實是一個契機。如果美國人能承擔起這樣的挑戰,將會讓美國在國內復甦,與國外再度接軌,並且獲得面對未來的利器。美國實力最強、影響力最大的時候,往往就是能夠結合創新與啟發、兼顧建立財富與尊嚴、追求高利潤也不忘處理大問題的時候。如果只做到其一,全體所得就會小於部分的總和。如果兩方面兼顧,全體所得就會大於部分的總和,而且大得多。

然而,這不只是契機,更是考驗。考驗美國人能不能,和願不願意帶頭行動。無論你對美國是愛是恨,無論你相不相信美國的力量,熱、平、擠同時襲來所形成的挑戰,嚴峻到若美國不能真正挺身而出,你很難想像還找得到有意義的解決之道。「我們不是英雄就是狗熊,這兩者之間不再有任何空間。」說這句話的是生態技術國際公司(EcoTech International)執行長華森(Rob Watson),他也是美國環保思想最先進的人士之一。

是的,我們如果不向上提升到必要的領導、創新和協作的層次,人人都會變成輸家,而且是大輸。現在已經不能因循苟且,照常行事,我們需要全新的做法。就像德州人說的:「如果永遠只做先前做過的事,所得到的成果就會跟過去一樣。」

我所倡議的新計畫名稱很簡單,就叫「綠色行動」(Code Green)。在1950、1960年代,對美國而言,「紅色」代表無所不在的共黨威脅,是用來動員全國的象徵,好大肆建立軍隊、工業基地、鐵路、公路、港口、機場、教育機構和科學能力,以領導全世界捍衛自由。今天的美國,需要的是「綠色」。

可惜911事件後,小布希總統不曾以綠色取代紅色,反而代以「紅色警戒」(Code Red),還有國土安全部預警系統的其他怪顏色。現在該是取消這一切,邁向「綠色行動」的時候了。

當然,我並非呼籲重拾反共政治迫害和麥卡錫主義(McCarthyism),我只是想恢復那種認真與決心,建立起可以面對當前威脅無所不在的社會。在我

眼中，採取綠色行動指的是，讓美國在開創綠色能源及能源效率系統方面，領先全世界，並啟發人們認識自然界的保育倫理，因為目前大自然的情況愈來愈岌岌可危。在這個新時代，想要繁榮發展，不但需要在綠色能源方面有重大突破，也必須更尊重地球上的森林、海洋和生物多樣性熱點❷。

本書前半部將診斷目前世界所面臨的能源、氣候及生物多樣性挑戰，後半部則探討要如何迎戰。假使我說，照美國現在的運作方式，已經準備好肩負起這一使命，那我就是言不由衷。美國並未準備好。目前美國

> 當世界愈來愈熱、愈平、愈擠時，創造工具、系統、能源和倫理，讓地球以更清潔、更永續的方式成長，這個任務將是這一代人類最大的挑戰。

缺乏必要的專注力和毅力，以擔負起能帶來長期效益的真正重責大任。但是我相信，只要美國各地方、州和聯邦層級，都有正確的領導團隊，能夠正確的掌握住當我們奮起因應當前挑戰，會有多少收穫，置之不理又會有多少損失，那麼這一切都可以改變。

美國人民憑直覺知道眼前走錯了路，需要校正方向，而且事不宜遲。每當思及美國的情況，我便會想起「浩氣蓋山河」（The Leopard）這部電影。故事背景是十九世紀的義大利，當時政、經、社會極端動盪不安。片中主人翁是西西里薩林納家族王子法布瑞奇歐〔Don Fabrizio of Salina，由畢蘭卡斯特（Burt Lancaster）飾演〕，他明白當時社會下層勢力正在挑戰傳統掌權的菁英，如果他和家人想讓薩林納家族在新時代仍保住領導地位，就得調整適應。然而，法布瑞奇歐還是感到憤憤不平，不肯讓步：「我們是豹子、獅子；搶占我們地位的，不過是豺狼和綿羊。」他的姪子給了他最睿智的忠告。他姪子的妻子出身新興中產階級，岳丈是經營店鋪的富商，他不斷警告薩林納王子：「如果想維

---

❷ 生物多樣性熱點，指的是生物多樣性豐富度特別高，並且面臨嚴重生態危機的區域。

持現狀,一定要改革。」

美國也是一樣。我們正邁入的新時代,充滿了劇烈的政治、經濟、社會變局──主要的推力,乃是由上而下,從天而降,來自於大自然。若要維持現狀,即維持美國在科技、經濟及道德上的領先,並維持一個有豐富動植物、可居住的地球,並且讓人類社群能夠永續成長,此時此刻,就需要做出改變,而且動作要快。

觀察今日美國,我發現有三大廣泛趨勢,其中兩個的確令人憂心,第三個卻讓我感到有希望,但願換上不同的領導團隊,美國人果真能迎上前去應對這個挑戰。

我已經提過一個惱人的趨勢:911事件後,美國築起有史以來最多的高牆,在這個過程中,即使不是實質上,也在感情上,切斷了與許多自然盟友的聯繫,及擁抱世界的天生直覺。美國在此過程中,從一個向來輸出希望(因而也輸入無數他人希望)的國家,轉變成被視為是輸出恐懼的國家。

> 我們正邁入的新時代,充滿了劇烈的政治、經濟、社會變局──主要的推力,乃是由上而下,從天而降,來自於大自然。

第二個叫人不安的趨勢,是1980年代起逐漸形成的、瀰漫在政治菁英之間那種「自願做笨蛋」的心態。政治人物寧可沉溺在不同黨派的政治惡鬥中,要鬥多久就鬥多久,卻無限期的延後改善醫療體系和日益殘破的基礎建設,延後改革移民制度,延後解決社會保險和醫療保險問題,延後全面處理能源使用過度和能源安全問題。今日政府當局面對這麼多關鍵課題,普遍抱持的態度是:「我們想處理時就會處理,絕不能讓問題騎在我們頭上,因為我們是美國。」

從某些角度來看,次級房貸爛攤子和房地產危機,正是近年來美國出了問題的象徵:勤勉、成就和負責之間的某種關聯被破壞了。我們變成一個「次級

國家」，以為只要靠借貸即可富起來——兩年內不必做任何犧牲，也不必付任何錢。提供次貸者告訴我們，不必做必要的節制或犧牲，就能實現擁有房子的美國夢。不用認真讀書，打好扎實的教育基礎；不必存錢，建立良好的信用紀錄，轉角那家銀行或網路銀行，會從中國借錢過來再借給我們。這個流程中對信用的查核，不會比在機場查核機票上的姓名是否與證件相符，來得深入。

由一些美國一流金融機構運作的這個金字塔型結構整個崩潰後，從一般的房屋所有人，到不仔細查核的貸款機構，全冀望政府紓困。政客明知道不對，仍然迎合他們。其實大家心知肚明，貸款機構賭的不是客戶會努力工作、省吃儉用或創新發明，然後有錢付貸款。他們賭的只是房地產泡沫會不斷抬高房價，貸款利率不斷下跌，市場會無止境的讓每一個人脫身。市場的確做到了，直到它也自身難保。我們的國家也像房地產市場一樣：不是投資未來，而是拿未來做抵押。

2008年，美國總統大選初選期間，參議員麥侃（John McCain）和希拉蕊‧柯林頓，都曾提議在夏日旅遊旺季，暫停徵收每加侖0.184美元的聯邦汽油貨物稅，好讓美國駕駛人「喘一口氣」。儘管他們都很明白（因為每個專家都這麼說），此舉只會增加夏季開車需求，促使油價居高不下，助長全球暖化。在此同時，他們又口口聲聲說，已擬好緩和地球暖化現象的計畫。這種提議，正是在政治上「自願做笨蛋」的寫照。

幸好，還有第三個趨勢帶給我們希望，我稱之為「在國內報效國家」（national-building at home）。政府當局或許陷入了僵局，只顧著追逐枝微末節，經濟主管當局也未負起責任，但是美國仍然頻頻出現創新者和理想主義者。每星期，我都聽到有人提出生產綠色能源的新構想、改進教育的新做法，或找到新辦法修補美國迫在眉睫的漏洞。這些提議雖然千奇百怪，但是有這麼多人在自家車庫和附近社區做各種實驗，讓我覺得美國底層依然不斷爆發出生命力。美國年輕人的理想主義也十分強烈，強烈到令我們汗顏。美國社會大眾雖然有時也過得很辛苦，卻澆不熄他們服務人群的熱忱：自告奮勇去改善教育、研發

再生能源、修補基礎建設、幫助有需要的人。從大學畢業生踴躍排隊登記加入「為美國而教」活動❸就看得出來。他們要讓美國再度舉足輕重，他們願意接受徵召，不只是在伊拉克或阿富汗報效國家，而是在美國國內報效國家，以恢復並振興他們珍惜，卻覺得遭破壞的東西。

911事件讓美國成了驚弓之鳥

接下來，我們來一一仔細分析這三種趨勢。小女娜妲莉讀八年級時，參加了國家歷史日（National History Day）活動。那一年的主題是歷史上的「轉捩點」，邀請全美各地學童提出研究計畫，闡釋任何一個歷史性轉捩點。娜妲莉的研究是代表馬里蘭州的得獎作品之一，題目是「史波尼克如何催生網際網路」。內容追溯蘇聯搶先發射史波尼克（Sputnik）人造衛星後，美國回應的做法就是讓各科學研究中心有更好的連結，接著這些早期、原始的網路又如何繁衍，最後交織而成網際網路。這個研究隱含的意義是，我們對某一個歷史轉捩點無心插柳的反應，在數十年後，以出乎所有人意料的方式，激發了另一個轉捩點。

我擔心50年後，會有某個八年級學生，在做國家歷史日研究計畫時，選擇的主題是：美國對911事件的反應，無意中使我們切斷了與世界某些地方、最親近的朋友，以及身分認同元素的聯繫。

2005年，我到德里時，著名的印度作家達斯（Gurcharan Das）對我談起，911事件後，他去了美國幾趟，每次入境時，官員都逼他說明為什麼要來美國。達斯說，他們「現在讓你覺得自己多麼不受歡迎」。他說，美國是一個「不斷自我創新」的國家，總是歡迎「各種稀奇古怪的人物」，並具有「了不起的開放精神」。他對我說，美國的開放向來對全世界具有啟發作用，「如果你們失

---

❸「為美國而教」（Teach for America）活動，是號召大學畢業生到美國貧窮偏遠地區教導弱勢兒童，以消除教育不平等。

去光芒，那世界也會變得黯淡。」

我們尚未失去光芒，可是自從911事件以來，我們一直很害怕，而當人感到害怕的時候，就會亂了方寸。2007年12月，我到巴林訪問巴林王儲薩爾曼（Sheikh Salman bin Hamad Bin Isa al-Khalifa）。我跟他相識多年，也一直很欣賞他。我們在小餐館裡吃比薩，隔壁桌是巴林人一家三口，父母親帶著女兒。母親包著頭巾，穿了一身黑，態度極為謙遜。女兒的穿著打扮像美國青少年，左肩上有類似刺青的東西。薩爾曼王儲開始跟我談起在911事件之後成長的巴林年輕人。王儲提醒我，2004年美國在沙烏地阿拉伯的一處基地遭到攻擊，加上巴林發生過幾次恐怖主義威脅，五角大廈便下令，美國駐防巴林的第五艦隊海軍設施內所有眷屬都返回美國。這使得巴林唯一一所美式高中巴林學校（Bahrain School）面臨難以為繼的問題。這所學校是1968年美國國防部針對海軍眷屬需要而成立的，從此一直是巴林高品質教育的標竿。1980年代，美軍眷屬只占全校學生的30%，其餘近70%是必須付學費的非美國人，以巴林工商界和政界菁英的子女為主，包括當年的王儲本人。

若學校關門，眷屬離去，從美國婦女的年度花展、美巴壘球賽，到兩國年輕人的足球聯盟賽，全都要畫上句點。巴林領導階層有許多人是這所高中畢業的，他們也是在這裡接觸到美式生活。於是他們向五角大廈陳情，希望美軍眷屬留在巴林，讓這個教育灘頭堡繼續下去。可是眷屬們還是走了，學校則因巴林政府同意付錢給五角大廈才保住。

我的巴林友人希拉威（Serene al-Shirawi）1987年自該校畢業，目前在倫敦擔任企業顧問。他說：「那所學校百分之百講實力。一進校門，身分地位就不重要，是好是壞，一切全憑個人的表現，這跟巴林其他學校很不一樣。」其他學校是看學生家庭的財勢。「到今天，從那所學校畢業的巴林人還是與眾不同，你會懂得紀律，學校也鼓勵你冒險和失敗……它是照美國的價值體系來運作。」

薩爾曼王儲也說：「這所美國學校是美國人的最佳廣告，它替美國交到的

朋友多過美國大使館。很可惜，現在年輕一代的巴林人，從小到大從未有機會
接觸到那樣的美國。現在17歲的巴林年輕人，911事件發生時才11歲，他們不曾
見到柏林圍牆倒塌，不曾看到美國解放科威特，只知道阿布格瑞布監獄（Abu
Ghraib）和古巴關達納摩灣（Guantánamo Bay）虐囚事件所代表的美國。那不
是我們當年愛上的美國。」不過他立刻加上一句：「我相信那樣的美國還會回
來。」

　　我有把握那樣的美國可以回得來，但是我們如果繼續走現在這條路，
就很難說了。2008年1月，我在海牙，荷蘭友人達柯森夫婦（Volkert and Karin
Doeksen）告訴我一個故事，我聽了又好笑又想哭。他們說2004年4月曾應當時
美國駐荷蘭大使之邀，到海牙某餐廳參加晚宴。主客是來訪的美國緝毒署署
長譚迪（Karen Tandy）和當時的荷蘭衛生福利暨運動部長胡格沃斯特（Hans
Hoogervorst）。

　　現任荷蘭某投資基金執行長的達柯森回憶道：「我到的時候有點晚，餐廳
裡看起來都坐滿了。直到吃完飯大家準備離去時，我才發現美方的安全人員有
多少。」

　　我問他是怎麼回事。達柯森解釋說，譚迪自己帶了警衛，美國大使也有
警衛隨行，荷蘭政府還加派了安全人力：「好像全餐廳的客人都跟我們一起走
光了，幾乎沒剩下一個人！最有趣的是，衛生部長是在場唯一可能被認出來的
人，他卻沒有安全人員，還是騎腳踏車到餐廳來的！」

　　他說，飯後「我們一群人到市中心廣場散步」。那天是荷蘭國定假日女王
日（Queen's Day）的前夕，廣場上到處是年輕人，穿著奇裝異服，吸大麻，男
同性戀者當街公開接吻。他憶起當時：「那位美國署長周圍圍了太多警衛，他
們開始與人群發生推擠，很不客氣，民眾被惹惱，所以我們就說：『算了，回
家吧。』」這就是現下美國高階官員到國外訪問，想跟當地人打成一片時的情
景。算了，回家吧。

　　我有個朋友是美國外交官，曾數次派駐歐洲，他總結這個趨勢說：「好處

是我們更安全了。壞處是失去與人接觸的機會，要跟非菁英階層的人互動，難上加難。我的工作變得比較無趣。有時候，你乾脆躲在克里夫蘭的防彈玻璃窗戶後去看世界。」

別擔心，即使每次入境收費一千美元，還要求提供牙齒的X光片，仍然會有千千萬萬的外國人，到美國大使館排隊申請簽證。不過也有些人，特別是歐洲年輕人會多考慮一下，因為他們不想那麼麻煩，尤其是還要按指紋。美國旅遊業同業公會（American Travel Industry Association）理事長兼執行長道氏（Roger Dow）告訴我，儘管美元持續疲弱，對持有歐元或日圓的外國人而言，美國境內所有的東西都像是在大特賣，但是公會估計，從911事件後到2007年，美國仍然流失了數百萬的外國旅客。他說：「在各大國家中，唯有美國的旅客人數下降，這在當今世上是聞所未聞的。」道氏說，單單2004到2005年，商務旅客人數就減少了一成，同一時期，歐洲卻上升了8%。旅行業

> 在這個新時代，想要繁榮發展，不但需要在綠色能源方面有重大突破，也必須更尊重地球上的森林、海洋和生物多樣性熱點。

2007年「發現美國夥伴計畫」（Discover America Partnership）的研究指出，美國的入境程序「製造出一種恐懼和挫折的氛圍，令外國商務和渡假旅客對美國敬謝不敏，也損害美國在海外的形象」。

當然，美國需要更精良的機場安檢裝置，也需要更安全的大使館。美國的確有貨真價實的敵人，911事件對紐約市和美國首都來說，確實是令人心驚膽顫的殘忍攻擊，也確實把西方與伊斯蘭極權主義者在全球一觸即發的鬥爭，拉到新的層次。新威脅依舊層出不窮，美國必須有所回應。不過，美國是否做得太過火了？很可能。坐輪椅的老奶奶接受金屬探測器檢查，我對這種畫面永遠不會習以為常。可是安全等級並非我關心的核心問題。我擔心的不是金屬探測器或安全檢查，而是除此之外，就空空如也。美國對912的願景太少，對911卻一

而再、再而三投注太多關注。

只要想到除了「反恐戰爭」之外，還有其他偉大的計畫值得美國去追求，我就願意每次從華盛頓飛出去時，經過五道機場金屬探測器的查驗。在冷戰年代，即使我和同學會在學校的地下室進行核戰演習，美國仍不忘想方設法把人送入太空，去探測明日新疆界，並鼓舞年輕一代。我們需要美國，世界也需要美國，不只是一個「對抗恐怖主義的美國」。不錯，美國不可或忘敵人是誰，但也必須永遠記得自己是誰。「他們」是發動911攻擊的人；「美國人」則是慶祝7月4日獨立紀念日的人，這一天才是美國的國定假日，而不是9月11日。

美國要打贏的目標太多了，豈止是反恐之戰。美國有太多可以貢獻之處，然而過去30年，政治和風氣的改變分散了我們的注意力，窄化了我們的意志。全美國好像不太去想國家利益、公共事務和長久之計。「我們想處理時就會處理」仍是當前的主流。

處理能源危機，沒有決心與魄力

有關美國無法持久專注力，以致承擔不了重大挑戰，我所能想到的例子當中，沒有比處理能源危機更貼切的。1973到74年，發生阿拉伯石油禁運事件後，歐洲和日本的應對方式是提高汽油稅，並大力推展提升能源效率運動，日本做得尤其認真。法國把發展核能當做國家計畫，大手筆的投資，其成果是目前全法國78%的電力來自核能電廠，而且許多廢料經過處理，又變成能源。就連開發中國家巴西，也展開從甘蔗提煉乙醇的國家計畫，以減低對進口石油的依賴。如今巴西靠自產的石油和乙醇工業，已經不需要進口原油。

美國的反應起先非常認真。在福特總統和卡特總統敦促下，美國提高對汽車、卡車的油耗標準。國會1975年通過能源政策暨保育法（Energy Policy and Conservation Act），訂定國家汽車平均油耗（corporate average fuel economy，CAFE）標準，要求新出廠的客車能源效率，必須在10年內逐步倍增至每加侖27.5英里。

不出所料，這一切都發揮了效用。1975到85年間，美國客車每加侖可走的里程數，由13.5英里增為27.5英里，輕型卡車的里程數，也由11.6英里提高到19.5英里。這些均促成1980年代中期至1990年代中期，全球石油供過於求，這不但削弱了石油輸出國組織（OPEC）的力量，也有助於當年全球第二大產油國蘇聯的解體。

那接下來呢？我們有沒有著眼於長久之計？沒有。在國會規定的每加侖27.5英里的標準，於1985年完全實現後，雷根總統不但沒有繼續提高油耗標準，以降低對外國石油的依賴，反而在1986年倒退至每加侖26英里。雷根也刪除卡特總統的替代能源計畫大部分的預算，特別是當時才剛起步的太陽能研究所（Solar Energy Research Institute）及該所四個地區中心。雷根的白宮和民主黨主導的國會也聯手，中止對太陽能和風力新創公司的稅賦獎勵措施。這些公司及其技術最初是在美國納稅人提供的資金下發展，後來有幾家被日本和歐洲企業買走，加速了那些國家的再生能源產業。雷根甚至拆掉卡特裝設在白宮屋頂的太陽能板。

這些太陽能板最後送給緬因州某學院，該校又透過網路拍賣，賣給了蒐集歷史文物者。美聯社2004年10月28日報導那次拍賣的新聞裡提到：「當全國被阿拉伯石油禁運搞得七葷八素的那段時間，總統官邸裝設了32塊太陽能板。據白宮歷史協會（White House Historical Association）表示，卡特總統號召全國展開節約能源運動後，在1979年下令裝上這些板子，以樹立榜樣。這些太陽能加熱板裝在白宮西廂的屋頂上，但是1986年雷根總統在職期間，能源危機和依賴外國石油的憂慮減緩，這些板子就被拆掉了。」

雷根在油耗標準上退卻，他顯然以為，自己替不景氣的石油業及汽車業助了一臂之力。結果：美國很快又開始離不開進口石油了。雷根政府對促使蘇聯垮台頗有貢獻，對養成美國目前如此依賴沙烏地阿拉伯，也厥功至偉。

雷根時代也是一個環保的轉捩點。由於年代久遠，人們已經忘記，美國曾經有過兩黨一致的環保立場。共和黨的尼克森總統，針對第一代環境問題：

空氣汙染、水汙染和有毒廢棄物，簽署了美國第一波重要的環保立法。可是雷根使之改觀，他不但反對政府干涉太多，更特別反對環保法規。他與內政部長華特（James Watt），把環保法規變成政黨空前對立、正反意見空前兩極化的議題。從此以後，始終是如此。〔有一個值得一提的例外：國務卿舒茲（George P. Shultz）的團隊，曾熱心談判〈蒙特婁破壞臭氧層物質管制議定書〉（Montreal Protocol on Substances That Deplete the Ozone Layer），此一劃時代的國際協定，旨在保護可遮蔽有害紫外線的同溫臭氧層。〕

老布希政府至少在1989年，把油耗標準改回1985年的水準：每加侖27.5英里。也通過大幅改進建築標準和新家電標準，對再生能源實施生產稅獎勵措施，並把太陽能研究所提升為國家級機構，改名國家再生能源實驗室（National Renewable Energy Laboratory）。然而，當老布希把科威特從海珊手裡解放出來，油價開始回跌，他就再也沒有任何解放美國對中東石油依賴的策略性作為。

柯林頓政府上台後，曾研究進一步提高油耗標準，但只針對輕型卡車。然而，就在政府想要提高里程標準之際，國會卻在密西根州國會代表團刺激下，封住了政府的眼和口，全面予以封殺。這個代表團，是全美三大汽車公司及汽車工人聯合工會（United Auto Workers）擁有百分之百所有權的附屬機構。美國國會甚至在運輸部1996到2001政府會計年度的撥款法案上，加進一個撥款附加條款，明文禁止美國公路交通安全署用所獲經費，制訂任何更嚴格的美國汽、卡車油耗標準，藉此凍結這整個過程。國會有效的禁止了交通安全署，對美國汽車採取任何能改進里程標準的步驟！

一直到2003年，小布希政府才做了些微調整，提高輕型卡車的每加侖里程數。2003年時，連中國都超前美國，宣布新出廠的汽車、箱型車和休旅車的里程標準，「在2005年，會比美國要求的標準多出2英里，到2008年更多出約5英里」（《紐約時報》2003年11月18日報導）。遲至2007年底，距離國會當年下令改進油耗標準至27.5英里已32年後，美國才再次有所行動，把油耗標準提高到2020年時每加侖35英里，約相當於歐、日目前的標準，這之間相差了12年。

根據皮尤基金會（Pew Foundation）的研究，如此胡作非為的後果，就是美國1990年代末期出售的汽、卡車，「平均每加侖汽油比10年前少跑1英里」。

這一切直接影響到我們的石油消耗量及外交政策。主持落磯山研究中心（Rocky Mountain Institute）的實驗物理學家羅文斯（Amory Lovins）指出，假設美國一直到1990年代，都還是按照1976至85年的速率，靠較高里程標準的方式節約用油，1985年之後就可以不再需要波斯灣的石油。羅文斯說：「雷根把標準降回去，相當於『少發現』一個北極國家野生動物保留地（Arctic National Wildlife Refuge）的石油。他這麼做，浪費的石油多達北極保留地的估計儲油量。」

與此同時，1979年的三哩島（Three Mile Island）核電廠意外，使擴展美國核電業的希望完全破滅。

然後，底特律汽車業推出休旅車，並成功遊說政府，把休旅車歸類為輕型卡車，就不必遵守汽車每加侖27.5英里的

> 對通用汽車公司有利的，不見得必然對美國有利，然而不論民主黨或共和黨，很少有居上位者願意領導國家走一條不一樣的能源之路。

標準，只需符合輕型卡車的20.7英里標準。於是，我們的石油癮愈來愈嚴重。我曾請教通用汽車董事長兼執行長華葛納（Rick Wagoner），為什麼通用公司不生產燃油效率更高的汽車？他回以標準答案：通用公司無法指定美國人該買什麼車。他說：「市場需要什麼，我們就生產什麼。」如果消費者要休旅車和悍馬越野車（Hummer），廠商就得提供他們想要的東西。

可是底特律的大老闆們從來不會告訴你，這些年來，民眾想要休旅車和越野車，一個很大的原因，是汽車業和石油業不斷遊說國會，不要提高汽油稅，這種稅原本可以引導民眾對不同的車種產生需求。歐洲政府長期課徵很高的汽油稅和引擎容量稅，結果呢？歐洲人要求的車愈來愈小。美國不肯實施更嚴格的汽油稅及引擎稅，所以美國消費者想要的車愈來愈大。石油大亨和汽車大亨運用他們在華府的權力運作塑造市場，好讓民眾想要的車種耗油最多、讓相關

業者獲利最大。美國國會對此不會加以阻攔,他們已經被收買了。

那是大量消耗的年代,代表特殊利益的兩黨聯手,讓這樣的事情就發生在你家附近的加油站。民主黨支持汽車公司和汽車工會,共和黨支持石油公司,代表廣大國家利益的團體卻被邊緣化,被嘲笑是生態邊緣人。這就是「自願做笨蛋」。等到1973年的石油禁運事件發生後,一般民眾受到波及,大家必須排隊等加油,這才壓過汽車與石油遊說團體根深柢固的利益。可是就在那一分鐘——真的,就在那一分鐘,當民眾的注意力一轉移,特殊利益團體的說客立刻再度直闖國會休息室,分送政治獻金,依本身需要,而非國家需要,呼風喚雨。對通用汽車公司有利的,不見得必然對美國有利,然而不論民主黨或共和黨,很少有居上位者願意領導國家走一條不一樣的能源之路。

丹麥小國的能源大舉

且對照一下歐洲小國丹麥在1973年後是怎麼做的。丹麥氣候暨能源部長海德嘉(Connie Hedegaard)曾解釋給我聽:「我們一度為核能辯論得很厲害,到1985年,我們決定不要核能,轉以能源效率和再生能源為重點。我們決定用課稅方式使能源變得相當昂貴,民眾就有節約的誘因,他們會在家裡做些改變,以提升能源效率……這是政治意志的成果。」

2008年時,丹麥高級汽油的售價每加侖約9美元。此外,丹麥還有二氧化碳稅,這是1990年代為提高能源效率所開徵的稅,即使那時丹麥已在外海發現石油。海德嘉部長說:「民眾收到電費帳單時,會看到上面有單獨條列的二氧化碳稅。」想當然耳,這些措施會把丹麥的經濟打得一敗塗地,對不對?結果呢?她說:「從1981年以來,我們的經濟成長了70%,能源消耗量卻維持在幾乎平盤。」失業率則略低於2%。丹麥及早把重心擺在太陽能和風力發電,不但使目前的能源總消耗量有16%來自於此,更培養出全新的產業。

海德嘉說:「這對創造就業機會有正面影響。以風力產業為例,1970年代,它還不成氣候。如今全世界地表的風力渦輪,有三分之一來自丹麥。產業

界大夢初醒，發現這個方向符合我們的利益。當我們知道其他國家一定也要走這條路時，那搶得先機的優勢一定對我們有利。」全球生產轉換生質能為燃料的酵素製造商中，創新能力最強的兩家，丹尼士科（Danisco）及諾維信（Novozymes）正是丹麥公司。海德嘉說：「1973年時，我們99%的能源來自中東。現在是零。」我知道丹麥是個小國，改革起來比美國這種龐大的經濟體要容易得多。然而看看丹麥，你很難不聯想到該走卻未走的路。

> 丹麥及早把重心擺在太陽能和風力發電，不但使目前的能源總消耗量有16%來自於此，更培養出全新的產業。

　　這種「自願做笨蛋，想處理時就會處理」的心態，會因為在上位者對自己領導的政府持懷疑態度，更加雪上加霜。雷根是第一個真正反對政府干涉太多的現代總統。越戰、「大社會」❹終結貧窮未成、水門事件引發的懷疑態度，以及卡特時代惡性通膨和地緣政治徒勞無功的結果，針對這一切，雷根主張，政府管制過多、課稅過多，已威脅到美式生活，同時美國也有厚實的經濟力需要釋放出來。雷根的經濟政策在剛推出來時，有不少言之成理的部分。我們確實需要鬆綁在美國經濟中受壓抑的才華、能量和開創精神。可是政治上所有的好事都是如此，有當令的時候，也有一定的限制。雷根主義盛行時，適逢美國的宿敵蘇聯垮台，於是開啟一段歷史時期，其間有愈來愈多政府官員詆毀政府，並頻頻說些不痛不癢的大話，好像這樣經濟就會繁榮。認為市場永遠是對的，政府永遠是錯的。任何需要美國人吃苦的政策提議，譬如節約能源、開省油車、用功讀書，或做個稱職的父母，「千萬提都別提」。據說倘若想選上美國任何高官，這種話絕不能出口。

---

❹ 大社會（Great Society）是1960年代美國詹森總統提出的社會改革計畫，目的在消除貧窮與種族不平等。

要做最偉大的一代

我們父母親那一代必須做「最偉大的世代」❺，因為照約翰霍普金斯大學外交政策專家孟達邦（Michael Mandelbaum）的說法：「他們面對的威脅再真實不過，每一項都難以抵擋，迫在眉睫，無所遁逃，包括經濟大蕭條、納粹、擁有核武的蘇聯共黨。正因為那一代經歷了經濟大蕭條和二次世界大戰，所以願意去打韓戰，為冷戰動員。他們那一代很清楚情況會糟到什麼地步。」

高盛國際公司（Goldman Sachs International）副董事長霍麥茨（Robert Hormats）寫過一本書《自由的代價》（*The Price of Liberty*），討論美國自1776年以來為戰爭曾付出的代價，書中提到美國首任總統華盛頓在告別演說中警告大家，不要「禍延子孫，把我們應該肩負的擔子丟給後人」。可是這正是我們今日的寫照，而且問題才開始暴露出來。像我家鄉明尼蘇達州的35W州際公路橋梁突然倒塌，特別令我感到憂心，因為我小時候走過那座橋不下千百次。不過這還不夠看。

2008年3月，我與內人由紐約甘迺迪機場飛往新加坡，在出境大廳，我們幾乎找不到位子坐。18個小時後，我們降落在新加坡寬敞、超級現代的機場，裡面四處設有免費上網設備和兒童遊樂區。我們覺得好像剛從石器時代飛到機器人時代。如果美國人把柏林現在很豪華的中央車站，拿來與紐約市雜亂擁擠的賓州車站做比較，一定會斷言，美國才是二次世界大戰的戰敗國。

如今回顧起來，冷戰固然有很多負面影響，可是也有一大優點：冷戰使我們重視國家。它是一個規訓機制。我們知道在面對蘇聯時，不可以任性的不用大腦，做個笨蛋。可是一旦看似無所不在的「紅色威脅」消失後，「我們近來就沒有遇到過什麼競爭」，這使我們變得自滿又懶惰，《後美國世界》（*The Post-American World*）作者薩卡里亞（Fareed Zakaria）如是說，他還說：「那不包

---

❺最偉大的世代（Greatest Generation）指成長於二次大戰期間的美國人。

括民間企業。美國的跨國公司必須在全球競爭，它們知道該怎麼做。跨國大企業處在這樣的新世界裡，無法存活，就會被淘汰。」

當前的危機不在於美國明天會崩潰，會陷入經濟蕭條。美國經濟中有實力、有競爭力的部分，不輸給世界任何國家。當前的危機在於美國政治體系陷入癱瘓，不再能夠對付重大的跨世代問題，反而是非常緩慢的侵蝕著美國的社會實力及資產。我們會慢慢堵住移民，慢慢放棄對自由貿易的承諾，慢慢默許科研預算下降，慢慢讓公立學校變得過且過，並且遲於面對能源挑戰。薩卡里亞說，可怕的地方在於「速度會剛好慢到讓我們感覺自滿，無法意識到危險的存在」。日

不要禍延子孫，把我們應該肩負的擔子丟給後人。

子還是會過下去、繼續下去，直到無以為繼，直到有一天我們清醒過來，四下一看，發現美國真的落於人後了。

我的朋友環保顧問華森常說：「從80層樓的大廈頂樓往下跳，經過前79層時，你真的會感覺自己好像在飛。到最後倏然而止這一段才要了你的命。」倘若現在不醒過來，那我們就是正在朝那個方向走，走向倏然而止的終點。

這是絕對要避免的場景。它不見得一定發生，但是否能避開，已不再那麼篤定。我每天都感覺，我們好像愈來愈只知消耗最偉大的世代留下來的餘裕和基礎建設，卻不肯充分加以補足。父母輩交到我們手上的美國，比他們接收到的美國要富裕和健全許多，但我們這一代彷彿打定主意，要傳給子女一個向下沉淪的美國。

小布希就任總統時已下定決心，不要求美國人民在能源方面吃任何苦。2001年5月7日，白宮發言人佛萊契（Ari Fleischer）在每日例行新聞簡報上被問到：「以美國目前人均能源消耗量超過世界上其他國家如此之多，總統是否認為我們需要改正生活方式，來應對能源的問題？」

佛萊契的回答是：「答案是百分之百的否定。總統認為美式生活就是如

此，政策制訂者的目標應該是保護這種生活方式。美國人的生活方式是上帝的恩賜。」他説，總統當然鼓勵能源效率和環境保育。可是他重申，總統認為「美國人使用能源的情況反映美國的經濟實力，也反映美國人喜歡這樣過生活。」這一點不會改變。

911事件發生後，我和某些人都認為，應該徵收每加侖1美元的汽油燃料稅，等於是「愛國稅」，來削弱那些造成集體謀殺的勢力，並重建美國的運輸和能源基礎建設。小布希如果肯這麼做，其意義將不下於尼克森當年訪問中國。出身德州油商家庭的他，如果能夠斷絕美國對中東石油的依賴，將可以產生徹底的轉型。他在國會很容易獲得多數支持；全國民眾也一定會團結在他的號召下。加油站的油價會上漲，但是也會刺激美國經濟，在開發低耗油車輛和再生能源上領先全世界，並降低我們受2008年油價飆漲之害的風險。但是，他反而號召全國支持大幅減税，使美國不但更加仰賴中國來彌補赤字，也更仰賴沙烏地阿拉伯來填滿儲油槽。在小布希的任期快結束時，他發現自己不得不親訪沙國，去求阿不都拉國王（King Abdullah）在汽油價格方面給點通融。我想這有點罪有應得。當美國總統在911事件後，呼籲全美民眾去血拚購物，而非減少開車以戒掉石油癮，其結果就是，以總統之尊卻必須到世界各地去尋覓廉價汽油。

總而言之，我們在911事件後的表現，是美國歷史上，報效國家的機會被糟蹋得最慘的一例。

當時的國防部長倫斯斐（Donald Rumsfeld）在有士兵問到，為什麼不給合適的裝備，就把他和同袍送上伊拉克戰場時，倫斯斐答道：「要打仗時，有什麼軍隊就派什麼軍隊，而不是派自己想要，或以後希望擁有的軍隊。」他這番

> 我們正要進入的時代，比表面上看起來要危險得多，卻也更是時候，一個國家想要在這種時代蓬勃興盛，就必須保持最佳狀態。

話，言簡意賅的道盡了這個國家今天已淪落到什麼地步。美國已經決定靠現有的政府，而不是靠心目中想要或希望擁有、需要擁有的政府。

可是，我們不能只憑目前這樣的政府就進入未來，正如法國詩人梵樂希（Paul Valéry）所說：「我們這個時代的問題就是，現在的未來已不復過去的未來。」我們正要進入的時代，比表面上看起來要危險得多，卻也更是時候，一個國家想要在這種時代蓬勃興盛，就必須保持最佳狀態。

我深信民眾已經準備好了，他們走在政治人物的前面。2007年8月，我以隨行記者的身分，與時任美國中央指揮部司令的法隆（William Fallon）海軍上將一起到伊拉克。有一站，我們造訪伊國中部巴拉德（Balad）的美軍野戰醫院。整個伊拉克的混亂情勢在此表露無遺：有被自殺炸彈碎片炸傷的美國士兵、腹部中彈的叛軍，還有兩個月大的女嬰被叛軍埋放的土製炸彈炸傷而包著繃帶。

行程中，法隆上將與醫護人員聊天，他們都是交互輪調來服務30、60或180天。法隆上將問他們如何協調彼此來去的時間，後排有一位護士大聲說：「長官，我們都是同一個團隊的。」

我環顧這整個房間的人，有非裔美國人、西裔美國人、亞裔美國人、白種美國人，整個美國大熔爐全部到齊，大家同心協力。其中有一半是女性，更不乏放下子女、家人到伊拉克服務半年或一年的為人母者。

我離去時一面搖頭，一面心想：「美國做了什麼好事，修來這麼好的人民？」

我回答不了這個問題，但是非常清楚：「他們應該得到能夠匹配其奉獻及理想精神的政府，和國家政策方向。」如果有那麼多美國人志願到伊拉克報效國家，那想想看，會有多少美國人願意在國內報效國家，希望把美國復甦和振興起來，好讓美國充分發揮潛力？他們理當享有這種機會，理當可以在金屬探測器的另一面，享有更好的際遇：一個為共同目標而非共同敵人，所團結和驅策的美國。

如何點亮國家的未來？

再回來談「綠色行動」。能源專家暨卡內基基金會（Carnegie Endowment）訪問學者羅斯柯夫（David Rothkopf）說過：「不斷成長茁壯的企業和國家，共同的特徵就是不斷的自我再造。十九世紀時，美國自我再造，成為美洲大陸的工業強國，二十世紀時自我再造為全球化工業強國，二十一世紀，又自我再造為全球化資訊社會。」

如今為了美國自己，也為了全世界，美國必須再一次進行再造。把美國建設為全球最綠化的國家，不是無私的做善事，也不是天真的只講道德，不顧現實。現在，綠化已經是國家安全及經濟利益的核心。

羅斯柯夫說：「綠色不僅是新的發電方法，也是建立國家實力的新形式，就是這樣。」

我再重複一次：綠色不僅是新的發電方法，也是建立國家實力的新形式，就是這樣。這不只關係到如何點亮家中的燈火，也關係到如何點亮未來。

請做以下的想像練習，你想看到哪一種美國：擺脫不了石油的美國，並因此助長了世界上最糟糕的獨裁政府的氣焰；還是綠色美國，發展可達經濟規模的石油替代品，不再受制於價值觀與美國相左，又把美國視為眼中釘的國家？

你想看到哪一種美國：不斷把藍領、勞力密集製造業工作委外給中國的美國；還是創造更多知識密集、綠領科技工作的美國，以發展更多綠色建築、綠色交通工具和綠色能源？綠領科技工作較難委外，而且隨著化石燃料的能源供應枯竭，全球人口增長，它必定成為明日的明星產業。

你想看到哪一種美國：是都市不斷蔓延，吞沒愈來愈多空地的美國；還是綠色美國，城市開始向上而非向外發展，交通常態是大眾運輸而非大量塞車，只要有新建築必定是綠色建築？

你想看到哪一種美國：是放寬汽車、建築物和家電能源效率標準的美國，導致產業惰於創新；還是綠色美國，實行愈來愈高的效率標準，逼使美國在原

料、供電系統及能源軟體方面不斷推陳出新,能源生產力位居世界第一?

你想看到哪一種美國:是沒有遠大國家目標的美國;還是把發明供應充足、潔淨、可靠又便宜的電力,當做這一代目標的綠色美國,激勵年輕人學習數學、自然科學、生物學、物理學和奈米技術?而且這種電力還能夠讓整個地球,以不破壞現存自然棲息地的方式成長。

你想看到哪一種美國:是在國際環保會議上被凸顯負隅頑抗,遭世人鄙視的美國;還是被視為以身作則的綠色美國,最致力於保育環境及棲息物種,從而贏得世人尊敬?

中國有一句諺語:「當風向改變時,有人築牆,有人造風車。」我們會怎麼做?是以下這些狀況嗎:在各美國大使館、美商企業總部周圍,築更多高牆;讓產品受更多關稅保護;經濟受更多貿易壁壘保護;汽車業者受更多法律障礙保護;邊界受更多電子牆保護;造更多軍事圍牆跟盟友隔開,並給敵人更強烈的動機,讓更多簽證障礙阻止外

> 綠化已經是國家安全及經濟利益的核心。這不只關係到如何點亮家中的燈火,也關係到如何點亮未來。

國人進入美國,實現美國夢,與美國人打成一片,豐富美國的文化;還是建造各式各樣、形形色色的風車,供自己用,也輸出給別人?

是的,風向已經變了。

我們正邁向的時代是,若不找出更環保的方式供應電力,更好的方式保護自然界,那不論我們的生活、生態系、經濟,和政治抉擇,都會大受限制。所以我主張造風車,我主張美國要帶頭。

在這樣的美國,飛鳥一定會再現蹤跡,在每一方面都是如此。空氣會更乾淨,環境會更有益於健康,年輕一代的理想會反映在政府的施政上,產業界會有更多工具助益自己,也助益地球。這樣的美國會再度在時下最重要的策略使命和價值議題上領導全世界,從而找回本色,更別提還能找回自信了。

　　美國靠借來的時間和金錢度日，已經太久、太久，需要回過頭整頓自己的國家和星球。時機已經遲了，相關的利害得失再高不過，要完成的工程雖是相當艱難，收穫卻是再豐盛不過。

　　以下的章節，將說明如何達成綠色行動目標。

第二章

能源氣候年代的關鍵問題

全球暖化、全球市場扁平化和人口爆炸三者結合，

催生出能源氣候年代這個歷史新紀元。

在又熱、又平、又擠的年代裡，有五大關鍵問題正劇烈激化：

能源供需失衡、產油國獨裁、失控的氣候變遷、能源匱乏、生物多樣性消失。

任何一個應對不當，都可能會造成難以預測的全面性破壞，

不僅無法挽回，還會持續影響好幾代。

歷史的新紀元誕生

我們正要進入的究竟是什麼樣的新世紀，以致於採行「綠色行動」策略，是如此勢在必行、事關重大且事不宜遲？簡單回答就是，我們正進入「能源氣候年代」（Energy-Climate Era）。

我在2005年出版的《世界是平的》（The World Is Flat）當中主張，科技革命把全球的競爭環境抹平，使世界各地多出許多人能夠競爭、連結和協作，這個科技革命促使全球化進入新階段，將對政治、經濟、軍事和社會造成重大影響。的確，我走訪的地方愈多，所看到的世界變平的效應也愈多。

不過近幾年發生的事件，使我清楚的意識到，另外還有全球暖化和全球人口成長這兩股強大無比的力量，正對地球產生根本的影響。當我把這兩股力量納入分析，便很明顯看出，形塑今日世界最重要的動力，是全球暖化、全球市場扁平化和人滿為患三者的結合。我對這種現象的簡稱，便是本書的書名《世界又熱、又平、又擠》，由這種現象所催生出的歷史紀元，我則簡稱為「能源氣候年代」。

本書關注又熱、又平、又擠的世界裡，正劇烈激化的五大關鍵問題：全球的能源及天然資源愈來愈稀有，需求卻愈來愈高；財富大量轉移至油藏豐富的國家及其獨裁者；破壞性氣候變遷；能源匱乏，明顯劃分出電力富足和電力欠缺這兩個不同的世界；動植物以破紀錄的速度走向滅絕，造成生物多樣性加速消失。

> 形塑今日世界最重要的動力，是全球暖化、全球市場扁平化和人滿為患三者的結合。由這種現象所催生出的歷史紀元，簡稱為「能源氣候年代」。

我認為這些問題以及我們的處理方式，將會決定能源氣候年代的樣貌。這五個問題均非等閒，其中任何一個如果應對不當，都可能造成難以預測的全面

性破壞，無法挽回，並且持續影響好幾代。若想解決這些問題，我們需要新工具、新基礎建設、新思維和新協作方式，這是偉大新產業和科學突破的要素，也是推動國家前進，或拖累國家的關鍵。

　　因此，我們最好對眼前所進入的新紀元有更多瞭解。當前的有效關鍵字是「新」。我們不能再自視為「後」什麼什麼：後殖民、後二戰、後冷戰、後後冷戰。那些時代對今日已不具任何意義，快把那些從心中掃地出門，它們解釋不了當今的世界。

　　能源顧問羅斯柯夫說：「我覺得我們不再是後什麼時代，而是全新的前什麼時代。」沒錯，我們要進入的，正是能源氣候年代。

　　羅斯柯夫指出：「我想我們正處於歷史上的閃亮時刻，變化可能以料想不到的方式，同時發生在眾多領域。以往也出現過這種時刻：像是啟蒙時代的民主革命或工業革命，還有當代的資訊技術革命。這些時刻有一個共同點，亦即當事情開始發生變化時，我們往往掌握不了整個意義。另一個共同點是，所有重大的變化均帶來重大的挑戰。而是否挺身應戰，決定新世紀的走向，推動進步，催生新體制，分出了贏家、輸家。」

　　不錯，能夠對重大問題有所啟發，並創造重要解決之道的國家，在緊接而來的世紀就會成為領導者。而未能應變的國家，就只能認輸放棄。

推動能源氣候年代的引擎：熱、平、擠

　　首先，從推動新紀元的引擎：又熱、又平、又擠的綜合討論開始。先來談「擠」。

　　以下的統計數字令我憂心忡忡。我生於1953年7月20日。到Infoplease.com這個網站，輸入出生年月日，就可以知道在自己出生的那一天，有多少人住在地球上。我查了，結果跳出來的數字是26億8,100萬。上帝保佑，如果我繼續騎自行車，喝優酪乳，說不定能活到100歲。聯合國預測到2053年，拜醫藥進步、疾病根除和經濟發展之賜，地球人口將超過90億。這代表在我有生之年，世界的

人口會成長到三倍以上，而從現在到2053年出生的人口數，約莫相當於我出生時地球的總人口。

更確切的說，聯合國人口司（Population Division）發布的報告（2007年3月13日）指出：「未來43年裡，全球人口可能增加25億，從目前的67億成長到92億。這個增幅相當於1950年的世界總人口，其中大部分將出生於低度開發地區，預估低度開發地區的人口會從2007年的54億，增加到2050年的79億。相形之下，已開發地區預計會大致維持目前的12億人口不變，而且若非每年有預估由開發中國家移至已開發國家的230萬移民，已開發國家的人口還會更少。」

所以讀者倘若覺得現在的世界很擠，不妨再等幾十年看看。1800年時，倫敦是世界最大的城市，有100萬人口。1960年，全世界人口超過100萬的城市有111個，根據聯合國人口基金會（Population Fund）統計，到1995年已經增加為280個，目前則已經超過300個。同樣是聯合國的統計，全球超大城市（居民超過千萬的），已從1975年的5個攀升到1995年的14個，預估在2015年會達到26個。不用說，人口如此爆炸式增長，很快就會讓超大城市的基礎建設難以負荷，例如單單孟買便擠進1,900萬人，這也會導致可耕地消失、森林消失、漁撈過度、水資源缺乏和空氣及水汙染。

> 能夠對過去的重大問題有所啟發，並創造重要解決之道的國家，在緊接而來的世紀就會成為領導者。而未能應變的國家，就只能認輸放棄。

聯合國人口基金會執行長歐貝德（Thoraya Ahmed Obaid）在2007年發布的報告中說，到2008年，全人類有半數以上會住在都市裡，但是「我們對此尚未準備好」。美聯社2007年6月27日自倫敦報導，到2030年時，都市居民總數預計將高達50億人。歐貝德說，都市人口成長多半會出現在小城市：「我們把焦點放在超大城市，可是數據顯示，大部分人是移往50萬人以上的小都市。」那些地方往往缺少足夠的水、能源及政府機構，來應付不斷增加的移入人口。

　　人口暴增如此來勢洶洶，以致美國中央情報局局長海登（Michael V. Hayden）都說，他手下的分析師認為，現在全球最令人憂心的趨勢不是恐怖主義，而是人口問題。

　　2008年4月30日，海登將軍在堪薩斯州立大學（Kansas State University）演講時說：「現下有67億人共享地球。據最合理的估計，到二十一世紀中葉時會超過90億。這相當於40％至45％的成長率，的確驚人。可是大部分增加的人口，幾乎必然出現在最無力承擔的國度，造成不穩定和極端主義可能更形惡化的情況，而且不只是在當地，還會擴散出去。今天有不少貧窮脆弱的國家，治理起來很困難，人口卻增長迅速：阿富汗、賴比瑞亞、尼日、剛果共和國。這幾國的人口預計到本世紀中期會多出兩倍。伊索匹亞、奈及利亞和葉門的人口可能上升一倍多。再者，在單純的數字外，這些國家也會因此而出現大量集中的年輕人口。他們的基本自由和需要，像是食物、住房、教育、就業，若得不到滿足，便很容易走上暴力、作亂和極端主義。」

　　我所謂的擁擠便是如此。那平坦呢？當我寫《世界是平的》時，當然不是說地形變平了，或者全人類已經達到經濟平等。該書的論點是，二十世紀末發生的技術、市場和地緣政治事件結合起來，把全球的經濟競爭環境抹平了，有史以來最多地方、最多人因此得以參與全球經濟，而且這當中最幸運的人將躋身中產階級。

　　世界抹平是幾個因素造成的。第一是個人電腦的發明與普及，使每個人都能成為數位內容的作者。歷史上首度出現個人可以在電腦上，以位元、位元組的形式，創作文字、資料、試算表、照片、設計、影片、圖畫和音樂。一旦個人創作的內容變成數位形式，便能夠用更多方式加以處理，並送往更多地方。

　　另一個促成扁平化的大功臣是網際網路、全球資訊網和網路瀏覽器，這一套工具可以讓個人幾乎免費的把數位內容傳至世界各地，並且可以透過網頁輕輕鬆鬆的展示，或接觸到這些內容。

　　第三個因素是軟體和傳輸協定的寂靜革命，能夠使每個人的電腦和軟體互

通，透過公司內部網路、網際網路和全球資訊網，工作可以移動得更快更遠，所以我稱之為「工作流程革命」。忽然間，多出那麼多人，可以一起做出那麼多不同的事情。所以波音公司可以雇用莫斯科的飛機設計師，與堪薩斯州威契塔市（Wichita）的飛機建造工程師整合在一起；戴爾電腦（Dell）可以在德州奧斯汀和台灣設計電腦，在中國和愛爾蘭製造電腦，由印度的技術人員提供相關服務。

地緣政治上的一大因素，則是共產主義垮台和柏林圍牆倒塌。蘇聯及其鐵幕解體，彷彿消除了全球經濟競賽場上，一個龐大的實體和政治路障。從此之後，市場經濟幾乎成為世界各國的經濟模式，即使古巴、北韓這類國家也開始涉足資本主義。

把這些因素加起來，就是一個銜接得更完美、更通行無阻的全球市場。在這個全球大廣場上，有千百萬新消費者和生產者，得以透過個人或公司身分，購買或出售商品和服務，並且前所未有的，可以與更多地方的更多人，在更多事情上用更少的錢，進行更加容易的協力合作。這便是我所謂的扁平世界。

好消息是，根據國際貨幣基金會（International Monetary Fund）資料，共產主義終結和世界變平，在1980和90年代，單單在中國、印度，就幫助2億人脫離赤貧，並把全球數億人推往經濟階梯的更高一層，成為中產階級。這數億新成員，走出過去通常離不開鄉村農業生活的貧困日子，開始賺取薪資，這些錢讓他們能夠消費更多東西，也生產更多東西。這些消費者懷抱著各自的「美國夢」版本：車子、房子、冷氣機、行動電話、微波爐、烤麵包機、電腦、iPod，走上全球經濟競賽場，創造出龐大的物質需求。這些東西從生產的那一刻起到最後被丟棄，都要吃掉許多能源、天然資源、土地和水，還排放出大量改變氣候的溫室氣體。

隨著巴西、印度、俄國和中國等新興（及成長中）國家，企圖讓愈來愈多國民享有舒適、繁榮和經濟安全，因此造成對能源、礦產、水資源和林木產品的搶奪空前激烈。現在還只是開端，僅只未來12年內，全球人口預計會

再添10億左右，其中有不少人會變成新消費者和生產者。昇陽電腦公司（Sun Microsystems）主管生態責任的副總經理道格拉斯（David Douglas）說，一旦如此，大數法則的效應便會出現，每樣東西均會開始累積巨量。比方他問道：假設這10億新生人口都出生了，每人給他一個60瓦的白熱燈泡，結果會是如何？

他說：「單獨一個燈泡不重，連包裝僅20公克，可是10億個加在一起就重達2萬公噸左右，約相當於1萬5千輛Prius油電複合動力車。如果把這些燈全部點亮，同一時間所需要的電力是6百億瓦。還好，人們每天只

> 僅只未來12年內，全球人口預計會再添10億左右。假設這10億新生人口都出生了，每人給他一個60瓦的白熱燈泡，結果會是如何？

會使用4小時的燈泡，所需的電力可以降到1百億瓦。我的天！看來我們還需要大約20座5億瓦的新燃煤火力發電廠。」這還只是為了讓新增的那10億人有電燈可點！

那「熱」又如何？現今科學界普遍的瞭解是，地球正經歷一股暖化的趨勢，溫度變化超出自然的正常狀態，而與大規模製造有關的人類活動，幾乎可以確定就是罪魁禍首。暖化過程始於1700年代末期的工業革命，人力、馬力和水力開始由機器所取代或加強。隨時間演進，工業革命陸續把英國、歐洲，最後是北美，從以農業和手工業為主的社會，轉型為靠機械及引擎，不靠工具和獸力的製造業社會。

工業革命最核心的改變，便是能源和電力的採用，它的開端一般以蒸汽引擎發明的時間為準。蒸汽引擎的原理，是把木材或煤所含的化學能轉換為熱能，以推動機械作工，主要是供給工業機械和蒸汽火車頭動力。由於煤每磅所含的能量是木材的兩倍（以英式熱能單位BTU計），也因為煤能夠幫忙保住世上尚存的溫帶森林，所以煤後來取代了木材。我們用煤來產生熱能，直接投入包括冶金在內的工業製程，用於提供建築物暖氣，以及帶動蒸汽引擎。1800年

代中期原油出現，當時距離人類發明電力還有20年，原油是以煤油的形式用於點燈照明，取代鯨油。房屋暖氣和製造流程中同樣用得到它，工業用和推進用引擎也以原油為燃料。

來自地獄的燃料，讓地球陷入危機

人類需要能源和使用能源，主要是為了照明、取暖、機械工作和提供動力，另外還有發電，而電力兼具以上的用途，和其他只有它才辦得到的功用，例如電子通訊及資訊處理。自工業革命以來，所有這些能源的功能，雖然並非全部，但主要均靠會排放二氧化碳的化石燃料來擔綱。

換句話說，工業革命使專業媒體傳播公司（Pro-Media Communications）總經理，也是能源迷的勒克維茲（Rochelle Lefkowitz）的說法特別值得一提，他稱呼煤、石油和天然氣為「來自地獄的燃料」。所有這些地獄燃料都來自地下，都有用完的一天，用於交通、取暖和工業

> 煤、石油和天然氣這些「來自地獄的燃料」都來自地下，都有用完的一天，也都會排放二氧化碳及別種汙染物質。

用途時，都會排放二氧化碳及其他汙染物質。相對於這些的，是勒克維茲稱為「來自天堂的燃料」：風力、水力、潮汐、生質能及太陽能。這些燃料都來自地上，可以無止境的再生，不會排放有害物質。

二十世紀初年，內燃機的發明及應用於推動汽、卡車，也帶來交通革命。十九世紀末，德國發明以汽油為動能的車輛，不過據Ideafinder.com網站所示，「最早量產的汽車是1901年產的奧斯摩比車（Curved Dash Oldsmobile），由奧斯（Ransom E. Olds）在美國生產。」現代汽車的大量生產及採用工業裝配線，應歸功於密西根州底特律的福特（Henry Ford）。他在1896年打造了第一輛以汽油為燃料的車。1908年起，福特開始生產T型車，到1927年停產時，從裝配線上輸

送出來的T型車已超過1,800萬輛。內燃機改變了商業情勢，使做為汽車燃料的原油價值大為提高，也大大增加對鐵、鋼和橡膠的需求。蒸汽引擎靠煤、油或木材在引擎外燃燒，產生蒸汽推動引擎；內燃機則是在引擎內部進行燃燒，所需要的燃料較少，能源效率較高，也可以讓引擎和馬達做得更小。

此外，工業化促進都市化，都市化後來又催生郊區化。這個趨勢一再出現在美國各地，滋養美國汽車文化的發展，促成全國公路系統的建立，都市周邊的郊區也如雨後春筍般興起，重新建構了美式生活網絡。許多已開發和開發中國家模仿美國，也一併接收了其優缺點。結果是郊區及交叉如蝴蝶結狀的公路，不但充斥於美國各大城市，也現身

> 我們用人類已知的最高效率，打造了一個極無效率的環境。

於中國、印度和南美洲的大城市內外及周邊。當郊區吸引愈來愈多居民，都市的範圍便愈向四面八方蔓延出去。

而這有何不可？在這種新經濟模式裡，所使用的煤、石油和天然氣，看似都相當便宜、無害、取用不盡，至少用完後清潔起來不麻煩。所以沒有什麼能阻擋得了更多人口、更多開發、更多水泥、更多建築物、更多汽車，以及建造這些和提供動力的更多煤、石油和天然氣，所加起來的毀滅力量。總結一句話，就是：「我們用人類已知的最高效率，打造了一個極無效率的環境。」這是美國能源部主管能源效率和再生能源的助理部長卡斯納（Andy Karsner）對我說的。

1962年，瑞秋・卡森（Rachel Carson）出版了《寂靜的春天》（*Silent Spring*），這類書籍的出現，使人們更清楚認識到殺蟲劑的毒害。這種早期的環保意識，議題逐漸擴大到涵蓋都市空氣汙染、工業廢棄物排入湖泊河流，以及都會區擴張造成綠地加速消失。這些關切在美國激起了環保運動，最後促成相關立法，以保護或恢復清潔的空氣和水，並遏阻最嚴重的水汙染、傾倒有毒廢

棄物、煙霧、臭氧層破裂、酸雨及亂丟垃圾。保育自然環境的行動始於自然學家繆爾（John Muir），至今已有百年，現代環保運動以此為基礎，又促成通過瀕危物種法案（Endangered Species Act）及其他保育立法，好保衛自然奇景和生物多樣性。

溫室氣體，造成地球發燒

可是問題並未到此為止。自二十世紀下半葉開始，科學家逐漸認識到，有肉眼不易察覺的汙染物累積過多，影響到氣候，那就是溫室氣體。自工業革命開始，溫室氣體便以摸不到、聞不著的形式，陸續集結在我們看不到的地方。這類氣體主要是人類工業、住宅和交通活動所排放的二氧化碳。它們不是堆在路邊、河裡，或裝在罐頭空瓶裡，而是在我們頭上，在地球的大氣中。假設大氣層像一床毯子，可以幫忙調節地球溫度，那二氧化碳堆積就有使毯子增厚的作用，會讓地球變得更熱。

加州理工學院（California Institute of Technology）能源化學家路易斯（Nate Lewis），用以下這個比喻，幫助我們想像那種過程：「假設你在開車，每開一英里就往窗外丟出一磅垃圾，公路上的每輛汽車和卡車也是如此，開悍馬越野車的則一次丟兩袋垃圾，一袋從駕駛座旁的窗戶，一袋從乘客座旁的窗戶丟出去。那你會感覺如何？不太好。可是我們確實是在丟垃圾，只是眼睛看不到而已，我們丟出去的是二氧化碳，平均每開車一英里就會排放一磅重的二氧化碳到空氣中。」

這一袋袋從車子裡丟出來的二氧化碳，飄到大氣中並留在那裡，它的同伴還有燃煤、石油和天然氣的電廠排放的二氧化碳；以及燃燒和剷除森林時，把儲存於樹木、植物和土壤中的碳全部釋放出來所變成的二氧化碳。其實很多人不知道，像印尼、巴西等地濫砍森林所製造的二氧化碳，多過世界上所有汽車、卡車、飛機、船隻和火車加起來的排放量（占全球總排放量的20%）。

當我們不丟二氧化碳到空中時，仍會把其他溫室氣體往大氣中送，像是種

植稻米、開鑿石油、開採煤礦、動物排便、垃圾掩埋場，甚至牛群打嗝等，所產生的甲烷（CH_4）。

牛群打嗝？沒錯，很令人意外的是，溫室氣體的排放來源五花八門。一群牛一起打嗝，可能比滿是悍馬越野車的高速公路更糟糕。牲畜排放的氣體中甲烷濃度很高，甲烷也像二氧化碳一樣無臭無味，也是一進入大氣中，就會吸收地表輻射出來的熱能。《科學世界》（*Science World*）2002年1月21日報導：「大氣中的沼氣吸熱量，每分子比二氧化碳多21倍，是最厲害的溫室氣體。據美國國家環境保護局指出，世界各地有13億頭牛幾乎不斷在打嗝（美國就有1億），難怪牲口釋放的沼氣是全球溫室氣體主要來源之一。環境保護局的沃斯（Tom Wirth）說：『那是牛的正常消化過程。牛會反芻，把食物吐出來再咀嚼，這個過程就會排出氣體。』氣候研究人員說，一頭牛平均每天排放600公升沼氣。」

溫室氣體排放增加與全球暖化之間，有什麼確切的科學關係？皮尤全球氣候變遷中心（Pew Center on Global Climate Change）在〈氣候變遷101〉（Climate Change 101）報告裡提到，全球均溫「在人類歷史上一直都有自然的起伏。例如北半球的氣候，曾經從十一到十五世紀相當暖和的期間，轉變為十七至十九世紀中葉的較低溫時期。不過研究二十世紀末地球氣溫快速上升的科學家說，目前的情形無法用自然溫度變化來解釋。」人類是新加入的因素。我們燒煤、燒油等化石燃料，濫砍森林、大規模養牛、從事農業和工業化活動，使二氧化碳及其他溫室氣體的排放量暴增。

皮尤中心的報告說：「科學家以『加強版溫室效應』，來形容過去一世紀的地球大氣層變化。」自然發生的溫室氣體，由於分子結構獨特，能阻止接近地表的太陽熱能反射回太空，但人類把人為的溫室氣體注入大氣中，卻改變了這個過程，加強溫室效應。

「溫室效應使地球保持溫暖，適於居住；如果沒有它，地表溫度平均會下降約攝氏15.6度。以地球平均溫度約攝氏7.2度來看，天然的溫室效應顯然是好事。然而加強版的溫室效應意謂著，有更多的太陽熱能被留在地表，於是導

致地球升溫。有許多科學研究提供明確的證據，證明加強版溫室效應正在發生。其中之一是2005年美國航太總署戈達太空研究所（Goddard Institute for Space Studies）發表的報告。科學家運用衛星、海洋監測浮標取得的數據和電腦模型，研究地球各海洋，所得到的結論是：地球吸入的太陽能量大於釋回太空的能量，這使得地球能量失去平衡，造成地球暖化。」

有很多數據支持這個結論。加州理工學院的路易斯說：「2千萬年來，地球大氣層的成分沒有什麼變化。」可是過去100年，「我們開始劇烈改變大氣層，並改變地球與太陽之間的熱平衡，這可能深遠的影響到地球上每一種動物、植物和人類。」根據冰層核心樣本（ice core sample）當中所包住的過往世紀的氣泡，我們可以一窺千百年前的氣候狀況。用這個方法我們知道，工業革命前夕大氣中的二氧化碳含量約為百萬分之280（ppm）❶。路易斯說：「在此之前大約有一萬年，這個含量都相當穩定。」到1950年代二次大戰後，在西方工業強國領頭之下，全球能源消耗普遍激增，大氣中的二氧化碳含量也隨之快速攀升。

研究二十世紀末地球氣溫快速上升的科學家說，目前的情形無法用自然溫度變化來解釋。

儘管必須緩和氣候變遷的呼聲不斷，人類把二氧化碳排放到大氣中的速度卻有增無減。2007年大氣中的二氧化碳含量已達384 ppm，而且看來每年還要增加2 ppm。

氣候專家一致的共識是，地球已經比1750年時平均變暖了攝氏0.8度，上升最快的是1970年以後這段時間。不同洲和緯度的溫度變化差異比平均值變化更顯著。全球均溫改變一度，聽起來好像沒什麼了不起，可是卻告訴我們氣候狀況可能出了問題，就如同體溫出現些微變化，也告訴我們身體有恙。

哈佛大學環境政策教授侯德倫（John Holdren）說：「人的正常體溫是攝氏

❶二氧化碳的ppm是指一百萬體積的空氣中，二氧化碳所占之體積數。

37度，稍稍上升到攝氏38.9度就不得了，我們就知道身體病了。地球表面均溫的變化也是如此。」侯德倫也是林洞研究中心（Woods Hole Research Center）主任，及美國科學促進會（American Association for the Advancement of Science）前任會長。

侯德倫解釋說，從冰層核心樣本中可以得知，在地球像一個大冰球的冰河時期，和我們現在所處的間冰期，即非常適合人類發展和從事農業的時期，其間的地球平均溫差，僅有攝氏5到6度。所以地球平均溫度只要差一點點，都可能會導致很大的變局，這就是為什麼上升攝氏0.8度，等於像高爾所說的：地球「發燒了」。據世界氣象組織（World Meteorological Organization）統計，自1860年有溫度測量紀錄以來，全球十大最熱的年份，都落在1995至2005年之間。

> 地球在冰河時期，和我們現在所處的間冰期，平均溫差僅有攝氏5到6度。這就是為什麼變暖攝氏0.8度，等於像高爾所說的：地球「發燒了」。

美國有線電視新聞網CNN創辦人透納（Ted Turner）不是科學家，可是他以直率的本色，一語道破世界變熱、變平、變擠的意義。2008年4月2日他接受名電視記者羅斯（Charlie Rose）的訪問時說：「我們人太多了，這就是地球暖化的原因。太多人用掉太多的東西。」

不過就像我曾經提到的，能源氣候年代不僅是因為又熱、又平、又擠而形成的完美風暴。這三大力量聯手，把五大問題推得遠遠超過臨界點，達到地球或人類前所未聞的境地，這五大問題就是：能源供需失衡、產油國獨裁、失控的氣候變遷、能源匱乏、生物多樣性消失。以下分別加以簡述。

問題一：能源及天然資源供需失衡

自工業革命初期一直到二十世紀末，大部分人都生活在幸福的幻覺中，以為我們用於產生機械動力、交通動力、取暖、烹煮、工業加工和電力的化石燃

料，大多價錢便宜、取用不盡、對政治無害、對氣候也無害（若住在澳洲新堡 ❷ 問題就比較大）。

進入能源氣候年代後，這一切就變了：我們現在知道，這些化石燃料有用完的一天，價格會愈來愈貴，而且對政治、生態和氣候均有害。我們已跨過了那條界線。

是什麼東西不一樣了？簡言之，就在於扁平碰上了擁擠：突然間有那麼多人能夠那麼快速的改善生活水準。當地球的擠與地球的平在西元2000年碰頭後，世界走上的軌道是：全球對能源、自然資源和食物的需求，開始以更快的加速度成長，因為西方工業化國家仍然大量消耗能源和天然資源，而新興大國的中產階級也不遑多讓。

如果要以圖像來表現目前的情勢，那再鮮明不過的比喻，當屬電力研究所（Electric Power Research Institute）李謝爾（Richard Richels）所描述的。他說，世界有如一個浴缸，美國和其他已開發國家由於本身的成長，已經讓水滿到浴缸邊緣。後來印度、中國和別的國家也紛紛打開淋浴的蓮蓬頭，於是所有這些需求就溢出去，流到浴室地板上。

能源經濟學家維勒格（Philip K. Verleger Jr.）說，全球能源消耗量在1951至1970年間，每年成長5%。他曾在《國際經濟》季刊（*The International Economy*）中寫道：「如此快速的成長，就像二次大戰後，歐洲跟日本進行經濟重建與美國戰後成長同時發生。隨著中、印及其他國家由開發中邁向已開發國家，歷史很可能在2001至2020年重演。預計能源消耗量增加的幅度，將接近這些國家的經濟成長率，就像二次大戰後歐、日、美國所發生的情況。」（2007年9月22日）

這些國家透過提升效率的措施，或許可以用較少的能源，創造出更高的國內生產毛額（GDP）成長率，事實卻是這些國家正在大量興建新的基礎建設，維勒格說：「基礎建設是能源密集的。」這便是為何荷蘭皇家殼牌石油（Royal

---

❷ 新堡（Newcastle）是全球最大的燃煤出口港，經常受到環保人士抗議煤對氣候暖化的影響。

Dutch Shell）能源模擬小組，會在2008年的報告中預測，由於人口成長加上市場全球化帶來更多財富，全球各種形式的能源消耗量，從現在到2050年，至少會多出一倍。

能源氣候年代的推進力量與以往不同之處就在於此：突然間可以過中產階級式生活，或將要過這種生活的人數大增，這樣的推進力量是受需求所驅策。

能源政策研究基金會（Energy Policy Research Foundation）的石油專家葛斯坦（Larry Goldstein）說，讓世人知道全球能源供需進入了新時代的關鍵年份是2004年。「在2004年，全世界首次發生因需求導致的石油衝擊。」他這句話的意思是：1973、1980和1990年是因為

> 在2004年，全世界首次發生因需求導致的石油衝擊，讓世人知道全球能源供需進入了新時代。

中東的戰爭和革命，而使得石油供應奇缺，油價急漲。但是，2004年的油價衝擊，全屬長期趨勢所造成，主要受中國的需求突然飆高所刺激，讓需求遠超過供應。

葛斯坦說，從歷史上看，除去戰爭時期以外，每逢原油市場吃緊時，供應不足的問題不難解決，「或是釋出可用的原油產能，或是釋出煉油產能，或是釋出可自由支配的石油產品庫存。」這三種預留準備可以吸收全球石油市場的震盪。年復一年，石油需求持續以每年約1%的幅度上升，這些吸收震盪的元素可以化解逐漸增長的需求，確保油價緩步上揚——直到2004年為止。

那一年發生了兩件事。所有吸收震盪的元素，所有那些多保留的原油、產品和煉油產能都消失了，能源需求因中國的成長而大躍進。葛斯坦說，2004年初，國際能源總署預測，當年的全球原油需求量每日會增加150萬桶。他說：「結果每日增加了300萬桶，單單中國就多出不只100萬桶。」由於三種傳統吸收震盪的儲備已不存在，這多出來的需求便無從緩解。

為什麼？通常高價格應該會帶來更多投資、更多鑽探、更多石油。不過

葛斯坦說，這一次出於幾個原因，使這些發展來得很慢。一是石油業普遍缺乏擴大產量的設備，從技術熟練的石油工程師到鑽油平台及油輪都不足。其次是像俄羅斯這類國家，開始溯及既往，改變在其油田上開採石油的規則，排擠外國公司，以便自己多採油。結果導致更多專業和經驗豐富的全球性石油公司，不願在那些國家營運，這又使得產量降低。最後，是美國和其他西方國家基於保育理由，仍然限制准許供做鑽油之用的土地面積。所以市場不只在2004年觸頂，而且是不斷觸頂、觸頂又觸頂，到2008年，需求還在上升，價格當然一飛沖天。

油氣價格暴漲，只是全球扁平化遇上全球擁擠化的一個後果。其他還發生了什麼現象？據世界銀行統計，當今世上仍有約24億人每日生活費只有2美元或更低，可是這裡面也有數以百萬計的人，正努力並成功的登上平坦的全球舞台，因而產生對別種天然資源的龐大新需求，這種發展對世界穩定是好事，對生態及氣候卻是挑戰。

> 有數以百萬計的人，正努力並成功的登上平坦的全球舞台，產生對天然資源的龐大新需求，這種發展對世界穩定是好事，對生態及氣候卻是挑戰。

國際廠商美鋁公司（Alcoa）總經理克萊恩費（Klaus Kleinfeld）說：「現在什麼都缺：鋼、鋁土礦、營建設備、工程師、包商、船隻。現在不管轉向哪裡，都會碰到瓶頸。」

他用鋁業做例子加以說明。首先，現在地球人口天天都在增加，尤其是開發中世界。再者，移往都會區的人口愈來愈多，他們到都市後住在高樓大廈裡，開車、騎機車、搭公車、乘飛機、開始喝罐裝可樂，所有這些均會增加全球對鋁的需求。像美鋁公司等業者就會想取得更多鋁土礦，這就需要更多礦場和煉鋁廠，更多船舶、鋼鐵和能源，更多工程師和包商。他說，今天想要做以上任何一件事：造新船、建新煉鋁廠、聘請國際包商等，所得到的回覆都一

樣：「我們會把貴公司放在待處理名單上。你們能等三年嗎？」

　　這種模式不會消失。全球經濟衰退也許會讓速度慢下來一會兒，但需求只升不降是新的常態。

　　《華爾街日報》2008年5月15日有這樣一則報導，標題是：「鋼價急漲，大工程難以為繼」。報導的第一段說：

　　鋼價漲個不停，使全球各地的重大建設工程，以及對造船和鑽探石油及天然氣的投資，出現停頓或延宕。……在土耳其，上週有某營造公會表示，將在8個城市展開15天罷工……以迫使鋼鐵公司降價，當地鋼價自去年底迄今已上漲一倍多。在印度新德里，由於與鋼料有關的費用超支，一項雄心勃勃的造橋計畫被迫停工。貧民急需住房，但包商卻延後或減緩施工，逼使印度政府凍結未來3個月的鋼價。……連行動電話用戶亦未能倖免。無線通訊業者NTCH公司開發部經理史坦曼（Eric Steinmann）說，他們公司每年約興建100座行動電話基地台，去年每一座的鋼材成本增加一倍，到大約3萬美元。

　　全球燃料價格走高，也造成各地的農耕成本變貴，食物價格便隨之水漲船高。這同時鼓勵愈來愈多國家撥出土地，生產乙醇等生質燃料，以降低對石油的依賴，其結果是種植糧食的土地減少，更推高食品價格。此外，原油價錢愈貴，開發中國家農民有財力耕種的土地面積就愈小。據英國廣播公司（BBC）2008年4月22日報導，肯亞里夫河谷（Rift Valley）的農民由於石化肥料價格漲了一倍多，今年耕種的田地比去年少掉三分之一。

　　市場為何不曾依照供需自然法則，事先有所反應？世界銀行的專家說，部分原因在於多年來各國大量補貼能源和食物的費用，使得攀升的需求並未立即反映在較高的價格上。據世銀資料，光是印、中及中東各國政府，在2007年便花費了500億美元補貼汽車駕駛用油，以及家庭與工廠的烹飪、取暖用油及電力。他們以國際的價格進口能源，再以折扣價賣給人民，用國家預算吸收差

價。這使得價格被人為壓低，需求被人為拉高。若政府允許能源價格與全球市場同步調高，那需求理當降低。可是那種情況卻不許發生。印尼在2007年耗費預算的30%做能源補貼，教育經費卻才占預算的6%。同一期間，西方工業國耗費約2,700億美金補貼農業，以便農民有錢可賺，消費者有便宜食物可吃，第三世界的農民就難以競爭。儘管全球糧食需求不斷成長，又多出那麼多中產階級要養，政府補貼卻使某些食物的供應被人為壓低。歸根究柢：市場被扭曲了。

> 過去幾年從變平變擠的世界產生的需求，終於達到一個臨界點，從市場所有的扭曲和保護中爆出來，就像岩漿衝破火山頂噴出來一樣。

　　世銀的專家說，現在與以往不同的是，過去幾年從變平、變擠的世界產生的需求，終於達到一個臨界點，從市場所有的扭曲和保護中爆出來，就像岩漿衝破火山頂噴出來一樣。有一位世銀的專家告訴我：「過去十年裡，每一年我們看到中國或印度的成長數字，都會說：『哇，他們今年成長了8%、9%或10%。』所以你知道嗎？新興市場已經變成熟市場了。」

問題二：產油國獨裁

　　隨著我們進入能源氣候年代，地緣政治那條大紅線已經被跨越。油氣價格暴漲且居高不下，導致大量財富易手，一年有多達成千上萬億美元，從能源消費國轉往能源生產國。這種前所未有的金錢轉移，在許多產油國，可說是對不民主的人物和趨勢助紂為虐，讓居高位的人，不用靠發展國家經濟或促進國民教育，就能取得權力。整個伊斯蘭世界最保守的強硬派宗教人士更是藉此坐大，他們多半是從沙烏地阿拉伯、伊朗及其他油藏豐富的中東國家獲得資助。

　　有很多發展可以證明這種權力的更替，不過我覺得最活生生的例子，當屬2006年初俄羅斯總統普丁（Vladimir Putin）短暫關閉俄國通往中、西歐的天然氣

輸氣管，給新當選、親西方的烏克蘭政府下馬威。請看2006年1月2日《紐約時報》怎麼報導此事：

由於價格和運送條件談不攏，更演變為赤裸裸的政治衝突，俄羅斯星期日切斷了輸往烏克蘭的天然氣，對烏克蘭復甦中的經濟構成影響，也可能波及西歐天然氣的供應。一年前的橘色革命（Orange Revolution）讓親西方的政府取得烏克蘭的政權，一年後即發生此次爭端……週日在初冬時

> 油氣價格暴漲且居高不下，導致大量財富易手。讓伊斯蘭世界最保守的強硬派宗教人士，從沙烏地阿拉伯、伊朗等油藏豐富的國家獲得資助，藉此坐大。

分切斷對烏克蘭供應天然氣的舉動，令人難安的提醒了我們，俄國要運用油氣達成外交政策目標，保證輸出能源不是它的唯一方法，它也可以關掉輸出能源的氣閥。

才不過幾年之間，俄國已從歐洲的病夫，想參加歐洲的國際會議還得懇求，變成如今的歐洲富豪，鄰國只要有一點點不安分、一點點太民主、太不在意俄國的利益，它就可以用關掉天然氣輸氣閥來教訓對方。俄國的教育沒有改善、生產力沒有提高、製造業效率也沒有變好。只因歐洲更依賴俄國的天然資源，俄國便毫不客氣的利用歐洲對它的依賴。

問題三：失控的氣候變遷

地球的平均溫升高，這個改變對氣候是一大浩劫，由於二氧化碳在大氣中可停留數千年，隨著更多的二氧化碳被注入大自然的運行系統內，氣候異常的效應只會愈演愈烈。過去我們以為人類對氣候與環境的影響，如酸雨、臭氧層破洞和一般熟知的汙染等，仍可控管和逆轉，這樣的年代將一去不復返。當我

們進入能源氣候年代，即是進入了人類對地球氣候及自然系統的影響有可能失控和難以逆轉的時代。

告訴我們這種時代已經來臨的閃啊閃的紅燈，便是卡崔娜颶風，以及聯合國跨政府氣候變遷小組（Intergovernmental Panel on Climate Change，IPCC）最近發表的報告。這個小組研究1990年以來氣候變遷的影響，然後在2007年發表了報告。2005年8月29日重創紐奧良的卡崔娜，讓人們看到失控的氣候變遷可能會有什麼樣的後果。許多氣

> 進入能源氣候年代，即是進入了人類對地球氣候及自然系統的影響有可能失控和難以逆轉的時代。

候學家認為，是地球暖化讓墨西哥灣水溫變暖，而滋養出卡崔娜如此的肆虐強度。IPCC的報告說，從幾萬項經同行審查過的科學研究中，歸納出全世界氣候專家最大的共識是，全球暖化的事實「已昭然若揭」，並有充分的證據證明，自1950年起，這種氣溫上升，便可直接歸咎於人類活動所排放的溫室氣體。

IPCC進一步說，若不巨幅減少人類造成的二氧化碳排放量，那氣候變遷可能對空氣、海洋、冰河、陸地、海岸線及生物物種，帶來「措手不及或不可逆轉」的後果。研究團隊主席帕喬里（Rajendra Pachauri）在研究結果發表會上告訴記者：「如果2012年之前不採取行動，就來不及了。我們未來兩、三年內的作為將決定人類的未來。這幾年是關鍵時刻。」

情況會壞到什麼地步？美國馬賽科學研究學會（Sigma Xi）應聯合國之邀，也自組國際氣候科學家小組，並在2007年2月提出「迎戰氣候變遷」報告（Confronting Climate Change）。報告中說，即使地球平均溫僅略微上升，像1750年迄今才高出攝氏0.8度，卻已「伴隨著水災、旱災、熱浪和野火事件顯著增加……也出現了夏季北極海的冰大幅減少，格陵蘭冰原的融冰大為增多，西南極冰原不穩跡象頻傳，以及眾多動植物物種分布的地理和緯度範圍有所變動。」

馬賽科學研究學會的報告說，由於我們無法完全停止排放二氧化碳，若排

放量增加的速率僅在中等預測範圍內，「那麼到2100年所累積的暖化結果，將比工業革命前的情況多出攝氏3至5度。」這就可能引發前所未見大規模的海平面上升、乾旱及水患，讓眾多人類棲息地變得再也不適合居住。而這只是中等程度的預測。很多氣候學家認為地球還會更熱。

馬賽科學研究學會的報告中指出，既然我們知道問題所在，那麼，能源氣候年代文明的挑戰，就是管控已經「不可避免」、深植於人類未來的暖化效應，同時避免真正「無法管控」的效應，這段話說得真好。的確，如果要替能源氣候年代做個宣傳貼紙，那必屬馬賽科學研究學會建議的：避免不可管控的，管控不可避免的。

設於奧克蘭的太平洋發展、環境及安全研究所（Pacific Institute for Studies in Development, Environment, and Security），共同創辦人兼所長葛雷易克（Peter Gleick）說：「災難也有程度上的差異。不論情況壞到什麼地步，仍有糟和很糟的差別。海平面上升2英尺和10英尺，兩者截然不同。溫度提高2度和5度，也難以相提並論。某一種情況也許會有1千萬人死亡，另一種情況也許會是1億人，這就是為什麼我們要思考什麼可管控，什麼不可管控。」

問題四：能源匱乏

有能源可用，一直是極為重要的事，當世界變得更熱、更平、更擠時，更顯得格外重要。在日趨平坦的今日世界裡，倘若沒有電，就不能上網，無法與人競爭、聯絡、進行全球協作，甚至連跟當地連結，都會有困難。在日趨暖化的世界裡，電腦模型預測指出，氣候變遷會加劇極端的氣候現象：如雨勢更大、水災更嚴重、旱災期更長，這麼一來，最缺乏遮風避雨之地、缺乏適應氣候亂象器具的人，受害就最深。沒有厲害的工具築更高的牆，沒有電力鑽更深的井，或把鹹水淡化，適應力便急遽降低。而在擁擠的世界裡，淪入能源匱乏、無電即無翻身機會那個類別的人不斷增加。

對我來說，彭博網站（Bloomberg.com）在2008年1月24日刊出的一則不起

眼的新聞，特別凸顯出這一點：「據南非準備銀行（South African Reserve Bank）
統計，2007年第三季，南非一共進口4萬4,590具發電機，但是在2003年第三季才
790具。」

這短短一則新聞的背後有一個大故事：2007年第四季，南非及依賴它提供
部分電力的辛巴威，鑑於南非的供電系統維修欠佳，已應付不了激增的需求，
使得停電成了家常便飯。這不但引發民眾大買家用及公司用發電機，也引發長
期經濟會趨緩的說法，因為企業沒有足夠的資源來經營。

同一則彭博新聞中說：「約翰尼斯堡加提餐廳（Tre Gatti Cucina）的工作
人員，在上週生意最好的時段，卻只能就著燭光收起餐具，折起餐巾，因為南
非有史以來最嚴重的大停電，使廚房無用武之地。南非只此一家的艾斯肯電
力公司（Eskom Holdings Ltd.）預告，電力短缺至少會延續到2013年，這家餐廳
的6個侍者及廚房員工恐怕很快就要失業。2005年起在約翰尼斯堡克雷霍公園
（Craighall Park）一帶開設這家義大利餐廳的柯倫（Dee Kroon）說：『假設情況
始終未改善，我們只好賣掉餐廳。可是一直停電，誰會買呢？』」

對於已經是能源貧戶、從未用過電的人，常常停電不算什麼。可是對於現
在有電、每用一度電還想用更多的人，倘若突然無電可用，就有可能爆發政治
事件。

問題五：生物多樣性消失

世界變平、變擠，帶動經濟發展、商業、築路、開採天然資源，造成過度
捕魚和都市郊區蔓延，也迅速吞噬空地、珊瑚礁和熱帶森林，破壞生態系，奪
占河川湖泊，更以前所未有的速度把全球物種趕盡殺絕。

耶魯大學森林及環境研究學院院長思佩斯（James Gustave Speth），在其著作
《世界邊緣之橋》（The Bridge at the Edge of the World）中寫道：「所有經濟進步
帶來的物質享受，所有我們得以避免的病痛和窮困，所有人類文明輝煌燦爛的
光榮，卻令自然界付出其大無比的代價和犧牲，這些都必須被視為是慘痛的損

失。全球半數的熱帶和溫帶森林如今已不見蹤影，大型掠食性魚類估計也有90%已銷聲匿跡。……珊瑚礁少了20%，另有20%受到嚴重威脅。物種正以高出正常約1,000倍的速度消失中。」

我可以舉很多事例來證明，隨著世界變熱、變平、變擠，人類已越過生物多樣性的平衡點（意思是：今後生命圈的歧異程度，只會降低不會升高）。對我來說，再明顯不過的徵兆，就是2006年我們失去了一個親戚。人類是大型哺乳類，幾十年來，人類的魔手首次迫使另一種大型哺乳類走上滅絕，那就是白鱀豚。白鱀豚又名長江豚，只生存於中國的長江，而世上只有幾種淡水豚。

白鱀豚的滅絕之所以象徵地球遺產遭到了重大損失，在於牠是代表一個「屬」的唯一物種。現在，物種消失逐漸成為常態，每個物種滅絕都是悲劇。然而，「屬」代表演化出許多物種的潛力，失去一個屬，生命史遭受的損失，比失去一個物種大多了。我們不妨把生物多樣性想像成一株生命樹。一個物種滅絕，形同砍掉樹上的一根枝條。一個屬滅絕了，等於砍去一根可能生出許多枝條的大枝。白鱀豚代表一根大枝。

> 對已是能源貧戶、從未用過電的人，常常停電不算什麼。可是對現在有電、每用一度電還想用更多的人，若突然無電可用，就有可能爆發政治事件。

白鱀豚基金會（Baiji.org Foundation）2006年12月13日報導，經過搜尋，最後的結論是長江豚很可能已經滅絕。

在6週的遠征航行中，來自6國的科學家抱著一線希望在長江裡搜尋，卻一無所獲。他們分乘兩艘研究船，從三峽大壩附近的宜昌航至上海，進入長江三角洲，然後又回航，來回總共航行3,500公里。他們使用高性能光學儀器和水下傳聲器搜尋。基金會會長，也是共同籌組此次行動的弗魯格（August Pfluger）在武漢說：「我們可能錯過了一、兩頭沒發現。」即使如此，白鱀豚在長江裡也

生機渺茫。他說：「我們不得不接受這個事實，就是白鱀豚被判定已絕種。這是一個悲劇，是一大損失，不僅對中國，對全世界都是如此。」

英國的《衛報》於2007年8月8日的後續報導中，也提到此事的歷史意義：

這種長江豚不久前仍列為瀕臨絕種動物，而且是最可能絕種的那一群；專家密集調查牠的自然棲境後，正式宣告牠已滅絕。這種在淡水棲境中生活的海洋哺乳動物，身長可達2.4公尺、體重250公斤。牠是近50年來，受人類活動逼迫而滅絕的第一種大型脊椎動物，也是自西元1500年以來，從地球消失的第四個哺乳動物演化系。昨日保育人士表示，長江豚滅絕是個「令人震驚的悲劇」，牠的命運並非刻意迫害，而是意外、不經心鑄成的，包括竭澤而漁式的捕魚和頻繁的船運。1950年代，長江和鄰近河流裡還有數以千計的淡水豚，又名白鱀豚。可是中國工業化後，長江成了船運、捕魚和發電的擁擠經濟動脈，白鱀豚的數量便急遽減少。

全新的年代，需要全面重新思考

這五個關鍵問題：能源供需失衡、產油國獨裁、失控的氣候變遷、能源匱乏、生物多樣性消失，均屬經年累月累積而來。不過它們全都在公元2000年過後不久達到臨界量。兩千年前，世界由公元前年代（B.C.E.）進入公元年代（C.E.）。我有預感，有一天史家回顧當今這段歷史時，會斷定1999年12月31日不只是一個千禧年的結束，也是我們所謂公元紀元的終點，而2000年1月1日，其實是另一個新紀元的第一天。

也就是能源氣候年代的元年元旦。

能源氣候年代是不知不覺中纏上我們的。談到氣候變遷的時候，人類社會在某些地方，跟水煮青蛙故事中的青蛙沒有兩樣。爐火每小時只加大一點點，所以青蛙從未想到要跳出去，而是一直努力適應，最後卻被煮熟了。我希望人

類可以走出不同的結局，可是我們不能自欺欺人。我們就是那隻青蛙，火爐上的桶子愈來愈熱、愈平、愈擠，我們需要一個長期存活計畫，也就是能夠爬出桶子的階梯。

　　拿歷史做例子：二次大戰結束後，國際社會檢討過去，並且自問：「這場大戰是怎麼引起的？要如何預防它再發生？」最後大致形成的共識是，戰爭起因於經濟大蕭條、民族主義高漲、保護主義設下的貿易壁壘，以及國際聯盟（League of Nations）對促進和平無能為力。

　　「所以二次大戰後出現的共識是，國際社會必須群策群力，為三大課題建立架構，世界才能存活和繁榮，那就是和平安定、經濟發展及人權。」執教於賓州哈里斯堡（Harrisburg）威登納大學法律學院

> 人類的魔手首次迫使另一種大型哺乳類白鱀豚走上滅絕，這是世上少數幾種淡水豚，也是一整個屬的消失，生命史遭受的損失難以估算。

（Widener Law）的德恩巴克（John Dernbach）如是說，他也曾主編《建立永續美國的議程》（*Agenda for a Sustainable America*）一書。戰後世界的擘劃師們認為，人類若欲充分實現潛能，就必須做到改進生活品質，預防再發生經濟蕭條，防止再爆發世界大戰。他們若能為大多數人做好這三件事，那世界就不會有什麼問題了。

　　德恩巴克說，這些目標一一被揭櫫於國際組織或條約內：和平安定見於聯合國憲章；經濟發展與整合見於關稅暨貿易總協定（General Agreement on Tariffs and Trade）以及世界銀行、國際貨幣基金的創立，後來又成立了世界貿易組織（WTO）；促進人權則見於聯合國〈世界人權宣言〉（Universal Declaration of Human Rights）及〈赫爾辛基協議〉（Helsinki Accords）。

　　照德恩巴克的說法：「把經濟發展、人權及和平安定這三者加起來，即可得出有效的世界進步的定義。」雖然一路走來不乏血腥衝突，但是這個體制

基本上發揮了功效：第三次世界大戰未發生，各經濟體有所成長，人類壽命延長，柏林圍牆也倒下了。

可是他說，這一路走來，我們「對環境意識視而不見。雖然在已開發國家，環境是個議題，但主要僅限於空氣汙染、水汙染和廢棄物」。到1980年代，情況開始改變。先是聯合國布倫特蘭委員會（Brundtland Commission）在1987年發難，指出有愈來愈多人淪入貧窮，環境也遭致破壞，因此經濟發展並未奏效。後來〈蒙特婁議定書〉強制規定，逐步淘汰破壞臭氧層的化學物。1992年在里約舉行的環境及發展會議

> 過去幾年樣樣事情都翻轉了。假使繼續忽略能源氣候年代的關鍵問題，就別以為將來我們還享受得到和平安定、經濟成長和人權。

（Conference on Environment and Development），各國政府通過不具約束力的行動綱領〈二十一世紀議程〉（Agenda 21），欲以「永續發展」的概念，解決布倫特蘭委員會舉出的問題。最後1997年的〈京都議定書〉（Kyoto Protocol），定下有約束力的已開發國家溫室氣體排放限額。

這些環保條約固然重要，可是只被視為是可做可不做的選項，而非一定要做的規定。美國從未接受〈京都議定書〉。中、印也是敬而遠之。感覺上我們好像還是在「戰後」或「後冷戰」年代，所面對的都是後視鏡裡看到的問題。

我認為，過去幾年樣樣事情都翻轉了。假使繼續忽略能源氣候年代的關鍵問題：能源供需失衡、產油國獨裁、失控的氣候變遷、能源匱乏、生物多樣性消失，那就別以為將來我們還享受得到和平安定、經濟成長和人權。我們如何應對這五大課題，將決定人類日後是否可以和平安定、經濟成長和保有人權。

未來不見得會出現像人口學家馬爾薩斯（Thomas R. Malthus）預言的夢魘，只要我們對使得上力的部分，用策略性思考設法加以緩解，對無能為力的部分加以調適，並努力創新，找出眼前看似難以想像的、新的可能解決之道。然

而，只要我們在大步邁向這條策略性道路前躊躇得愈久，我們陷入煮青蛙的水桶裡便愈深，愈難爬出來。

本書後半部將探討究竟該怎麼做。不過此時此刻，我們需要體認到：現在，我們是置身於全新的處境。

當我從最深層的角度去深思，進入能源氣候年代的真義為何時，不免想起加州勞倫斯柏克萊國家實驗室（Lawrence Berkeley National Laboratory），一位頂尖的氣候模型專家柯林斯（Bill Collins）。有一次他曾以超級電腦輔助，在螢幕上模擬出下一世紀的氣候變化情形。我們看完後，他對我說：「我們是在自己唯一擁有的家園上，做毫無節制的實驗。」

第二部

我們為何會變成這樣？

第三章

複製美式生活，能源供需失衡

從中國、俄羅斯、印度到埃及、卡達……

太多人嚮往象徵富裕便利的美式生活，

揮霍廉價的化石燃料、大量耗用資源，

我們的地球已經負荷不起。

我們必須改變中產階級生活的定義，

快速在永續能源和資源生產力上尋求創新，

這是解決問題的唯一途徑。

「富裕病」（affluenza），由富裕（affluence）和流感（influenza）兩字結合而成，是消費主義批評者使用的字眼，相關資料上的定義如下：

　　「富裕病」（名詞）：一種令人痛苦又會蔓延的社會傳染病，因為人們極度追求擁有更多，而出現的過勞、負債、焦慮、揮霍等現象。（葛拉福）

　　「富裕病」（名詞）：1.因為努力維持和同儕一樣的消費行為，而感到緊繃、無力、空虛。2. 為實現美國夢，而招致壓力、過勞、浪費、負債等現象的流行病。3. 追求經濟成長卻無力維持的上癮症。（美國公共電視網）

——維基百科

2007年秋天，我踏上了杜哈及大連。很多人可能從來沒聽過這兩座城市，可是，如果你想瞭解世界變平、變擠後，人類立刻進入能源氣候年代的原因和過程，就必須認識這兩座城市。

杜哈是卡達的首都。卡達是沙烏地阿拉伯東海岸一個迷你的半島國家，人口大約145萬人。大連則位於中國東北方，由於擁有軟體園區、翠綠山坡，加上市長夏德仁熟諳科技，而被稱為中國矽谷，人口大約600萬。我去過這兩個城市許多次，對它們非常熟悉。不過，距離我上次來，已經三年多了。

我幾乎認不出這兩個地方。

杜哈的天際線像個小曼哈頓，摩天大樓從黃沙中拔地而起，彷彿風雨過後綻放的大型沙漠野花。所有上海和杜拜用不上的起重機，肯定全都運到這裡，雜亂的天空，讓人覺得杜哈該修剪一下頭髮了。因為石油和天然氣的龐大利潤瞬間注入，這個曾經沉睡的波斯灣港口，如今四處皆是建築工地，孕育出一大片鋼骨結構、玻璃帷幕的摩天大樓。

上次我拜訪時，大連已經發展成小曼哈頓。不過，現在它又打造了另一座小曼哈頓，其中還包含人工半島上的複合式會議中心——大連星海會展中心，據說是全亞洲最大的。它確實比我參觀過的任何會展中心，更寬敞氣派、更現代化。而會展中心所在的大連，只是中國49個人口超過百萬的都市之一，其他城市可能很多人從沒聽過。

全球都罹患了美國富裕病

哎呀，這不是觀光景點介紹。當這麼多人開始富裕、消耗能源，而且二氧化碳排放量和美國人不相上下，我想探討的，是世界變平之後的能源消耗問題。看著杜哈與大連，我不禁憂心：世人永遠不可能共同面對氣候變遷這個議題了。試想，光是這兩座陌生城市裡的新建摩天大樓，就得消耗多少能源？加上進出的車輛，又會排放多少二氧化碳？我簡直不敢想像。

我很高興看到，許多美國或歐洲居民捨棄了家中的白熾燈泡，改用高效

能螢光燈泡，省下了許多電。但是，近年來杜哈和大連的發展，早已將這些電力當作早餐吃掉了。我很高興看到許多人改買混合動力車，但是不到中午，杜哈和大連已經把節省下來的汽油，吞下了肚。我很高興聽到，美國國會決議於2020年前將汽車每加侖平均行駛里程數，大幅提高至歐盟標準。可是，杜哈和大連將把這些能源當午餐，甚至只夠作第一道菜。我很開心看到，太陽能和風力發電占全美發電量比例，已「竄升」至2%。但是，所有這些潔淨電力將會被杜哈和大連當作晚餐大口猛吃。見到廣受歡迎的雜誌推動「20個綠措施」倡議節能，受到讀者的行動支持，我更是興奮不已。但是，這些好意善舉，只是杜哈和大連的睡前甜點。

從杜哈和大連這兩座城市，我們看到了世界變平、變擠之後的縮影。不僅全球人口將由1955年的30億，成長到2050年預估的90億，更重要的是，原先過著「美式」生活的人，僅有10億；但是，未來將有二、三十億人如此生活，或嚮往這種生活。

沒錯，隨著經濟發展，愈來愈多女性接受更好的教育，進入職場，通常她們生育的子女比較少。因此，全球人口成長速度可能趨緩，或許到了2050年，還達不到90億人的穩定水準。但是，我們應該關注的，不是全球總人口，而是全球總共有多少「美國人」。這才是關鍵數字，而且這個數字一直穩定成長。

我當然不是責怪杜哈或大連居民渴望美式生活，或是選擇效法美國人，仰賴廉價的化石燃料維持這種生活。是美國人發明這套系統、輸出這種生活方式，其他國家的人同樣有權享受這一切。畢竟，美國已經享有這樣的發展和消費數十年。而其他人，才剛剛嚐到美好滋味。發展是不能討價還價的，尤其世界變平之後，每個人都看得到其他人如何生活。要求他們不能成長，等於要求他人永遠貧窮。

有位埃及內閣閣員向我強調：這就好像已開發國家吃光了所有開胃菜、主菜、甜點，才邀請開發中國家喝點咖啡，然後「要求我們五五分帳」。我們絕不容許這種事發生。開發中國家拒絕被漠視。

　　美國人沒有立場訓斥任何人，美國人應該要更明白事理、立下與以往不同的成長典範，運用資源和技術，開發出綠色能源與更高的能源效率系統，以更環保的方式尋求發展。歐洲和日本已經證明，過中產階級的簡單生活是可行的。

　　在這個變平、變擠的世界，如果不重新定義中產階級生活，發明新工具、傳播新技術，讓其他二、三十億人以更永續的方法享受生活，我們將必須再找三個星球去拓殖。

　　因為我們會讓地球太熱，並且榨乾所有資源，到時候，沒有任何人能再過美國式生活，包括美國人自己。

　　耶魯大學學者思佩斯在著作《世界邊緣之橋》中指出，「人類窮盡歷史，才在1950年打造出7兆美元的全球經濟規模。而今，經濟活動每十年就能成長這個數字。如果照目前的速度發展下去，短短十四年，全球經濟就會成長為現在的兩倍。」

　　從卡達的杜哈到中國大連，從印度加

> 如果不重新定義中產階級生活，發明新工具、傳播新技術，讓其他二、三十億人以更永續的方法享受生活，我們將必須再找三個星球去拓殖。

爾各答、摩洛哥的卡薩布蘭加到埃及的開羅，「美國人」從四面八方冒出來，他們住進美式居家空間、購買美式汽車、吃美式速食、製造出等同美國的垃圾量。地球上從未出現過這麼多「美國人」。

　　全球各城市都罹患了美國的富裕病。這無疑是人類史上最具傳染性的疾病之一。非營利綠色顧問組織第三代環保主義（Third Generation Environmentalism，E3G）共同創辦人布爾克（Tom Burke）這麼解釋：先把整體美國當作一個能源消耗的單位，這麼一來，一個「美利堅耗能」（Americum），便代表任何由3億5千萬人、人均所得高於1萬5千美元、愈來愈樂於追逐消費主義的人，所組成的群體。布爾克說，這麼多年來，世界上只有兩個美利堅耗能，一個在北美洲，

一個在歐洲。其餘則是一些過著美式生活的小聚落，零星散布於亞洲、拉丁美洲及中東。

布爾克指出：「而今，全球各地都有美利堅耗能在形成。」中國已經創造出一個美利堅耗能，第二胎將於2030年誕生。印度已經打造了一個美利堅耗能，另一個也將於2030年產

> 我們的繁榮，如今被自身的基礎所威脅。這基礎，是美國資本主義的本質。

生。新加坡、馬來西亞、越南、泰國、印尼、台灣、澳洲、紐西蘭、香港、韓國及日本，共組了另一個美利堅耗能。俄羅斯與中歐地區，培育著另一個美利堅耗能。南美某些地區和中東，則又是另一個美利堅耗能。布爾克說：「到了2030年，我們會從兩個美利堅耗能的世界，轉變為由八、九個美利堅耗能組成的世界。」

這些都是美國的複製品。

我在大連時，跟友人海德瑞（Jack Hidary）見面。海德瑞自行創業，從事網際網路與能源的相關業務，公司總部位於紐約。他和我分享與中國官員參觀大窯灣港區的心得。大窯是大連進出太平洋的門戶。他們參觀了由中國政府主導、挪威和日本技術支援的新港區建築群，其中包括全中國最大的原油碼頭——原油和天然氣管線組成的不鏽鋼叢林、儲存槽，以及飄著中東國家國旗的油輪。

「我盯著眼前的一切，然後轉身詢問中方接待人員：『我的天啊，你們複製了我們的做法。你們為什麼要這麼做？』」海德瑞回憶說：「『你們不需要採用傳統的電話技術。你們大可超越我們，直接使用行動電話。中國的市內電話普及率，也只有5%。你們何必在這方面仿效我們？』我非常沮喪。他們目睹了我們所做的一切，原本可以避開我們經歷過的失敗，卻沒有這麼做。」

中國和其他國家，仍然有時間找到其他途徑。不過，還是那個老問題，除

非美國先以身作則，否則就不太可能產生。情勢之迫切超乎你的想像。一旦開發中國家深陷美式消費、建築及運輸模式，那麼往後數十年，我們的生活都將受制於與能源、氣候相關的種種因素中。

人類歷史上，曾經因為疾病、饑荒或戰爭等，而面臨發展受限的困境，卻從未被「資本主義的生態邏輯」（the ecological logic of capitalism）逼進了死胡同。電資系統公司（Electronic Data Systems Corporation，EDS）趨勢專家威克（Jeff Wacker）認為，一旦資本主義的生態邏輯，成為限制人類發展的重要因素，你就知道：你已經進入能源氣候年代了。

「我們的繁榮，如今被自身的基礎所威脅。」這基礎，是美國資本主義的本質。威克解釋道：「如果要繼續住在這房子，就必須先修整地基。中國發展的根基，必定不能和美國相同。而美國發展的基礎，也不可再和以前一樣。以舊有基礎尋求發展的方式，已經讓這房子瀕臨使用極限，我們必須更換新的根基。」

問題是：我們還沒創造出新的基礎。

中國：最資本主義的國家，最大的環境負擔

世界變平、變擁擠之後，到底是什麼景象？

這景象就像我2006年抵達上海機場入境大廳時的情景。我到上海採訪，光是過海關就排隊近90分鐘。我站在長長的人龍中，身旁擠滿了歸國的中國公民與外國商務訪客。許多人似乎迫不及待想踏上中國，投身於極端資本主義中。這些排隊等待通關入境的人，已經拿起手機或PDA開始工作。手中空無一物的我，感覺赤裸裸的，好像沒帶牙刷就去夏令營一樣尷尬。中國不僅不再是共產國家，它可能已經是全球最資本主義的國家。看看中國人民展現出來的堅定決心和狂熱就知道。

我相信歷史將會明白記載，中國資本主義為戰後歐洲福利國家制度的棺材，釘上最後一根釘子。法國不再能堅持每週工時不得超過35小時的規定。歐

洲國家也不得不緊縮慷慨大方的社會安全網，來面對工資低廉、鬥志高昂的中國和印度所引發的白熱化競爭。當中國和印度發明了每天能工作35小時的工作方式，法國確實很難維持每週工作35小時。

一旦從這麼多人身上釋放出資本主義能量，勢必對天然資源造成巨大的衝擊。單單深圳一間山姆會員量販店（Sam's Club，沃爾瑪百貨旗下的連鎖量販店），2006年一個炎熱的週末，就大約賣出1,100台冷氣機。我相信，這數字絕對超過美國某些西爾斯百貨整個夏天的冷氣銷量。

然而，增加的不只是銷售數字。

每當我困在北京的車陣中時，總在心裡玩點遊戲。我望著車窗外高聳炫目的辦公大樓，開始數算哪幾棟將成為觀光景點——如果這些建築在美國華盛頓特區的話。但是，我每每迷失在現代北京的摩天大樓叢林裡。這麼說一點也不誇張：北京市內，這種高大宏偉、超現代設計的辦公大樓，至少有30棟。如果這些建築物是位於華盛頓特區，假日、週末時，你除了帶外地賓客遊覽白宮和華盛頓紀念碑，一定會帶他們去參觀這些摩天大樓。

而今，這樣的風潮也吹向私人住宅。請參考2007年10月19日《華爾街日報》，福勒（Geoffrey A. Fowler）所寫的〈讓100間麥克豪宅蓬勃發展〉（Let 100 McMansions Bloom）。

北京報導——參觀財富公館樣品屋時，業務經理蔡斯瑜特別指出一些你以為僅見於法國莊園的特色。首先，是由小天使雕像妝點的豪宅大門。豪宅中央，氣派的迴旋式樓梯上，懸掛著施華洛世奇（Swarovski）水晶吊燈。穿著蕾絲鑲邊制服的女侍，站在門口待命。僅僅33英尺外，一棟仿造凡爾賽宮打造的宅邸，在霧濛濛的北京裡特別顯眼。路的那頭，還有172座風格相同的住宅。這景觀猛然使人意識到，這個每戶要價約500萬美元、占地約1萬5,000平方英尺而且門禁森嚴的社區，並不在法國。財富公館是中國最獨特，或者該說是建築風格不協調的社區之一……從後毛澤東時期的改革開放迄今，已經二十年。根據

「胡潤富豪榜」的調查，中國有106名億萬富翁。多數中國人仍然忌諱談論自己的財富，但是並不羞於炫耀財富。在廣達82公頃的財富公館別墅區中，一座座裝飾著花崗岩的奢華豪宅，展露出新中國如何醉心於外國生活風格，至少是醉心於象徵這些生活的形象。蔡經理解釋道：「我們的建商特地到法國考察。」參觀途中，他特別展示白得發亮的歐式廚房，裡面擺放了咖啡機、紅酒架、烤箱等設備，以及一盆塑膠水果擺飾。建案的行銷文宣更強調，財富公館「展現全球頂尖富豪的生活風格」。

2007年8月，全球最大的賭場威尼斯人渡假村酒店（Venetian Hotel）在澳門開幕，迫不及待的賭客大量湧入。2007年9月1日的《經濟學人》如此形容這家新賭場：

這座亞洲最大的建築物，動員了2萬名建築工人，用掉300萬片金箔飾葉。運作這家酒店，需要1萬6,000個員工、可供30萬個家庭使用的電力……威尼斯人有全球最大的賭場大廳，設置了870張賭桌和3,400台吃角子老虎機。周圍環繞著350家名店，比香港任何一間購物中心的店還多……（一切都是為了吸引）急切的中國大陸賭客。

別忘了，這個又平、又擠的世界才剛開始。等中國再富裕一些、觀光業的大數法則開始運作，情況又將不同。中國環保議題專家易明（Elizabeth C. Economy）2007年9月於《外交事務》（*Foreign Affairs*）中，犀利的指出複製美國的中國，未來發展的方向：

開發中國的領導者，在全國鋪設5萬2,700英里以上的新高速公路。每天約有1萬4千輛新車上路。估計在2020年以前，中國將有1億3千萬輛汽車，到2050年，可能提早到2040年，中國的汽車數量甚至會超越美國……中國的大規模都

市化計畫，只會讓問題惡化。中國領導人計劃於2000年至2030年間，將4億人遷居到新開發的市中心。受到影響的人，遠超過美國總人口數。預計興建的大樓，將是同時期全球新建大樓數量的一半。這個前景令人憂慮，因為中國樓房並不節能。事實上，它的能源效率大約比德國低上兩倍半。再者，剛享受都市生活的中國居民，開始使用冷氣機、電視機、電冰箱等電器用品，他們消耗的能源將比鄉村的同胞多出三倍半。

根據2007年7、8月號《外交政策》（*Foreign Policy*）報導，2006年有超過3,400萬中國人出國旅遊，較2000年成長三倍。預估到2020年，中國海外旅遊人數將會增加到1億1,500萬，成為全球最龐大的觀光客群，而搭機旅遊、旅館預訂、汽油消耗與二氧化碳排放也將大幅增加。「沙龍網路雜誌」❶的航空專家史密斯（Patrick Smith），於2008年2月22日指出：「在中國、印度及巴西等國家，中產階級的興起，催生了許多新航空公司。光是中國，就有意在未來數年內，興建超過40座大型機場。美國每年搭飛機的旅客，已近10億，估計到2025年將增加一倍。屆時，客機的溫室氣體排放量，可能攀升到目前的五倍。」

俄羅斯：被共產主義壓抑的欲望，脫韁而出

儘管如此，我們不能將一切歸咎於中國人想擁有西方人的生活饗宴。我分享這些故事，只是單純的想強調：前共產主義和社會主義世界，在欲望遭到刻意壓制多年後，消費行為將如同火山爆發般猛烈。

共產主義與社會主義的制度設計及效率低落，使它們限制重重。在制度設計上，共產主義政府以計畫經濟取代市場機制。在過去赤色政權統治下，莫斯科基本上只有三種店：麵包店、牛奶商和肉販，根本沒有私人汽車。相對來

---

❶「沙龍網路雜誌」（Salon.com）成立於舊金山的互動式電子刊物，主要探討美國政局，也涵蓋藝術、音樂、書訊等議題，文風辛辣幽默，讀者主要為菁英人士。

説，能源消耗相當低。在政策執行上，共產經濟腐敗、效率低、產能不佳，讓人民的生活從卡路里的吸收到能源消耗都極其有限。蘇聯與中國的企業確實不太在意環境，他們高汙染、高耗能的工廠，也對空氣、土地、森林及水源，造成極大的破壞，但是這些損害還算輕微。因為相較於西方國家，整體來説，蘇聯與中國的經濟活動與發展仍然受到限制。這幾年定期到訪莫斯科的人，都能感受到這一點。

1977年，我以學生身分初訪莫斯科，見到市區內（尤其是市中心紅場周遭）道路無比寬敞，卻沒有車子的蹤影，非常訝異。然而，此景不再。30年後，2007年，我再度踏上莫斯科，寬敞的道路上擠滿了車輛，幾乎動彈不得。莫斯科的設計只能容納3萬輛汽車，但10年前它已經有30萬輛車，而今，更高達300萬輛。莫斯科的新市郊已經形成，居民每天往返通勤。

我上回要離開莫斯科時，當地同事提醒我，最好在班機起飛前「四小時」，出發前往機場，雖然我的旅館就在紅場旁。我心想：怎麼可能，這路程以前只需要35分鐘。

不過預防萬一，我決定聽從他們的建議。於是，我在下午4點20分離開飯店，去搭乘8點25分的班機。1970年代我初訪莫斯科，甚至1990年代初期再訪時，從市區到機場的道路，大多尚未開發。如今，沿路景象卻和任何美國機場聯絡道路，相去無幾：路上有麥當勞、箱形建築的連鎖店（如宜家家居）及購物中心，而且擠滿了開往市郊的車。終於，近三個小時後，我在傍晚7點10分到達機場，幾乎趕不及通關。重點是：路上根本沒有任何交通意外，會塞車只是因為車子大排長龍。

印度：一天吞噬一座高架橋

甚至連印度，如今也因為超乎預期的成長而受苦。印度獨立後，1950到1980年間，雖然印度領導人制訂了社會主義路線的計畫經濟，卻也另外注入了資本主義的自由市場元素。他們相信每年3.5%的「印度式成長率」已經足夠。

儘管每年2.5%的人口增長率緊追在後，印度政府仍然堅信不移，結果並未能提升大部分人民的生活水準。

印度雖是民主國家，卻未能如中國般，迅速從社會主義意識形態瓦解、世界變平中獲利，現在它已急起直追。印度的經濟成長幾乎是以往的三倍，每年在9%左右。印度的購買力與建設力，也受到巨大影響。2006年6月13日，印度經濟作家泰培西（Salil Tripathi）在英國「衛報線上」（Guardian Unlimited）網站上，揭露了今昔對比：

> 今日全球經濟的寫照，就像一輛油門卡死的巨型卡車，而且鑰匙還搞丟了，沒人能關掉引擎。

> 客觀觀察印度的發展發現：去年成長率達7.5%時，印度人民所得增加的幅度，超過葡萄牙（1,940億美元）、挪威（1,830億美元）或丹麥（1,780億美元）等國的同年所得。這等於將一個富國的經濟加在一個極貧窮的國家上……這也代表，儘管印度在過去十年增加了1億5,600萬人口（等於英國、法國及西班牙三國的總人口），但是與此同時，印度的貧窮人口其實減少了3,700萬人（等於波蘭總人口）。如果印度的貧窮線沒變，應該會有3億6,100萬貧窮人口，然而印度經濟於過去十年間，幫助9,400萬人脫離絕對貧窮。這比德國（歐盟會員國中人口最稠密的國家）的總人口，還多了1,200萬人。

就這樣，十五年間，這裡多了一個德國，那裡多了一個波蘭。

如今，當你拜訪印度，就能親眼目睹、親身體驗到周遭人的生活水準已獲得改善。一切多麼美好──只要別陷入車陣中。

2007年10月，我搭車穿過海德拉巴（Hyderabad）最繁忙的市中心時，看到大約50名男子，盤腿坐在看來像是新建的橋下。衣著鮮豔的印度教祭司在他們中間走動，手裡搖晃著由燃燒的椰子殼做成的燈籠，口裡反覆吟誦。同車的印

度友人解釋，祭司正在為使用新橋的旅客祈福祝禱。當地官僚也出席了儀式，接受媒體拍照宣傳，原來他們正為新高架橋舉行落成儀式。花了兩年時間建造的高架橋，估計將改善海德拉巴的交通，疏解壅塞的情況。

見到如此進展，我很開心。隔天，我在旅館吃早餐時，翻閱海德拉巴版的《印度週日報》（*Sunday Times of India*，2007年10月28日），一幅交通癱瘓的彩色照片抓住我的視線——摩托車、巴士、轎車、三輪摩托車塞成一團。

照片上方的標題寫著：「沒能高速通過，只有動彈不得」。照片說明則寫著：「週六甫開通的格陵蘭斯高架橋，難逃交通瓶頸。啟用首日，車輛就塞爆整座高架橋，不禁令人質疑這座高架橋是否真能有效疏解阻塞的交通。」

這就是我歡喜期待的高架橋！一天之內，印度的發展便吞噬了一座耗費兩年打造的高架橋，連嗝都不打一個。待印度最大企業塔塔集團（Tata Group）開始量產2,500美元的四人轎車，情況將會更糟。儘管這款車，預估將提升油耗標準，不過一旦平價好車上市，只會讓高架橋上的壅塞情況更加惡化。

印度首都德里最高行政長官狄克希（Sheila Dikshit）對世界經濟論壇（World Economic Forum）及印度工業聯盟，發表治理1,600萬人口、每年還湧入50萬新移民的大城市的心得。狄克希說：「每個住在德里的居民，都要求更多水、更多電力、更高薪資、更多汽油。」該篇報導接著提到，沒有哪位印度政治人物敢拒絕提供人民廉價燃料，並且指出，在2007會計年度，「印度政府打算支出175億美元（占全國總產出的2%），當作燃料補助金，因為政府拒絕將全球飛漲的能源價格，轉嫁給人民」，擔心若這麼做會帶來政治衝擊（2007年12月6日《金融時報》）。

埃及：美式生活深入沙漠

別以為這種現象僅見於中國、俄羅斯和印度等經濟火熱的區域。2008年6月，我拜訪了位於埃及的開羅—亞力山卓高速公路（Cairo-Alexandria highway）旁，一家由納斯瑞拉（Khalil Nasrallah）與妻子莎拉（Sarah Gauch）經營的千畝橄

欖農場，距離金字塔約30英里遠。納斯瑞拉是黎巴嫩籍的創業家，在1991年買下這片土地。之後，與美國自由作家兼記者莎拉相遇，結婚生子，並以此農場和開羅兩地為家。

「我們剛來時，農場是這幅景象，」納斯瑞拉翻開相簿，指著一張從屋頂俯瞰的照片說道。映入眼簾的是綠意盎然的橄欖田，兩邊圍繞著遼闊的沙漠。他們剛來時，甚至一口井也沒有。納斯瑞拉當初冒險買下農地，後來才找到豐沛的水源。他語帶留戀的說：「我們當時真是遠離塵囂。」

不過，你現在爬上他們的屋頂往下看，絕對不會想到「遠離塵囂」這個字眼。納斯瑞拉夫婦的家，幾乎被門禁森嚴的社區團團包圍。名為月亮山谷、海德公園、里奇蒙、里維耶拉高地、比佛利山莊等社區裡，淨是占地四分之一英畝的大豪宅。緊鄰納斯瑞拉農場的右側，就是一個99洞的高爾夫球場。轉角處，則是一間方方正正的法商家樂福量販店，還有現代化的超級市場。左方稍遠處，則是另一個有門禁的社區。再過去，又是一座高爾夫球場。社區裡的埃及住戶，不是在波斯灣辛勤工作致富，就是開羅全球化商務階級的一份子。他們和住在加州棕櫚沙漠的美國人一樣，有權享受這些高爾夫球場和大豪宅。然而，這些新興社區導致的能源與水資源衝擊，正是中東地區石油內需增加、外銷減少的原因之一。

> 沒有人能關掉成長機器，這麼做就是政治自殺。哪個政治人物會自毀前程？正因為沒有人想斷送個人生命，我們只好集體自殺。

納斯瑞拉擔憂的，是水的問題。99洞的高爾夫球場，消耗的水量十分驚人。「我擔心有一天，我的工程師會打電話告訴我，水井出了問題，無法取得足夠的水。雖然到目前為止，水位僅下降一公尺，」納斯瑞拉解釋著。

納斯瑞拉接著說，以前到了夜晚，沙漠總是一片寂靜，但現在不同了。「有時候我們在這兒過夜，總是被開派對狂歡到凌晨四點的人，吵到無法入

眠，」納斯瑞拉説：「雖然相隔四公里，但是（在空曠的沙漠裡），還是聽得到。」

莎拉當初會來到中東，其實和我這一代的許多記者相仿，都是被它獨特的景致、天籟、人文及風情吸引。她從沒料到，美國也會跟隨她的腳步到來。或許可能跟到開羅，但不會深入沙漠。「我最不樂見的，就是住在埃及沙漠的美式郊區中，」莎拉陷入了沉思。

我把這些故事和數據兜在一起，腦海浮現的，是一台怪獸卡車。

今日全球經濟的寫照，就像一輛油門卡死的巨型卡車，而且鑰匙還搞丟了，沒人能關掉引擎。

沒錯，過去三十年來，印度和中國有近兩億人口脫離貧窮，其中大多數人從對環境衝擊較少的鄉村，遷移至都市過中產階級的生活。但是經濟學者也指出，這群人後面還有兩億人，兩億人後面還有另外兩億人……所有人都在等待自己翻身的機會。他們的政府不能阻止人民追求美式生活，人民更不會放棄這個夢想。

在扁平的世界裡，每個國家都存在某種形式的市場經濟，每個人都看得見其他人過什麼樣的生活。「沒有人能關掉成長機器，」印度科技龍頭印福思公司（Infosys）聯席董事長奈里坎尼（Nandan Nilekani）説：「這麼做就是政治自殺。哪個政治人物會自毀前程？正因為沒有人想斷送個人生命，我們只好集體自殺。」

「美國人」增加，大幅影響能源消耗

這麼多人變成「美國人」，對能源、糧食及自然資源的衝擊，當然十分驚人。《中國撼動世界：飢餓之國崛起》（*China Shakes the World: The Rise of a Hungry Nation*）的作者肯吉（James Kynge），描述了這個精采的故事：

對我來說，這個新趨勢（中國之崛起）從2004年2月中開始，幾個星期內漸

達高潮。起初是慢慢展開，但是速度隨即攀升。世界各地道路與人行道上的人孔蓋，開始消失。當中國的需求帶動金屬廢料價格創下新高後，世界各地的小偷似乎所見略同。天色一暗，小偷們撬起人孔鐵蓋，賣給當地廢鐵回收商，切割成塊後，再裝船運往中國。先是鄰近的台灣發現人孔蓋不見了。接著，是另外的近鄰蒙古與吉爾吉斯。很快的，甦醒的「中土王國」……巨大的吸力，便觸及天涯海角。只要日落，各地竊賊便為滿足中國的飢渴而努力。在芝加哥，一個月內超過150個人孔蓋不見了。在蘇格蘭的「重大下水道竊盜案」中，短短數日，超過100片人孔蓋消失。在蒙特婁、格洛斯特（Gloucester）及吉隆坡，都傳出毫無戒心的路人跌入人孔洞的消息。

這故事儘管引人發笑，但反映出驅使我們走進能源氣候年代的最根本力量之一。「這是人類歷史上第一次，經濟成長成為全球多數人的特權，」美國知名環保教育團體峰巒協會（Sierra Club）執行長波普（Carl Pope）說道，「這是十年前見不到的，完全是個嶄新的現象。」知名地理學家兼歷史學家戴蒙（Jared Diamond）指出，長久以來，我們很單純地以為，人口增加是人類面臨的主要挑戰。但是現在我們終於瞭解，人口增加所帶來的衝擊，和人類的消耗量、生產量息息相關。隨著世界變平，愈來愈多人開始消耗更多、製造更多。

「如果全球65億人，大多活在低溫環境下，無須新陳代謝或消耗能量，就不會造成資源問題，」戴蒙在2007年1月2日《紐約時報》的一篇文章中指出：

真正值得關切的，是全球總消耗量，即所有在地消耗量的總和，也就是當地人口數乘以當地人均消耗率（per capita consumption rate）。預估目前已開發國家的10億人口，其相對人均消耗率為32。其餘55億人中，絕大多數屬於開發中國家人口，其相對人均消耗率少於32，許多甚至低到趨近於1。全球人口的增加，尤其以開發中國家最為快速。有些人便拿此大作文章。他們注意到如肯亞等國家的人口迅速增長，便斷言這是嚴重問題。沒錯，對肯亞超過3,000萬人民

來說，這是個問題，但這不會對整體世界造成負擔，因為肯亞的人均消耗量如此微小（其相對人均消耗率只有1）。

這世界的問題癥結在於，美國有3億人口，每個人消耗掉的能量，可以供給32位肯亞人。加上美國人口是肯亞的10倍，因此美國消耗的資源，是肯亞的320倍……消耗量少的人民，渴望享受高消費的生活方式。開發中國家的政府，也把提升生活品質當作國家政策的首要目標。還有數以百萬計的開發中國家人民，藉著移民海外，尤其是前往美國、西歐、日本和澳洲，自行尋求第一世界的生活方式。儘管大部分移民的消耗量不會立即增長32倍，但是每一個外移至高消費國家的人，都會提升全球的消耗率。此外，致力於提高人均消耗率的開發中國家裡，又以中國最突出。它的經濟成長全球最快，有

> 人口增加所帶來的衝擊，和人類的消耗量、生產量息息相關。隨著世界變平，愈來愈多人開始消耗更多、製造更多。

13億人口，是美國人口的4倍。全球資源即將消耗殆盡，如果中國的消耗率提升到美國水準，資源消耗的速度將會更快。而今，中國已在全球市場上，與我們爭奪石油和鋼鐵了。

戴蒙提到，「中國的人均消耗率，仍然比我們低11倍，」不過，一旦他們增加到與美國一樣，就算其他所有國家的消費不變、人口（包括中國）維持現狀、移民凍結，光是中國消費型態和美國一樣這個事實，「將使全球消耗率增加近2倍。例如，石油消耗量會增加106%，全球鋼鐵消耗量則多94%。如果印度像中國一樣趕上來，全球消耗量將增長3倍。假如所有開發中國家瞬間趕上，全球消耗率則會增加11倍。這將等同全球人口暴增至720億（現有消耗率維持不變）。」

Google旗下的公益基金會Google.org執行長布萊恩（Larry Brilliant），曾在

印度行醫多年。他表示，印度老一輩跟年輕一代，對食物消耗的看法迥異，令他深感錯愕。「你現在跟印度老一輩的人聊天，問他們：『你的孩子要吃素嗎？』他們會回答：『是的。』但當你問年輕人時，他們會說：『才不要呢，我們要吃麥當勞。』我們談的都是人均數據，所以只要人數增加（40%至50%的人口增長，似乎無可避免），資源壓力就會更趨嚴峻。」另外，如果目前的健康趨勢持續下去，這些要求新口味的年輕人，壽命將比上一輩多十年。因此，會有愈來愈多人過美式生活，而且比以往活得久。

2008年3月24日，美聯社於墨西哥城刊登了一篇關於全球糧食價格上漲的報導，其中提到這則趣聞：「在中國……人均肉類消耗量比1980年增加了1.5倍，所以6個月前，周建決定放棄汽車零件銷售，改賣豬肉。這一年來豬肉價格攀升了58%，但是每天早上，周建位於上海的店面，還是擠滿了家庭主婦和傭人，而且愈來愈多顧客指定上選肉品。這個26歲的青年，現在每個月賺4,200塊錢，比他之前的收入多了兩、三倍。」

沒有新作法，地球就無法繼續負荷人類

《外交政策》總編輯奈姆（Moisés Naím）認為，以上事件帶出一個簡單卻深刻的問題：「地球能否負荷中產階級？」他在該雜誌2008年3－4月號中提出質疑。

貧困國家的中產階級，是世界上人口成長最快的族群。雖然在未來12年間，全球總人口將增加約10億人，卻有多達18億人將晉升到中產階級……這的確是個好消息，但也表示人類必須適應前所未有的壓力……去年1月，雅加達有1萬人走上街頭，抗議黃豆價格飆漲。對糧食價格飛漲感到憤怒的，不只印尼人……對地球「成長極限」的爭辯時間，不短於討論馬爾薩斯（Thomas Malthus）警告人口成長將超過自給能力的歷史。過去，悲觀者被證明言論錯誤。更高的價格、更新的科技（諸如綠色革命），總是會出面解圍，提高更多

糧食供應，讓世界繼續發展。類似事件或許能重演，但為了因應史上人數最多的中產階級而採取的行動，才正要展開。有印尼和墨西哥抗議者為證，這代價絕對不低，也不平和。

然而，問題不僅止於糧食。麥肯錫全球研究所（McKinsey Global Institute）預測，2003年到2020年間，中國平均住家樓地板面積將增加50%，能源需求每年也將成長4.4%。

緊跟在中國後面的，是阿拉伯國家及伊朗。它們是開發中國家裡，能源用量成長最快的。主要是因為它們的資源豐富，讓國內石油和天然氣能維持低價，人民可以恣意揮霍。石油生產國逐漸變成飢渴的消費者。

> 如果不能大幅改善永續能源與資源生產力，中國、印度及阿拉伯世界仿效美國發展模式的策略，就行不通。

一些專家預測，俄國、墨西哥及石油輸出國組織成員國國內能源用量（不論民生或工業）的大幅攀升，可能導致這些國家降低原油輸出，不到2010年，每天就會減少200萬到300萬桶。在緊繃的全球油市裡，將迫使油價繼續上揚。

2007年8月我拜訪伊朗時，一位世界銀行的當地專家告訴我：「在這裡，使用能源被視為理所當然。資源保護永遠不會排入議程。如果你觀察這裡的政策，會發現與環保相關的評論少之又少。跟這裡的人提環境標準和管制，簡直就像跟他們說外國話。他們把各式各樣東西，丟進形形色色的機器裡燃燒，把一堆狗屁廢物釋放到空氣和水中，根本沒有人在意。」

我不知道我們何時會遇上撞牆期。但是自2000年起，能源、糧食及其他商品價格的持續上揚，絕對是個徵兆：以現有的科學和技術，這世界要提供這麼多美利堅耗能成長所需的所有原物料，已經竭盡所能。

如果不能大幅改善永續能源與資源生產力，中國、印度及阿拉伯世界仿效

美國發展模式的策略，就是行不通的。

　　世界變平後，要將舊方法套用在中國加印度這麼大的發展規模上，絕對會對地球造成無法修復的傷害。

　　「歷史上每一個國家或地區的經濟起飛和蓬勃發展，都是由尚未開發的生物公有財（biological commons）所孕育的，」波普說。他指的是一大片遼闊未開發的自然資源。「北歐邁入資本主義，得歸功於十七世紀北大西洋捕捉鱈魚的漁民。當時歐洲並沒有充足的蛋白質來源，直至發現了大瀨（Grand Banks）漁場。這使歐洲得以提供蛋白質，給所有離開農場、搬到城市從事工業、紡織和貿易的人。英國艦隊有了北美洲的松林處女地及印度的硬木林，才得以成軍。」

　　波普補充說，十八、十九世紀的工業革命能成功，有一部分資源，來自於尚未開發的美國中西部──可以生產穀物的公有財，加上英國利用印度產茶，運往中國換取銀與絲綢。非洲部分地區則被迫為奴，在加勒比海製糖。二十世紀初的日本，則仰賴印尼的鎢、馬來西亞的橡膠及中國的稻米，來帶動發展。第二次世界大戰戰敗後，上述方法行不通，日本於是轉而在全球漁場大肆捕撈，好餵飽生產豐田汽車的上班族，做為戰後工業革命的動力。

知識是最好的成長原物料

　　對今日崛起的經濟力量與新興資本主義國家來說，壞消息是：能驅動他們起飛、邁向資本主義的未開發公有財，所剩無幾。「這就是為什麼中國現在淪落到竊取人孔蓋，」波普說：「沒錯，這的確不公平，但現實就是如此。」

　　他們不是得吞噬自己，就是必須把全球化當作吸管，吸光非洲、拉丁美洲和印尼各個角落的資源。又或者，我們能為已經變得又熱、又平、又擠的世界，找到較能永續成長的模式。

　　「好消息是，成長還有其他途徑，」波普指出，「我們現在有許多方法可以用知識代替原物料。」當然，你無法把電腦位元和位元組當作水泥和磚塊，

但是運用更聰明的智慧建材和設計，你就能以更少的磚塊和水泥蓋房屋。你可以採用密閉性更好的窗戶來創造更好的絕緣效果。冶煉鋼鐵時，可以用更少的鐵礦、產生更少的熱氣。你可以蓋保暖或散熱效果更好的建築物。你可以增加每英畝的糧食產量。這一切，需要的就是知識。

> 在永續能源與資源生產力上尋求創新，是解決問題的唯一途徑。中國和印度不管生產何物，都必須運用比西方更多的知識，才能以更少的資源追求成長。

　　在永續能源與資源生產力上尋求創新，是解決問題的唯一途徑。中國和印度不管生產何物，都必須運用比西方更多的知識，並且快過西方國家以往紀錄，才能以更少的資源追求成長。

　　他們正試著這麼做。但是，在這麼多人渴望過美式生活的此刻，他們禁不起耗時150年的學習曲線，我們也不行。即使中國和印度只花50年就找到最佳實踐方案，波普說：「一切也都完了。」

　　那麼，處於天然資源有限、不再增加的世界，如何刺激經濟成長？面對這個挑戰，最創新的方法之一，即是建築師麥唐諾（William McDonough）和化學家布朗嘉（Michael Braungart）在《從搖籃到搖籃：綠色經濟的設計提案》（*Cradle to Cradle: Remaking the Way We Make Things*）一書中，所提出的「從搖籃到搖籃」觀念。

　　他們認為，我們目前對於回收的做法是，收回體積較大、品質較好的電腦、電器用品、箱子及汽車，把它們變成品質略差、較不精密的產品，使用一段時間後把它們丟掉。兩位作者認為，這樣根本不叫回收，而是「降級回收」（downcycling），不過是放慢浪費與資源耗竭的腳步罷了。在《從搖籃到搖籃》中，兩位作者提到，製造所有電視機、座椅、地毯、家具及電腦螢幕時，我們使用的材料，可以、也必須能完全再用於其他產品，或是能完全生物分解變為肥料。他們堅持，所有產品零組件，可以設計到能持續不斷回收利用，當作生

物養分或工業養分使用，也就是「根除廢棄物的概念」。

我到麥唐諾在維吉尼亞大學（University of Virginia）附近的辦公室拜訪他。他詳盡的闡述這個論點，指著我坐的椅子說：「從搖籃到搖籃，與從搖籃到墳墓恰恰相反，這表示我們要封閉所有循環。也就是說，我們不只是把東西送進垃圾掩埋場和焚化爐，我們要把它們送進封閉式循環中，一次又一次重複利用……像你坐的這張椅子，原料有鋁和布。布料回歸土壤，鋁則回歸工業，不會有任何東西被丟棄。我們消除了廢棄物這個概念，把一切留在封閉式循環中……我們檢視所有材料，與其煩惱該把它送進掩埋場或焚化爐，不如在設計時就確保它們完全無害，讓它們永遠能回歸自然或工業循環。重要的是，這麼做能在國內創造龐大的就業機會。因為在未來，全球勞工成本水平會逐漸一致，物流將是最貴的項目，在地化不僅是最符合成本效益的做法，更無可避免。想像一下，現在美國每年丟棄45億磅重的地毯。如果你能設計出具有從搖籃到搖籃概念的產品，這些地毯就不必被丟進掩埋場、焚化爐或運往中國，反而能蛻變為新的地毯。你不但能隨心所欲更換地毯，完全不必內疚，還能在美國本地創造大量的工作機會。」

麥唐諾認為，會有那麼一天，所有電器用品，不管冰箱、微波爐、電視機，甚至是汽車，都可以用租賃的，而且可以送回製造商，一而再、再而三的徹底再利用：不再是從搖籃到墳墓，而是從搖籃到搖籃。這類做法，是在扁平世界追求經濟成長，唯一行得通的解決之道。

美國是最大的消耗者，卻漠然不動

遺憾的是，美國並未重新思考、重新構思所謂「美國人」的意涵，反而在許多領域中，照樣強化、擴展，並且了無新意地加倍應用舊有的耗能模式。

2006年11月，我為「探索時代頻道」（Discovery Times）製作了能源相關的紀錄片。我們預計要拍攝的景點之一，就是沃爾瑪在德州麥金尼市（McKinney）的實驗性綠能賣場。這個賣場在停車場建立自己的風力發電機，

建築物外觀結合太陽能發電系統，採用高效能照明設備、無水小便池。甚至還有一套系統，可回收熟食部使用過的食用油，和汽車保養中心的廢機油混合，然後送進生質燃料鍋爐中，作為店內地板輻射保暖系統的燃料。

我問製作人麥金尼市在哪裡，她只說：「在達拉斯近郊。」我盤算著，要擠出時間跑趟麥金尼，應該沒問題。於是，我們當天傍晚飛到達拉斯，租了一輛廂型車載著團隊前進「近郊」麥金尼。我們馳騁著，開了又開，開了又開。準確地說，是往達拉斯北方跑了30英里。

製作人說的沒錯，麥金尼位於達拉斯近郊。其實照現在的說法，應該叫做遠郊（exurb）。麥金尼之所以是達拉斯郊區，是因為它的發展命脈像臍帶般，與達拉斯密不可分。由於高速公路正在拓寬，我們大多走替代道路。但是，在高速公路拓寬後即將妝點沿途風景的所有商家，早已盤據山頭。麥當勞、必勝客、肯德基、漢堡王、加油站、汽車旅館、新建公寓和連棟住宅、夢魘般的朦朧霓虹燈影。然後，又是更多的麥當勞、購物中心、成排的商場，接著又是麥當勞。我們抵達沃爾瑪實驗性賣場之前，甚至還看到一間非綠色的沃爾瑪百貨。這幅景象，在美國任何角落，隨處可見。

隔天，拍完沃爾瑪賣場後，我們往回開到機場。整個路上，我都盯著車窗外不斷蔓延的都市景觀，暗自揣度：「我們根本是在白費功夫。不論這間沃爾瑪綠能賣場，甚至一千間這樣的賣場能節約多少能源，終究會被這股發展的浪潮淹沒。」這股浪潮，似乎注定一路向前衝去，直奔奧克拉荷馬州州界。

儘管我們總是談論著中國和印度日益增長的能源和資源用量，但美國人必須牢記，到目前為止，美國人仍然是世上消耗能源最多的一群。就算我們提升了每單位能源的產能，美國全國能源用量依舊居高不下。看看這份由國際科學院委員會（InterAcademy Council）率領不同領域的科學家，在2007年所做的能源報告──〈點亮未來之路〉（Lighting the Way）。

報告指出，「一個人一天存活所需的能量，大約在2,000到3,000大卡。」

　　但是在美國，每人每年平均能源消耗量卻約為3,500億焦耳，即每天人均消耗量為23萬大卡。換句話說，一般美國人消耗的能源足以滿足100個人的生理需求。其他已開發國家人民日常消耗的能源，則約足以供給50個人使用。相較之下，中國和印度目前的人均能源消耗量，比美國還要少約9到30倍左右。1971年到2004年間，全球能源消耗量幾乎倍增。開發中國家若持續目前的做法，以增加能源消耗換取經濟繁榮，預估到了2030年，能源消耗量還會再成長50%。

　　難怪2007年11月9日的《紐約時報》如此報導，「當海外需求持續攀升時，美國人偏好大車大房的胃口，也不斷在助長國內石油需求。歐洲已經透過提高汽油稅、提倡小型車及高效率大眾交通工具等，多管齊下，控制石油消耗量，但美國漠然不動。」美國國家環境保護局運輸與空氣品質處處長奧格（Margo Oge）曾說，從1990年至2007年，美國石油需求已成長22%。

　　總部設於巴黎的國際能源總署（International Energy Agency）預估，2030年，全球石油需求量將由2007年每天8,600萬桶，成長為每天1億1,600萬桶；其中五分之二的增長，來自中國和印度。《紐約時報》在這篇文章中也指出，「如果每個中國人和印度人消耗的石油量，跟美國人一樣，那麼每天的全球石油消耗量將不再是現在的8,500萬桶，而是超過2億桶。所有專家都認為，這產量簡直超乎想像。」

　　然後，在美國愈來愈大的房子裡，這些事正在發生：每個鍋子都裝著雞、每個口袋裡都有iPod、每個房間都擺了電腦和平面電視。貝克（Peter Bakker）是天遞（TNT）的執行長，天遞是歐洲規模最大的快遞公司之一。2007年，天遞因為傑出的能源與環保實務，被道瓊永續性指數（Dow Jones Sustainability Indexes）評為最佳工業運輸類企業。然而，該公司制訂的這些環境敏感實務（environmentally sensitive practices），光是考慮西方國家目前的成長，似乎還是不夠。2007年9月，我在中國與貝克見了面，時間正好在天遞獲得此份殊榮之後，他跟我說了以下這個故事：

「我們在歐洲共有3萬5千輛卡車、48架飛機在運作。不久前，剛買了兩架波音747。一旦這兩架飛機完全加入營運，每週有9班次，往返我們位於比利時列日的總部和上海。這兩架飛機啟程離開列日時，通常半滿。但是每天飛回歐洲時，iPod和電腦總把機艙塞得滿滿的。我們估計，光是這兩架747每週消耗的油、所排放的二氧化碳，就是其他48架飛機的總和。」

諸如此類的事件愈來愈多，我到明尼蘇達拜訪母親時，碰巧看到明尼亞波利斯《明星論壇報》（*Star Tribune*，2007年11月17日），刊載了這則報導：

原本預計在全美最大的美國購物中心（Mall of America），展開為期三天的電子用品回收活動，因為民眾丟棄的舊東西實在太多，而於星期五提前結束。主辦廠商伊根市的材料加工公司（Materials Processing Corp.，MPC）主管說，已經收到超過100萬磅的廢棄物，是該公司所能處理的上限，所以只好提前截止，回收物一共裝滿了86輛卡車。本次活動的戲劇性變化，凸顯出民眾渴望找到免費、簡易的方法，來處理老舊電視和電腦的需求，因為目前的法規不允許把這些廢棄物當作一般垃圾處理。隨著更新、更快的電腦，以及最先進的電視紛紛問世，廢棄物處理的壓力只會更沉重。MPC公司執行長古托夫（David Kutoff）說：「大家根本不知道怎麼處理他們的東西。」

既然如此，這些東西到哪裡去了？隔天（2007年11月18日），我看到了美聯社一份來自中國貴嶼的報導：

空氣中彌漫著刺鼻的味道。房子外低矮的瓦斯鍋爐裡，不是熔著電纜線以取得銅，就是煮著電腦主機板來釋出金。一身髒衣服的外地民工，徒手砸碎映像管，好取得玻璃和電子零件，卻釋放出多達6.5磅的鉛塵。過去五年來，環保人士和媒體不斷關注，報導這群拆解全球大部分電子垃圾的工人，正暴露在危險中。然而，再度造訪這個位於中國東南方，被視為電子垃圾核心地的小鎮，

情況沒有改善，甚至因為中國本身的「貢獻」而變本加厲。根據綠色和平中國分部（Greenpeace China）企業社會責任項目主任崔喜晶的說法，目前中國每年製造超過100萬噸的電子垃圾，這大概是500萬部電視機、400萬台冰箱、500萬台洗衣機、1,000萬隻手機及500萬部個人電腦。她接著說，「中國大部分的電子垃圾，都來自海外，但是國內的製造量日益增加。」

創造美式生活的新定義

2005年10月，我正在上海，《中國日報》（*China Daily*）的一篇報導吸引了我的目光。這篇報導提議，中國人應該考慮捨棄筷子，用手吃飯。

為什麼？作者鄒漢儒是該報香港版副總編輯，他寫道，因為「我們不再有豐富的森林，我們的土地不再那麼翠綠，我們的地下水位不斷下降，我們的人口正以前所未有的速度成長……光是中國，每年就用掉450億雙免洗筷，等於166萬立方公尺的木材。」這可是數百萬棵茁壯的大樹。鄒漢儒補充，中國人愈是富有，「就愈想擁有大房子，還有各式各樣的家具。報紙也為了占有更大的廣告市場，變得愈來愈厚。」他認為，中國正面臨日趨沉重的環保壓力，必須捨棄使用木製免洗筷，轉而使用鋼製、鋁製，甚至是纖維製的環保筷，「或者更好的方法：用我們的雙手。」

當世界變得又平、又擠，問題也開始四處爆發。鄒漢儒的文章給我的啟示是，如果中國繼續模仿美國人的消費方式，中國將不再是中國。

美國，當然也不會是美國。

1959年7月24日，當時的美國副總統尼克森，與前蘇聯總理赫魯雪夫，在莫斯科美國大使館的展覽會上，發表了公開談話。那次展覽會，也展示了美國典型住家，裡面滿是一般美國家庭會購買的典型美式商品。這個展覽，掀起了尼克森和赫魯雪夫之間著名的「廚房辯論」（Kitchen Debate），彼此爭論哪個國家的百姓生活品質比較好。這場景，值得我們花點時間回顧一下：

尼克森：你們在某些領域或許超前我們，比方說你們用來探索外太空的火箭推力研究。但是，或許在某些領域，我們勝過你們，例如彩色電視機。

赫魯雪夫：不，我們這方面領先你們。我們不只在單項科技上贏過你們，在其他領域也一樣。

尼克森：你瞧，你從不讓步。

赫魯雪夫：我永不放棄。

尼克森：等你看到畫面品質再說吧。讓我們在剛剛談的這個領域上多溝通交流。我們應該多從我們的電視上，聽聽你的看法。你也應該多從你們的電視上，聽聽我們的說法。

幾分鐘過後：

尼克森：從你主導對談的手法看來，你會是個很棒的律師。如果你是在美國參議院，將會被控蓄意以冗長的發言，來阻撓議事的進行。（帶赫魯雪夫走到樣品屋的模範廚房前）你們在紐約展示的房子，十分不錯。我和我太太都看過，也很喜歡。我想帶你參觀這個廚房。加州人的廚房，大概就像這樣。

赫魯雪夫（在尼克森請他留意看一台有內建式控制面板的洗衣機之後）：我們也有這種東西。

尼克森：這是最新款式。配有這種內建式控制面板的洗衣機，有好幾千部，可以直接安裝在房子裡。

尼克森想傳達給赫魯雪夫的訊息，非常簡單：我們的廚房、洗衣機、電視都比你們好，所以，我們的制度比你們優良。「美式作風」代表自由市場、自由選舉，還代表某些生活方式。在這種觀點之下，也難怪美國戰後嬰兒潮這一代所受的教育是，如果世上每個人都過美式生活，就再好不過了。

美國人想要每個人都改過美式生活，卻從未真正想過這會帶來什麼衝擊。

現在，美國人知道，在能源氣候年代裡，如果全世界的人都開始過美式生活，就是宣告了氣候與生物多樣性浩劫到來。而今，有愈來愈多俄國人、中國人、印度人、巴西人及埃及人，正開始這麼做。

這意思是說，今後我們不想見到大家也過美式生活嗎？不是的。這代表美國必須帶頭引導，重新設計、重新創造美式生活的意義，想想「美式作風」對能源與資源消耗的意義是什麼。因為如果自主和自由市場的散播，未能伴隨著生產能源、對待環境的嶄新方法（即綠色行動），那麼地球和大地之母必將其自身的桎梏與限制，加諸我們的生活方式上。這些桎梏和限制，肯定比共產主義更糟。這便是為什麼未來美國應該將綠色行動策略（我將於本書後半部提供我的看法），納入送給當今世界的禮物中，和權利法案、獨立宣言及美國憲法，一同散播出去。因為少了它，我們不可能享有自由，更沒有人能置身其外。世界上會充滿過多的「美國人」，而且是古板守舊的「美國人」。我們的地球，無力負擔。

> 在能源氣候年代裡，如果全世界的人都開始過美式生活，就是宣告了氣候與生物多樣性浩劫到來。

第四章

產油國統治全世界

全球對石油的仰賴，讓產油國握有絕佳的籌碼，

他們利用油元，控制國內的民主發展、收買政敵、培養聖戰份子，

甚至滲透其他國家的文化藝術，扭曲國際體制……

發展綠色能源，迫使油價回跌，

是推動產油國改革，找回世界均勢的最佳策略。

俄羅斯近來積極展開外交工作，希望削減前蘇聯最具影響力的選舉觀察團的活動。俄羅斯向歐洲安全暨合作組織（Organization for Security and Cooperation in Europe）呈遞提案，要求大幅縮減觀察團規模，並阻止觀察團於選舉後立即發表報告。提案……還要求觀察團不得於選後數日內，針對政府的選舉行為，公開發表任何聲明。

——2007年10月25日《國際前鋒論壇報》頭版

紐約油價於星期五創新高，以每桶90.07美元作收。

——同報同日第20版的彭博新聞

計畫於紅海花費100億美元打造的大學，是阿拉伯王國教育改革計畫的重點項目……這所大學打算不顧保守人士施加的任何宗教壓力，捍衛學術自由……沙烏地國營沙美石油公司（Aramco）主管，也是這所規劃中新沙烏地大學的臨時校長阿爾納斯（Nadhmi al-Nasr）說：「可以確定的是，學術自由將獲得保護。」

——2007年10月25日《金融時報》第6版

沙烏地阿拉伯禁止最新一期《富比士》雜誌阿拉伯版的發行。雜誌主編說，這是因為該刊報導了阿不都拉國王（King Abdullah）與其他阿拉伯領袖的財富……一名政府官員表示，「有關當局決定下令禁止整本雜誌發行，而非只撕下該篇文章。」……沙烏地當局今年已兩度下令，將知名沙烏地分析師暨大學講師達西（Khalid al-Dakhil）發表於《富比士》阿拉伯版雜誌中的文章撕掉。

——同報同日同版新聞

2001年，以美國為首的聯軍入侵阿富汗一個月後，我踏上了鄰近阿富汗邊境的前線小鎮白夏瓦（Peshawar），這裡是伊斯蘭激進主義的溫床。你只需要花一個下午，逛逛白夏瓦的說書人市集，就能瞭解：這可不是美國影集「羅傑先生的左鄰右舍」❶（Mr. Rogers's neighborhood）。觀光客為什麼有這種感受？或許是因為街頭小販問我，你到底想要什麼顏色的賓拉登運動衫？是這件印著賓拉登照片的黃色運動衫？或那件歌頌賓拉登是穆斯林國家英雄、宣誓「聖戰是我們的使命」的白色運動衫？（這小販可是廣受當地人喜愛，生意興隆呢。）又或者，是因為貼在牆上的海報寫著：「如果你想加入『聖戰』，抵抗美國，歡迎來電。」也或許，是因為當地人以冰冷的眼神，迎接我這個顯眼的外國人？他們的眼神，傳達的不是「歡迎使用美國運通卡」，而是「滾蛋」。

歡迎蒞臨白夏瓦。對了，我有提到白夏瓦位於巴基斯坦境內嗎？而巴基斯坦是站在美國這一邊的。

油癮改變了國際體制

深入白夏瓦的途中，我和巴基斯坦友人一同參觀了真理教育學校（Darul Uloom Haqqania）。這是巴基斯坦最大的經書院（madrasah）或稱為穆斯林學校（Islamic school）。院內共有2,800位住宿生，全都研習可蘭經及先知穆罕默德的教誨，希望有朝一日，他們也能成為穆斯林精神領袖，或更虔誠的教徒。

學校允許我旁聽的班上，有一群大約小學生年紀的男孩席地而坐，背誦經文。這就是他們的學習核心。他們大多數人永遠沒有機會，學習批判性思考或現代學科。這一幕，令我既感動又不安。我很感動，若不是經書院提供場所、住宿、教育和衣服，數以百計的巴基斯坦男孩，勢必因為國家世俗教育體系的腐化，而在街頭流浪（1978年時，巴基斯坦約有3千所經書院。現在，大大小小

---

❶美國廣受歡迎的兒童節目，傳遞分享、關懷、寬容等價值觀。原指和平安樂的世界，現引申指某地非表象所呈現的那般歡樂。

超過3萬所）。我感到焦慮不安，因為這所經書院的宗教課程，大部分是1707年辭世的蒙兀兒帝國（Mogul）皇帝奧朗則布（Aurangzeb Alamgir）所制訂。圖書館也只有一櫃科學書，大多是1920年代留下來的。

可蘭經教室裡的氛圍，沉重又滯悶，彷彿能切塊當成蛋糕賣。老師要求一名八歲的小男孩，為我們唸一段可蘭經文。男孩像經驗豐富的司讚❷（muezzin），美妙、優雅的朗誦出來。這句經文是什麼意思？透過翻譯，小男孩跟我解釋道，這是一句有名的經文，意思是：「歸信真主者，將進入天堂樂園；不信者，將受到永恆火獄的刑罰。」

這一切，令我感到不安。當我問其中一名學生，十二歲的阿富汗難民昆杜，對911事件有何看法時，他說：「這非常可能是美國境內的自家人發動的攻擊。我很高興看到美國人必須面臨痛楚，因為其他國家的人都嘗過這種痛苦。」那麼大體而言，他怎麼看美國人呢？「他們是不信真主者，不喜歡跟穆斯林交朋友。他們想要以自己的力量，統治世界。」

真理教育學校經書院，向來惡名昭彰，因為塔里班領袖奧瑪爾（Mullah Muhammad Omar）曾經是這裡的學生。許多塔里班名人，都曾經在此就讀。負責招待的人解釋，奧瑪爾其實沒有畢業，「不過我們還是頒給他榮譽學位，因為他是為了發動聖戰而離開學校，還創建了純正的伊斯蘭政府。」整趟旅程中，讓我印象最深刻的，莫過於高掛在可蘭經教室的一面標語。上面用英語寫著，這教室是「沙烏地阿拉伯王國的贈禮」。

這句話千真萬確。

為什麼不是？2006年，聯合壟斷石油的石油輸出國組織成員，靠石油出口就賺進了5,060億美元。根據總部位於倫敦的全球能源研究中心（Centre for Global Energy Studies）的說法，2007年OPEC收入已增加到5,350億美元左右，預估2008

---

❷伊斯蘭教中宣布祈禱時刻的專門人員，每週五召喚信徒作禮拜，並在每天清晨、正午、下午、黃昏和晚上，五次提醒信徒祈禱。

年將迅速攀升至6千億美元以上。OPEC在1998年時，收入僅為1,100億美元，但是賣出的石油量與現在差不多，只不過價格低廉許多。沙烏地阿拉伯的石油收入，預估將從2006年的1,650億美元，上揚到2007年的1,700億美元，甚至到2008年的2千億美元。

我個人認為，2001年911事件，這場由19人策劃（其中15名是沙烏地人）、造成近3千人死亡的大規模屠殺，只是一個例子，揭露出一整套累積多時的潛伏趨勢，那就是：我們的油癮，不僅改變了氣候系統，也從四個根本的面向改變了國際體制。

首先也最重要的是，我們透過能源採購，協助壯大了沙烏地阿拉伯所宣揚的，最不

> 透過能源採購，我們壯大了沙烏地阿拉伯宣揚的，最不包容、反現代、反女權、反多元的伊斯蘭支派。

包容、反現代、反西方、反女權、反多元的伊斯蘭支派。

第二，我們的油癮，正在資助那些顛覆俄羅斯、拉丁美洲及各地民主潮流的活動，這股潮流從柏林圍牆倒塌、共產主義終結後就開始活躍。這就是我所謂的「石油政治第一定律」（the First Law of Petropolitics），即石油價格上揚，自由化就會變慢；石油價格下跌，自由化便會加速。我將在本章後半說明。

第三，我們對石油的日漸依賴，引發了醜陋的全球能源爭奪大戰，讓世界各國露出了最壞的一面。華府面對沙烏地阿拉伯壓制女性和缺乏宗教自由的情形，緘默不語。中國也為了蘇丹的豐沛石油，和兇殘的非洲獨裁者結盟。

最後，藉由能源採購，我們金援了反恐戰爭中的雙方。這絕非誇大其辭。

某種程度上可以說，我們的能源採購，讓波斯灣的保守伊斯蘭政府致富；我們促使這些政府與沙烏地阿拉伯、阿拉伯聯合大公國、卡達、杜拜、科威特及其他穆斯林地區的慈善機構、清真寺、宗教學校及個人，分享這筆橫財。然後，這些慈善機構、清真寺及個人，再將錢捐給反美的恐怖組織、自殺炸彈客及穆斯林宣傳者。

美國人提供資金給敵軍、也贊助自己，以納稅人的錢，資助美國陸海空三軍及海軍陸戰隊；同時，也透過能源採購，間接金援蓋達組織、哈瑪斯（Hamas）、真主黨（Hezbollah）及伊斯蘭聖戰組織（Islamic Jihad）。

全球企業網（Global Business Network）策略顧問公司董事長史瓦茲（Peter Schwartz）說，美國目前的能源政策，可用一句話來總結：「讓需求量極大化、供應量極小化，然後盡可能向世上最恨我們的人購買能源，補足兩者之間的差距。」

我想不到比這更愚蠢的事情。

美國人民當然也注意到了這層層關係，看那些911事件後問世的保險桿貼紙就知道：「你的運動型休旅車（SUV）每加侖消耗多少士兵？」、「奧薩瑪（Osama）愛你的運動型休旅車」、「沒有什麼車子比悍馬越野車更蠢了」、「優先徵召運動型休旅車駕駛從軍」，或

> 我們的油癮，使得全球暖化問題惡化、獨裁者更強大、乾淨的空氣變髒、貧者愈貧、民主國家式微、激進的恐怖份子更富有。

是「美國需要換油」。從政治話語裡，也可以看出端倪。例如，布希總統便於2006年美國國情咨文演講中，宣稱美國人「染上了油癮」。

姑且不管那些保險桿貼紙和標語，事實上，美國在911事件之後，幾乎沒有採取任何行動來戒除油癮。

我們必須更努力，因為戒掉油癮不再只是環保需要，更有策略上的急迫性。唯有削減全球對石油與汽油的需求，我們才能自在呼吸──這句話不折不扣，表達的正是這個意思。

我們對石油的仰賴，在美國國內、甚至於世界各角落，都造成更多不良趨勢；衝擊之大，遠超過我想像得到的其他單一因素。我們的油癮，使得全球暖化問題惡化、獨裁者更強大、乾淨的空氣變髒、貧者愈貧、民主國家式微、激

進的恐怖份子更富有。我還漏掉什麼嗎？

石油財富壯大了伊斯蘭激進支派

一直以來，伊斯蘭教有不同的信仰形式。

近年，有些教派比較能接納現代性，重新詮釋可蘭經，容忍其他信仰。例如：伊斯蘭蘇菲教派（Sufi Islam），或仍可見於開羅、伊斯坦堡、卡薩布蘭加、巴格達及大馬士革等都會區的伊斯蘭民粹主義教派。有些支派，如：伊斯蘭中的原教旨主義運動〔Salafiyyah movement；追隨者有沙烏地阿拉伯統治家族所信奉的瓦哈比教派（Wahhabi）以及蓋達組織〕，相信伊斯蘭應該回歸到最純粹的根源，亦即先知穆罕默德時代所奉行的、遵守簡樸苦行的沙漠伊斯蘭教派（desert Islam）。這個教派的根源，可追溯到前現代時期，它從不渴望改革，因此從未真誠接受現代精神。「虔誠先輩」（As-Salaf us-Salih）或簡稱「先人」（the Salaf），指的是穆罕默德的第一代門徒及之後兩代的追隨者。他們被視為實踐伊斯蘭教義的最佳典範。今天，這種基本教義派的追隨者，被稱為伊斯蘭原教主義派（Salafi）。

二十世紀以前，伊斯蘭原教主義派在阿拉伯沙漠以外地區，不怎麼有吸引力。但今非昔比。伊斯蘭原教主義派拉攏信徒，獲得沙烏地阿拉伯大量的油元資助，深深影響了今天主流穆斯林的信仰詮釋，也改變了他們對其他信仰的看法，以及與較不傳統的穆斯林和非遜尼派（non-Sunni）──尤其是什葉派（Shiite）──之間的關係。

在穆斯林極端主義份子的操控下，有石油撐腰的伊斯蘭原教主義，成了從意識型態上合理化暴戾聖戰主義的理由。而聖戰主義擁護者，又以重建第七世紀的伊斯蘭帝國哈里發（Islamic caliphate）為目的。伊斯蘭原教主義鼎力支持的團體，包括：塔里班政權、蓋達組織、哈瑪斯，及活躍於伊拉克、巴勒斯坦及巴基斯坦的遜尼派自殺炸彈小組。

1979年，激進基本教義派份子質疑沙烏地統治家族的穆斯林信仰純正性，

而攻占了麥加大清真寺，使得沙烏地想輸出伊斯蘭原教主義的渴望急劇高漲。該年無獨有偶的，也爆發了伊朗革命，油價一飛衝天。《陰影壟罩下的高塔》（*The Looming Tower*）作者萊特（Lawrence Wright），在這本清楚描述蓋達組織歷史的著作中指出：

> 麥加大清真寺遭受攻擊……讓沙烏地王室驚覺到，原來革命真會發生。王室從這次血腥對峙學到的教訓，就是：要保護自己免於受到宗教激進份子傷害，只能授權給他們……結果，受政府資助、自詡為宗教正義使者的宗教警察，開始在沙烏地王國橫行。他們在購物中心和餐廳閒晃，趕男人進清真寺做禮拜，確保所有女人蒙面遮體。
>
> 沙烏地政府並不滿於只淨化自己的國家、給予國民最低限度的宗教自由，甚至向整個伊斯蘭世界宣教，運用被稱為「天課」（zakat）的數十億沙幣宗教稅，在全球興建數百所清真寺、大學，以及數千所的宗教學校，全由瓦哈比教派的領導人和老師擔任教職。結果，僅占有穆斯林世界1%人口的沙烏地阿拉伯，卻資助整個信仰90%的支出，壓倒了其他伊斯蘭傳統。音樂自此在這個王國消失，藝術和文學全面受到審查。而原本就沒什麼機會在這年輕國度展現抱負的知識份子，更是從此衰頹。偏執和狂熱，自然占據了封閉恐懼的心靈。

波斯灣國家伊斯蘭化

全球大約有15億穆斯林，散居於各主要城市。由於沙烏地阿拉伯石油資源豐富，又是兩大神聖清真寺所在地（分別位於麥加與麥地那），擁有獨一無二的正統性和無與倫比的資源，使它能在穆斯林世界提倡自己極端保守的伊斯蘭品牌。從來不曾有這麼多財富，被交給全球主要宗教之一的極少數份子，為世界帶來這麼多的長期後果。

五十年後，回首看待開啟能源氣候年代的這一刻，我們或許會歸納出一個結論：這時代最重要的地緣政治趨勢，正是伊斯蘭信仰中心的移轉，亦即從

十九、二十世紀，較柔性、對世界及其他信仰較開放的開羅—伊斯坦堡—卡薩布蘭加—大馬士革都會／地中海中心，轉向比較拘謹、苛求女性、對其他信仰不懷善意的沙烏地伊斯蘭原教主義／沙漠伊斯蘭中心。

> 僅占有穆斯林世界1%人口的沙烏地阿拉伯，卻資助整個信仰90%的支出，壓倒了其他伊斯蘭傳統。

過去二十年來，偏伊斯蘭基本主義教派的崛起，並不能完全歸咎於沙烏地的金援。對全球化和西方化普遍而強烈的抵制、新一代年輕穆斯林抗拒以往所有失敗過的意識型態（包括：阿拉伯國家主義、阿拉伯社會主義及共產主義）等因素，也造就了現今局勢。不過，沙烏地資金確實助長了、也鞏固了嚴謹正統伊斯蘭的興起。2008年6月4日的《金融時報》指出，中東有近三分之二的人在25歲以下，而且四人中就有超過一人失業。許多失意、失業的年輕人，從信仰中找到慰藉。

作家李奇威（William G. Ridgeway）為主張打破舊傳統的英國研究機構社會事務小組（Social Affairs Unit），寫了一系列思慮縝密、鼓動思想的文章——〈來自阿拉伯的信〉（Letters from Arabia）。他於2005年8月22日發表的文章提到，這種轉變就某個層面來說，其實就是「沙漠伊斯蘭」教派與「城市伊斯蘭」教派（Urban Islam）長期對抗的現代版。「沙漠伊斯蘭」的代表，是嚴謹拘束的沙烏地瓦哈比教派；至於「城市伊斯蘭」，則較具世界觀，對女性較友善，也較能接受新想法。

李奇威寫道，「現代化的入侵，已提升沙漠伊斯蘭於現今社會的地位及影響力。」

西方國家普遍都相信，中東雖然遲疑，卻必然會走向自由民主。但事實上，該區域正往另一個方向快速邁進，學者稱之為「伊斯蘭化」（Islamicisation），意指激進的什葉派與瓦哈比信仰和行為，正在中東擴散。因

為這個趨勢，現在的中東已和往昔，如五十年前，大不相同。以今天的標準
來看，1950年代波斯灣發現石油時，許多穆斯林國家還相當自由。酒精不受控
管，女性卸下面紗，人民還能公開的熱烈討論「阿塔圖克❸做法」：強調現代
化、政教分離，以及和西方國家對話。當時的中東，似乎正往正確的方向發展。

然而，沙烏地阿拉伯爆發的石油財富，改變了一切。「擁有石油，表示沙
烏地阿拉伯如今握有籌碼，能讓世界變得更像他們，」李奇威說：「山會靠向
穆罕默德⋯⋯強調完全固守嚴謹教義的沙漠伊斯蘭，奪走了阿拉伯生活的趣味
和色彩。看來，這還會持續一段很長的時間。藉由服飾（或褪去服飾）來表達
自己、展現魅力的樂趣，消失不見，全部被黑色取代。」李奇威表示，受到石
油資助的現代沙烏地瓦哈比伊斯蘭教派，意謂著「自由的城市伊斯蘭教派，遭
受沙漠教派攻擊。但在阿拉伯文化或電影製作的黃金時代，沙漠教派只不過是
個外圍組織。或許，過去阿拉伯喜劇中那些搔首弄姿、甚至有些微醺的阿拉伯
女人，最能代表消失的一切。那時候，她不過被人訕笑；現在，她可能會被石
頭砸死。」

恐怖主義進入文化藝術

除了沙烏地阿拉伯，其他保守的波斯灣國家——科威特、卡達及阿拉伯聯
合大公國，也有大量石油資金湧入，讓他們在國內、外成立更多保守的慈善組
織與宗教機構。

2007年8月，一位在波斯灣國家擔任教授的埃及籍友人，在波斯灣地區與我
共進早餐時，分享了以下心得。為了自身安全，他要求不透露姓名。他說，沙
烏地阿拉伯已經對整個穆斯林世界的伊斯蘭生活，造成巨大衝擊：「看看男女
之間的關係就好。以往同一家族的男女，可以同處一室，並肩而坐。現在，他

---

❸ 阿塔圖克（Kemal Ataturk）是土耳其之父，也是現代化之父。

們得分開。目前的兩性關係，十分敏感。你搞不清楚該不該跟女性握手……這個區域的沙烏地伊斯蘭化（Saudi Islamization），已經留下不良影響，而且得花數十年才改得過來。如果你去參觀大學，會發現男女不混合上課。我還在埃及念書時，上課會坐在女生旁邊。現在，

> 擁有石油，表示沙烏地阿拉伯如今握有籌碼，能讓世界變得更像他們。

男女學生共處一室卻自動分開來坐。這不是埃及的伊斯蘭（Egyptian Islam），這是沙烏地伊斯蘭。更糟的是，沙烏地只是出錢，埃及卻是實踐他們想法的人……我們把沙烏地的生活方式引進埃及，從服飾到清真寺門口賣的書，傳達的都是瓦哈比教派對伊斯蘭教義的詮釋。遺憾的是，埃及沒有資源反擊。」

埃及到現在還是無能為力。2008年6月9日，《新聞週刊》派駐中東的記者諾爾蘭（Rod Nordland）在開羅寫了一篇文章，清楚表達了這一點：

肚皮舞者薩布依（Abir Sabri），以雪白光滑的肌膚、烏黑亮麗的秀髮、性感豐厚的雙唇及圓潤豐滿的身材而聞名遐邇，以往常在略帶淫猥的埃及電視劇或電影中演出。但前幾年，達到事業巔峰之際，她卻不見了──至少再也看不見她的臉。她開始在沙烏地擁有的宗教電視頻道表演，蒙著面紗詠唱可蘭經經文。薩布依說，只要她舉止合宜，保守的沙烏地金主答應給她接不完的工作機會。她接著解釋：「他們是瓦哈比投資家。」她指的是正盛行於沙烏地阿拉伯、教規嚴苛的遜尼派。「以前，他們投資恐怖主義。現在，他們把錢投入文化和藝術。」

埃及人其實痛恨他們的文化遭到沙烏地化。長久以來，從摩洛哥到伊朗的表演藝術，一直由埃及主導。如今，擁有大把油元的沙烏地投資者，買下了歌手和演員的契約，重塑埃及的電視和電影產業，並且以嚴苛的沙烏地價值取代

無拘無束的埃及價值。

埃及手機業億萬富翁薩維雷斯❹表示：「據我所知，這是中東目前的最大問題。埃及一向非常自由、非常世俗、非常摩登。現在……」他站在二十六層樓高的開羅辦公室窗戶旁，比著手勢說：「我眼中所看的，明明是我的國家，卻不再是我的國家。我在這裡像個外國人。」

沿著尼羅河往上游走1英里，是開羅的君悅大飯店。這個五星級酒店的沙烏地籍老闆，下令自

從摩洛哥到伊朗的表演藝術，一直由埃及主導。如今，擁有大把油元的沙烏地投資者，買下了歌手和演員的契約，重塑埃及的電視和電影產業，並且以嚴苛的沙烏地價值取代無拘無束的埃及價值。

2008年5月1日起禁酒，還誇示的將酒窖裡價值140萬美元的酒，全都倒入水溝。埃及歷史最悠久的製片公司——埃及製作廠（Studio Masr）執行長穆拉德（Aly Mourad）表示：「少了酒精的埃及飯店，彷彿沒了大海的沙灘。」他指出，目前埃及製作的電影中，95%由沙烏地人出資，可是他們自己國家連一間電影院也沒有。「他們會說，拿去，你可以用我們的錢，不過有一些小條件。」其實不只一些。電影製作人口中的35條規定（35 Rules），包括了預期中禁止出現的擁抱、親吻或飲酒等畫面，甚至空著的床也不准出現，更別提暗示有人可能在上面做了什麼。沙烏地握有的衛星頻道，也買下了埃及的電影收藏館，嚴格審查一些經典老片，甚至直接禁止某些影片播放。

有的埃及人認為，這種大驚小怪的行為，其實不完全是沙烏地人的錯。電影製作人庫里（Marianne Khoury）解釋：「電影變得愈來愈保守，是因為整個社會日趨保守。」她認為，沙烏地的資金，一直是維繫埃及八十歲電影產業的命

---

❹薩維雷斯（Naguib Sawiris）是埃及最大電信集團歐拉斯康（Orascom）的董事長。

脈。埃及製作公司在1960、1970年代的高峰期，每年可推出超過100部電影。到了90年代，製片量卻大幅下滑，每年僅存6部。多虧有沙烏地投資者，才得以回升到40部。庫里說：「如果他們停止投資，就沒有埃及電影了。」

　　至少，還有一些埃及人認為，沙烏地阿拉伯這個國家終究會改變。肚皮舞者狄娜（Dina）預測：「埃及一定會恢復到以前的模樣。」她是埃及土生土長、碩果僅存的肚皮舞者之一。另外，別忘了2006年直言不諱探討同性戀的大戲「亞固比言大樓」❺，是沙烏地製片公司資助的。富商薩維雷斯也已開辦自己的衛星電視頻道，播放未經審查的美國電影。他下定決心要打贏這場仗。不過，他形單影隻，而沙烏地阿拉伯的億萬富翁卻族群浩大。

以教育體系培養聖戰狂熱份子

　　患上油癮的美國，從未思考如何去面對這些現象。前美國中情局局長伍爾奚（Jim Woolsey）指出，冷戰期間，美國早已習慣對付蘇聯的極權主義者，這些人重視經濟的世俗意識型態，乃是受到十九世紀那位屍骨已寒的思想家所影響，並不難掌控，畢竟沒有那麼多馬克思主義者，會真的為了「各盡所能，各取所需」的理想而自殺。然而，美國透過能源採購所間接助長的意識型態，卻更具傷害性，而且公開擁抱自殺行為。

　　伍爾奚指出，瓦哈比教派的教令明確，對於「什葉派、猶太人、同性戀及叛教者」極不友善，「而且壓制其他人，尤其是女性。他們的基本信念可說是與蓋達組織一致。」換句話說，純粹就意識型態來看，沙烏地阿拉伯（美國主要盟軍）盛行的宗教信條，與蓋達組織（美國主要敵人）相去無幾，差別只在手段不同罷了。「的確，」伍爾奚說道：「瓦哈比教派與蓋達組織之間的基本

---

❺「亞固比言大樓」（Yacoubian Building）是根據埃及牙醫作家阿斯萬尼（Alaa el-Aswany）之同名暢銷小說拍攝的電影，以諷刺手法，探討埃及現代社會光怪陸離的現象。

論述點，不在根本教條。兩者的關係比較像鬥爭，類似1920、1930年代，史達林派與托洛斯基派的你爭我奪，看誰能當頭。兩教派充滿敵意的根本觀點，都指向同一個大方向。世界各地許多瓦哈比教派資助的經書院，延續這樣的敵意，付諸行動，繼而引發種種後果。」

談到沙烏地油元如何衝擊中東以外的地區，記錄工作做得最好的，非經典名著《三杯茶》（*Three Cups of Tea: One Man's Mission to Promote Peace...One School at a Time*）的作者摩頓森（Greg Mortenson）及瑞林（David Oliver Relin）莫屬。這本書鉅細靡遺的描述這位由登山家變成教育家的美國人摩頓森，如何創立中亞協會（Central Asia Institute），並在十二年間，於巴基斯坦及阿富汗郊區興辦了超過50所先進的學校，企圖改善貧窮、增加學童受教育的機會（尤其是女孩），以對抗伊斯蘭極端主義。（現在，這些學校的數目已有78所，而且還在持續增加中。）

「好幾年前，我就知道沙烏地瓦哈比教派在阿富汗地區興建清真寺，」摩頓森在書中提到。

但是，在巴基斯坦信奉什葉派的巴提斯坦（Baltistan）市中心，見到瓦哈比教派新落成的建築，還是令我訝異不已。這是第一次，我驚覺到他們想達到的規模，這令我害怕……

2000年12月，沙烏地《事物核心報》（*Ain-Al-Yaqeen*）報導，瓦哈比四大宣教組織之一的哈拉曼基金會（Al Haramain Foundation），已於巴基斯坦和其他穆斯林國家，興建1,100間清真寺、學校及伊斯蘭中心。光是去年，就僱用了3千名支薪的宣教人員。

報導中也提到，四大宣教組織中最活躍的國際伊斯蘭救援組織（International Islamic Relief Organization；911調查委員會指控該組織直接援助塔里班與蓋達組織），在去年同期，完成第3,800座清真寺的興建，還耗資4,500萬美元提振「伊斯蘭教育」，並且僱用了6千名教師，其中許多人是巴基斯坦籍。

摩頓森說，他在巴基斯坦及阿富汗邊境，興建小型先進學校網絡的資源，「相較於瓦哈比，簡直是小巫見大巫。」

　　每當我去查看某個計畫的進展時，總會看到似乎一夕之間，附近又冒出10間瓦哈比經書院。

　　巴基斯坦腐化的教育體系，讓瓦哈比教義的推行，變得只跟經濟因素有關。巴基斯坦只有極少數富裕人家的孩子，得以進入私立菁英學校就讀……大部分地區，甚至連苟延殘喘、經費不足的公立學校都沒有……經書院體系的目標，正是這群公立學校無法照顧到的赤貧學生。經書院在不毛之地，提供免費的教室及黑板，還興建學

> 過度仰賴天然資源時，會扭曲一個國家的政治、投資及教育的優先措施，繼而使得一切運作，都圍繞在誰掌控這些天然資源、誰能從他們手中拿到多少錢等，也就是所謂的「資源詛咒」。

校，成了數百萬巴基斯坦父母教育孩子的唯一機會。「我不想讓人以為，所有瓦哈比教派信徒都是壞的，」摩頓森說道，「他們的許多學校和清真寺，在協助巴基斯坦窮人上做得很好。但是，有些似乎只是為了教出聖戰狂熱份子而存在。」

　　摩頓森很清楚，上述現象有多大程度是受到美國能源採購的資助。

　　這件事不是只有幾個阿拉伯長者，拿著一袋又一袋現金，走下海灣航空（Gulf Air）的飛機那麼簡單。他們把最聰明的經書院學生，載回沙烏地阿拉伯和科威特，接受長達十年的思想灌輸。等他們歸國之後，就鼓勵他們娶四個老婆，像兔子一樣生養眾多……瓦哈比快速製造出一代又一代經過洗腦的學生。

他們想著二十、四十甚至六十年後的事，希望屆時他們的極端主義大軍，能壯大到擠滿巴基斯坦與其他伊斯蘭世界。

假使「沙漠伊斯蘭」壓倒性的吞噬了「城市伊斯蘭」（多虧我們的能源採購助了一臂之力），將對能源氣候年代的地緣政治帶來極大衝擊。埃及學者暨英國倫敦國際戰略研究所（International Institute Strategic Studies in London）中東波斯灣安全計畫資深研究員，同時也是《（不）文明的文字戰爭：阿拉伯世界的媒體與政治》〔*(Un)Civil War of Words: Media and Politics in the Arab World*〕作者范迪（Mamoun Fandy）指出，這將把伊斯蘭推向紅海與波斯灣。

我想說的是，伊斯蘭有「地中海伊斯蘭」及「紅海伊斯蘭」。如果伊斯蘭的中心朝著地中海推進，即貝魯特、伊斯坦堡、亞力山卓、安達魯西亞等運輸、貿易及交流盛行的世界，那麼伊斯蘭教和它集結的社群，將更具世界觀、更開放、更迷人。如果朝紅海推進，即艱困孤立的沙漠地區、同時也是原油產地，伊斯蘭教將變得更令人驚恐、更封閉、更仇視外來文化。

未來的發展，好壞參半

近來，關於沙烏地阿拉伯的消息，好壞參半。好消息是，統治的紹德（al-Saud）家族開始以實際行動，企圖控制仇恨最深的聖戰宣教份子、宗教學者及青年，並且嚴懲加入國內恐怖組織或志願前往國外進行自殺任務的沙烏地人。壞消息是，伊斯蘭原教主義及瓦哈比教派的意識型態，已經深植沙烏地的宗教／教育體系中，想要抑制它的發展，可不是簡單的事。過去，只要暴戾的聖戰份子將矛頭指向境外，沙烏地統治家庭就不擔憂。然而近來，聖戰份子開始對國內機構展開攻擊，他們便開始正視這個議題。

2008年3月20日，BBC引述沙烏地當地的《中東日報》（*Asharq Alawsat*），指出沙烏地王國「準備重新訓練4萬名領拜人，和好戰伊斯蘭份子抗衡」。這等

於是對全國高層神職人員的矯正課程。當你看到，該國政府也明確要求這一批領拜人停止咒罵基督徒和猶太教徒，應該就明瞭問題的嚴重。2008年2月1日沙烏地政府官方報紙《利雅德報》（*Al-Riyadh*）上，專欄作家奧賽威博士（Sa'd Al-Quway'i）寫道：「呼籲消滅所有基督徒與猶太教徒的做法，與神律牴觸。」他接著說，這些詛咒「不應該指向所有無宗教信仰者或異教徒，應該只針對傷害伊斯蘭教、反對伊斯蘭教的人。」

然而，油元是否有推動比較多正面的趨勢呢？我們還是要注意到，大量湧入的財富，其實也在每個油藏豐富的國家，激發了一些現代化力量。愈來愈多女性接受教育，而且不僅限於上宗教學校。愈來愈多女性與男性能出國深造，新式大學開始招生。更多媒體開始在阿拉伯穆斯林世界發聲，其中不乏獨立、進步的電視頻道與報紙。阿拉伯灣❻（Arab Gulf）國家正迅速全球化，主辦國際會議，並且邀請美國及歐洲大學創設分校。這些美國學術界的種子，是否已向下扎根？時候未到，但是，整個趨勢值得繼續觀察。

尤其是沙烏地阿拉伯的進展。親自深入沙烏地阿拉伯，讓我可以斬釘截鐵的說，這國家有一群溫和、甚至明顯親西方的沙烏地人，他們曾留學美國、會定期造訪，而且仍然支持他們最鍾愛的美式足球隊。我跟他們見過面，也跟他們辯論過，並且喜歡和他們在一起。他們深愛自己的信仰，也為伊斯蘭原教主義瓦哈比極端份子的暴行，感到羞愧。極端份子的作為，令沙烏地阿拉伯在世界蒙羞，其中最荒謬的，莫過於2002年造成15名沙烏地女學童喪生的事故。當時，宗教警察不准這群女孩離開陷入火海的學校大樓，也不允許消防隊員進入火場救援，因為這些女孩沒有依照沙烏地傳統，遮蔽臉和身體。我相信，許多沙烏地人希望見到更開放的伊斯蘭國家。可惜他們不是制訂宗教政策的人，被引進巴基斯坦、倫敦、摩蘇爾（Mosul）及雅加達經書院的，也不是這群人的進

---

❻阿拉伯灣有時即指波斯灣，但因爭議性大，阿拉伯世界以外地區並不通用，國際組織亦不承認這個說法。

步觀點。

油元如何變金援

然而，問題不止於多少女性要蒙面遮體。在伊拉克，來自沙烏地阿拉伯、北非及阿拉伯世界各地的年輕遜尼派穆斯林，受到沙烏地瓦哈比領袖或他們的理念感召，成為自殺炸彈組織的核心成員。這造成以美國為首的軍隊，在伊拉克的戰事陷入僵局，還使得當地遜尼派和什葉派關係惡化。影響之大，遠超過其他任何因素。

美國財政部次長李維（Stuart Levey），於2007年9月12日接受美國廣播公司新聞網（ABC News）訪問時說：「如果我能一捻手指，啪的一聲切斷某個國家的金援，那一定是沙烏地阿拉伯。」

事隔兩個月，2007年11月22日的《紐約時報》指出，美軍某次突襲敘利亞邊界、伊朗辛賈爾（Sinjar）附近沙漠地區的帳篷營地時，發現藏匿的文件和電腦顯示出一個事實：

沙烏地阿拉伯和利比亞在反恐戰爭中，雙雙被視為美國的盟軍，但是過去幾年來，前往伊拉克志願擔任自殺炸彈客，或是協助其他攻擊行動的外籍士兵中，約有60%來自上述兩個國家……該次襲擊的目標，是一個叛亂恐怖小組，負責偷渡大部分外籍士兵到伊拉克。行動後數週，美國情治人員搜查文件和電腦發現：沙烏地人是外籍士兵的最大宗，約305人，亦即41%。這數據顯示，儘管沙烏地阿拉伯自2001年9月11日起，即大力遏止想成為恐怖份子的國民……部分沙烏地士兵，還是成了漏網之魚。

該篇報導引述美國高層軍事官員的話，說明軍方相信沙烏地老百姓提供了蓋達組織在美索不達米亞活動的絕大部分資金，好阻止什葉派主導巴格達政府。文中還提到，這些辛賈爾文件「顯示每位外國士兵隨身攜帶約1千美元，大

多用來支援該偷渡小組的運作。美國官員更透露，每位沙烏地人挾帶的金額，大於其他國家的士兵。」

我於2007年8月訪問庫德斯坦（Kurdistan）時，一名資深庫德安全官員告訴我：「沙烏地人正在輸出他們的恐怖份子。這有兩個好處：第一，他們能甩掉自己的恐怖份子。第二，這些恐怖份子在伊拉克殺害的都是

> 靠石油撐腰的政權，不必靠向人民徵稅。他們只要鑽口油井，再把石油賣到海外。因此，這些政府不需要聆聽民眾的聲音，或代表民意。

他們痛恨的人，例如什葉派教徒。」他補充說明，這些待在伊拉克的遜尼派蓋達組織份子，只要「到卡達、阿拉伯聯合大公國或沙烏地阿拉伯繞一圈，就能帶回一袋又一袋的錢」。

石油政治助長了這個過程。美國能源政策顧問公司（Institute for the Analysis of Global Security，IAGS）是總部位於美國華盛頓的智囊團，長期追蹤石油對地緣政治的衝擊。該組織共同負責人拉夫特（Gal Luft）與柯林（Anne Korin），在一篇名為〈助長恐怖行動〉（Fueling Terror）的論文中，這麼解釋：

以沙烏地阿拉伯為例……許多慈善團體是真的致力於公益，但有些根本是洗錢工具和恐怖份子籌募資金的機構。儘管許多沙烏地人心存善念捐款，相信自己捐的錢是用來做善事，但也有人對資金流向及恐怖份子的目的，了然於心。阿拉伯世界的資金轉移，這麼難以滲透與控管，原因在於哈瓦拉制度（Hawala system）——非正規的資金轉移系統，也是全球恐怖主義的主要資金運作方式之一。這個制度存在好幾世代，深植於阿拉伯文化中。哈瓦拉式的資金交易以彼此的信賴為基礎，完全口頭執行，不會留下任何書面證據。沙烏地政權一直與民眾串通一氣，對有錢的國民會捐款給慈善機構、再轉給恐怖組織，心知肚明，卻視而不見。

IAGS認為，「如果不是西方國家的油元，大多數波斯灣國家根本沒有那麼多財富，能投入如此大的金額購買武器並且支持恐怖組織。」IAGS也指出，沙烏地阿拉伯的石油收益，占該國總出口盈餘的90到95%、國家歲入的70到80%。「這些灌輸宗教排他性、仇恨西方價值觀的慈善機構和教育基金會，背後的資助者，絕大部分都是從石油業或相關產業致富的沙烏地人。賓拉登的財產，也是因為他的家族營造事業，承接政府合約（資金來自油元）而發跡。」

在沙烏地阿拉伯金援伊斯蘭原教基本主義教派在全球興起的同時，伊朗也在1979年推翻國王之後，開始宣揚自己具有伊斯蘭什葉派革命性精神的品牌。甚至於，這兩國還視對方為敵手，競相成為穆斯林世界的真正領袖及模範國家。換

> 當政府絕大部分收入都是來自於在地上鑽個洞，而無須仰賴人民的精力、創造力和創業精神時，政府就很容易限制人民的自由，降低教育經費，人民的發展也會因此落後。

句話說，於1979這一年，在沙烏地原教主義國家（沙烏地阿拉伯是OPEC最大產油國）和什葉派伊斯蘭共和國（伊朗是OPEC第二大產油國）之間，出現一場史無前例的現代化全球宗教軍備競賽，彼此較量誰最能影響穆斯林世界的未來發展。

2006年夏天，黎巴嫩真主黨不顧後果攻擊以色列之後，真主黨領袖納斯瑞拉（Hassan Nasrallah）隨即宣布，會發放現金給數千戶受到以色列報復行動而導致家園毀壞的黎巴嫩家庭。「我們會發放補償金，給每個家庭一些錢，支付一年的房租。另外，再買家具給房屋全毀的人，」納斯瑞拉說：「總計是1萬5千戶。」納斯瑞拉也鄭重聲明，真主黨會協助人民重建家園和事業，承諾受難者「不需要向任何人伸手要錢，或是排隊等待」領取救濟金。套句全州（Allstate）保險公司的廣告詞，這簡直是在說：「交給真主黨，你完全放心。」

　　等等，真主黨是從哪裡取得超過30億美元的資金來重建黎巴嫩呢？畢竟這個組織不事生產，也不向追隨者徵稅。答案當然是：伊朗會從石油收入中拿錢出來給納斯瑞拉。如此一來，他就無須因為發動一場師出無名、只帶來毀壞的戰爭，而得面對憤怒的黎巴嫩人了。沒錯，多虧當時每桶70美元的石油，真主黨才能同時擁有卡秋沙（Katyusha）火箭和奶油。在油元淹腳目的時候，這有何不可呢？真主黨和伊朗就像兩名有錢的大學生，在那年夏天像租海灘小屋般把黎巴嫩租下來，然後彼此吃喝：「來吧，把這地方砸個稀巴爛。管它的，反正老爸會買單。」納斯瑞拉只差沒跟黎巴嫩國民說：「喂，不用找零了。」

　　基於上述所有理由，美國總統布希在911事件之後，拒絕採取任何重要行動減少石油消耗，等於是在推行「不讓任何一個穆拉❼（Mullah）落後」政策。前美國中情局局長伍爾奚直言不諱：「我們正在出錢買那條要用來絞死自己的繩索。」

油價愈高，自由愈少

　　石油帶來的龐大財富轉移，不僅影響了穆斯林世界，也衝擊了全球政治。當政府絕大部分收入都是來自於在地上鑽個洞，而無須仰賴人民的精力、創造力和創業精神時，政府就很容易限制人民的自由，降低教育經費，人民的發展也會因此落後。這些都是我所謂「石油政治第一定律」導致的後果。

　　911事件之後，讀著每天的報紙頭條、聽著新聞報導，我開始思量石油政治第一定律。聽到委內瑞拉總統查維茲要英國首相布萊爾「下地獄」，還告訴支持者，美國主導的美洲自由貿易區（Free Trade Area of the Americas）成員國也「可以滾回地獄」時，我不禁自問：「如果現在的油價是每桶20美元，而不是60或70美元；如果委內瑞拉需要扶助國內企業家才能生存，而不是只要朝地上鑽洞

---

❼穆拉是伊斯蘭傳教士的稱號。「不讓任何一個穆拉落後」乃是仿自布希政府「不讓任何一個孩子落後」（No Child Left Behind）的教育政策口號。

就有錢拿，看他還說不說得出這番話！」

　　過去幾年，我持續追蹤波斯灣地區的事件。我注意到，第一個舉辦自由公平的內閣選舉、且允許女性參選和投票的波斯灣國家，是與沙烏地阿拉伯東海岸毗鄰的小島國巴林。巴林同時是第一個聘請麥肯錫公司（McKinsey & Company），來全面檢視勞工法，提升國民生產力、就業力，以減少外來勞工的波斯灣國家。它也是第一個和美國簽署自由貿易協定的波斯灣國家。巴林國王和他的顧問，毫不諱言他們的目標包括：破除仰賴石油福利國家的文化，自1971年巴林獨立以來，石油福利國家的思維一直主導該國經濟；以生產力的提升作為加薪的依據；終止每家工廠成立時可從印度或孟加拉引進500名廉價勞工的做法，因為這種做法表示每家巴林的工廠雖可支持工廠老闆的家計，以及500名來自南亞勞工的家庭，卻獨漏了巴林勞工或他們的家人。

　　巴林是君主立憲制的國家，有國王，也有經選舉產生的國會。巴林著手翻新教育制度，重新訓練教師，並創設技職制度，讓不想上大學的年輕子弟能習得一技之長。巴林也比以往更歡迎外國人直接投資，並且讓國營事業民營化，以刺激企業的真正競爭，讓巴林的經濟有別於其他波斯灣國家的經濟「競爭」模式──通常由兩家政府出資的企業相互競爭。

　　重點是，為什麼巴林要在2007年石油日正當中時，推動這些計畫？因為巴林不僅是1932年首先發現石油的波斯灣國家，也是1998年左右第一個發現石油逐漸枯竭的波斯灣產油國。我一點也不驚訝，巴林首度針對貪腐舉行公開辯論是在1998年，當時，原油價格跌到每桶15美元以下。

　　和其他油藏豐富的鄰國不同，巴林在1990年代就幾乎能在行事曆上註明，從哪一天開始無法再仰賴石油收益。因此，巴林毫無選擇，轉而培養、開發國民的天賦。我不禁自問：「這真是巧合嗎？第一個石油耗竭的波斯灣國家，也是第一個尋求政治和經濟改革的國家？」我完全不認為這是巧合。環顧阿拉伯世界，我見到黎巴嫩人民發起民主運動，驅逐入侵的敘利亞軍隊。我不禁對自己說：「這是意外嗎？黎巴嫩身為阿拉伯世界第一、也是唯一真正民主的國

家，碰巧也是少數一滴石油也沒有的阿拉伯國家之一？」

我愈思考這些問題，愈清楚裡面存在某種關聯，一種能測量、圖示的相關性。油價與某些國家政治自由度和經濟改革的步調、範圍及持續性，一定有關係。某天下午，我和《外交政策》雜誌的總編輯奈姆共進午餐，我攤開餐巾紙，在上面畫了圖表，以解釋1975到2005年間，油價與產油國自由化的大概關聯。當一組數據下滑，另一組就會上揚。

我請奈姆想想，2001年時，石油每桶25到30美元，美國總統布希看著俄羅斯總統普丁的靈魂、看到了美國的盟友：「我直視他的雙眼，發現他非常坦率，值得信賴……我可以感覺到他的靈魂。」但是，油價飆到每桶100美元的現在，再端詳普丁的靈魂，你會看到能源巨擘俄羅斯天

> 阿拉伯有許多企業家，但阿拉伯世界卻不存在創業精神，這些地區的企業家，靠著石油或反恐戰爭賺進收入，根本無法培養出有才能的人。

然氣公司（Gazprom）、俄羅斯最大石油公司路克斯（Lukos）、前蘇聯官方報紙《消息報》（Izvestia）、《真理報》（Pravda）、俄羅斯國會及其他俄羅斯民主機構，都被普丁大口吞掉。或者，就像某位不願透露姓名的世界領袖在某次訪問時告訴我的：「油價每桶20美元時，普丁獲得俄羅斯人民20%的選票。油價每桶100美元時，普丁便擁有100%的選票。」

1997年，油價跌到每桶20美元以下，伊朗選擇改革派學者哈塔米（Mohammed Khatami）出任總統，他呼籲進行「文明社會之間的對話」。到了2005年，油價每桶60到70美元，伊朗選阿赫馬迪內賈德（Mohammed Ahmadinejad）當總統，他宣稱，第二次世界大戰德國納粹大規模殺害猶太人的事件，是虛構的。

「我向你保證，」我告訴奈姆：「等油價降到每桶20美元時，大屠殺就不再是憑空捏造的。」奈姆拿走那張餐巾紙，回辦公室給工作人員看。一小時

後，他來電要我以餐巾紙上的論點，為《外交政策》寫一篇文章。我照辦了
（發表於2006年5月－6月號）。

在圖表的一軸，我標示出自1979年起的全球平均原油價格。另一軸，則
代表某國經濟與政治自由度的增減。我選了俄羅斯、委內瑞拉、伊朗及奈及利
亞。自由度的衡量基準，則參照美國自由之家（Freedom House）的〈世界自由
度調查報告〉（Freedom in the World），與加拿大著名的菲沙研究中心（Fraser
Institute）的〈世界經濟自由度報告〉（Economic Freedom of the World Report）。
我所用的自由度基準包括一國舉辦自由公平選舉的次數、報社創立或倒閉的家
數、獨斷逮捕的人數、被選入國會的改革派人數、展開或中止的經濟改革計畫
數量、企業民營或國營化的數量等等（我得承認，這並非實驗室做出來的科學
實驗，因為一個社會的經濟與政治自由度，永遠不可能絕對量化或互換）。我
得到以下這張圖表：

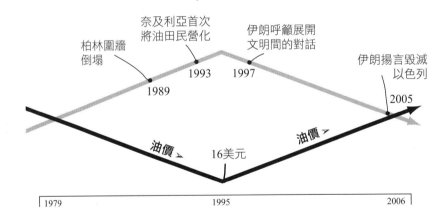

從俄羅斯、委內瑞拉、伊朗到奈及利亞

儘管這只是初步的關聯，卻足以讓我提出「石油政治第一定律」。這定
律假設如下：在油藏豐富的石油主義國家，油價和自由度往往成反比。也就是
說，全球平均油價愈高，言論自由、新聞自由、自由公平選舉、集會自由、政

府透明度、司法獨立、法治、成立獨立政黨與非政府組織的權利等，愈容易遭到侵犯。此外，油價愈高，石油主義領袖就愈不在意世人的看法或批判，而使上述負面趨勢更加惡化。這是因為，他們握有更多的可支配所得，來打造國內安全部隊、籠絡對手、賄賂選民或收買公眾的支持，繼而抗拒國際規範。

反之，根據「石油政治第一定律」，油價愈低，自由化的步伐就愈快。石油主義國家被迫更透明、更願意聆聽反對聲浪、更敞開心胸與外界互動、更專注於打造激發人民（包括男性和女性）最佳競爭力的法律和教育制度、鼓勵新公司成立，以及吸引海外投資。油價跌得愈深，會有愈多石油主義領袖在意外界的看法。

我將石油主義國家定義為：出口與政府歲收高度仰賴油產的威權國家或政府制度不完善的國家。幾乎所有石油主義國家，都是在建立完善透明的治理制度前，就已經累積了石油財富。我認為最具代表性的石油主義國家包括：安哥拉、加彭、奈及利亞、伊朗、俄羅斯、埃及、哈薩克、科威特、烏茲別克、亞塞拜然、印尼、委內瑞拉、卡達、阿拉伯聯合大公國、敍利亞、赤道幾內亞、蘇丹、緬甸，以及沙烏地阿拉伯。至於那些油藏豐富，但在發現石油前就已經有穩固民主制度、多元經濟的國家，如挪威、美國、丹麥、英國等，則不適用於「石油政治第一定律」。

從以下四個石油主義國家的圖表可以看出，油價在1990年代早期下滑時，這些國家的競爭、透明度、政治參與及在位者的擔當能力，都呈現上揚的趨勢（以自由選舉的次數、報紙開辦數量、改革派當選人數、經濟改革計畫的數量，以及企業民營化程度來衡量）。不過，當2000年油價開始攀升，這些國家的言論自由、新聞自由、公平選舉，以及組織政黨和非政府組織的自由等，都出現被打壓的趨勢。

像巴林這樣的國家，儘管領導人利用油藏逐漸耗盡的事實，強調改革的燃眉之急，但是2006年油價急速攀升也為他們帶來問題。巴林的改革推動者被迫重新修正改革論調，官方指派的巴林經濟發展局（Bahrain Economic Development

Board）執行長阿勒哈利法（Sheikh Mohammed bin Essa Al-Khalifa）告訴我：「我們
不得不從強調改革是『必要的』，改為改革是一種『目標』。」這個論調比較
難打動人心。每桶100美元的油價，不會中止巴林的改革，「但是會拖慢你的步
伐，」阿勒哈利法接著說。國會在通過那些鼓勵開放競爭、減少政府干預的政
策時，速度會變得有一點慢。

　　的確，經濟專家早就點出，豐富的天然資源其實不利於一個國家的經濟
與政治發展，也就是所謂的「荷蘭病」（Dutch disease），或是「資源詛咒」
（resource curse）。荷蘭病指的是：意外發現天然資源會導致去工業化的過程。

伊朗：國際貿易自由 vs. 油價

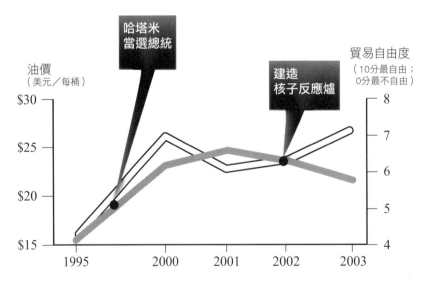

資料來源：〈英國石油2005年世界能源統計報告〉（BP Statistical Review of World Energy 2005）
及國際能源總署；菲沙研究中心〈世界經濟自由度報告〉

這是1960年代早期荷蘭人在北海發現大量天然氣資源時，所產生的新名詞。患有荷蘭病的國家會出現以下症狀。首先，貨幣升值。因為發現石油、黃金、天然氣、鑽石或其他天然資源，導致資金突然大量湧入，使本國貨幣成為強勢貨幣。對外國買家來說，這代表該國貨物價格變貴，因此削弱了出口競爭力，但對該國人民而言，進口貨物變得非常便宜。於是現金充足的國民開始毫無節制的購買廉價進口商品，導致國內製造商紛紛倒閉，瞬間造成去工業化。

俄羅斯：自由之家〈轉型國家調查〉排名 vs. 油價

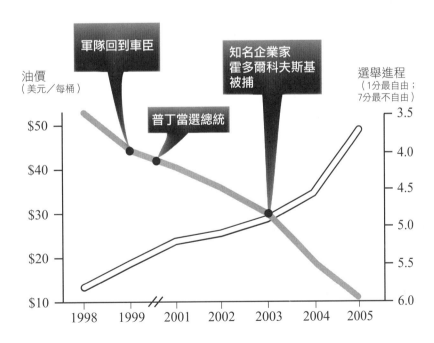

資料來源：〈英國石油2005年世界能源統計報告〉、國際能源總署、自由之家〈轉型國家調查〉(Nations in Transit)

　　「資源詛咒」可以用來形容同樣的經濟現象，以及當一個國家過度仰賴天然資源時，其政治、投資及教育的優先措施會如何遭扭曲，繼而使得一切運作，都因誰掌控這些天然資源、誰能從他們手中拿到多少錢而受影響。

　　石油主義國家的人民，往往對何謂「發展」產生誤解。這些人民認為，之所以國家貧窮、領導者（或是其他團體）卻富有，不是因為國家無力推動教育、法治，鼓勵創新和創業精神，而是因為有人偷走了油元、剝奪了他們應享的權益。他們多數時候是對的，確實是有人偷走這些錢，但人民會誤以為，要追求繁榮富裕，只要阻止竊賊即可，而不需在更好的教育、法治、創新與創業

委內瑞拉：自由之家〈各國自由度〉評分 vs. 油價

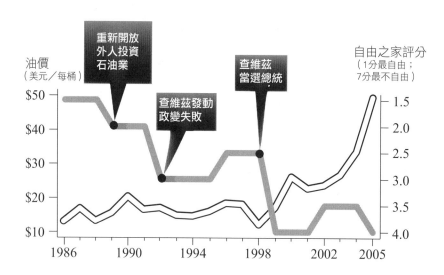

資料來源：〈英國石油2005年世界能源統計報告〉、國際能源總署、自由之家〈2005年世界各國自由度報告〉

精神的基礎上，一磚一瓦打造出自己的社會。

「如果奈及利亞不產油，整條政治方程式一定會迥然不同，」奈及利亞知名人權運動推動者恩萬科（Clement Nwankwo）在2006年3月到華盛頓訪問時告訴我。「我們的收入將不是來自石油，我們就會注意發展經濟的多樣化，民間企業也會變得重要，人民也必須施展自己的創造力。」恩萬科的話，讓我想起在德黑蘭時，一位受過西方文化洗禮的伊朗女記者和我走在街頭時，跟我說的

奈及利亞：法律制度與財產權 vs. 油價

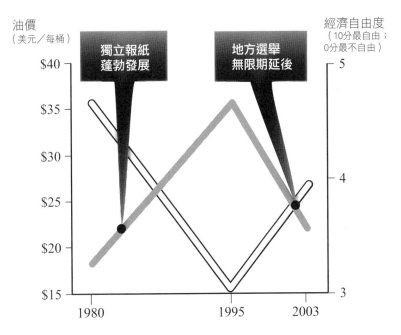

資料來源：〈英國石油2005年世界能源統計報告〉、國際能源總署、菲沙研究中心〈世界經濟自由度報告〉

話：「如果當初我們沒有石油，現在也能像日本一樣。」

石油政治第一定律想探討的正是上述論點，並且更進一步討論石油與政治的關聯——不只石油主義國家擁有過多的石油收益，會對民主化帶來負面衝擊，石油的實際價格也會導致這些影響。實際油價與民主化的成長或退步，也存在大致的關聯。

石油財富阻礙民主發展的五大機制

當我思考上述關聯存在的原因時，讀到最有見地的評析是〈石油會阻礙民主進程嗎？〉（Does Oil Hinder Democracy?），作者是加州大學洛杉磯分校政治科學家羅斯（Michael Ross），刊登於2001年4月號《世界政治》（World Politics）。羅斯詳盡說明，石油大量輸出與民主無法並存的原因。羅斯取得113個國家從1971到1997年的數據，經過統計分析之後，發現：「一個國家不管仰賴石油或礦產出口，通常會變得較不民主，其他形式的初級產品出口則不會造成這種現象。這效應不局限於阿拉伯半島、中東或撒哈拉沙漠以南的非洲地區……也不限於小型國家。」

羅斯的研究最令我感到受用的，是他列出過量石油財富會如何阻礙民主發展的明確機制。首先，他提出稅收效應（taxation effect）。油藏豐富的國家慣於以石油收益，來「減緩民眾要求政府更有擔當、更代表民意的社會壓力」。

我喜歡做這樣的類比：美國革命時喊出的口號是「無代議權，就不納稅」（No taxation without representation），石油主義威權國家的標語則是「不納稅，當然沒有代議權」（No taxation, so no representation, either）。

靠石油撐腰的政權，不需要向人民徵稅，他們只要鑽口油井，再把石油賣到海外。因此，這些政府不需要聆聽民眾的聲音，實現民之所欲。

第二項石油抑制民主發展的機制，羅斯認為是支出效應（spending effect）。石油財富促成更多酬庸支出（patronage spending），間接降低民主化的壓力。羅斯提到的第三項機制，則是團體形成效應（group formation effect）。一旦石

油收益為不民主或缺乏制度的國家提供大量橫財，「政府將會利用他的慷慨，防止獨立的社會團體形成，」羅斯如此寫道。此外，他還提到過多的石油收益也可能造成壓制效應（repression effect），因為它讓政府有更多錢改善警力、國內安全和情治單位，來嚇阻民主運動。最後，羅斯提到反

這些選舉產生或自封為王的精英份子，運用天外飛來的石油財富治理國家，讓自己安穩的坐擁權力，收買對手，反抗柏林圍牆倒塌後的自由風潮。

現代化效應（antimodernization effect），也就是說，多餘的石油財富，會減輕要求專業分工、都市化及高等教育等的壓力。這些趨勢通常與大範圍的經濟開發同時出現，也會培養出善於表達、能自由組織結黨的公民，並且擁有多元自治的經濟力量中心。

羅斯又收集了169個國家的數據，作了新的研究，找到中東國家女性教育程度低、職場代表性不夠、政治權力不足的原因：石油。

羅斯刊登於2008年2月號《美國政治科學評論》（*American Political Science Review*）的論文〈石油、伊斯蘭和女性〉（*Oil, Islam, and Women*）提到：

中東地區在外工作或任職於政府機關的女性人數，比全球其他地區少。多數觀察家認為，這種不尋常的現象，是該地區的伊斯蘭傳統造成的……有人甚至主張，伊斯蘭世界與西方世界的「文明衝突」，部分是因為穆斯林女性受到苛刻對待……然而，本論文以為，中東女性在職場與政府機關代表性不足，是石油引起的，與伊斯蘭教無關……女性無法參與非農業勞動，帶來嚴重的社會後果：生育率上升、女孩受教育機會減少，以及女性在家族中的影響力較小等。此外，還有深遠的政治影響。外出工作的女性少，表示她們較難交換資訊、克服集體行動的問題，較難政治動員、透過遊說爭取更多權利，較難在政府機構取得代表性。這讓產油國家反常的擁有穩固的父權文化與政治制度。

　　換句話說，羅斯認為造成幣值高估、進口攀升、壓垮國內製造業（即荷蘭病）的高油價，也是導致女性社會地位低下的原因。他指出，一旦人民把油元花在廉價進口貨品上，不僅一般出口產業會衰退，特別是紡織業和成衣業的工作（也就是貧困及教育程度較低的女性最容易從事、位於經濟階梯最底層的基層工作）也會消逝。與此同時，石油景氣大好往往帶來更多營造工程和建築工作，男性有更多就業機會、也因此擁有更多權力。羅斯的研究資料顯示，其他因素不變的狀況下，一國石油收入增加時，女性參與勞動和政治的人數雙雙下滑。他寫道：「石油生產會導致外出工作的女性人數變少，繼而削減女性的政治影響力。這個論述和前述的結果，不謀而合。」

　　有人問，為何1960年代油價低廉、甚至完全沒有石油收入，並未使阿拉伯世界更民主？（事實上，埃及、敘利亞、黎巴嫩及伊拉克等國，在1940年代和1950年代初期，也就是在發現石油之前，比現在自由許多。）答案是：1950到1989年間，美國較關注哪些國家親美或親蘇聯，而不太在意他們實際上是否民主，所以往往讓冷戰阻礙了各地的民主發展。另外，當時阿拉伯世界盛行的意識型態與政治文化，並非自由主義，而是阿拉伯國家主義與阿拉伯社會主義，而且女性權力不僅微弱，甚至不存在。此外，許多在第二次世界大戰後奪得政權的阿拉伯軍閥，都得到外來資源扶助（如石油），也就是冷戰期間蘇聯或美國的「外援」。

　　然而1980年代，由於人口急速膨脹，失業青年眾多，全球資訊革命興起，加上共產主義垮台後引發真正的全球民主運動，上述情景全都轉變了。從這一刻起，高油價使產油國更容易收買人民，低油價則反之。

　　我實在很難想像，埃及和敘利亞軍閥如果少了冷戰期間莫斯科與華盛頓的「外交石油」（diplomatic oil），沒有油藏豐富的波斯灣國家提供援助、投資房地產，或是沒有在1980、1990年代終於發現國內的石油和天然氣資源，是否能撐這麼久。這些資金的確幫助埃及總統穆巴拉克，在國內經濟與政治停滯不前時，還能在位超過25年之久。這件事還衍生了一則在開羅流傳許久的笑話。

報導這笑話的是我在《紐約時報》的同事斯拉克曼（Michael Slackman），故事如下：在穆巴拉克奄奄一息時，一名副官走到他身旁說：「總統先生，你不為人民做告別演講嗎？」總統睜開雙眼，回答：「是嗎？為什麼？人民要去哪裡？」

當錢能從地上提煉出來時，人民根本不會孕育出創新和創業的DNA。2008年2月4日的《耶路撒冷報導》（*Jerusalem Report*）引述了科威特《政治日報》（*Al-Siyasa*）上，巴格達迪博士（Ahmed al-Baghdadi）的一段話。「我們到底生產了什麼？」這位鮮少直言批評政府的學者，向同胞提問：「我們的石油，由外國人生產、行銷。我們種在溫室裡的蔬菜，也由外國人耕作照料。擁有這些溫室的科威特人，可以靠這些作物向政府領取巨額補助金，

全球23個出口收入極度仰賴石油與天然氣的國家中，沒有任何一個是民主國家。屢創新高的油價，只是助長了這個趨勢。

但如果這些作物改為進口，成本只要本地栽種的十分之一……我們什麼也沒生產，什麼都是進口的，而且我們消耗很多。」

這絕對是整個阿拉伯世界或伊朗，還沒有任何一所世界級大學或科學研究中心的原因。我認識一位阿拉伯企業家，他成立了一家具有世界競爭力的服務業公司。他曾跟我說，由於油元的濫用，每一個阿拉伯經濟體都由政府主導，「阿拉伯有許多企業家，但阿拉伯世界卻不存在創業精神……這些地區的企業家靠著石油或反恐戰爭賺進收入 ……根本無法培養出有才能的人。我們引進廉價勞工，輸出自己的國民。我們出口白領，進口藍領。你如何在這裡創造新財富？這地區的財富，只能從房地產和承接政府工程中累積。唯有油價跌到每桶10美元，才會啟動民營化過程。」

同樣的情景如今也發生在俄羅斯。儘管該國人口眾多，但只有兩所大學擠進全球前五百大。「當油價變高，改革就會變慢。」來自阿爾泰（Altay）的自

由派俄羅斯國會下議院議員里茲科夫（Vladimir Ryzhkov），是下議院少數仍然直言不諱的人之一，2007年2月我訪問莫斯科時，他告訴我：「經濟愈國家導向，俄羅斯也愈封閉。去年油價創新高，卻不見任何改革。這就是為什麼自由之家去年宣布，俄羅斯是個『不自由』國家。你們美國人該思考：『油價何時會下跌？』這是我們俄羅斯民主主義者的唯一希望。」

極端的財富，扭曲的影響力

我們以為柏林圍牆倒塌，會掀起勢不可擋的自由市場、自由政治浪潮。那之後十年的確如此。1989年起的十年間，自由選舉在世界各地蔓延，浪頭十分強勁。不過這段期間，油價正巧在每桶10到40美元間。當2000年初期，油價飆漲至每桶50到120美元時，情勢開始逆轉。一股石油威權主義（petroauthoritarianism）浪潮，從俄羅斯、委內瑞拉、伊朗、蘇丹、安哥拉，一路延伸到土庫曼。

這些選舉產生或自封為王的菁英份子，運用天外飛來的石油財富治理國家，讓自己安穩的坐擁權力，收買對手，反抗柏林圍牆倒塌後的自由風潮。

史丹佛大學的民主專家，同時也是《民主精神》（The Spirit of Democracy）的作者戴雅門（Larry Diamond）指出，這是今天全世界面臨民主衰退的關鍵因素。他說，全球23個出口收入極度仰賴石油與天然氣的國家中，沒有任何一個是民主國家。屢創新高的油價，只是助長了這個趨勢。

這也難怪自由之家的調查顯示，2007年是冷戰結束以來，全球自由擴展最糟的一年。這一年，全球自由度評分下降的國家（38個），幾乎是進步國家（10個）的四倍。

美國國務卿萊斯永遠不會承認，布希團隊在某種程度上，應該為助長石油威權趨勢而負責。不過她也坦承，石油政治大幅改變了她的工作。2006年4月5日，她在參議院外交關係委員會作證時說：「我能告訴各位，身為國務卿，沒有什麼事比能源政治正在……我想用『扭曲』這個字……扭曲全球外交，更令

我震驚。能源政治讓一些國家握有無窮力量，但他們濫用這股力量改變國際體制。如果沒有能源政治，這些國家的力量其實很薄弱。此外，這也使得成長迅速的國家（如：中國和印度），火力全開的探勘能源，去到他們以往不可能出現的世界角落。」

　　地緣政治的「扭曲」，當然包括中國為了取得石油和天然氣，而向威權國家蘇丹靠攏，蘇丹對其西部邊境省分達佛（Darfur），向來採取兇殘的鎮壓手段。「扭曲」也包括美國抗拒直接與沙烏地阿拉伯對

> 推動波斯灣地區改革的最佳策略，就是發展綠色能源，使油價回跌。然後，藉助外來的全球化力量、國內的經濟壓力，改變這些國家的領袖。

談，瞭解它的清真寺和教士在支援伊拉克自殺炸彈客的行動上扮演何種角色。我想，染上毒癮的人，永遠不會跟毒販說實話吧。「扭曲」也包括，俄羅斯企圖在北極圈下的豐富藏油區，插上國旗。

　　「扭曲」當然也包括了英國政府於2006年12月14日，下令重大弊案局（Serious Fraud Office）停止偵辦宇航系統公司（BAE Systems）和沙烏地阿拉伯的軍購弊案。宇航系統是世界第四大軍火製造商，在這項交易中，販售總值約800億美元的戰鬥機給沙烏地空軍，但卻傳出宇航系統花了20億美元（沒錯，是20億），買通沙烏地官員，包括前沙國駐美大使班達爾親王（Prince Bandar bin Sultan），確保這一大筆武器交易順利進行。然而，英國首相布萊爾卻以「國家安全」為由，決定停止調查該賄賂案。布萊爾解釋道：「我非常確定，如果調查持續進行，一定會對國家的真正利益造成莫大的傷害。更別提我們將損失數以千計的高技能工作，以及非常、非常重要的企業。」這似乎只是布萊爾政府的外交辭令。他真正的意思是：「沙烏地人警告我們，如果調查持續進行，暴露出哪些沙烏地人收了什麼賄賂，他們從此連一顆子彈都不會跟宇航系統買。所以我們決定中止偵辦。」這可能是西方民主史上最大、最露骨的司法扭曲。

沙烏地並沒有威脅要切斷英國的石油供應，只不過揚言要關掉資金水龍頭。隨著油價已站上每桶130美元，而且後勢持續看漲，最近將有大量資金從水龍頭湧出。這正是為何漲個不停的油價，至少會使經濟力量由西方國家轉移到產油、產天然氣國家，不管是俄羅斯、委內瑞拉、伊朗或波斯灣國家。

「這種極端財富，促成了前所未有的購買力，」IAGS共同負責人拉夫特在〈石油與新經濟秩序〉（Oil and the New Economic Order）中寫道。拉夫特解釋，「打個比方來說，如果油價每桶200美元，OPEC有能力以一個月產油量的價值買下美國銀行（Bank of America）；買下蘋果電腦則只要一週的產油量；買下整個通用汽車集團也只需要兩天的量。」截至目前，波斯灣國家的財富資金，是穩定2008年美國次級房貸危機的力量。不過，隨著時間改變，難保他們的經濟力量不會變成政治影響力。畢竟，這正是美國和英國掌握經濟力量時所做的：利用手上的資金，在海外提升國家的利益。

後伊拉克時期的策略

所以，我要說的是什麼？讓這些產油國全都宣告破產嗎？

不，我不想讓沙烏地阿拉伯、科威特、埃及、敘利亞、俄羅斯，或是印尼破產。這麼做只會因貧困造成另一種形式的不安定。況且，即使每個人都開插電的混合動力車，油價也不可能在短期內跌到零。在能預知的遙遠未來，我們還是需要塑膠、肥料等石化類製品。然而，只要我們能發明充足的再生能源，降低全球的石油需求，以致於連那些油藏豐富的國家也必須設法讓經濟多元化、讓人民用更創新的方法工作，世界政治將會更美好。

在911事件前，美國基本上是把阿拉伯各國視為一個個大型加油站：沙烏地加油站、利比亞加油站、科威特加油站等。「兄弟！」我們告訴他們（我們只跟男的說話）：「這樣好了，讓幫浦持續運作、壓低油價，不要太擾亂猶太人，你要在後面搞什麼，隨便你。你可以對女人不好，可以任意剝奪人民的權利。你要印製任何與我們有關的荒唐陰謀論也行。你想把小孩子教育成無法包

容其他信仰，無所謂。你要在清真寺裡宣揚什麼仇恨，隨你高興……只要你記得把幫浦打開，把價格壓低，不要太常騷擾以色列，那麼，就去做你在背地裡想做的事。」

是呀，但是911那天，美國卻碰上這些搞鬼的手法，還是最上乘的手法，慘遭蓋達組織與賓拉登化身攻擊。唉，為了試圖將自由引進伊拉克（這任務我贊成），布希政府確實試著與伊拉克人民合作，來改變那些暗中進行的活動。

很遺憾的，布希先生企圖削弱這股在背後、在檯面下的殘暴勢力時，實際上沒有採取任何行動，來減少美國對石油的依賴或壓低油價。他把所有籌碼都押在迅速入侵伊拉克的行動上。沒人知道，伊拉克這長篇故事如何收場，但有兩件事我可以確定：第一，促進阿拉伯—穆斯林世界改革的需求，從未如現在這般急切，包括教育改革、女性權力、宗教現代化，以及更能凝聚共識的政治。第二，不論伊拉克發生什麼事，美國人都不能在近期內，以改革之名侵犯另一個阿拉伯—穆斯林國家。我們必須找到其他方法和那裡的人民合作，以改變那些暗中進行的事。

我認為要在後伊拉克時期推動波斯灣地區改革的最佳策略，就是發展綠色能源，使油價回跌。然後，藉助外來的全球化力量、國內的經濟壓力，迫使這些國家的領袖改變。

正是這兩股力量的結合，推動了巴林的改革。假如油價只有現在的一半，這些政權就無法如此輕易的抗拒政治與宗教的現代化。根據約翰霍普金斯大學外交政策專家孟達邦的觀察：「當有人告訴他們得改變時，人們不會改變。只有他們告訴自己必須改變時，才會改變。」油價下跌，才能讓波斯灣地區領袖告訴自己必須改變。

從歷史，我們知道上述方法有效。想想蘇聯的案例。2007年2月，我到莫斯科的美國大使館演講，主題是全球化與能源政治。會後，我與俄羅斯國家經濟學院（Academy of National Economy）院長茂氏（Vladimir Mau）聊了一下。我問他是否贊成我的說法：讓蘇聯垮台的不是美國前總統雷根，而是每桶10美元的

油。其實，1991蘇聯瓦解那年聖誕節的油價是每桶17美元。

茂教授毫不猶豫的搖頭。他認為我錯了。他說，毀滅蘇聯的兇手，是每桶70美元的高油價後來卻跌到每桶10美元。他解釋，1970年代油價因阿拉伯石油禁運和伊朗革命而突然飆升，導致克里姆林宮過度提供經濟補助，扶助效率差的國內產業，延宕了真正的經濟改革，還入侵阿富汗。緊接著，1980年代、1990年代初期，油價突然狂跌，葬送了過度擴張、驚嚇失神的帝國。

事情的經過是這樣的，茂教授解釋，效率不彰的蘇聯經濟倖存了數十年，都得歸功於被迫到集體農場耕作的農夫，種出廉價的農產品，還有低價的監獄勞工奮力打造國營事業。然而，自1960年代起，連這些便宜的勞動投入都不夠，克里姆林宮只好開放糧食進口取代出口。當時共產主義可能就此分解了。

> 今天，如果你不是效能卓越的節能環保家，就不可能成為卓有成效的外交政策實踐家，或成績斐然的民主運動理想家。

不過，1973-74年的阿拉伯石油禁運，油價突然高漲，蘇聯當時是僅次於沙烏地阿拉伯的產油大國，等於使蘇聯延長了15年的壽命，因為它擁有第三種廉價資源：「石油與天然氣，」茂教授說。這筆意外之財，讓布里茲涅夫政府「有錢買通不同利益團體，如農牧團體，進口一些貨物，買下軍事工業集團。」茂教授繼續解釋著：「石油占總出口量比例，從10到15%，增加到40%，」這只是讓蘇聯更僵化，「擁有的石油愈多，需要的政策愈少。」

1970年代，蘇聯輸出石油和天然氣，然後「用這筆錢進口糧食、消費性商品，以及開採石油和天然氣的機器設備，」茂教授說。蘇聯開始擴張自己，也擴大各領域的補助金發放。這些花費，幾乎全仰賴石油收益，而非實際製造、農業生產的所得或稅收。但到了1980年代初期，部分歸功於美國的節能政策，全球油價開始下滑。「蘇聯的一個因應之道，應該是減少消費其他貨物，但克

里姆林宮不能這麼做，因為政府一直致力於收買選民，」茂教授表示。因此，克里姆林宮「開始向海外借款，並將大部分錢花在消費與補助金，以維持人民的支持和國家安定」。油價和產量持續下跌，當時蘇聯總理戈巴契夫曾嘗試改革共產黨，卻太遲了。

莫斯科經濟轉型研究所（Institute for Economies in Transition in Moscow）所長蓋達爾（Yegor Gaidar），親眼目睹了整個轉變。1991到94年間，他出任俄羅斯代理總理、經濟部長及第一副總理等職。2006年11月13日，蓋達爾對華盛頓智囊美國企業研究所（American Enterprise Institute）發表「帝國崩潰：給現代俄羅斯的教訓」（The Collapse of an Empire: Lessons for Modern Russia）演說時指出，「蘇聯瓦解的時間點，可以追溯到1985年9月13日。這天，前沙烏地阿拉伯石油部長亞瑪尼親王（Sheikh Ahmed Zaki Yamani）宣布，他們決定徹底改變石油政策，不再保護油價。於是，沙烏地阿拉伯快速奪回全球市占率。接下來六個月，沙烏地阿拉伯的產油量增加了四倍，而實際油價也大致減少到四分之一。結果，蘇聯每年虧損約200億美元。少了這筆錢，這個國家根本無法存活。」

茂教授認為，蘇聯愚蠢至極的石油政策，與今日的伊朗其實明顯相似。1973-74年間石油危機爆發時，伊朗國王利用石油財富，要求仍舊十分傳統的伊朗社會進行現代化。反對強行現代化的反彈力量，引爆了1979年的伊斯蘭革命及阿雅圖拉❽（ayatollah）事件。阿雅圖拉利用伊朗的石油收益擴張國家，並廣發國家補助金，來鞏固自己的權力。如果此時油價狂跌，阿雅圖拉將面臨蘇聯領導者面臨的問題。而這些問題正是共產主義潰敗的原因。

2005年，彭博網站報導，伊朗政府從石油出口賺進446億美元，也花掉了250億美元作補助金，用在購屋、就業、糧食津貼，以及每加侖0.34美元的汽

---

❽什葉派宗教學者依其學識淵博程度而有品級差異，並使用高低不等的四種稱號，阿雅圖拉是第二級的稱號。1979年2月，伊朗在柯梅尼領導下推翻了巴勒維王朝，並按照柯梅尼所提「伊斯蘭政府及教法學家統治」理論，建立了「伊朗伊斯蘭共和國」，使伊朗成為一個政教合一，獨樹一幟的神權統治立憲政體。

油上，來收買利益團體。因此，如果油價再次大幅下跌，伊朗政府將被迫從國民身上收回許多福利，如同當初蘇聯必須做的一樣。對一個早已不受多數民眾愛戴、深陷失業泥淖的政權來説，這可能引發各種問題，並且至少將產生一位「阿雅圖拉‧戈巴契夫」❾。我們都清楚故事的結局，「看看蘇聯的歷史就知道，」茂教授説。

這就是為什麼環保綠化，不再只是道德崇高的環保人士的休閒活動，或是美國副總統錢尼曾譏諷的「個人美德」。環保綠化已是維護國家安全的當務之急。美國任何想在油藏豐富的地區推動民主的策略，如果少了研發再生能源替代方案使油價回跌，這些策略絕不可能成功。

今天，如果你不是效能卓越的節能環保家，就不可能成為有效的外交政策實踐家或民主運動理想家。這，就是石油政治第二定律（the Second Law of Petropolitics）。

---

❾「阿雅圖拉‧戈巴契夫」（Ayatollah Gorbachev）意指具改革決心，卻無法力挽狂潮的領導者。

第五章

失控的氣候變遷

小時候，媽媽問你長大之後想做什麼？你回答，媽，我想改變世界。

如今，我們真的改變了世界。

人為排放的二氧化碳，造成全球暖化的現象。

只要全球平均溫度上升攝氏2到2.5度，

就會大幅提升到達災難臨界點的機率。

到那時，人類無論採取何種適應方式，

可能都無法忍受巨變的氣候。

【華盛頓特區電】週二據消息來源指出，晝短夜長、涼爽宜人的秋季，長存於地球近30億季後，在本星期初宣告消失。

　　四季之一的秋天，曾是炎夏與寒冬交替間，人人渴求的一絲喘息。如今，卻空前悶熱潮溼，陽光終日高照，加上乾旱長達數月。

　　「大家都希望秋天不要走，但秋天確定不會再來了。」美國國家氣象局局長海斯在11月6日舉行的記者會中宣布，當天天氣悶熱。「以往，秋天總是順利來臨，但令人難過的是，時代已經變了。」

　　海斯表示：「說真的，它能夠撐到現在，我們也很意外。」

　　面對失去秋天的一年，許多人驚訝不已，然而，這一切早有警訊。最近幾年，秋季從長達三個月銳減成短短兩星期，入秋的時間也愈來愈晚……

　　美國民眾儘管很失望，但也有些人說，過去幾年的秋天其實「一點都不令人期待」，而且往往秋意盡失、秋涼不再。

　　　　　　——2007年11月7日《洋蔥新聞》❶ 頭版報導〈常駐30億季後，秋天在今年消失〉

全球各地出現許多警訊，顯示我們已然進入氣候變遷的年代。科學家提出的新證據包括：全球平均氣溫改變、海平面上升和冰河加速融化。對我而言，最明顯的徵兆是，我開始思考新的問題，尤其是以下這兩項：「誰造成全球暖化？」及「高爾是不是欠大家一個道歉？」

2005年8月，就在橫掃美國南部的卡崔娜風災過後，我開始思考第一個問題。我和許多人一樣，發現卡崔娜風災不只是令人難過而已。看到這麼多無辜的人受到無情摧殘，而且絕大部分是窮人，以及風災引發的種族歧視爭議，再加上政府救災無力，我除了痛心、難過之外，也感到十分恐懼、不安。我發現，風災帶來的哲學難題，並不少於氣象問題。

大家都知道，颶風的威力主要來自海洋表面的高溫。卡崔娜颶風朝紐奧良直撲而來時，墨西哥灣的表面溫度比去年同期高了約攝氏1.1度。科學家表示，卡崔娜颶風是在通過「套流」（loop current）之後才強度大增。套流是流經墨西哥灣的暖洋流，攜帶大量的太陽熱能。許多氣候學家認為，墨西哥灣海水溫度升高，是促使卡崔娜發展成空前強烈颶風的原因，而海水溫度升高，有一部分要歸咎於全球暖化。這才是令人擔憂的地方。

是天災還是人禍？

2007年初，我跟好友路易斯共進午餐。路易斯是能源化學家，任教於加州理工學院。加州理工學院位於帕沙第納（Pasadena），校園內棕櫚樹林立，我們就在校區的教職員會館用餐。我忍不住問路易斯：「為什麼卡崔娜這麼讓人不安？」路易斯沉思了一會兒，又啜了口餐廳特調的草莓檸檬汁，才終於開口。他反問：「是我們造成的嗎？還是上帝造成的？」

一開始，我不懂他為什麼這麼問。後來我突然明白了。每當有颶風或天災發生，保險公司和媒體往往指稱這是「大自然的力量」。路易斯要問的是：

---

❶《洋蔥新聞》（*The Onion*）是美國一個專門諷刺時事的電子媒體，報導內容皆為虛構。

人類是否排放過多的二氧化碳，導致我們無法分辨，現今的氣候究竟是自然力作用的結果，還是人類的影響？他說，我們再也無法區分：「哪些是天災，哪些是人禍？」換句話說，是人類造成全球暖化，還是上帝造成全球暖化？究竟是我們讓墨西哥灣海水異常溫暖，導致卡崔娜威力增強，還是上帝透過自然運作，促使墨西哥灣暖化呢？路易斯說，卡崔娜颶風帶來的哲學大哉問是：「就算不是現在發生，以往我們所謂的天災，是否很快就會變成不折不扣的人禍，或者至少有部分是人為所致？」

以前，寒冬中偶爾回暖，就像天賜的幸福。現在，暖冬卻像人類應得的懲罰。

路易斯表示，若果真如此，如果人類確實正在影響全球氣候，往後又該如何自圓其說？我們該怎麼解釋超級颱風、颶風或異常乾旱的現象？是不是必須說：「我們造成氣候暖化；我們使孟加拉淹水；我們讓上天降雨？」以後難道都得這麼解釋嗎？還有，誰是「我們」？美國的二氧化碳排放量高於其他國家，是否要說：「美國造成暖化現象？」但如果中國每隔一星期就興建一座燃煤發電廠，是否該改口說：「中國造成暖化現象」？

對於這項哲學難題，美國氣象頻道（Weather Channel）的氣候學家卡倫（Heidi Cullen）有一套獨到見解。她跟我說：「以前，寒冬中偶爾回暖，就像天賜的幸福。現在，暖冬卻像人類應得的懲罰。」

聖誕節前幾天，華盛頓特區依然有攝氏15度，也尚未降下初雪，所以當朋友打電話邀我去打高爾夫球，我當然要把握機會。可是，我也不再認為這是上天給的好事。卡倫表示，現在大家才開始不安的意識到，破壞了大自然的規律，它總有一天會從某處反撲，要人類付出代價。

卡倫解釋說：「自然好比一個龐大而複雜的交響樂團。太陽就像決定節奏快慢的大鼓，掌控著地球冰河期與溫暖期的交替更迭。然而，現在人類的影響

早已深入大自然，甚至擾亂了日常氣象，就如同在交響樂團中彈奏著震耳欲聾的電吉他。」

　　這樣的轉變真是諷刺，畢竟有那麼多偉大的哲學家耗費畢生心力，處心積慮，就是試圖要把大自然理解成一個有自己運行規律的系統，不受人力或神力所影響。以色列政治理論家伊薩（Yaron Ezrahi）指出，古希臘人「總是擔憂眾神會透過大自然施展祂們的力量，他們把自然災害視為眾神給人類的懲罰，雷聲則是宙斯的威嚇」。這些信仰導致一個哲學運動，企圖證明科學與自然不是眾神對人類的鬥爭，而是獨立存在的物質現象。

　　「將自然視為有其必然的法則與定律，是現代西方思想的源頭。」伊薩說，「後來的希臘人一直想證明，自然是個不受任何外力影響的系統，這麼一來，人類不只無須擔心眾神會透過大自然懲罰他們，也不用擔心自己會影響到大自然。所以他們創造出的概念，便是把大自然看做是與人類互不相涉的獨立系統。」希臘人切斷了大自然的一舉一動與人類行為之間的道德關聯，讓人們免於焦慮，不用疑心洪水、暴風雨及乾旱是自己造成的。

　　而今，人類無法再免於憂慮。只是我們問的不再是：「我們是不是做了什麼，宙斯才創造出颶風？」而是問：「我們是不是做了什麼，才造成颶風產生？」伊薩指出：「我們不再問：『我們能否藉由控制神來掌控氣候？』而是問：『我們能否透過自我控制來掌控氣候？』」

人類不願面對的真相

　　人類不再是受制於自然的客體。在某種程度上，人類成為控制自然的主體。我們早已開始參與大自然的交響樂團，只不過有些人還不願接受事實。

　　這就要談到我的第二個問題：為什麼高爾欠大家一個道歉。

　　2008年1月，我在瑞士達沃斯（Davos）舉行的世界經濟論壇上主持了一場研討會，美國前副總統高爾是與談人之一。聽完他鏗鏘有力的論述後，我客氣的建議他撰寫一篇文章投書媒體，開頭是：「很抱歉，我真的很抱歉。我跟大

家道歉。我完全低估了全球暖化的嚴重性,在此請求大家原諒。」

這篇文章絕對會吸引你的注意,對吧?

當然,我只是在搞笑,高爾不需要跟任何人道歉,反倒是我們虧欠他一句真誠的感謝。就在許多人只想逃避全球暖化的問題時,他卻拍攝紀錄片「不願面對的真相」,告誡世人氣候變遷可能帶來的後果,並且獲頒諾貝爾和平獎。然而至今,仍有許多人不願面對真相。沒有人像高爾一樣付出這麼多心力,只為了警惕世人,讓大家瞭解問題的嚴重性。我提議高爾向大家道歉,背後真正想表達的是,我們應該思考,如何盡最大力量,彌補那些對氣候變遷抱持否定、逃避、質疑態度的人對這議題的傷害,以及立即採取行動的急迫性。

反對氣候變遷的人基本上可分為三類:一是被化石燃料公司收買的人,他們完全否認全球暖化是人為造成的嚴重問題。二是少數幾位科學家,他們都看過數據資料,卻提出各種理由斷言:自工業革命以來驟增的溫室氣體排放量,並不會嚴重到令地球不適人居。最後是保守主義者;這些人拒絕接受氣候變遷的現實,純粹是因為反對政府更進一步管制或介入。

這些質疑聲浪模糊了焦點,導致我們不去深究人類是否正在製造危險的氣候變遷,也使人誤以為這類主張不過是一種政治說法,而非科學事實。高爾原本是傾向自由主義的政治人物,後來致力於宣導氣候變遷的威脅,成為最有影響力的代言人。這些反對人士因此得以藉題發揮,暗批氣候變遷完全是政治爭論,根本不是科學與政治之爭。

高爾從一位政治人物搖身一變,成為推廣氣候變遷威脅議題的全球知名人士,這種轉變透露出一些訊息。曾在柯林頓政府時期擔任能源部代助理部長的羅姆(Joseph Romm)是位物理學家,撰寫過幾本關於氣候變遷的著作,《全球暖化危機四伏》(*Hell and High Water*)是其一。他認為,高爾之所以聲名大噪,主要有幾個因素。首先,美國的科學家大多寧願保持低調。因此,要美國民眾說出三位「美國偶像」(American Idol)歌唱大賽的評審很容易,要講出一位頂尖科學家卻很難。羅姆說:「在科學界,如果你是個大眾作家,同儕便

不會把你當成嚴謹的科學家。假如你是個嚴謹的科學家，你不會隨意對大眾發言。」再者，一些平常密切關注環境問題的環保人士，卻因為氣候變遷的議題對全球和人類可能帶來的影響甚鉅，而遲於討論此事。同時為ClimateProgress.org擔任總編輯的羅姆說，最後一個原因是，美國媒體

> 在某種程度上，人類已成為控制自然的主體。我們早已開始參與大自然的交響樂團，只不過有些人還不願接受事實。

的看法大多傾向反對派，相信「氣候變遷是政治議題，而非科學事實，所以具有正反兩面的說法」。

然而，這根本不是政治問題。長久以來的氣候變遷現象，是既定的科學事實。現在，幾乎大家都接受，與過去長期的自然演變相較之下，氣候確實出現異常變化。此外，有見識的科學家一致認為，人類要為氣候異常變化負絕大部分責任。羅姆表示，即便如此，媒體多半都把上述這些事實報導成有待釐清的問題，表示連專家學者自己也同樣意見紛歧。他解釋說：「媒體總認為他們應該扮演公正客觀的角色，保持中立才是對的。」

種種因素驅使之下，高爾決定挺身而出，藉由自己的知名度與政治影響力，促使全球重視氣候變遷可能帶來的災難。高爾並非有名望的科學家，只是個訊息傳遞者，再加上他刻意從警告世人的角度呈現事實，因此引發了許多不必要的爭論。爭論的焦點都放在他個人身上，早已偏離現實，那就是氣候變遷是由人為因素導致。不僅如此，愈來愈多證據顯示，氣候變遷的速度遠比最悲觀的氣候學家在三、四年前預測的還要快得更多，甚至更難掌控、更具有破壞力。

這才是頭條新聞！這才是我們應該討論的重點。正因為如此，我才會開玩笑的建議高爾，想搏版面的話，最好的方式就是向大家道歉，告訴大家，他低估了氣候變遷的嚴重性。

反對氣候變遷的人士要我們相信，眼前面臨的狀況，就像玩擲骰子遊戲，結果必定介於2與12之間：2是完全沒有氣候變遷，12則是高爾所言的劇烈氣候變遷，成真的可能性極低。各位，很抱歉，骰子是大地之母的，就像「神龍傳奇」❷ 遊戲裡的骰子一樣，它們有20面、30面，甚至是60面。而且別以為骰子最大的總和一定是12，很可能是60。愈來愈多的跡象顯示，我們正在朝總和60的結果邁進。如同羅姆所言，目前有待釐清的科學問題只剩下：「氣候變遷會造成嚴重後果，還是空前的大災難？」還有，我們是否很快就會走到這個地步。

> 愈來愈多的證據顯示，氣候變遷的速度遠比最悲觀的氣候學家在三、四年前預測的還要快，而且很可能更難掌控、更具有破壞力。這才是頭條新聞！

羅姆在部落格上寫道：「全球暖化的議題寫得愈多，我愈發現，自己和那些在部落格及保守主義運動上相當活躍的懷疑論者與反對派，有一些共通點。我跟他們一樣，質疑聯合國跨政府氣候變遷小組（以下簡稱IPCC）撰寫評估報告的流程。對於IPCC在報告中指稱的氣候科學共識，我持保留態度。我也不認同氣候變遷『在科學上已有定論』的說法。不過，共通點僅止於此。科學非但未有定論，還有許多令人不安的未知數，而且愈深入瞭解過度排放溫室氣體的嚴重後果，帶來的不確定性愈多。」

就像路易斯曾對我說：「你還記不記得？小時候媽媽問你長大想做什麼，你會回答說：『我想改變世界。』媽，告訴妳，我們真的辦到了！」

我們到底對氣候產生什麼樣的影響？又是什麼時候開始產生影響？

---

❷ 神龍傳奇（Dungeons & Dragons）為一種角色扮演的桌上遊戲。

令人恐懼的已知事實

IPCC於2007年發表最新的氣候變遷評估報告。報告中的結論，為上述這兩項問題提供了最新版的科學答案。

答案摘要如下：十八世紀中葉、工業革命前，大氣中的二氧化碳含量約為280 ppm。這個水準維持了一萬年。意思是，在1750年，100萬個大氣分子中含有280個二氧化碳分子。現在，同樣體積的大氣中含有約384個二氧化碳分子。二氧化碳含量在這麼短的時間之內暴增，唯一可以解釋的原因是，自工業革命以來，人類大量使用化石燃料與森林的消失，使得碳排放量大幅增加。

氣候變遷的反對派往往反駁說，除了人為排放二氧化碳之外，還有其他因素影響地球冷熱調節。的確如此，氣候系統自有運作的節奏。地球繞行太陽的軌道如同心律調節器，控制著氣候變化的節奏，也影響地球吸收的太陽熱能。

自古以來，導致地球平均溫度不斷變化的因素有幾項。

第一，地球繞太陽的公轉軌道不是正圓，而是橢圓。因此，當地球公轉軌道改變，與太陽的距離也會產生些微變化，進而影響吸收到的太陽輻射量。這些變化大約是每10萬年一個週期。

第二項影響因素，是地球自轉軸的傾斜角度。因為地球自轉軸傾斜，才有四季更迭。要是地球自轉軸不傾斜，紐約所在的緯度都會變成四季如一，因為終年吸收的太陽輻射量一樣多。由於自轉軸傾斜，各緯度地區在夏季吸收到的太陽輻射較多，冬季則較少，因此才有四季變化。不過，每隔約4萬年，地球自轉軸的傾斜角度也會稍稍改變，幅度大約在1到2度之間，因此各地吸收的太陽輻射量會有所增減。第三項因素，是地球繞行太陽的軌道平面變化，大約是每2萬1千年為一週期。這同樣會影響地球吸收到的太陽輻射量。這三項週期變化，稱為米蘭科維奇循環（Milankovitch cycle）。這些變化持續發生，其總和效應會不斷影響地表太陽輻射的分布。

加州理工學院的能源化學家路易斯說：「知道這些週期後，我們可以計

算，地日距離與四季長短改變後，全球各地吸收的太陽輻射量有什麼變化。我們還能從冰核取樣中蒐集數據，分析地球67萬年以來的年平均溫度及二氧化碳濃度。資料顯示，地球平均溫度的變化大約在攝氏6度左右。當地球處於溫暖期，也就是我們所處的間冰期，氣候就像現在一樣。當地球處於冰河期，平均氣溫會下降攝氏6度，從北極到美國印第安那州都會被冰河覆蓋。」

許多氣候變遷的反對派主張，地球軌道變化與太陽輻射量的增減，才是造成全球平均溫度劇烈震盪的唯一因素。他們聲稱人類活動不會造成實質的影響。路易斯表示，這種說法有問題：地球冰河期與間冰期的交替，取決於攝氏6度的全球均溫變化，但太陽輻射量稍有增減，不至於產生如此巨大的溫度差距。地球公轉軌道變動所造成的太陽輻射變化，並不足以解釋為何全球平均溫度會如此劇烈震盪。

路易斯解釋說：「我們已知的是，地日距離縮短或拉長，會使海水溫度上升或下降，導致海洋釋放或吸收二氧化碳。海水溫度上升，會釋放出二氧化碳。就像你把七喜汽水打開後加熱，二氧化碳氣體會慢慢冒出來，海洋也是如此。加溫後的海洋釋放出二氧化碳，二氧化碳使氣溫上升，導致海洋再度升溫，並釋放出更多二氧化碳。此外，海洋溫度上升，冰層就會融化，減少反射的陽光。海洋吸收更多陽光後，更會加速暖化。」

路易斯表示，地球從冰河期進入間冰期時，大氣中二氧化碳含量的變化最多不超過120 ppm。也就是說，含量在180 ppm與300 ppm之間擺盪，於此同時，地球的平均氣溫也在攝氏6度的範圍內變化。過去1萬年，二氧化碳含量大約停留在280 ppm，因此氣候也相對穩定。

二氧化碳暴增

從1750年左右開始，情況驟然轉變。工業革命以來，尤其是過去50年間，大氣中的二氧化碳含量自280 ppm暴增至384 ppm。這很可能是過去2千萬年從未發生的景象。不僅如此，太陽通常需要經過幾千年的週期循環，才能造成如此

轉變。未來50年，大氣中的二氧化碳含量還可能再增加100 ppm。這些多餘的二氧化碳並非來自海洋，而是人類使用化石燃料與森林消失所致。能夠確知這一點，是因為我們可以測定碳的年分。燃燒化石燃料與海洋釋放出的二氧化碳不同，其中的碳也分屬不同年分。測量結果顯示，過去50年間，大氣中增加的二氧化碳，主要來自燃燒化石燃料所排放的碳。

> 假設太陽是拿霰彈槍發射二氧化碳，那麼人類拿的肯定是加農砲，而且還不斷加強火力。

我們還知道，過去100年以來，地日距離沒有太大變化，但大氣中的二氧化碳淨值卻大幅上升。路易斯解釋：「最初確實是太陽造成地球大氣中的二氧化碳含量增加，但這並不表示，不會有其他因素促使二氧化碳增加或釋放，導致現今的暖化現象。所謂的其他因素，就是我們人類。假設太陽是拿霰彈槍發射二氧化碳，那麼人類拿的肯定是加農砲，而且還不斷加強火力。我們很清楚，大氣中的二氧化碳含量升高會造成氣候變遷，因為過去67萬年以來，每當二氧化碳增加，氣溫就會上升；二氧化碳減少，氣溫就會下降。所以，一味相信人類排放更多二氧化碳不會造成問題，等於是心存僥倖，打算跟過去67萬年累積的如山證據過不去。」

如同IPCC在2007年1月最新評估報告中的結論所言：全球暖化趨勢「證據確鑿」，而且「非常可能」是促使全球氣溫自1950年開始不斷攀升的主因。報告也指出，現在可以90%確定，工業與農業發展所排放的二氧化碳與其他溫室氣體，就是造成全球暖化的元凶。

IPCC依據現有的科學研究判定，倘若因為人為因素，造成大氣中二氧化碳含量達到550 ppm，也是我們即將達到的水準，到二十一世紀中期，全球平均溫度可能將逐漸上升大約攝氏3度（海水溫度上升需要一段時間，所以會有時間差）。如果能夠實行減緩氣候變遷的措施，把二氧化碳含量控制在450 ppm，全

球平均溫度或許只會上升約攝氏2度。

令人憂心的科學證據

美國馬賽科學研究學會在聯合國基金會贊助下撰寫了一份全球暖化報告。執筆的氣候學家表示，根據他們判斷，以1750年的溫度為基準，如果全球平均溫度上升攝氏2到2.5度，「將會大幅提升氣候變遷到達『災難臨界點』的機率。到那時，人類無論採取何種適應方式，可能都無法忍受巨變的氣候。」有鑑於此，歐盟呼籲全球暖化應控制在攝氏2度以內。這也是為什麼，除了適應措施之外，我們還必須實行減緩暖化的政策，透過減少二氧化碳的排放量來緩和氣候變遷的腳步。要是不立即採取減緩政策，未來氣候產生的巨變，人類恐怕來不及適應。

參與這份研究報告的哈佛學者侯德倫指出：「一直以來，大家都主張以二氧化碳含量550 ppm與全球均溫上升攝氏3度為上限，並非因為在此限度內的氣候變遷對人類毫無影響，而是因為這似乎是我們的努力所能做到的極限。可是，自1990年代中期起，幾乎所有科學證據都令人日益憂心，全球均溫上升攝氏3度，就會超出人類的忍受範圍。」

為什麼？原因很多：科學家發現，他們低估了暖化對農業的影響。例如：氣候暖化後，沒有寒冬來殺死破壞農作物的害蟲。此外，格陵蘭與西南極洲冰原融化或崩塌的速度比預期還快。最後，海洋酸化威脅珊瑚礁與貝類的速度也比預期快，而這兩者都是海洋食物鏈中不可或缺的一環。（酸化現象是指：水中的二氧化碳增加，就會形成更多碳酸。碳酸是一種弱酸，會影響海水的酸鹼值，也會溶解構成珊瑚礁與貝類外殼所需的碳酸鈣。）

還有其他因素顯示，我們可能低估了全球暖化的嚴重性。首先，有良心的科學家深怕危言聳聽。危言聳聽會挨罰，保守謹慎卻可免責，所以他們多半謹言慎行。侯德倫說：「騙子只要一句話就能唬人，科學家卻得寫上三大段文章來反駁。」再者，輸入IPCC氣候模型的原始數據，與其他氣候模型的原始數據

有嚴重的時間落差。要建立模擬氣候模型，科學家必須比對已知的歷史資料與實際發生的現象，判定兩者是否相符，再根據過去趨勢預測未來的氣候變化。勞倫斯柏克萊國家實驗室地球科學部（Earth Sciences Division of Lawrence Berkeley National Laboratory）的資深科學

> 沒有一個能源經濟模型把中國過去五年暴增的碳排放量納入分析，這才是令人擔憂的地方。

家柯林斯指出，過去這五年，中國加速發展重工業、生產水泥、大興土木，並且大幅增設工業發展所需的燃煤發電廠，但IPCC輸入模型的相關資料，卻大多早於五年前。

「沒有一個能源經濟模型把中國過去五年暴增的碳排放量納入分析，」柯林斯說，「這才是令人擔憂的地方。IPCC採用的計算方式多半建立在1990年代，當時中國排放量下降，而蘇聯也正在瓦解。因此，我們現在面臨的情況，比IPCC模型預估最糟的情況還要糟糕。」

此外，IPCC擬定結論摘要時，根據的是最低限度的共識。羅姆指出：

大家目前熟知的科學共識，來自IPCC提出的〈決策者摘要〉（Summary for Policymakers）報告。然而，這份報告並不代表科學界多數的意見。IPCC邀請各國政府代表參與逐字審閱和修訂報告的過程。也就是說，不論是中國、沙烏地阿拉伯，還是向來忽視氣候變遷問題的布希政府代表，都可以針對內容提出反對意見。氣候變遷的反對派稱這份摘要報告為「泛政治化的科學」，批評審閱過程導致報告內容誇大不實又缺乏科學根據。然而，事實正好相反。各國代表審閱後得出的共識，反而使結論趨於保守，並且淡化事實。整個過程可以說是「少數決議」，而不是「多數決議」……《科學美國人》雜誌在2007年3月18日刊載的〈全球暖化到底有多嚴重？〉這篇文章中特別指出，在沙烏地阿拉伯與中國的反對之下，IPCC刪除了一句話，內容是：人類排放的溫室氣體對近來地

球暖化現象的影響，是太陽活動的5倍。事實上，報告的主要撰稿人、英國里茲大學（University of Leeds）教授佛斯特（Piers Forster）坦言：「兩者影響的差距其實有10倍之多……」

IPCC還低估了哪些氣候變遷的影響？2007年的評估報告預測，本世紀，海平面將上升18至58公分。然而，IPCC也坦言：「迄今為止，我們所使用的模擬本世紀結束前海平面上升高度的模型，並未納入氣候—碳循環回饋的不確定性，也未考量冰原變化的整體效應。」換句話說，現有的氣候模型無法完全涵蓋格陵蘭與南極洲目前的回饋機制，像是冰原加速崩解，或寒原融化釋放出溫室氣體，因此IPCC不得不忽略這些現狀。賓州大學氣候學家艾理（Richard Alley）在2006年3月發表的文章中指出，冰原流失的現象似乎「比預估時間早100年發生」，推翻了IPCC所謂的科學「共識」。

事實上，冰原並非提早流失。大自然只不過是依循自己的步伐、方式與時程運行，是決策者的結論跟不上自然的腳步。

更可怕的未知數

各種極具破壞力且非線性的氣候變遷現象，可能產生怎樣的交互作用或加乘作用，目前我們所知有限。這一點尤其值得關注。這些作用又稱為正回饋迴路與負回饋迴路。當亞馬遜地區乾旱現象與海平面上升同時發生，兩者的交互作用會讓地球產生什麼變化？如果再加上格陵蘭冰原融化，又會造成何種結果？要是各種氣候回饋迴路同時發生，目前根本沒有一台超級電腦能夠準確預測結果。

不同型態的氣候變遷，實際上如何相互作用？前美國中情局局長兼能源專家伍爾奚，經常舉極地寒原（Arctic tundra）為例。從西伯利亞西部延伸至阿拉斯加的寒原中，大約有5千億噸的碳留存在冰凍的泥炭沼裡，約占全球土壤碳含量的三分之一。要是這片泥炭沼中的永凍土開始解凍，裡面的碳很快就會轉換

為另一種溫室氣體——甲烷。伍爾奚解釋說，甲烷是比二氧化碳更強的溫室氣體，一旦大量釋放，恐怕會立即引發劇烈的氣候變遷，威力相當於好幾十億噸的二氧化碳。這可能會導致氣溫再度攀升、更多冰層融化，並引發更嚴重、更驚人的後續效應。

要說服政府把這類非線性改變納入考量，並做好預防措施，其實很不容易。原因或許在於，大多數人觀察現象時，一貫採取未來學家與發明家科茲威爾（Ray Kurzweil）所稱的「直覺式線性觀點」（intuitive linear view），而非「歷史指數型觀點」（historical exponential view）。科茲威爾在《獨一無二的時代近了》（*The Singularity is Near*）一書中指出，我們多半

> 事實上，冰原並非提早流失。大自然只不過是依循自己的步伐、方式與時程運行，是決策者的結論跟不上自然的腳步。

很難理解指數型的改變。他打了比方：有個人在湖裡養了一小片荷花，每隔幾天就會清理，不讓荷花過度生長。起初，荷花的面積只占整座湖的1%，所以他便放心渡假去。幾個星期後回來，他很驚訝的發現，整片湖長滿了荷花，湖中的魚都死光了。荷花池的主人忽略了一件事：荷花不會因為人類的線性思考，而改變原本的指數成長模式。伍爾奚補充說：「我們這一代與下一代的人都必須瞭解，自然不見得會按照人類的線性思考模式來發展。」

因此，在能源氣候年代中，我們必須改以指數觀點思考。伍爾奚指出：「過去看似可以接受或無關痛癢的人類行為，現在可能早已成了不智之舉，因為這些行為會增加系統內產生轉移的機率。」我們無法確知，些微改變會在何時引發巨大影響。

當然，自然界也有保持氣溫平衡的回饋迴路。譬如，全球暖化可能會增加低雲的雲量。低雲上升形成高雲，則有助於氣溫下降。「雲有正回饋與負回饋機制，」路易斯解釋說，「各個氣候模型的預測有所差異，多半是由於對雲的

分析方式不同，以及把雲的正負回饋納入模型的時機與方法各異。」不過，我們現在觀察到的回饋現象，大都相當令人擔憂。

誰能百分之百確定？

氣候模型只能推斷，當二氧化碳濃度改變，全球均溫會有什麼變化，以及新的變化又會對全球氣候、生物圈與人類文明造成什麼影響。不同的模擬結果，都是綜合各種因素後所得出的平均值，告訴我們平均來說未來的走向如何。然而，我們不能天真的以為，未來變化一定會在平均值的範圍內。

「地球並非朝著平均值的方向走，」路易斯補充說，「我們知道它正在演變，只是還不確定會往哪個方向走。可是，愈來愈多的證據顯示，非線性、失控的回饋機制一旦開始作用，地球很可能會朝著更快速、更劇烈的氣候變遷方向演進……二氧化碳含量到達450 ppm是安全的嗎？550 ppm呢？我們不確定。我們只知道，過去1萬年維持在280 ppm時，一切相安無事，但今日的地球已遠超過這個水準。你放心讓孩子住在一個二氧化碳含量高達550 ppm的地球上嗎？我不放心。也許不會有問題，但沒有人經歷過，誰也不知道。」

> 不確定我們正走在哪一條路上，不代表我們不知道方向，兩者不可混淆。

否認氣候變遷的人，就像聽到醫生告誡說：「你再不戒菸，就有90%的機會死於肺癌。」他卻回答：「喔，醫生，你沒辦法百分之百確定是吧？那我還是繼續抽好了。」

不確定我們正走在哪一條路上，不代表我們不知道方向，兩者不可混淆。也不要因為科學家多半強調未知的10%，就認為已知的90%還不足以說服我們採取行動。

侯德倫強調：「關於全球氣候異常最重要的結論是：這是真的，而且還在

加速變化中，並且已經造成嚴重的傷害；人類活動是造成氣候變遷的主因；在
『一切如常』的發展下，氣候變遷已經悄悄逼近引爆災難的臨界點；但是，只
要立即採取行動，就能在可負擔的成本範圍內降低氣候異變的威脅。這並不是
峰巒協會或反資本主義者捏造的謠言，而是從眾多嚴謹的科學研究文獻中彙整
出的結論。這些文獻都刊登在世界知名、經同儕審核的科學期刊上。從來沒有
一項科學議題的研究，經歷如此嚴謹、龐大、費時、代價高昂又鉅細靡遺的審
查過程，過程中涉及的跨國與跨學科合作規模，也最為龐大。」

該是踩煞車的時候了

　　侯德倫表示，氣候變遷是跨越科學與社會領域的議題，也是人類的嚴峻挑
戰。一般說來，氣候變遷懷疑論者的主張分為三個階段：「一開始，他們總是
大唱反調，並宣稱自己可以證明：『氣候沒有異常變化，就算有，人類活動也
不是元兇。』接著，他們開始同聲附和，但表示這個問題無關痛癢：『好，氣
候確實在改變，人類確實造成影響，但這沒什麼大不了。』最後，他們改口承
認事情的嚴重性，但又說一切為時已晚：『氣候巨變確實會造成傷害。可是，
現在要預防不僅為時已晚、困難重重，而且代價過高，所以我們只能坐以待
斃。』在脫口秀、網路部落格、讀者投書、堅持『客觀中立』、『平衡報導』
的媒體評論或雞尾酒餐會上，上述這些懷疑論的主張比比皆是。當他們發現科
學證據愈來愈不容忽視、愈來愈難以反駁，他們的立場也隨之動搖。過去幾
年，少數幾位具備氣候科學背景的懷疑論者已經從立場一換到立場二。從立場
二換到立場三，或直接從立場一跳到立場三的，也大有人在。這三種立場都錯
得離譜。」

　　侯德倫一生致力於探究氣候變遷的種種面向。他半開玩笑、半無奈的提出
所謂的「侯德倫第一原理」（Holdren's First Principle）。「根據此原理，面對氣
候變遷時，問題看得愈全面的人愈悲觀。大氣科學家是悲觀的，懂得大氣科學
與海洋學的人更悲觀。瞭解大氣科學、海洋與冰河的人又更悲觀。懂得大氣科

學、海洋、冰河與生物學的人,悲觀的程度再加劇。涉獵上述這些學科,又瞭解工程學、經濟學與政治的人,則是最悲觀的,因為他們內心深知,要徹底根除問題的源頭,需要耗費多麼漫長的時間。」

侯德倫補充說:「我覺得,我們現在就像開著一輛煞車不靈的車在大霧中前進,而且朝著懸崖駛去。我們知道懸崖就在前面,但不曉得它的確切位置。為了保險起見,現在應該是踩煞車的時候了。」

現在,幾乎每天都有新消息告誡我們,懸崖比想像的還要近。「2003年7、8月,熱浪席捲歐洲,氣溫連續幾週保持在攝氏38度以上,造成3萬5千人死亡。科學家估計,熱浪是100年才發生一次的現象。而人類尚未擾亂全球氣候前,熱浪原本250年才發生一次。現在根據氣候模型的預測,到了2050年,熱浪每兩年就會出現一次,而到了2070年,歐洲的夏天將變得異常寒冷。」侯德倫總結說。

> 我們現在就像開著一輛煞車不靈的車在大霧中前進,而且朝著懸崖駛去。為了保險起見,應該是踩煞車的時候了。

他進一步指出,十年前,大家認為最糟的情況是,北極夏天的冰層到2070年將融化殆盡,少數幾位極度悲觀的科學家則認為會提早到2040年。現在大家都說,可能再過幾年就會完全融化了。這也難怪。2007年夏天,拜氣候暖化之賜,北極海沿岸的海冰大量融化,首次讓船隻能通行。這條「西北通道」史上頭一回開通,往後船隻可以暢行無阻。針對這個史無前例的事件,美聯社在2007年12月11日寫了一篇後續報導:

> 以往勢不可擋的北極融冰現象,今夏再度加速進行。有些科學家擔憂,這項警訊可能代表全球暖化已經越過了引爆災難的臨界點。一位科學家甚至預測,北極夏天的海冰層會在5年內消失殆盡。

根據美聯社最新取得的美國航太總署衛星數據顯示，格陵蘭冰原的融化量比先前的高標多出190億噸，而在今夏結束時，北極海的海冰層已剩下4年前的一半。美國科羅拉多州波爾德（Boulder）的國家冰雪資料中心的資深研究員賽瑞茲（Mark Serreze）說：「北極正在吶喊。」去年有兩位頂尖科學家才提出了震驚同儕的預測結果，那就是北極海冰層的融化速度太快，可能到2040年夏天就會完全消失。本週，美國航太總署的氣候學家齊瓦利（Jay Zwally）檢視新數據後表示：「照這樣的速度推算，北極海的冰層到2012年夏末就可能會幾乎消失無蹤，比原先預測的要快得多。」

有鑑於此，科學家近來不斷自問：2007年北極創下的融冰紀錄，究竟是暖化現象穩定持續中的一個小插曲，還是代表全球已經加速進入一個全新的氣候週期，遠超過目前電腦模型所能預測的最壞情況呢？年輕時曾經挖過煤礦的齊瓦利說：「談到與氣候暖化的關係，北極常被喻為是煤礦坑裡的金絲雀。現在，能提醒我們氣候暖化嚴重程度的金絲雀已死，也是我們該撤離礦坑的時候了。」

讓我們一起祈禱

即使說不出原因，愈來愈多人暗暗覺得氣候變遷是千真萬確的事，因為以往在教科書上才看得到的現象，現在近在眼前。我自己是在旅行途中目睹了一些跡象，最近不禁開始捫心自問：「三十年前踏入新聞業的時候，我是BBC世界新聞的忠實觀眾。將來，難不成要以收看美國氣象頻道終老嗎？」小時候，地方新聞的播報順序是「新聞、氣象報告、體育新聞」。第六感告訴我，等到2030年，晚間新聞的播放順序會變成「氣象報告、其他新聞、體育新聞」。愈來愈多地區出現惡劣的天氣和氣候，甚至登上頭條新聞，還成了政治的熱門話題。政治人物開始很認真的呼籲大家一同祈雨。光是在2007年，我就碰到兩個案例。

2007年5月，我到澳洲參訪，發現當地正處於人民所稱的「大乾旱」時期。

澳洲的乾旱已持續七年，情況嚴重到，在2007年4月19日，總理霍華德（John Howard）親自站出來，呼籲人民一同祈求天降甘霖。霍華德表示，要是天公再不作美，他就不得不下令禁止莫瑞─達令河盆地（Murray-Darling river basin）的灌溉用水分配。澳洲40%的農業生產都仰賴該區域，執行這項禁令，就像埃及法老王禁止人民使用尼羅河水，或美國總統禁止人民使用密西西比河水一樣。

消息一出，澳洲人大為震驚，但霍華德是認真的。我到他在雪梨的辦公室訪問他時，他表示：「我要人民一同祈雨，不是在開玩笑。」有意思的是，老天果真下了一點雨！霍華德還提到，有位同屬自由黨的國會議員住在維多利亞省北部的馬利（Mallee），也是乾旱最為嚴重的區域之一。這位議員打電話跟他說，好不容易下起雨後，他的孩子興奮莫名，紛紛跑到雨中玩耍，因為他們都未滿六歲，這輩子第一次見到雨。

可是，光是祈雨還不夠。2007年底的澳洲大選，氣候變遷首次與工會法規及房貸利率並列選戰三大熱門議題。霍華德政府被抨擊只會祈雨，而未實行具體的政策因應氣候變遷。出口民調顯示，霍華德遲遲不簽署〈京都議定書〉，是這次大選敗給工黨的主因。2007年12月，大選剛過不久，新任總理陸克文（Kevin Rudd）立刻在峇里島舉行的氣候變遷會議上，將批准〈京都議定書〉的文件交給聯合國。這是他上任後的第一項外交行動。

澳洲之行結束後幾個月，我回到美國。當時，我在網路上看到一則新聞，當下便決定到喬治亞州的亞特蘭大走一趟。新聞報導說，喬州州長普度（Sonny Perdue）率領人民在州政府大廈前舉行禱告儀式，祈求上帝降雨緩解喬州與美國東南部的長期乾旱。

「大家今日齊聚一堂，目的只有一個，就是以無比虔誠的心，祈求大雨降臨，」州長普度在數百名祈禱民眾前說，「噢，天父，我們為浪費資源向祢懺悔。」至少，他們還有自知之明。隔週，《時代》雜誌（2007年11月19日）在文章中狠狠挖苦普度和喬州一番，直指他們不用大腦，只想靠老天賞臉。「上帝可沒允許他們在東南部鬧水荒時，還放任一座戶外主題公園興建人工雪場，耗

費好幾百萬加侖的水。這一切都是普度和州政府官員的決策，他們姑息棉花田浪費灌溉用水，又坐視亞特蘭大都會區過度開發。」《時代》雜誌一針見血的指出。

喬州浪費水資源的問題，極有可能演變成新聞事件，原因不只一椿。佛羅里達州北部長期乾旱，而且屢創歷史紀錄。重點是，當地盛行的牡蠣養殖業，多半仰賴喬州的水源灌溉。缺水問題，眼看就要在美國南部引發內戰。雖不至於像飽受乾旱之苦的索馬利亞和蘇丹一樣，為了搶水爆發流血衝突，但情勢緊迫的程度，有過之而無不及。

> 缺水問題，眼看就要在美國南部引發內戰。雖不至於像飽受乾旱之苦的索馬利亞和蘇丹一樣爆發流血衝突，但情勢緊迫的程度，有過之無不及。

2007年12月14日，曾撰寫《夢想之州》（*Dream State*）描述佛州的作者羅伯茲（Diane Roberts）投書《聖彼得堡時報》（*St. Petersburg Times*），抨擊比鄰的喬州與普度。「亞特蘭大拚命向外擴張，宛如在感恩節晚餐上喝得爛醉的遠房親戚，腫脹不堪的身軀恣意伸展，完全不受控制。」羅伯茲批評道。

亞特蘭大都會區遍及28個郡，人口在過去短短七年內暴增了100萬。大型購物中心、高爾夫球場、門禁森嚴的獨立社區、豪宅區、公寓住宅區四處林立。根本沒有人關心水夠不夠用……面對缺水問題，普度拿出的解決方法只有兩種：一、祈雨；二、怪罪瀕危物種法案。我贊成祈禱，我也贊成用各種方式求雨，不論是跳祈雨舞、實行桑特利亞教❸的殺雞獻祭、唸控制天氣的威卡教❹咒語，還是什麼法術都好。可是，普度竟然把缺水問題扭曲成人類和貝類的搶水

---

❸桑特利亞教（Santeria）是源自非洲、盛行於加勒比海與古巴的宗教，實行動物獻祭。

❹威卡教（Wicca）盛行於英美地區，是以巫術為主的宗教。

大戰。他把錯都怪到貝類頭上，因為這些貝類要靠查塔胡奇河—夫林特河—阿巴拉契科拉灣的淡水養殖。普度接受電視訪問時表示，「沒有哪種貝類比亞特蘭大的人民、兒童和嬰兒更需要水……」環保團體地球正義（Earthjustice）的律師蓋斯特（David Guest）說：「大家都笑稱這是一場嬰兒與牡蠣的戰爭。但重點是：亞特蘭大為什麼會認為他們需要更多水資源？」50年前，亞特蘭大建造藍尼爾湖（Lake Lanier）的目的，是維持查塔胡奇河的船運，它本來就不是座飲用水庫。隨後，亞特蘭大都會區肆無忌憚的擴張，藍尼爾湖也就順理成章成為該地的聖井……喬州要求美國陸軍工兵團減少對下游的放水量，好為喬州節省飲用水。蓋斯特便質疑：「難道會吵的小孩就一定有糖吃嗎？」姑且不論下游的生存問題，讓亞特蘭大拿到更多水等於把提款卡借給毒蟲，還相信他說保證只使用一次。

這就是我捨棄BBC世界新聞，改看氣象頻道的原因。

親眼目睹不願面對的真相

獵人、農夫和漁夫通常都比較保守，跟高爾紀錄片裡的人很不一樣。不過，他們對自己賴以維生的河流、農田、獵場和山谷瞭若指掌。近來，這些人發現，他們根本不用看「不願面對的真相」，因為自己正親眼目睹一切。氣候變遷的現象，就在自家上演。到蒙大拿州走一遭，就會知道怎麼回事。

2007年1月初，我北上到蒙大拿州。說老實話，我到的當天冷得要命，根本沒有什麼全球暖化的跡象。我這次主要是去考爾斯普市（Colstrip）參觀一座露天煤礦場。我有幸請到世界一流的導遊，那就是民主黨籍的蒙大拿州州長史懷哲（Brian Schweitzer），和他的愛狗傑克。一見面，州長立刻告訴我，傑克的人氣指數比他還高。

我到比林斯市（Billings）跟州長碰面。他身材魁梧，還是個冷面笑匠。我們搭乘他的雙引擎螺旋槳飛機飛到考爾斯普，半途遭遇強勁的北風，吹得大家

人仰馬翻。隨後，我們降落在煤礦區中央的臨時跑道上。（回程時，又有一陣狂風呼嘯而過。我只能緊緊抓著皮製的把手，結果竟然在上面留下一道道指痕。平安降落後，我拚命向駕駛道謝。這時，州長扯著嗓子說：「很高興今天能請到最優秀的實習生來開飛機！」州長，您真幽默……）

飛行途中，州長一邊向我介紹蒙大拿的著名地標，一邊語重心長的說，他們認為氣候正在轉變，而且速度飛快。

本身是農藝學家，也曾在沙烏地阿拉伯蓋農場的州長說：「蒙大拿的州民靠天吃飯。我們都很清楚氣候正在改變……所以，當全球最大的石油上市公司艾克森美孚（Exxon Mobil）找來一位自稱是『科學家』的傢伙，說氣候沒有改變，我們不用看《紐約時報》也知道這小子在說謊。」

州長向我詳細說明，為什麼蒙大拿州的獵人、農民與漁夫，會開始相信氣候變遷。每年七月，蒙大拿州都會測量鱒魚棲息地的河水溫度。高山的冰河到了夏季會開始融冰，使下游河水降溫，而鱒魚最喜歡冰涼的河水。不幸的是，過去十年來，山頂積雪不到七月就已

> 獵人、農夫和漁民們根本不用看「不願面對的真相」，因為氣候變遷的現象，就在自家上演。

融化殆盡，所以沒有足夠的逕流冷卻河水，嚴重威脅鱒魚的生態。州長說，冰河國家公園下游著名的弗拉黑德河（Flathead River），在1979年7月時，水溫是攝氏11.3度；到了2006年7月，水溫上升至攝氏15.95度。二十年前，每到夏季必定充滿冰融雪水的河流，現在有一半被雨水和山泉水取代。眼看鱒魚的生態岌岌可危，蒙大拿州不得不在某些河段禁止釣捕鱒魚。

「釣鱒魚能夠調劑身心，」州長表示，「不能到喜愛的河流釣魚，人民會非常沮喪。」除此之外，還有森林大火的問題。蒙大拿西北方山區，在林木界限以下原本布滿了冷杉與落葉松。然而，由於冬季暖化，樹木開始遭受昆蟲與害蟲侵襲。以往每年一、二月，氣溫降至攝氏零下28.9至34.4度時，害蟲的幼蟲

就會凍死。近幾年來，樹木失去了這層保護。

「落磯山脈已經有好幾公頃的樹木死亡或瀕臨死亡，」州長指出，「為維持健康的森林生態系，自然的因應之道就是閃電。閃電引起小規模的森林野火，隨後又會有一場降雨加以熄滅，這種大自然的力量，原本就是森林中的樹木更替與維持生態平衡所需要的。然而，由於落磯山脈死亡或瀕死的樹木實在太多，只要一次閃電，50萬公頃的樹木便付之一炬。如此一來，整座森林的生態結構將因而改變。」

這個現象連帶影響了蒙大拿州的獵人。該州的狩獵季，通常始於十月的第三個星期日，主要的獵物是麋鹿。州長說：「狩獵季開始，一半的州民都會出動。太太巴不得先生趕緊出門狩獵，好讓

> 各地氣候變化不僅不一致，變化的腳步也飛快，遠超過歷史紀錄，也超出生態系和人類社會所能適應的速度。

她們有點喘息空間。男孩子則是滿心期待到山裡去野個幾天，省了洗澡和刮鬍子的麻煩。」州民都知道，每到十月，1,800至2,400公尺高的山上開始下大雪，麋鹿被迫下山，成群結隊的出現在山谷附近覓食，獵人便有絕佳的機會捕捉。為了維持生態平衡，適當的撲殺也是有必要的。如今，山上的降雪來得晚，麋鹿的狩獵季不得不延後到十一月。這不算什麼災難，只是告訴我們，大環境正在改變，我們的生活方式也會因而改變。

州長說：「延後狩獵季並不是科學家的指示，而是想去打獵的州民發起的。他們跟我抱怨說，已經三年沒抓到一隻麋鹿了。這些人都是老百姓，也許沒有什麼氣象資料的根據。可是依照經驗判斷，他們都知道情況不對勁。」

不過，有些問題並不是調整日期就能解決。全美最大的密蘇里河流域，有70%的河水來自蒙大拿州的融雪。哥倫比亞河流域也有50%來自蒙大拿州。蒙大拿州降雪減少，不僅這些流域的水量減少，許多水壩的水力發電量也大幅降

低，而必須改以燃煤補足。此外，融雪逕流日益減少，水位降低，農民就必須設置馬力更大的電動抽水機才能灌溉農田，所以電力需求更大。

「蒙大拿州位於河川的源頭，」州長說，「州內的融雪流向大西洋、太平洋，一直到北極。每年，我們為全美帶來新鮮的河水。過去，融雪會持續一整年，現在到了七月中，山頂的雪就融化光了。必須等到十一月，才會有新一波的降雪。」

2008年2月，聖地牙哥加州大學的斯克普斯海洋研究所（Scripps Institution of Oceanography）在《科學》（Science）雜誌上發表一篇研究。研究結論指出，根據自1950年起蒐集的數據顯示，美國西部山區每年至4月1日止的融雪水量逐年下降，而且研究觀察的九個山區中，八個有這現象。研究人員表示，氣候變遷無疑是造成融雪水量減少的主因。融雪是美國西部灌溉、飲用水與水力發電水壩主要的供水來源，因此，「調整美國西部的水利設施，已是勢在必行。」

難怪氣候變遷的反對派，在蒙大拿地區很吃不開。

州長說：「去年有幾份民意調查顯示，超過60%的蒙大拿州民，願意為了減緩氣候變遷改變生活模式，或者付更高額的稅金。連這輩子從不打領帶的鄉下老居民都會感嘆說：『唉啊，環境在變了。』八月的時候，他們只要抬頭看看山頂，就知道積雪消失了。以往熟悉的景象，如今已不存在。他們也知道，祖父輩在世紀初建立農場時仰賴的山泉，到了夏季就漸漸枯竭。他們不知道原因，只知道環境在變，而且是大家都不樂見的情況。」

一月開花的水仙

愈多人親身體驗到氣候的變化，愈能體認，我們現在面臨的，絕不是聽起來挺親切的「全球暖化」：「噢，天氣不過暖和了點，能糟到哪裡去？對我們這些明尼蘇達人來說根本沒什麼。」事實上，我們正在經歷的是「全球氣候異變」（global weirding）。

「全球氣候異變」一詞，是由落磯山研究中心共同創辦人羅文斯所提出，

意思是，全球平均氣溫上升（即全球暖化），將引發各種異常的天氣現象，包括更猛烈的熱浪、乾旱、暴雪，更劇烈的暴風、洪水、降雨和森林大火，也會造成物種滅絕。天氣會愈來愈反常，而且早就開始了。我住在馬里蘭州的畢士大（Bethesda），車道附近的水仙，原本三月才開花，今年卻提早到一月初。我覺得很奇怪，很像老影集「陰陽魔界」❺裡才有的怪現象，甚至有點期待看到引言人瑟林（Rod Serling）在我家前院除草呢。

盡早習慣吧。詭譎的天氣，或許有點像科幻電影情節，但背後的科學證據卻是千真萬確。全球均溫只要上升一點點，就會對天氣產生巨大影響。原因是，風的生成與其環流型態取決於地表溫度的變化。所以，只要地表平均溫度改變，風的型態也會隨之轉變，連帶影響季風的生成。地球暖化時，蒸發率也會改變。這就是為什麼，有些區域遭逢威力加劇的暴風雨，有些地方卻承受高溫熱浪與更長期的乾旱。

為什麼旱澇加劇的極端氣候會同時存在？因為，氣溫上升、地球暖化，會加快土壤的蒸發速度，所以乾燥地區變得更乾燥。同時，蒸發速度變快，也會增加大氣中的水蒸氣含量，所以靠近大片水源與對流旺盛的區域變得更溼潤。我們都曉得水循環的道理：地面的水蒸氣上升，最後會化為降雨；水蒸氣增加，降雨自然也會增加。因此，全球降雨量可能會上升，暴風雨所攜帶的雨量可能也會驟增，導致洪水與豪雨的現象愈益頻繁。這就是為什麼，聽來無傷大雅的「全球暖化」一詞，不足以描述它可能引發的巨變。

「大家熟知的『全球暖化』其實是誤稱，」侯德倫指出，「這個詞的含意是一種制式、漸進、不具傷害性的氣溫變化。然而，目前全球面臨的氣候變遷絕非如此。各地氣候變化不僅不一致，變化的腳步也飛快，遠超過歷史紀錄，也超出生態系和人類社會所能適應的速度。除了氣溫之外，許多重大的氣候現象也都遭受波及，包括降雨、溼度、土壤水分、環流型態、暴風雨、積雪與覆

---

❺ 陰陽魔界（Twilight Zone）為美國60年代經典科幻影集，由瑟林（Rod Serling）編導。

冰量，以及洋流與湧升流。此外，氣候變遷對人類的負面影響多於正面影響；現在是如此，未來無疑更是如此。比『全球暖化』更恰當的用詞，應該是『全球氣候逆亂』（global climatic disruption），只不過稍嫌冗長。」

聯合國世界氣象組織最近發表一份研究，列出這一年來發生的異常極端天氣現象。CNN也在2007年8月7日，針對這項研究做了報導，主題或許可以稱為「2007年全球氣候異變」：

今年有四個季風低壓形成，為往年紀錄的兩倍，導致印度、巴基斯坦與孟加拉發生嚴重水災……英格蘭與威爾斯地區經歷有史以來最潮溼的五到七月，打破1766年以來的紀錄。七月下旬，暴漲的河水眼看就要淹沒河岸……上個月底，蘇丹遭逢暴雨和洪水侵襲，造成2萬3千棟泥磚房倒塌，以及至少62人死亡。此次降雨異常猛烈，也比以往的時間提早……五月，高達

> 天氣的問題，已經不再是「出門要不要帶傘？」這麼簡單而已，而是必須去思考「該不該在沿海地區購屋」或「堤防建得夠不夠高」？

4.5公尺的大海嘯襲擊馬爾地夫68個島嶼，造成嚴重的水患與災情……同月，俄羅斯全國各地則是遭受熱浪侵襲。在這一波氣候異常的浪潮中，東歐與南歐地區並未倖免於難。六月至七月，這兩個地區的氣溫創下史上最高紀錄……南半球今年冬季特別寒冷，使南美洲各地飽受寒風、暴風雪與罕見的大雪之苦。七月，阿根廷的氣溫降至攝氏零下22度，而智利則是攝氏零下18度。六月，南非遭遇自1981年以來的第一場大雪，部分地區積雪甚至高達25公分。

全球極端氣候不斷加劇且日益頻繁的現象，一直持續到2008年夏季。美國愛荷華州遭受空前猛烈的豪雨襲擊，使境內的錫達河水位暴漲，高出海平面30英尺，遠超乎過去的經驗和預期。罕見的大水淹沒了錫達拉皮茲市（Cedar

Rapids）。《紐約時報》在2008年6月13日的報導中引用了一句話，很貼切的表達出愛荷華州人民感受到的氣候異變：愛荷華州達芬波特市（Davenport）氣象台的水文學家左格（Jeff Zogg）說：「以前降雨破紀錄，大概都在1、2英寸以內，這次可是高出紀錄有6英尺之多，實在很驚人。」

世界到底會變成什麼樣子？

進入能源氣候年代，世界到底會變成什麼樣子？看到天氣如此反常，許多人不禁想問，我們到底身在何方？不過，只有少數人有危機意識，警覺到我們目前該做的，是設法管控不可避免的，避免不可管控的。我們必須努力發揮想像力，並且體認到，氣候變化的幅度，遠超出預測的平均值。

氣象頻道的氣候學家卡倫主張，地方電視台的氣象播報員，應該在預報每日天氣時，提及氣候變遷的科學背景知識，增進大眾的認知。「觀眾有權利知道，就全球趨勢而言，氣候與氣象之間有很大的關聯。」於哥倫比亞大學拉蒙特—杜赫堤地球觀測站（Lamont-Doherty Earth Observatory）取得氣候學與海洋大氣動力學博士的卡倫表示，「如果地方的氣象播報員無法告知觀眾以下這些資訊，等於是危害大眾：『要是繼續維持現在的排放量，未來每個月至少有十天，空氣品質將達到警戒範圍。此外，臭氧濃度與酷熱指數❻也會不斷攀升。』地方的氣象播報員是社會大眾與科學界的溝通橋梁。人民倚賴他們、信任他們。因此，他們更應該依據科學說明氣候與氣象的關聯。這也是提升人民環境素養的好時機。」

氣象頻道定期追蹤各項歷史新高與新低紀錄的次數。卡倫指出：「現在不論是哪個月份，新高紀錄都多於新低紀錄。就拿三月的第三週（2008年3月15日到21日）來說，刷新歷史高點或持平的紀錄高達185項，但打破歷史低點或持平的紀錄只有28項。看到這些現象長期持續下去，實在很難不令人納悶，為什麼

---

❻ 酷熱指數（heat index）指的是人體實際感受到的熱度，是綜合氣溫與相對溼度之後的結果。

氣象播報員就是不談這些現象呢？大家都感覺到天氣異常，但電視台的氣象播報員卻很少提到『全球暖化』一詞。這是幫助民眾瞭解氣候的好機會，就跟過去的氣象教育一樣。現在，『低壓』與『高壓』已經是大家耳熟能詳的名詞，這並不是一蹴可幾的現象。卡崔娜颶風帶來的，不僅僅是全球暖化的例證，更是基礎建設上的難題，而我們必須做出長期可行的決策，才能存活。天氣的問題，已經不再是『出門要不要帶傘？』這麼簡單而已，而是必須去思考『該不該在沿海地區購屋』或『堤防建得夠不夠高』？」

2006年12月，卡倫在Weather.com網站的部落格上張貼一篇名為〈無謂的爭議，非無謂的垃圾科學〉（Junk Controversy Not Junk Science）的文章，批評某些氣象播報員不願意報導氣候變遷的現象。這番言論隨即引發反彈聲浪。氣象播報員大都經過美國氣象學會認證，該學會曾在一份聲明中很清楚的指出，全球暖化主要肇因於燃燒化石燃料。然而不知為何，氣象學界多半對氣候變遷抱持懷疑的態度。

2007年，我到亞特蘭大造訪這次風暴的核心——氣象頻道總部，它位於一棟不起眼的辦公大樓中。卡倫的辦公桌擠在氣象頻道的新聞室裡。總部裡有上百位氣象播報員，卻只有她一位氣候學家。她跟我分享那篇引發爭論的部落格文章，內容如下：

專為華盛頓特區的死忠氣象迷所架設的Capitalweather.com網站，最近刊登一篇地方氣象播報員的訪問，特別談到氣候學與氣象學界意見紛歧的問題。爭論的焦點正是全球暖化。被問到全球暖化的科學背景時，那位氣象播報員的回答是：「全球暖化一直是媒體矚目的焦點，也引發了許多爭論。我曾經試著去深究這個議題，但它實在過於複雜。這個議題已經泛政治化了，正反兩方似乎都有偏離事實的毛病。根據歷史經驗，天氣型態有一定的循環週期。雖然最近我們觀察到普遍暖化的現象，但依然缺乏長期的科學證據，所以很難歸納出任何結論。這是我個人的看法。」

卡倫接著在文中提到，美國氣象學會針對氣候變遷發表的聲明內容是：
「有力的證據顯示，自工業革命以來，人類活動造成大氣中溫室氣體與其他微量氣體濃度上升，即是導致氣候變遷的主因。」因此，卡倫寫道：

氣象播報員既然經過美國氣象學會認證，有資格在電視台播報氣象，就有責任好好自我加強全球暖化的科學背景。氣象播報員是少數受過科學專業訓練，又能經常與大眾接觸的科學家。因此，他們有責任教導民眾分辨哪些是有根據、經過學界認可的科學實證，哪些純粹是政治口水。一位氣象播報員如果沒有能力談論氣候變遷的基礎科學原理，美國氣象學會或許根本不應該給予認證。顯然，學會本身並不同意，全球暖化是天氣型態進入週期循環的結果。這好比允許氣象播報員在電視上說，颱風是以順時針方向旋轉，而海嘯是天氣造成的。這些根本不是泛政治化的說法，只是錯誤的說法。

卡倫的文章張貼後不到24小時，立刻遭到來自四面八方的抨擊，其中包括一些知名科學家，身兼氣候專家、捍衛石油與天然氣業的奧克拉荷馬州共和黨參議員殷荷菲（James Inhofe），以及保守派政論節目主持人林博（Rush Limbaugh）。一天之內，氣象頻道的官網就收到近4千封電子郵件，多半都是衝著卡倫的文章而來。據她引述，有人甚至寫說：「妳就指指高壓系統、乖乖當個播報花瓶就好，少說什麼氣候變遷的

> 如果有98位醫生都說我兒子病了，必須服藥，只有2位說沒事，我會聽從那98位的意見，這是基本常識。全球暖化也是一樣。

屁話。」卡倫的回應是：「很多觀眾投書說：『不要再談政治了，我轉到氣象頻道不是為了聽你們談政治。』這就是他們對氣候的看法，以為氣候議題就是政治議題。科學家多半很怕變成某項議題的倡導者，但倡導者並不怕變成科學

家。只因為我公開談論氣候變遷議題，有人就認為我是該議題的倡導者。實際上，我唯一倡導的是科學。科學才是重點。」

大家喜愛收看氣象頻道的其中一項原因是，天氣現象「不是任何人的錯」。卡倫也曾任職於科羅拉多州波爾德的美國國家大氣科學研究中心（National Center for Atmospheric Research），她語重心長的說：「我們播報氣象的時候，不會指責任何人。氣象新聞也無關政治。然而，自從卡崔娜風災過後，氣象再也不單純是氣象，還摻雜了其他因素，」從前，天氣被視為是大自然的作為，「現在，惡劣的天氣竟然有可能是人為因素造成。」

從鏡子裡看見瀕危物種

我可以理解，向來為石油業發聲的參議員為什麼會抱持鴕鳥心態。但我完全不明白，像林博這類的保守派人士，怎麼會把反對氣候變遷變成共和黨的政見主軸。我一直以為，保守派會堅守保守主義的精神，凡事謹慎至上。因此，就算有人說，氣候變遷帶來嚴重破壞的機率只有10%，他們也會認為，我們應該好好保育地球。大多數氣候專家對於氣候變遷已經有共識，面對這個現況，如果還堅持說：「我決定跟少數人站在一起。我以農場、我的未來和孩子的未來做賭注，相信少數人的看法是對的，其他後果都管他去吧。」請問，還有什麼比這樣的心態更瘋狂、更激進、更托派❼（Trotskyite）思想，也更罔顧一切？

加州州長阿諾・史瓦辛格（Arnold Schwarzenegger）曾經嘗試說服共和黨，希望他們不要將懷疑氣候變遷的論點納入競選政見。他跟我打了比方：「如果有98位醫生都說我兒子病了，必須服藥，只有2位說沒事，我會聽從那98位的意見，這是基本常識。全球暖化也是一樣。我們應該跟隨大多數人的意見。」

我也站在多數人那一邊，我相信氣候變遷是千真萬確的事。可是，大眾不

---

❼ 托派思想擁護俄國布什維克黨理論家托洛斯基所主張的馬克思主義，強調不斷革命的重要性。

僅必須接受氣候變遷是事實，也必須認清它的真相：我們再不開始採取減緩與適應的措施，氣候劇變的骰子擲出的總和很可能是60（氣候很可能產生難以預料的巨變）。誠如生態技術國際公司總裁華森所言，我們必須「運用人類特有的想像力，來理解眼前種種非線性、不受控制的氣候現象。原因是，一旦出了什麼差錯，這回可沒有安全帶或安全氣囊做為防護。我們全部都會淪為地球上生物實驗的犧牲品」。

「大自然不過就是化學、生物學與物理學的變化，」華森解釋說，「自然現象就是這三項的總和。大自然不具道德思想，不在乎人類的詩歌、藝術，也不管我們上不上教堂。我們無法跟大自然談判、無法左右大自然，也無法規避自然法則。唯一能做的，就是設法適應。無法適應大自然的物種，將會被淘汰。」就是這麼簡單，而這也是為什麼，「你每天攬鏡自照時，看到的是一個瀕臨滅絕的物種。」華森說。

第六章

拯救生物多樣性

想像降雨量增為平常的一千倍，我們會怎樣？

再想像瘧疾或愛滋病的傳染率增加為目前的一千倍，

我們又會怎樣？

如今，每二十分鐘就有一個物種消失，

這個速度就是地球歷史上平均速度的一千倍。

繼續無知的剝削大自然，

我們就跟鳥類摧毀自己的巢，沒有兩樣。

大自然是上帝的藝術作品。

　　　　　　　　　　──布朗（Thomas Browne），《一個醫生的宗教信仰》

「發展」，如同莎翁筆下的善，「一旦過度，就會自我摧毀。」

　　　　　　　　　　──李奧帕德（Aldo Leopold），〈野外狩獵場的請願書〉

去年十二月某天，當我讀起報紙時，竟然有種讀聖經的錯覺。頭版有則新聞，是我的《紐約時報》同事亞德利（Jim Yardley）在中國所做的報導（2007年12月5日）。文中指出，世上最後一隻為人所知的雌性長江巨型軟殼龜，現住在中國長沙某個破舊的動物園裡，而最後一隻同類的雄性軟殼龜，則住在蘇州的動物園。這一對年邁的烏龜，據說是「挽救世上最大型淡水龜的最後一線希望」。

亞德利形容說：「雌龜以園方特製的生肉飼養。她居住的池塘周圍有防彈玻璃保護，也有監視錄影機監控她的一舉一動。夜晚還有守衛看管。如此大費周章，用意很簡單：全力保護軟殼龜的生命……這隻雌龜今年80歲，體重近90磅。」至於她那無緣的另一半，「今年100歲，體重約200磅。」最近的報導指出，科學家會先嘗試人工受精。到2008年春天的交配季，再讓兩隻烏龜共處一池（如果人工受精失敗的話）。

亞德利指出，「對許多中國人來說，烏龜象徵健康長壽，但這兩隻長江巨型軟殼龜倖存的故事更顯示出，中國野生物種與生物多樣性正遭受重大威脅。」中國境內的環境汙染、毫無節制的狩獵活動與如脫韁野馬般的經濟發展，正以驚人的速度摧毀自然棲息地，導致動植物大量滅絕。

每二十分鐘就有一個物種消失

眼看愈來愈多物種在全球經濟發展的大洪流下瀕臨滅絕，諾亞方舟的情景，很可能要在我們這一代首度重現。也就是說，我們必須開始搶救許多瀕危物種的最後一對，或者實行上帝在〈創世紀〉中給予諾亞的指示：「凡有血肉的生物、每樣兩個、一公一母，你要帶進方舟，好保存他們的生命。」

然而，與諾亞不同的是，我們這一代和我們所創造的文明導致了滅絕物種的大洪水。因此，打造方舟，我們責無旁貸。愈來愈多珊瑚礁、森林、漁場、河川與沃土，都被人類商業發展破壞或摧毀。而只有人類，才能建造保存物種的方舟。

我們必須體認到，像諾亞一樣打造方舟，而非製造洪水，不僅是我們的挑戰，更是我們的責任。這才是現代人類智慧的開端。進入能源氣候年代，我們不僅要因應能源需求暴增、氣候劇變與產油國獨裁力量擴散的問題，還必須面對又熱、又平、又擠的新世界帶來的另一項後果：由於愈來愈多動植物瀕危或滅絕，地球的生物多樣性岌岌可危。

過去十年，我跟著國際保育協會（Conservation International）走遍全世界。該協會致力於生物多樣性的保育工作，我內人安正好是理事。每次要撰寫關於生物多樣性的文章，我都會打電話向協會的專家請教，本章也不例外。不斷有新的物種被發現，也陸續有舊的物種瀕臨滅絕。物種滅絕的原因，如果不是生物環境因素，就是人類經濟發展、狩獵或其他

> 地球的生物多樣性，宛如一間獨特、珍貴的圖書館。可惜，這間圖書館正漸漸被燒毀。我們連藏書的分類工作都還沒做完，更別說全部閱讀了。

活動導致。然而，國際保育協會近來估計，現在每20分鐘就有一個物種消失。這個速度是地球歷史上平均速度的一千倍。我們實在很難想像，人為因素導致自然界的某種現象以原來一千倍的速度發生，到底代表什麼意義。這個差距實在太大了。

「想像一下，如果其他自然現象暴增為平常的一千倍，對我們的生活、生計與地球環境會帶來什麼樣的影響？」國際保育協會生物多樣性應用科學中心（Center for Applied Biodiversity Science）資深主任布魯克斯（Thomas Brooks）問道：「要是降雨量暴增為平常的一千倍，會怎麼樣？我們會被淹沒。降雪量暴增為平常的一千倍呢？我們永遠會覆蓋在大雪底下。假如瘧疾或愛滋病的傳染率增加為現在的一千倍呢？好幾百萬人將會死亡。這就是生物多樣性面臨的現狀。」

不只是動物園要煩惱生物多樣性消失的問題。我們不知道，再這樣下去，

會失去多少寶貴的天然藥物、工業原料、生物資訊，以及天地的大美。我們也不知道，有多少人類所知甚少、卻是構成生物網不可或缺的元素，正在一點一滴消失。

「地球的生物多樣性，宛如一間獨特、珍貴的圖書館。可惜，這間圖書館正漸漸被燒毀。我們連藏書的分類工作都還沒做完，更別說全部閱讀了，」身兼林洞研究中心環境科學家的哈佛教授侯德倫表示。

試想，要是大量物種不斷加速滅絕，世界會變成什麼樣子？如果世界剩下寥寥無幾的物種，甚至完全失去生物多樣性，那會是一個只有鋼筋水泥叢林、動植物銷聲匿跡、不見山林的世界。不僅從生物學的角度而言，這樣的環境不適合居住，我們也不會願意居住其中。

失去豐富多樣的萬物，畫家要去哪裡欣賞山光水色與豔麗花朵，以尋找靈感？還有什麼能夠感動詩人與音樂家，以譜出美麗的詩篇與交響樂曲？宗教領袖與哲學家，又要去何處觀察上帝的精心傑作，以思考他的意義？如果沒有聞過花香、游過河水、摘過蘋果或欣賞過春天的山谷，生命不會完整。我們當然可以尋找其他替代品，但沒有任何東西比得上自然萬物那美麗、豐饒、多彩、又變化萬千的原始樣貌。失去萬物之美，人，也不再是人。難怪有研究顯示，醫院的病人如果可以從病房中觀賞到外面的自然風景，復原速度會比較快。

「為了牟利，不惜摧毀一座熱帶雨林和其他富含物種的生態系，就像是把羅浮宮所有名畫拿來當柴燒，」我到哈佛實驗室拜訪知名昆蟲學家威爾森（Edward O. Wilson）時，他這麼比喻。他的實驗室抽屜裡，擺滿他和同事在世界各地蒐集到的螞蟻品種，共有好幾千種。「這就是我們現在幹的好事。『我們得種植油棕才能賺錢。對婆羅洲雨林和紅毛猩猩，只好說抱歉了。』」

生物多樣性是人類適應改變的利器

如果生物多樣性具有的美學、詩學、宗教與精神價值，還不足以說服你，我們可以再來瞭解它經常為人忽視的實際利益。環保人士為這些利益取了個稍

嫌生硬、又不太貼切的名詞，稱為「生態系服務」（ecosystem service）。生態系為人類提供各種利益和「服務」，讓負擔不起或缺乏民生及水電資源的人也能夠受惠。大自然能供應乾淨的水源，過濾溪水的汙染物質，提供天然的魚類養殖場，控制侵蝕作用，提供躲避暴風雨和天然災害的屏障，保護農作物授粉所需的益蟲、攻擊害蟲，並且吸收大氣中的二氧化碳。對開發中國家的窮人而言，這些「服務」都是他們賴以維生、不可或缺的資源。

「環保主義的批判者……對那些微小、不為人知的生物往往不屑一顧。他們總是把這些生物分成兩大類：昆蟲與雜草，」威爾森在《自然萬物》（The Creation）一書中寫道：

他們很容易忽略，地球上大多數的生物與物種都由這些小生物構成。這些人不曉得是無知還是忘記，美洲熱帶雨林裡有種不知名的蛾，它的幼蟲非常貪吃，使澳洲的牧地不至於長滿仙人掌。馬達加斯加有一種「雜草」叫玫瑰長春花，含有能夠治療何杰金氏症（Hodgkin's disease）與急性兒童白血病的生物鹼。挪威某種不知名真菌裡的一個物質，讓器官移植手術變得可能。水蛭唾液裡的化學物質能夠製成抗凝血溶劑，預防手術中與術後發生血栓。從石器時代巫醫採用的草藥，到現代生物醫學發明的超強新藥，這些生物都扮演要角……野生物種還可以滋養土壤、淨化水源，以及為多數開花植物授粉。我們呼吸的每一口新鮮空氣，都拜地球萬物所賜。失去大自然的助力，人類不僅來日無多，日子也不會好過。

> 為了牟利，不惜摧毀一座熱帶雨林和其他富含物種的生態系，就像是把羅浮宮所有名畫拿來當柴燒。

威爾森也指出，如果我們貶低自然，因而破壞生態，「首當其衝的，很可能就是規模最龐大、最複雜的生物，包括人類在內。」

生物多樣性不僅幫助我們生存，也幫助我們適應。生物多樣性最實際的功能，即是協助包括人類在內的所有生物適應改變。2008年3月，為了瞭解國際保育協會如何拯救印尼的海洋生物多樣性，我來到印尼的努薩培尼達島（Nusa Penida）。當我與協會的海洋生物學家厄德曼（Mark Erdmann）一同坐在沙灘，看著龍目海峽（Lombok Strait）時，他給我上了一課，告訴我生物多樣性如何幫助物種適應改變。

「改變，是生命中不變的常數。一旦失去物種、文化與作物的多樣性，適應改變，就會難上加難，」厄德曼解釋說，「你可以找找看，有哪個農夫只培育一種作物，只要染上疾病，農場就會毀於一旦。或者，有哪個財務顧問會把錢全投資在一支股票上……總而言之，有多樣性，才有恢復力。面對即將到來的全球快速變遷，人類必須發揮最大的恢復力來因應改變。」誰知道未來會有什麼可怕的疾病等著我們？如果我們把熱帶雨林剷平，改種能夠提煉棕櫚油與燃料乙醇的作物，等於把藥箱裡的天然藥物全都丟棄。「正因為改變是不變的常數，生物多樣性更是不可或缺。生物多樣性提供人類適應改變所需的原料，」厄德曼補充說。

在又熱、又平、又擠的世界，一切將以空前的速度演進、變化。人類最不能失去的，就是適應變遷的利器。

維護自然環境刻不容緩

我們要維護的生物多樣性，到底包含哪些範圍？我喜歡線上字典Biologyreference.com提供的定義：生物多樣性是指「地球上所有生命的總和，包含陸地、海洋、淡水生物群系與生態系，以及所有居住於其中的動植物、菌類與微生物，也包含所有生物的行為、互動與生態過程。生物多樣性也與地球的非生物元素直接相關，包括大氣、海洋、淡水系統、地質構造與土壤。兩者共同交織成一個規模龐大、相互依存的生物圈。」

國際保育協會會長密特邁爾（Russell A. Mittermeier）表示，在整個地球生物

圈中，科學家已經發現並記載的動植物與微生物，有170萬至180萬種。不過據估計，地球的所有物種大約有500萬至3千萬種。有些科學家甚至認為，尚未被發現的物種至少還有1億種，因為這些生物大多隱身在地下、海洋或偏遠地區。密特邁爾指出，過去十五年來，新發現的靈長類物種大約有80至90種。「也就是說，在短短十五年間，科學家所發現的靈長類物種數量，就占已記載數目的15%到20%。」

因此，全球進入綠色行動時，我們的因應對策不只要開發綠色能源，以減緩氣候變遷的腳步，以及氣候變遷對天氣、溫度、降雨、海平面和乾旱的影響；還要維護地球生物多樣性，才不會摧毀維繫生命所不可或缺的動植物。請記住：氣候變遷的問題確實迫在眉睫，但失去生物多樣性，同樣會破壞地球整體環境不可或缺的承載力。影響之鉅，不亞於氣候變遷。近幾年，大家全心關注氣候變遷議題，雖然值得稱許，但在這同時，失去生物多樣性的問題卻被擱置一旁。所以，綠色行動需要把重點同時放在開發新能源與維護自然環境。

「全球暖化與環境汙染，只是我們過度榨取自然資源所造成的其中兩項後果，」國際保育協會資深副會長、也是經濟學與環境議題專家的普里克特（Glenn Prickett）表示，「其他還包括過度捕撈海洋魚類，以及森林和珊瑚礁遭到破壞。這不僅威脅居住在這些生態系中的動植物，也大大影響依靠這些生物維生的人。」

我們必須採取全面性的思考。如果大家只著重控制二氧化碳的排放量，而忽略生態系的變化，「地球的生物多樣性將因此大量消失，」普里克特補充說，「不要以為地球失去生氣後，還能保有宜人的氣候和興盛的文明。熱帶雨林等生態系是否健全，會直接影響全球的氣候型態。」

過去十年來，我跟著普里克特走訪各地的生物多樣性熱點與瀕危區域，也是國際保育協會積極拯救的區域。我們從巴西東南方的潘塔納爾溼地（Pantanal wetlands），來到沿岸的大西洋雨林，再從委內瑞拉南方的蓋亞那森林保護區（Guyana Shield），深入祕魯叢林，到位於坦博帕塔河（Rio Tambopata）流域

的金剛鸚鵡研究中心，最後再從名稱頗具異國情調的中國西藏香格里拉高地（Shangri-La），去到印尼蘇門答臘島上的熱帶雨林，與峇里島周圍的珊瑚礁島。我自己則是曾經造訪肯亞的馬賽馬拉（Masai Mara）野生動物區、坦尚尼亞的恩戈羅恩戈羅火山口保護區（Ngorongoro Crater），與沙烏地阿拉伯沙漠中廣大的空白之地（Empty Quarter）。在有孩子以前，我還到過死海的鹽丘去體驗垂降的快感。這些旅程都是寶貴的學習經驗，讓我對生物多樣性有更進一步的認識。

在一個又熱、又平、又擠的世界，一切將以空前的速度演進、變化。人類最不能失去的，就是適應變遷的利器。

不過，我對生物多樣性面臨嚴重威脅的認知，大部分都在首次與普里克特一同旅行的途中奠定下來。1998年，我們前往巴西，旅程從一場特別的訪談開始。我這輩子，從來沒有在這麼奇特的地方進行過訪談。對象是巴西南馬托格羅索州（Mata Grosso do Sul）當時的環保局長巴洛斯（Nilson de Barros）。他堅持要在黑河（Rio Negro）中央進行訪談。

南馬托格羅索州位於潘塔納爾溼地的中心，在巴西、玻利維亞和巴拉圭三國的國界附近。潘塔納爾是世界上最大的淡水溼地（面積與美國威斯康辛州相當），也是美洲豹與其他瀕危物種的棲息地。普里克特跟我搭乘一架小型螺旋槳飛機，飛往位於黑河中央的一座牧場兼渡假中心──黑河農場，並且在前院降落。隨後，我們乘坐馬達艇，到河中的某個淺灣處與巴洛斯會面。

潘塔納爾保護區宛如一座少了恐龍的侏羅紀公園。我們順流往下時，經過一群趴在岸邊的凱門鱷，還看到幾隻大型水獺跳上跳下。一路上，我看到白鷺、藍紫金剛鸚鵡、巨嘴鳥、朱鷺、南美澤鹿、琵鷺、紅頸鶴、狐狸、豹貓與美洲鴕不時從叢林裡探出頭來，驚異的見證了如此豐富的生物多樣性。巴洛斯與他的團隊佇立在水深及腰的河中央等待我們。

「先來罐啤酒，好好洗個澡之後，我們再談，」他邊說，邊打開一罐啤

酒，潺潺河水從他身上流過。

見到他以前，我一直以為，我的工作是全世界最棒的。

全球化的成長需求難以阻擋

巴洛斯解釋説，全球生物多樣性與生態系目前面臨的最大威脅，主要來自兩方面。其一是在最窮困的地區，那裡的人民為了謀生，只能掠奪大自然資源。類似情況一多，周遭的森林、珊瑚與物種隨即大量消失。這是亞馬遜溼地和雨林附近面臨的嚴重問題。不過，潘塔納爾不一樣。他指出，該地區的問題，不是窮人為了脱離窮困而去砍伐樹木，再轉賣給木材公司。潘塔納爾是個特例，透過放牧、捕魚與近來的生態旅遊等經濟活動，這裡的人與自然得以共生共榮。

潘塔納爾的主要威脅來自外在，那就是全球化。現在有三大全球趨勢危害該地的生物多樣性：首先，為了滿足全球暴增的大豆需求，在潘塔納爾盆地上方平原種植大豆的農民，不斷擴張種植面積。農地排放出的農藥與淤泥，持續汙染周圍的河川與野地生態。再者，巴西、阿根廷、烏拉圭、巴拉圭與玻利維亞共同組成貿易集團，期望提升南美經濟在全球的競爭力。為了能更容易將潘塔納爾的大豆產品運送到市場，這些政府計劃在此地進行河流疏濬與截彎取直工程。這將會嚴重衝擊周遭生態。最後，由各國能源公司組成的企業集團，正在建造一條橫越潘塔納爾的天然氣管線，準備將玻利維亞豐富的天然氣輸送到巴西大城聖保羅市，解決當地大量的能源需求。

事實上，潘塔納爾正陷入受益於全球化經濟提升、卻逐漸喪失生物多樣性的兩難困境。全球化最大的好處是，更多人民能更快的脱離貧窮。壞處則是，生活水準提升之後，愈來愈多人有能力從事生產與消費。全球化使世界變得更平，卻也更擁擠。各地都市迅速向外擴張、政府大幅興建高速公路、機動交通流量增加、房屋愈建愈大，而人民對耗能的設備需求也倍增。為了滿足不斷攀升的全球經濟需求，許多公司紛紛設法收購印尼、巴西等地的大片原始森林，

轉作油棕種植地、大豆農場或經營其他大規模的商業活動。收購的規模之大、速度之快，可說是前所未見。

普里克特指出，這幾年來，國際保育協會、美國自然保育協會（The Nature Conservancy）與世界自然基金會（World Wildlife Fund）等非政府組織已經開發出一套工具與宣導模式，來教育鄉村地區的窮人，讓他們懂得維護自己賴以生存的生態系，以更永續的方式生活。「可是，我們還沒找到一套工具和辦法，來解決全球化對生物多樣性的威脅。現在情況已經岌岌可危。」

> 地球正在面臨第六次大滅絕。而且，這次的滅絕，並非局限於某一區域，而是在世界各地同時擴散。

當然，近年來有許多保育團體和跨國企業合作的案例，像沃爾瑪、星巴克和麥當勞等。目的是教導這些企業如何降低供應鍊與生產過程對自然環境的衝擊。然而，這些作為不過是杯水車薪。全球經濟成長刺激物價上揚，促使企業開發更大片的耕地生產農作物、纖維與生質燃料，並擴大木材、漁貨與礦物的需求。因此，愈來愈多熱帶森林遭到濫墾，愈來愈多珊瑚礁因為破壞性捕魚方式而消失，愈來愈多礦物資源被過度開採。

如果政府不積極監督土地的開發與用途，也沒有能力抵擋來自全球市場的壓力，這個又平、又擠的世界對成長的需求，必定會徹底摧毀僅存的森林與珊瑚礁，及其富含的生物多樣性。如此一來，全球暖化只會不斷加劇，因為在二氧化碳的總排放量中，有20%是森林消失所致。

國際保育協會指出，每20分鐘就有物種消失的同時，還有1,200公頃的森林因為開發而被燒毀或剷平。森林消失所導致的二氧化碳排放量，遠超過世界上所有汽車、卡車、飛機、火車和船隻等交通工具的總體排放量。森林覆蓋率減少，物種的棲息地跟著縮小，所以只能被迫遷移或適應。能夠適應的，就能存活；不能適應的，慘遭滅絕。就是這麼簡單。只不過，現在這個現象發生的速度更快、範圍更廣。

生質燃料作物對雨林的傷害

因此，我們必須強化保育觀念。人類侵占自然，必須有一定的程度與界限。沒有這些限制，未來只會有更多物種棲息地被剷除、河川遭到汙染、珊瑚白化，以及森林因為農業工業化而被夷平。照這樣下去，我們只能眼看著問題發生，然後採取頭痛醫頭、腳痛醫腳的補救措施，永遠無法發展出能兼顧經濟成長與生物多樣性的系統化全方位對策。

首先，我們必須先找出各個現象之間的關聯性。為了減排和提升能源安全，歐盟設立了目標：在2020年前，可再生能源必須占所有使用能源的20%。這也包括增加利用生質燃料，也就是從玉米、油棕、大豆、海藻、甘蔗、工業廢料、木塊或柳枝稷等野草中提煉出供交通工具使用的燃料。歐盟規定，境內銷售的生質燃料的原料，不得來自高生物多樣性的熱帶雨林、自然保護區、溼地或草地所生產的原料，如棕櫚油和玉米等。可是，燃料在全球市場是可替代的產品，並不容易監控。實在很難想像，歐盟對可再生能源的規定不會正好適得其反，使東南亞雨林加速遭到砍伐，被油棕作物取代。有人說，這個現象已經發生了。棕櫚油通常用於化妝品和烹調，但也是提煉生質燃料最有效率的原料。諷刺的是，森林消失所增加的溫室效應氣體，將會遠超過使用生質燃料所能減少的排放量。我曾經坐飛機經過印尼蘇門答臘島北部的油棕園上方。從上空俯瞰，底下淨是一塊又一塊長方形的耕地，很像在熱帶雨林中建了25座足球場。

《時代》雜誌記者格倫沃（Michael Grunwald）在一篇文章（2008年3月27日）中，也描述了他和一位生態保育人士搭飛機經過巴西油棕園的情景：

卡特（John Carter）從飛機上俯瞰一英里下方的亞馬遜南部，望著世上最珍貴的生態寶藏慘遭破壞的情景。他眼睜睜看著，人民以推土機和電鋸把雨林變成養牛場或大豆農場，也眼見熊熊大火無情的吞噬一片又一片叢林。科學家

憂心，亞馬遜熱帶雨林很可能漸漸變成樹木稀少的熱帶莽原。巴西政府剛剛宣
布，今年，森林消失的速率可能會高達去年的兩倍。德州牛仔出身、觀察敏銳
的卡特表示，這個情況很快就會加劇。他成立了一個非營利組織，在亞馬遜原
始地帶推廣永續牧業。卡特說：「看著森林逐漸消失，會讓我起雞皮疙瘩。」
他還說：「這就好像親眼目睹強暴現場一樣。可是，你根本無能為力。砍伐雨
林的利潤太高了。在這些原始地帶中，你會發現市場力量有多強大。」

物種一旦滅絕，就永遠消失

　　數字會說話。地球存在了40億年，而地球上的生物則存在超過20億年。在
這20億年中，物種是以極度緩慢的「正常」速度滅絕。平均而言，一個物種可
能存在約100萬年，然後才自然滅絕。在歷史上各個時期，這個溫和緩慢的自然
滅絕現象，曾經被五次災難性的大滅絕打斷，造成大量物種迅速消失。國際保
育協會的生物多樣性專家布魯克斯說，最近一次的大滅絕大約發生於6,500萬年
前。當時有一顆隕石撞擊猶加敦半島，也就是今日的墨西哥。科學家認為，隕
石撞擊後，釋放出濃密的塵雲，籠罩整個地球，造成氣溫急速下降，導致地球
上大多數的動植物挨餓至死，也造成恐龍滅絕。

　　時光往後推移，到人類出現後的近幾萬年，我們發現，人類每遷徙到一
處，即造成大量物種滅絕。移入夏威夷的玻里尼西亞人，和定居馬達加斯加島
的印尼船員都是例子。還有在更新世出現的人類祖先，約於1萬2千年前穿越今
為白令海峽的陸橋到北美洲，導致許多大型哺乳類動物滅亡，包括長毛象和劍
齒虎。進入現代後，全球化的衝擊不斷擴散。因此有人說，地球正在面臨第六
次的大滅絕。而且，這次的滅絕並非局限於某一區域，「其規模相當於隕石撞
擊，或者等同於化石紀錄所及的五次大滅絕，」布魯克斯表示。

　　人類就是洪水、就是隕石。我們應該學會當個稱職的諾亞方舟。國際自然
保育聯盟（International Union for the Conservation of Nature）至今已成立超過40年，
主要工作是追蹤世界的生物多樣性，並且評估已知動植物物種的絕種機率。該

聯盟定期公布〈瀕危物種紅皮書〉（Red List of Threatened Species），以察看物種滅絕的情況，同時也讓大眾瞭解現狀。

根據〈瀕危物種紅皮書〉的報告，人類移居所造成的大規模滅絕，例如玻里尼西亞人在西元400年定居夏威夷島時，「多半是『封閉性的物種滅絕』，也就是說，即便情況慘烈，但只發生在某個區域內，」布魯克斯表示。然而，拜全球化之賜，過去僅限於一個島或某個地區的物種滅絕，現在在世界各地同時擴散。

布魯克斯表示，我們知道，人類有能力復育自然棲息地，能夠恢復像水牛這類瀕臨絕種動物的數量，也能淨化汙染，連汙染嚴重的倫敦泰晤士河都能整治。「甚至扭轉氣候變遷，也是我們能力所及，」他補充說，「可是，物種滅絕是不可逆的。『侏羅紀公園』是虛構的故事；物種一旦滅絕，就永遠消失。地球百萬年的珍貴遺產，就這麼一去不復返。」

再遲，就來不及了

熱帶雨林中美妙的面向難以盡數，但我最喜歡的，還是大自然的聲音。2006年6月，普里克特、我和我的家人，坐船沿著祕魯的坦博帕塔河往上，來到國際保育協會為拯救紅金剛鸚鵡所設立的研究中心。我喜歡躺在蚊帳裡，靜靜聆聽大自然的交響樂。雨林中的大合唱，聽起來就像是不和諧的現代樂。有鳥類吱吱喳喳的鳴叫聲、紅面吼猴的啼哭聲、野豬的嗥叫聲、青蛙的呱呱聲，還有各種昆蟲唧唧嘎嘎的，發出奇特的聲音，有的聽起來像汽車警報器或門鈴聲，有的則像掉了樂譜還繼續演奏的管樂隊。這首渾然天成的交響樂，不時會被人類無助、淒厲的尖叫聲打斷，因為有人在廁所遇上大蜘蛛。

我們造訪的亞馬遜雨林區位於祕魯南部，絕大部分是無人居住的原始地帶，也是世界上幾大瀕危野生物種的棲息地。這裡有一片紅土構成的峭壁，是全世界最大的金剛鸚鵡舔土區。每天早上都有藍色、紅色、金色的金剛鸚鵡聚集在此，享用泥土大餐。在雨林中低頭一望，你可能會看見一隻狩獵的黃蜂正

在螫毛毛蟲，然後在牠身體裡產卵。再抬頭一看，你或許會在蒼鬱的綠蔭中，瞥見織布鳥的巢。不過，你也會發現，織布鳥的巢往往與大白蜂的巢比鄰而居。為什麼呢？原因是，如果有敵人攻擊幼鳥，也會驚動大白蜂。這真是了不起的天然保全系統。

然而，環顧四周，我們卻發現危機悄悄逼近。

坐船往坦博帕塔河上游的途中，我們看到淘金客利用機動駁船和汞在河岸邊挖掘、淘洗，嚴重破壞河岸生態。由於全球金價不斷攀升，坦博納塔河流域掀起一股瘋狂的淘金熱。有些淘金客為了搭建營地大肆砍伐樹林，有些則獵食稀有動物。除此之外，這一片原始叢林愈來愈容易到達，因為連結巴西大西洋岸到祕魯太平洋岸的兩洋公路已接近完工。增設道路有利

> 在緊密交織的生物網中，人類是唯一沒有任何動植物仰賴的物種。然而，人類卻必須依靠整個生物網才能存活。

農耕、伐木、礦業發展，也會加速石油與天然氣的開採，導致更多樹林變成耕地。森林大量消失，只會釋放更多造成氣候變遷的溫室氣體。

見到這番景象，讓我想起氣候學家卡倫的比喻。她說，人類正在大自然的交響樂中大肆彈奏電吉他。我們都遺忘了一項重要事實：在緊密交織的生物網中，人類是唯一沒有任何動植物仰賴的物種。然而，人類卻必須依靠整個生物網才能存活。人類在這個生物網中演化，而這個生物網造就了今日的我們。我們不能沒有這個生物網，而整個生態系唯有維持平衡，才能欣欣向榮。

因此，威爾森指出，維護生物多樣性不只是為了拯救自然，也是為了拯救人類。我們必須認清人類身為物種之一的定位，並且決定今後如何繼續在地球上生存，以及如何與周遭的自然環境互動。

「失去賴以存在、演化的生物圈，人類就不會完整，」我到哈佛實驗室拜訪威爾森時，他這樣說。他還說，人類愈是以自身行為改變氣候和自然環境，

愈會失去維持地球物種平衡不可或缺的動植物、森林、河川、海洋與冰河。這些都是免費的天然資源，也帶給人類極大的福祉。這樣一來，我們必須花更大的力氣保持生態平衡。所有關注氣候變遷議題的人，都應該好好思考，人類是否真的擁有和大自然一樣的力量，是否真有能力掌控一切。

威爾森指出：「我們對自然環境造成的破壞愈嚴重，愈得設法取代大自然的力量，自行運用智慧來維持一切，而且片刻不能鬆懈……除非我們有本事把整個地球變成一個人類得以隨時操控的太空船，並且維持一切的生存條件，包括時時刻刻控制大氣的變化，否則我們最好讓一切回歸自然，回復到與萬物快樂共處、和平相伴的狀態。」

繼續無知的剝削大自然，跟鳥類摧毀自己的巢、狐狸破壞自己的洞穴、水獺敲毀自己的水壩沒有兩樣。我們不能繼續下去，還以為這麼做只會造成「局部」影響。現今，生物多樣性消失正帶來全球性的衝擊。正如國際保育組織倡導的觀念所言：「在彼處失去，在此處傷痛（Lost there, felt here）」。不要認為，現在造成的傷害，以後再彌補就好。

遲了，就來不及了。這是我們進入能源氣候年代後，對於生物多樣性必須有的認知。「延遲」，是上一代、上個時期、上個文明才享有的奢侈。意思是，從前，不論你什麼時候有空，想要像兒時一樣享受大自然，都能如願以償。你可以對著同樣的山水作畫、看見同樣的動物、大吃同樣的水果、爬同一棵樹、在同一條河裡抓魚、享受同樣的天氣，或者拯救同樣的瀕危動物。大自然似乎取之不盡、用之不竭。就算有危機發生，影響有限，或者還有轉圜餘地。進入能源氣候年代，由於物種滅絕與發展的速度不斷加快，我們的字典裡，將不再有「延遲」這兩個字。你真正有空，想回到童年盡情去享受大自然時，早已來不及。這些美好事物已經消逝無蹤，而你永遠沒有機會挽回。遲了，就來不及了。因此，不管想拯救什麼，最好現在就行動。

第七章

能源匱乏

現在，世界上有四分之三的人口使用化石燃料發電，

就已經造成如此劇烈的氣候變遷，

如果連剩下四分之一無電可用的人也加進來，會變成什麼樣子？

我們愈能降低太陽能、風力發電的成本，

並且讓窮人安全的取得這些科技，

不僅能消弭貧窮，還能阻止氣候變遷與空氣汙染。

一片漆黑的非洲

怎麼知道，非洲何時才真正有脫離貧窮的機會？我的判斷標準很簡單：看到安潔莉娜‧裘莉跟迦納的太陽能板合影，或參觀辛巴威的風力渦輪發電廠，就知道非洲有救了。近年來，由於裘莉等名人積極投入公益，世界開始正視非洲的苦難。他們特別關注貧窮與疾病的問題，也為非洲帶來迫切需要的救援物資與償債優惠。然而，非洲電力嚴重短缺的問題，幾乎沒有人注意到。只要看看全球的夜間衛星照片，就會發現驚人的結果：歐洲、美洲與亞洲燈火輝煌，非洲絕大部分地區卻是一片漆黑。

對抗愛滋病、淨水、保育森林、瘧疾防治與消弭貧窮的議題都有人倡導，但「能源匱乏」的問題卻乏人問津。這項議題似乎沒什麼吸引力，沒有國際公益團體發聲、沒有話題性、沒有布條或頭巾來為自己定位，也沒有名人加持。大家都不想為發電廠代言，因為無論在政治上或環保上，發電廠都是眾矢之的。更糟的是，籌資和興建發電廠曠日廢時，而且無法立即回收成本。

事實上，能源一直是非洲最不受重視的老問題。可是，我們不禁要問，沒有足夠的供電能源，非洲可能遠離貧窮、愛滋病、不乾淨的飲用水和瘧疾嗎？根據世界銀行統計，荷蘭一年的發電量是200億瓦，相當於撒哈拉沙漠以南、南非以外非洲國家一年發電量的總和。中國的發電量每兩星期增加10億瓦，也相當於撒哈拉沙漠以南、南非以外非洲國家一年增加的量。

即使各國供電量差距如此懸殊，能源匱乏的問題依然鮮少成為討論焦點。聯合國與世界各大發展組織在2000年提出的千禧年發展目標，甚至沒有納入普及電力這一項。這些發展目標包含在2015年前達成消除赤貧、普及國民教育等八項。但是，不先解決能源匱乏，如何消除貧窮？

「能源匱乏」（energy poverty）一詞，我最早是從太陽能電氣照明基金會（Solar Electric Light Fund, SELF.org）執行長佛瑞林（Robert Freling）口中聽到的。該基金會的主要任務是，為開發中國家的鄉村與偏遠地區提供太陽能電力和無

線通訊設備。取得能源是每個人的基本權利，就跟空氣和水一樣，佛瑞林主張，「可是，那些致力於解決發展問題的聰明人，卻經常忽略這一點。」

在現代，缺電問題或許令人難以置信。但據世界銀行估計，世界上大約有16億人沒有電，等於全球每四人就有一人無電可用。每晚，這16億人都在漆黑中度過。世界銀行統計指出，在撒哈拉沙漠以南、南非以外的非洲地區，有75%的家庭、約5億5千萬人沒有接上電網。在南亞的印度、巴基斯坦、孟加拉等地，則有7億人沒有接上電網，約占這些國家總人口的50%、鄉村人口的90%。國際能源總署預估，若現狀繼續維持，到2030年，依然有14億人無電可用。

生火煮食是缺電地區最常見的替代方法。然而，每年約有160萬人因為使用燃燒效率不高的爐具或鍋具，導致室內空氣不良而死亡。受害者多半是婦女及兒童。根據世界衛生組織的統計，利用生質能烹煮，已成為

> 只要看看全球的夜間衛星照片，就會發現驚人的結果：歐洲、美洲與亞洲燈火輝煌，非洲絕大部分地區卻一片漆黑。

排名在營養不良、不安全性行為和缺乏乾淨水與衛生之後的一大死因。

為什麼世界上還有那麼多地方有能源匱乏的問題？各個地方的原因不盡相同。某些地區是因為經濟成長飛快，加上人口爆炸，導致能源供不應求。在窮困國家，則由於石油與天然氣價格飆漲，迫使政府採取限電措施。還有一些地區是因為長年乾旱，使水力發電陷入癱瘓。

不過，能源短缺的國家都有一個共通點，就是公用事業經營不善，沒有能力籌措足夠的資金來興建及營運發電廠與輸電線。這些國家長期飽受政府無能或內戰之苦，或兩者皆是，而這兩項問題往往息息相關，在非洲更是如此。一個國家的政府要有能力、政局要穩定，才能規劃、籌資、興建和營運成本高昂的發電廠與輸電網（這些都是長期的建設計畫）。否則，大眾便無法享受長久的供電，甚至永遠無電可用。不過，即使是在政府有為、政局和平的國家，發

電計畫也經常停擺。有時候是因為政府不允許公用事業民營化、並收取可永續經營的合理價格，有時候則是淪為政治酬庸的工具或政治鬥爭的戰利品。事實上，現在非洲取得的償債優惠，主要是將停擺的發電建設貸款一筆勾銷，而停擺的原因多半是貪汙或管理不當。

南部非洲電力聯營網（Southern African Power Pool）是由非洲南端12個國家的電力公司組成的聯盟。集團經理穆沙巴（Lawrence Musaba）向《紐約時報》表示（2007年7月29日）：「我們一直缺乏發電和輸電所需的大量資金，而且無論公私部門都不願意投入。這樣的困境已持續15到20年之久。」這篇文章由我的同事懷恩斯（Michael Wines）撰寫。他提到，非洲人口第一大國奈及利亞的政府，在2007年4月公布的報告中指出，「國內79座電廠，只有19座能運轉……該國再生能源委員會表示，跟全盛時期相比，每日供電量掉了六成。停電造成的經濟損失一年高達10億美元。」

能源也是一種經濟商品，必須有良好的政府治理、健全的管理機構與有效的市場機制，消費者才能享受源源不絕的供電。少了可靠能源，生活各方面會受到負面影響。畢竟，能源是萬物運行的動力。

能源匱乏是所有問題的根源

佛瑞林解釋說：「對於村莊而言，缺乏能源，就無法定期抽取乾淨的用水、無法與外界通訊、成人識字班無法開課，學校也無法使用電腦或網路。」這只會更加深社會的不平等。「能源匱乏影響最大的是鄉村地區的婦女。主要原因是，她們每天都得走好幾英里的路去取飲用水和洗澡水，或者撿柴火。還在念小學的女孩常常課上到一半，就被叫去幫忙做這些日常粗活。」

佛瑞林說，除此之外，非洲村莊地區的婦女通常負責煮飯，所以她們也是室內空氣汙染最大的受害者。點煤油燈，或在通風不良的廚房裡生火，都是造成空氣汙染的原因。還有，如果學校沒有乾淨的水，許多非洲國家的青少女在月事來的時候，就只能選擇不去上課。沒有電，就沒有乾淨的水可用。

能源使用與國家生產毛額息息相關。沒有電網供電的工廠，必須仰賴成本較高、汙染較嚴重的備用發電機。根據世界銀行的統計，非洲製造業一年平均停電56天，營業額因此損失5%到6%。至於非正規的地下經濟，一年損失甚至可能高達20%。最近世界銀行一項研究發現，取得電力可以讓孟加拉鄉村的家庭收入增加20%，連帶使貧窮率下降15%。另一項研究引

> 能源也是一種經濟商品，必須有良好的政府治理、健全的管理機構與有效的市場機制，消費者才能享受源源不絕的供電。

用孟加拉的調查後指出，家裡有電可用的學童，閱讀時間多出達33%。

換句話說，開發中國家面臨的每項問題，都與能源短缺有關。教育的問題在於師資短缺與電力不足。撒哈拉沙漠以南非洲地區的醫療保健問題，在於醫師不足與藥物短缺，以及缺乏醫療設備和冷藏藥物所需的電力。印度鄉村地區的失業率高，主要因為缺乏人才與資金，也沒有足夠的能源供應工廠營運。孟加拉農業不振，主要因為種子、肥料與農地不足，以及缺乏抽取地下水所需的能源和電力設備。

佛瑞林總結說：「能源匱乏的影響遍及生活每個面向，也讓人類在二十一世紀脫離經濟貧窮的希望完全破滅。」

當然，鄉村與都市地區的窮苦人民，長久以來都是靠著有限的能源生存。他們燃燒木材和糞便、利用動物犁田，並且以水載舟。工業化國家電力普及後一百多年，窮人仍然仰賴傳統能源。必要時，也會採用石油和電池設備，或者使用臨時做成的電線設備接電來擴充能源。

然而，能源匱乏的問題今非昔比。在又熱、又平、又擠的世界，能源匱乏的衝擊更大、傷害更深。全球暖化時，如果無電可用，適應氣候變遷的能力將嚴重受限，甚至可能危及生命。世界變平後，如果無電可用，便無法使用電腦、手機或網路，而這些都是全球商務、教育、合作與創新的必備工具。世界日益

擁擠時，如果無電可用，不太可能有機會在鄉村出人頭地，於是你可能被迫搬到孟買、上海，拉哥斯等大城市討生活，居住在已經過度擁擠的貧民區。

現在，經濟成長更加取決於能源的有無。今日的能源帶來更豐富的知識，激發更驚人的潛力，也提供更多保障，所以，比起過去更能讓生活安定。能源匱乏不僅阻礙最弱勢的人向上發展，我們也因此錯失他們可能創造的寶貴貢獻。原因何在，我們來進一步檢視。

能源匱乏與暖化的世界

在全球暖化日益嚴重的世界，誰是最大的受害者？首當其衝的，是那些跟造成暖化最沒有關係的人，也就是最窮的人。他們沒有電、沒有車、沒有發電廠，更沒有會排放二氧化碳的工廠。一日靠不到兩塊錢美金生活的人口有24億，他們多半居住在鄉村，仰賴周遭的土地、森林與植物維生。

氣候變遷專家大多認為，全球均溫升高、風生成的頻率增加、蒸發速率加快、降雨量增加，確實會導致更極端的氣候型態：某些地區會降下更猛烈的暴雨；某些地區則會發生更嚴重、更長期的乾旱。對於能源匱乏的鄉村居民而言，惡劣的天氣絕對是一場夢魘。暴雨增強，土壤來不及吸收雨水，會使更多雨水流入大海。因此，土壤漸漸流失，蒸發速率也隨之更快。土地開始乾涸，引發野火的機率也提高了。

沒有電，要適應這些極端氣候，只會難上加難。由於過度開發、森林消失、人口爆炸與水質不穩定，許多鄉村貧苦地區早有供水吃緊的問題。如果氣候變遷導致這些地區乾旱加劇，就像非洲與南歐部分地區目前的情況，能源匱乏地區的人根本沒辦法像有電的人一樣長時間吹電扇、冷藏多一點食物和藥品，或者淨化水質。地下水位愈下降，窮人就更需要電力與燃料，才能從更深的井抽水。

海平面一旦大幅上升，居住在孟加拉等低窪地區的窮人，將被迫往內陸遷移。居住在高海拔地區的人，則更容易受到昆蟲傳染的疾病侵襲。原因是，在

非洲和拉丁美洲的高海拔地區，氣溫上升的速度比低地快，所以蚊子有機會把瘧疾帶到地勢更高的區域。氣溫如果持續升高，在這兩大洲內會多出好幾百萬人受瘧疾威脅。沒有能源，人民便無法藉由關窗開冷氣來躲避疫情。

就以非洲的盧安達為例。絕大部分的鄉村地區都沒有輸電網，而石油或柴油發電的成本又日益增加。沒有可靠的能源，不論能源是否潔淨、價格多少，盧安達的人民如何保存疫苗、提供淨水、開電風扇或經營診所，以長期改善醫療情況呢？

（能源匱乏地區的人等待取得供電之時，需要我們盡全力維護周遭的森林、珊瑚礁與其他自然棲息地。因為這些生態系可以幫助窮人在取得電力之前減緩惡劣的氣候變化。舉例來說，沿海的紅樹林能夠抵禦洪水與海水暴漲，保護低窪地區的居民。2004年南亞大海嘯時，珊瑚礁與紅樹林完好的地區，比被海濱飯店與養蝦池取代的地區，受到的衝擊要小。此外，當乾旱加劇、冰河縮小，導致水源減少時，高地森林能夠提供更穩定的水資源。生態保育甚至與瘧疾有關聯。近期研究顯示，森林消失的地區容易爆發瘧疾，因為樹木遭到砍伐留下的泥水池，正好成為病媒蚊的溫床。要適應氣候變遷，不僅得靠電力與防波堤，也得仰賴保育工作。）

> 在全球暖化日益嚴重的世界，首當其衝的，會是那些跟造成暖化最沒有關係的人，也就是最窮的人。

有電可用的人，也發覺氣候變遷使得供電量減少。2006年6月，我造訪祕魯，在印加聖谷地區（Sacred Valley of the Incas）認識了朗巴利（José Ignacio Lambarri）。他擁有一座占地60公頃的農場。雖然他沒有以「全球氣候異變」形容眼前的情景，卻敘述了這些現象。朗巴利告訴我，他這一生都在努力栽培巨型白玉米，用的種子有25分美元硬幣那麼大。這些巨型玉米有獨特的生長條件，必須在水質、溫度、土壤與陽光都配合得宜的情況下，才能成功培育出來，主要外銷西班牙與日本。可是，近年來，他開始注意到一些變化：「水位

開始下降，氣溫漸漸升高。」結果，玉米種子長得不像往年一樣大，新的害蟲出現，自古印加時期就存在的梯田，也開始缺乏灌溉水源。他還發現，山上那條從小就有的雪線正在後退。他說：「我告訴我太太，山上的雪全部消失的那一天，我們就要搬出山谷。」

世界各地的農人都和朗巴利一樣，必須仰賴冰河融水灌溉農地和維持水力發電水壩的運作。然而，隨著氣溫上升、冬季縮短，冰河的融雪量漸漸減少。水荒開始引發衝突。朗巴利告訴我，他和其他農人每年都會開會決定如何分配水資源。現在，「開會氣氛一年比一年火爆，因為土地一樣多，但可以分配的水卻變少了。」

我跟物理學家兼氣候專家羅姆提到這件事時，他回答我：「英文的對手『rival』這個字，最早是指使用同一條河的人。你去查查字典。」我查了。《韋氏大字典》的解釋是：「拉丁文rivalis原意：與另外一人共用河流的人。」

如果全球暖化真的朝預測的方向發展，這個世界將多出很多「對手」。

能源匱乏與平的世界

五十年前，如果你是住在開發中國家的窮人，又無電可用，你絕對是弱勢。可是，即便你的生活跟已開發國家的人差距甚遠，卻不至於無法彌補。你一樣可以用紙、筆寫信，再走到郵局寄信，還可以到圖書館閱讀紙本書。只不過，可能得走上50英里才能到達這些地方。五十年前，美國中下階層的人可能同樣得走路或騎自行車去圖書館和郵局，但距離約只有一、兩英里。不論如何，只要能夠到達，取得書籍和信紙都不是問題。

換句話說，落差確實存在，差距也頗大，但不是無法彌補。時至今日，沒有電，就不能使用電腦、網際網路、Google、Hotmail，或任何形式的電子郵件及電子商務。這樣一來，你也無法在網路上搜尋各大圖書館、比價購物和收發電子郵件，也無法動動滑鼠、利用電腦的剪貼功能寫封信或寫本書，或擬定企畫案。也就是說，在平的世界裡，大家用來相互競爭、彼此連結與協同合作的基

本工具，你都沒有機會使用。因此，在平的世界裡，由於無電可用所造成的發展差距，已經不是逐漸增加，而是呈指數成長。

許多專家學者也許早已觀察到這個現象。我則是在2007年10月，到印度中部的海德拉巴市去參觀一個偏遠村落時，才無意中發現。那次，我主要是去拜訪印度前幾大科技公司薩蒂揚（Satyam）的創辦人兼董事長拉主（Ramalinga Raju）。他還共同創辦了在印度數一數二的慈善基金會——畢拉主基金會（Byrraju）。該基金會致力於協助印度鄉

> 在平的世界裡，由於無電可用所造成的發展差距，已經不是逐漸增加，而是呈指數成長。

村消弭貧窮。拉主與弟弟拉瑪安排我去探訪位於安得拉邦（Andhra Pradesh）東北部的幾個村落，距離海德拉巴約350英里。這些村落不過是世界的一小角，卻讓我一窺全球的能源匱乏問題。

來到玻塔卡拉帕利村（Podagatlapalli），第一件事是接受印度傳統的洗禮：以黃色花瓣沐浴，接著在前額點上紅點。匆匆用完午餐後，他們帶我去參觀畢拉主基金會資助的新診所，也是當地絕無僅有的一間。進入診所的小房間後，映入眼簾的情景讓我非常驚訝。裡面有位老人躺在手術台上，身上只穿了一條內褲。他的皮膚黝黑，胸前與手臂都有濃密的銀白毛髮，身上連接了一台心電圖機。在老人與電視設備中間，有位穿著白色制服的護士兼技術員正在操作心電圖監測器。電視螢幕上有一位心臟專科醫師。他人正在南方的班加羅爾（Bangalore）某間醫院裡，距離此地約500英里遠。醫師透過衛星連線觀察心電圖，然後準備判讀結果和進行診斷。

「太了不起了，」我心想，「遠距醫療絕對是最先進的資訊科技革命。世界真的是平的！」

可是，當我朝房間的右邊角落一望，立刻被拉回現實。整個遠距醫療過程所使用的心電圖機和電視設備，竟然是用糾纏不清的電線接到16顆汽車電池上

來提供電力。為什麼會這樣？因為，在印度，沒有輸電網的村落占了總人口的
70%。這顯然是最糟糕的能源科技革命。

世界必須又平又環保

我所撰寫的《世界是平的》一書中，有一章稱為〈對許多人來說，世界一
點都不平〉（The Unflat World）。我注意到，雖然科技的力量正在抹平全球經濟
的競爭市場，卻不完全。許多人依然無法與日益平坦的全球平台接軌。我還發
現，以下這項願景一天比一天難實現：讓愈來愈多一天靠2塊美金生活的人，買
得起有網路功能的手機，或者能使用價格100元美金的電腦。在今日的印度，行
動電話每月增加700萬個新用戶。至2008年初，印度11億人口中，行動電話的總
用戶人數是2億人。未來，通訊設備的價格還會往下降，所以我才認為世界依然
正在快速的「變平」。

世界正在變平是事實。然而，我也體認到，無論這些通訊設備有多便宜，
唯有當世界變得又平又環保，也就是能以充足、潔淨、可靠又便宜的電力來普
及通訊，金字塔底層的人才能真正與世界接軌。

為什麼世界變平和環保必須兼顧呢？對於全球而言至關重要的一點是，開
發中國家的能源發展，必須像過去電話的發展一樣大躍進，超越已開發國家的
速度。許多開發中國家沒有經歷地上通信線與電話線桿的發展，就直接從沒有
電話跳到行動電話。我們必須期望，那16億無電可用的人口，能夠從沒有輸電
網的狀態，直接跳到使用太陽能或風力發電等分散式的綠色能源，不要在發展
中途採用集中式的燃煤火力發電。

當然，短期之內，非洲與南亞地區還是必須仰賴一定數量的集中式燃煤電
力。環保的替代能源目前還無法達到一定的規模。不過，現在這16億無電可用
的人口，要是完全仰賴燃煤、天然氣或石油發電，對氣候與環境將造成毀滅性
的衝擊。現在世界只有四分之三的人口使用化石燃料發電，就已經造成如此劇
烈的氣候變遷，如果連剩下的四分之一也加進來，會變成什麼樣子？因此，我

們迫切需要發展充足、潔淨、可靠又便宜的電力，而且愈快愈好。太陽能、風力或甚至核能發電的成本要是能降得更低，並且讓窮人安全的取得這些科技，我們就愈能在改善能源匱乏的同時，也阻止氣候變遷與空氣汙染。

2008年1月，我女兒娜妲莉趁著大學寒假期間，到辛巴威布拉瓦約市（Bulawayo）一間社區活動中心實習，幫助當地的愛滋遺孤和愛滋病童。這期間，她幾乎很少跟我們聯絡，因為她工作的日間照護中心經常斷電，根本無法使用電腦和電話。辛巴威仰賴南非輸送一部分電力，而

> 唯有當世界變得又平又環保，也就是能以充足、潔淨、可靠又便宜的電力，來普及通訊，金字塔底層的人才能真正與世界接軌。

南非當地的供電一直非常吃緊。CNN.com上的一則南非報導指出（2008年1月29日）：「南非頻頻斷電，政府是否還能達到年經濟成長6%的目標，實在令人質疑。斷電問題也使南非更無力對抗25%的高失業率。」這一點都不令人意外。電腦不能開機，手機不能充電，就跟擺在桌上的紙鎮沒兩樣。紙筆和信鴿可能還比較有用。

在平的世界裡，缺乏可靠的電力會失去更多；相反的，得到則會帶來更多好處。這不僅攸關個人發展，對全球發展也具有潛在影響。這是我從世界另一個角落窺知的現象，地點是畢拉主基金會贊助成立的一間小學，同樣位於玻塔卡拉帕利村。這間小學以水泥砌成，結構簡陋。不過，我去探訪的教室倒是擠滿了印度的孩子。他們正在輪流操作四台色彩鮮豔的兒童專用電腦學習站。這些學習機是由小頑童（Little Tikes）與IBM兩家公司共同生產，裡面搭載互動式的兒童早期智力開發軟體。電腦學習站是由藍色的塑膠製成，中間有一台觸控式螢幕，主要用途是推廣偏遠地區兒童的學習，因為這些地區非常缺乏合格的閱讀和寫作的教師。

我對其中兩位孩子印象最為深刻。一位是穿著藍色短褲的小男生，另一位

是穿著白色洋裝的小女生。他們兩個擠在學習機的長方形座位上，聽著耳機裡的指示在互動式螢幕上操作。耳機是大人的尺寸，戴在兩個小朋友頭上顯得特別巨大，好像兩頂安全帽。可是，他們完全不以為意，只是全神貫注的操作電腦，臉上顯露出的求知慾望，是那麼強烈。

回程途中，我一直掛念那兩個孩子。腦中頻頻浮現的想法是，這些孩子很可能就是下一個愛迪生、明日的居禮夫人、未來的萊德 ❶，或是前印度總統與首位火箭科學家卡蘭（A.P.J. Abdul Kalam）。可是，如果沒有可靠的能源科技，來支援他們目前唾手可得的資訊科技，這些可能就不會成真。

「讓鄉下學校的教室有電腦可用，並且幫助他們以無線網路與世界連結，帶來的影響十分深遠，」佛瑞林表示。「一有新的遠距教學課程，師生都會非常興奮。有了網路之後，交友變得無國界，也能分享音樂與舞蹈。因此，即使網路讓世界變小了，反而更加強化文化多元性。」

新的能源科技讓夢想成真

要解決發展中國家偏遠地區的貧窮問題，不需地上通信線與電話線桿的無線通訊，與不需電線和電線桿的分散式能源，比任何創新科技都有用。2000年，太陽能電氣照明基金會發起一項計畫，打算在南非打造第一間使用太陽能發電的高中。這間麥耶卡高中（Myeka High School）位於千山之谷（Valley of a Thousand Hills），距離德班市（Durban）約兩小時車程。他們在這間高中設置一座太陽能發電系統，供應一間電腦教室與網路衛星接收器的用電。之後，基金會邀請學生參加一場由國際太陽能學會（International Solar Energy Society）贊助的作文比賽，題目是「太陽能帶來的影響」。冠軍由十一年級的迪洛摩（Samatha Dlomo）奪得。她的作文如下：

---

❶萊德（Sally Ride）是美國第一位女太空人。

　　我今年十六歲，在偏遠地區已經住了十四年。過去這些年來，我都靠蠟燭的微弱光線讀書和做功課。黑板是我們學校最主要的教具。學校開始裝設太陽能板時，我完全不知道那是做什麼用的。幾個月之後，我們收到一台投影機。從那時起，我們有了嶄新的校園生活。後來收到的設備還有：20台電腦、2台電視和1台錄影機。最近，我們開始透過衛星連上校園學習頻道與網際網路。現在，我們的學習都以研究為導向。這意思是，我們上課的時候會使用學習單，並且盡量利用網路查找資訊。過去，我們大部分的時間都花在抄黑板上的重點。千禧年的時候，學校立下一個新願景：到2005年，要培育出能夠進入科學、科技、工程、醫學等領域工作的學生。幾年前，這只是個遙不可及的夢想。

　　想像一下，如果我們能夠運用世上最窮困的人民的創造力與創新能力，會有什麼結果？試想，如果提供他們所需的工具和能源，讓他們有能力與世界競爭、連結和合作，會有什麼結果？這必定會引爆一波前所未見的創新成長，而且範圍遍及科技與人文藝術領域。充足、乾淨、可靠又便宜的電力，將「創造出全球首見真正公平的競爭舞台，」矽谷科技研究智庫、史丹佛國際研究中心（SRI International）執行長卡爾森（Curt Carlson）指出。這將會「激發更多創新的力量。他們將會與我們攜手，一起突破目前在醫療、教育與能源上的困境。要解決問題，必須結合由下而上與由上而下的力量。」

　　電資系統公司的未來趨勢專家威克經常比喻說，創新者就是能夠利用99%已知，創造1%未知的人。不知道或無法獲得那99%的已知，就失去了創造1%未知的基礎。充其量，只能在99%的已知範圍內再創造。只要提供電力給16億無電的人口，抹平這個不平的世界，我們就能讓這群人的智慧與99%的已知連結，促使更多人加入創造1%未知的行列。「到那時，創新將無所不在，」威克表示。

　　《經濟學人》形容這是「群眾創新的時代」（the age of mass innovation）。如同記者維迪斯瓦倫（Vijay Vaitheeswaran）在文章中所言（2007年10月11日）：

歷史上的創新，似乎都由菁英主導，但仔細深究就會發現，社會大眾一直在默默貢獻一己之力。在《向上提升的文化：科技與西方千禧年》（*A Culture of Improvement: Technology and the Western Millennium*）一書中，作者弗里德爾（Robert Friedel）指出，來自社會各階層人民的力量如何一點一滴、積沙成塔，創造出今日後現代、後工業社會的驚人發展。試想，如果企業與國家能夠充分運用分散於各處的創造力，會產生多麼大的提升力量。在群眾創新的時代，甚至能夠用可以獲利的方法解決二十一世紀最迫切的需求，包括永續的綠色能源、可負擔且普及的老人醫療照護，以及全新的產業發展。世界上最後一項能夠取之不盡、用之不竭的自然資源，就是人類的智慧。

能源匱乏與擁擠的世界

有了能源，不僅暖化不再那麼難以忍受，平的世界更公平，人口擁擠的狀況也能舒緩。印度安得拉邦的伊薩柯塔村（Ethakota）帶給我更深刻的啟發。為全球各大企業提供後端作業與外包服務的薩蒂揚公司，在當地設置了一間遠端資料中心。自2006年起，薩蒂揚陸續將簡單的外包業務，從海德拉巴總部移至伊薩柯塔村的資料中心。120位擁有大學學歷的村民，就在一大片香蕉園與棕櫚樹林環繞下接受薩蒂揚訓練，並利用無線網路與世界連結。他們為一家英國雜誌社處理資料，還為印度一家電信公司提供客戶服務。這間資料中心採兩班制，每班八小時。要不是當地一天停電六小時，他們其實可以採三班制。

當我訪問資料中心的員工時，發現了一件出乎意料的事。事實上，有些員工原本就在伊薩柯塔村出生，後來搬到印度的大城市討生活。現在，他們又選擇回到老家，因為這裡雖然薪資低，生活卻充實、平靜。只要供電無虞，在薩蒂揚的資料中心，他們得以在地生活、全球行動。

瓦瑪（Suresh Varma）是一位資料管理師，今年三十歲，原本在海德拉巴替一家美國石油公司工作，後來決定回到這片林木蒼鬱的土地，這裡也是他父母的老家。這簡直像從矽谷搬到真正的山谷一樣。他解釋說：「我在這裡的生活

品質比印度任何大城市都要好……都市就是個水泥叢林，大部分時間都浪費在塞車和交通上。在這裡，你只要走路上班就行了……我在這裡一樣可以掌握其他城市的脈動，同時兼顧我的專業志向。」

現在，都市的外包中心24小時營運，而且員工離職率相當高，鄉村則完全不同。「在村莊裡，沒有人會離職，」畢拉主基金會的理事長買可伯（Verghese Jacob）說。基金會計畫將資料處理中心的經營權，逐漸移交給鄉村地區的人民。「他們很有創新能力，也非常積極。有些人從來沒有使用過電腦，所以比起都市長大的孩子，他們更懂得珍惜機會。」

如果這些發展能夠擴大規模，可以紓解印度大城市過度擁擠的問題。像孟買（1,900萬人）與加爾各答（1,500萬人）這兩大城市，人口基本上已經飽和了。愈來愈多人擠在都市的狹小空間生活，因而造成的社會與環境問題，已經嚴重威脅到社會底層人民的生活。

用綠色能源平衡在地化與全球化

促進鄉村發展，是唯一的解決辦法。買可伯估計，在印度鄉村，一間外包中心可以創造相當於400公頃農地的就業機會與收入。也就是說，在鄉村設立這些知識服務中心，等於打造更多片農田，可以增加好幾百個就業機會。這樣一來，年輕人在鄉村反而比在都市更有出路。不過，這些發展的必要條件是，要有充足、乾淨、可靠又便宜的電力，以及網路和電話連結。有了通訊連結，村民便能取得最先進的農業技術資訊與最新的市場價格，幫助他們提高農產品的價值。有了網路，鄉村的藝術家也能上傳地方藝術與手工藝品的照片，直接向全球市場行銷。

在印度與中國，人民離鄉背井或舉家搬遷到擁擠的大城市，不是因為喜愛都市生活，而是因為那裡才有工作機會。一直以來都是如此。不過，如果我們能夠像薩蒂揚一樣，把能源、教育、通訊與資金一併帶到鄉村，情況就會改善。村落需要這些資源才能永續發展，而永續的村落愈多愈好。一座村落發展

起來，不僅可以造福多數窮人，也有助於平衡全球發展。要促進村落發展，必須賦與當地人民在地生活、全球行動的能力，也要提供發展的機會與途徑。要賦與他們這些能力，電力是必要條件。

「有史以來，我們第一次有機會在全球化與在地化之間取得平衡，」布盧默能源公司（Bloom Energy）的印度籍共同創辦人兼執行長史歷哈（K. R. Sridhar）說。世界各地的窮人，如果能擁有與世界連結的工具和技能，也有充足、潔淨的能源支援這些連結，並因此不再認為非去大城市的工廠當作業員、開計程車或幫傭才能生存，「就能從全球化與在地化的發展中，獲得最大利益，」史歷哈表示。

世界上最後一項能夠取之不盡、用之不竭的自然資源，就是人類的智慧。

他們可以繼續享受鄉間的美好，保留在地的傳統、食物和穿著，並且維繫家庭情感，同時也能賺取收入，打造更好的未來。鄉村人民的生活品質提升，婦女的生育率也會降低，進而減輕人口成長的壓力。

「在地化與全球化一旦達到平衡，真正人性化的時代也將隨之誕生，」史歷哈主張。「保持立足家園、放眼全球的原則，你就能腳踏實地的朝夢想邁進。」這樣，每個人都能充分發揮潛力。然而，唯有兼顧資訊科技與能源科技的發展，使世界變平、變綠，這項願景才能成真。也唯有如此，全球的人民與資源才能均衡分布、緊密相連。史歷哈說，只要達到這個目標，「全世界將煥然一新。」

第八章

啟動綠能，才能從地獄到天堂

人類目前遭逢的五大關鍵難題，其實正是大好機會的偽裝。

綠色經濟將成為所有市場之母，

是企業及國家千載難逢的最佳經濟投資及成長機會。

在能源氣候年代，一個國家若擁有設計、創造並輸出綠色能源科技的能力，

就擁有無往不利的力量。

啟動綠能，掌握新契機，是人類及地球永續發展的唯一解藥。

我們還有足夠的時間，只要能從現在做起。

　　——達特茅斯學院（Dartmouth College）已故環保學者米道斯（Dana Meadows）

2006年，我應史丹佛大學的一個關心能源與環境議題的學生團體之邀，到該校演講，主題為綠色創新。當我在後台踱步時，校長漢尼斯（John Hennessey）照例做了開場白，並對當天的主題提出他自己的看法。他認為人類今日所面臨的能源氣候的挑戰，適足以詮釋「共同使命」❶ 創辦人、美國前教育部長加納（John Gardner）提出的觀點——這些挑戰，其實只是「許多大好機會偽裝成無解難題」。

我喜歡這種說法——許多大好機會偽裝成無解難題。簡單一句話，卻充分掌握了我們面對未來應有的態度。

現在就必須付出代價

在本書前半部，我描述了能源氣候年代呈現出來的看似無解的問題：能源供需失衡、產油國獨裁、失控的氣候變遷、能源匱乏，以及生物多樣性消失等，這些問題將會決定人類未來生活及地球的面貌。在本書後半部，我會試著說明，對任何挺身面對這些挑戰的國家而言，解決這些問題其實也蘊含了絕佳的機會。

為什麼說是機會？道理很簡單，因為人類再也不能用以石油為燃料的系統，繼續追求經濟成長了；這套系統從工業革命演變至今，已經把我們猛然推入能源氣候年代。如果我們繼續走老路，那麼地球的氣候、森林、河流、海洋及生態系，都會受到愈來愈多的破壞。所以，我們需要建立一套新的綠色能源系統（Clean Energy System），繼續推動經濟發展，在不以掠奪地球為代價的前提下，使更多人脫離貧窮。因此，發明並推動綠能科技最有成效的國家、社群和公司，就會在明日的全球經濟中擁有最重要的地位。因為在一個又熱、又平、又擠的世界裡，所有的能源、水、土地、自然資源，都幾乎耗用殆盡，每個人

---

❶共同使命（Common Cause）是一個無黨派、非營利的遊說團體。這個組織協助美國公民在政治程序中發聲，也讓民選的領導者更能夠對公眾利益負責。

終究都會被迫為他們所耗用的能源、所導致的氣候變遷、所喪失的生物多樣性、所資助的產油國獨裁、所造成的能源匱乏，而付出真正的代價。

你再也不能用子孫的信用卡來償付這些代價了。協助企業從環保創意中獲利的綠色秩序（GreenOrder）策略公司執行長夏比洛（Andrew Shapiro）認為，無論是大自然、國際社會、你的社區、你的顧客、你的鄰居、你的孩子或你的員工，都會要求你、你的公司或你的國家，為你或他們所生產及消耗的東西，支付「身為物主的所有代價」。這個代價將包括「短期或長期、直接或間接、看得見或看不見、經濟上、社會上、地緣政治上，以及環境上的一切代價」。

為什麼我很確定將來大家必須付出代價？有兩個理由。第一，因為我們已經越過了有關能源供需失衡、產油國獨裁、失控的氣候變遷、能源匱乏，以及生物多樣性消失等各方面的引爆點。已經沒有任何緩衝的餘地，沒有任何退路；再也沒有可傾倒垃圾的綠地、可濫捕魚類

> 已經沒有任何緩衝的餘地，沒有任何退路；再也沒有可傾倒垃圾的綠地、可濫捕魚類的海洋、可無止境砍伐的森林了。

的海洋、可無止境砍伐的森林了。我們的生活方式對地球氣候和生物多樣性所造成的影響，已經到了再也無法歸咎於各種外在因素或可以置之不理的地步。我們的環境存款帳戶被提領一空。如今面對的不是現在或以後付出代價的問題，而是如果現在不付代價，就不會有以後了。

我確定人類必須付出代價的第二個理由，是因為這些事情的真正代價，已經變得明顯可見、可衡量、可預估，而且無從逃避。在這個抹平的世界裡，每個人都看得到別人在幹什麼，所作所為形成什麼樣的傷害。因此，在未來，無論你生產或消耗了什麼東西，都不可能再逃避應支付的所有代價。就像次級房貸一樣，「次級星球」（subprime planet）的日子已經過去了，在這樣的星球裡，不必付錢就能擁有，利息可以很久以後再付，而真正的代價卻是潛伏的，或打

散成極小的碎片擴散到四面八方，以致沒人知道究竟誰付出了什麼。

綠色經濟是市場之母

總而言之，這意謂著在能源氣候年代，「綠色」不再是一種時尚，一種菁英主張，一種希望十年後可付清費用的善行，而是你生長、創造、設計、製造、工作及生活的方式。正如夏比洛所言，「因為這麼做真的比較好。」當一切真實代價都算在內之後，綠色變成了最聰明、最有效率、成本最低的做事方式。這是我們即將目睹的巨大轉變。綠色將從菁英主張變成較佳方式，從選擇品變成必需品，從一時流行變成致勝策略，從棘手難題變成絕佳機會。

這是為什麼我相信，展望未來五十年，研發綠色能源和提升能源效率科技的能力，將決定一個國家的經濟地位、環境健康、能源保障及國家安全。一個國家若擁有設計、創造及輸出綠色科技的能力，以生產潔淨的電力、水、空氣，以及健康充足的食物，那麼在能源氣候年代，將成為這個國家無往不利的力量——並非唯一的力量，但可與電腦、晶片、資訊科技、飛機和坦克等力量分庭抗禮。

有些國家已預見了這個趨勢，其他國家也很快就會瞭解，最後所有國家都會看得很清楚。雖然我希望所有國家都能盡早認清情勢，但身為美國人，我想確定自己的國家能走在前面。

「綠色經濟如今是所有市場之母，是畢生難逢的經濟投資機會，因為它已經變得非常根本。」根據美國派傑（Piper Jaffray）投資公司另類投資執行理事康姆（Lois Quam）的觀察，「地球暖化的挑戰，帶來前所未見的最佳投資及成長機會。想找出任何可以比擬的經濟轉型，唯有回溯到工業革命時代。工業革命之前與之後，經濟面貌迥然不同。在工業革命之後，每件事情都不一樣了：產業興衰交迭，公民社會變遷，新社會機構誕生，工作及日常生活的各層面也截然不同。隨之興起的是全球新強權。這次的綠能科技轉型，也將是歷史上類似的轉捩時刻。」康姆表示，如果把改良生產工具的既有產業及新興的再生產業

加在一起，美國大約已經有800萬個綠色工作機會。而這只是開始而已。

由於以上種種原因，這已經不再是祖父時代的綠色環保運動了。它是綠色行動，攸關國力。如今美國或任何國家為綠化所做的每一件事，都能使自己在未來變得更強大、更健康、更安全、更有創意、更有競爭力、更受人尊敬。還有什麼比這個更愛國、更符合資本主義、更具有地緣戰略？

綠是新的愛國主義

這正是為什麼我會說，綠是新的愛國主義：因為環保是一種策略，有助於延緩氣候變遷、生物多樣性消失、能源匱乏、產油國獨裁、能源供需失衡等諸多問題，同時也能讓美國變得更強大。美國能幫助世界解決問題，也就解決了自己的問題。美國能解決自己的問題，也就幫助世界解決了問題。

隨著訴求對象的不同，我可以強調不同的主題，但道理都是相輔相成的。面對環保人士時，我會說：「讓我們把美國變成全世界最綠的國家，變成減緩氣候變遷、生產潔淨動力、保護生物多樣性方面最具領導地位的國家。當我們這麼做，就會讓美國成為一個更強大的國家。」面對保守派人士，我則說：「讓我們大力提倡綠色能源，使美國在能源氣候年代成為最強大的國家。當我們這麼做，就能幫助全世界減緩目前高爾（Al Gore）所談論的那些事情。」

但是，這也是為什麼每當我聽到美國人說，「我們怎麼禁得起讓經濟大轉型，以防止氣候變遷？如果最後發現氣候變遷不過是場惡作劇，或只是一時流行，我們卻誤用了所有資金，那怎麼辦？」我的答案總是一樣：如果氣候變遷是場惡作劇，那麼它會是美國所遭遇過最美妙的惡作劇。因為如果能把美國的經濟變成綠色能源及提升能源效率的經濟，以紓解能源氣候年代的全球暖化及其他挑戰，那麼這就像接受奧運的鐵人三項運動訓練一樣：如果你獲選參加奧運，獲勝的機會將大大提高，因為你的每塊肌肉都已受到鍛鍊。如果沒有參加奧運，你仍會因此變得更健壯、身材更好、更長壽，贏得人生中其他每一場比賽。因為接受鐵人三項運動訓練，不只鍛鍊一種肌肉或一種運動技能，它們會

相輔相成，進而促進整個身體系統的健康。

康姆補充說，最重要的是，完成一場真正的經濟革命，亦即邁向綠色行動，是一種「典型的美國式商機」。因為它需要用到美國所有的優勢：它需要做大量的實驗，這種實驗只有在美國的尖端學術研究大學或國家實驗室才看得到；它需要很多不怕嘗試、冒險、失敗，之後還會東山再起的創業公司，也需要很多創投專家準備為大獲利投下大賭注；它需要商界、政界、學界之間高度合作和整合；它需要成千上萬人在自家車庫裡搞創意，作無數新的嘗試。此外，最重要的是，這是一種大獲利、大目標的國家計畫，不僅要使國家變得更富有，還要讓全世界變得更美好。

> 綠色將從菁英主張變成較佳方式，從選擇品變成必需品，從一時流行變成致勝策略，從棘手難題變成絕佳機會。

即使最後證實關心氣候變遷的人錯了，美國還是調整了方向，生產潔淨的電力和最節能的汽車、家電、建築物，使美國在保護熱帶雨林及自然棲息地方面，成為全球領袖，最壞的狀況會是什麼？美國因此擁有較乾淨的空氣和水，比較節能的產品，更多勞工在未來全球最大的產業中受過訓練，能源價格提高但支出減少，生產力提高，人民變得更健康，擁有綠能產品的出口業，讓世界各地的人競相購買；更別提還贏得世人更多的尊敬。此外，我們不再因為人類無法創造出更豐富的資源，而必須爭奪每一樣匱乏的東西。在一個又熱、又平、又擠的世界裡，匱乏的東西將會變得非常多。

反之，如果懷疑並否認氣候變遷的人聲稱氣候變遷是一場惡作劇，結果他們錯了，可是我們卻聽了他們的話，什麼都沒做，那會發生什麼情況？我們的未來會充滿旱災、水災、冰河溶解、海平面上升、資源爭戰、世界各地沿海區大量崩解，正如環保顧問華森說的：「人類自己將成為地球上生物實驗的犧牲品。」

簡言之，這正是為什麼我認為不僅需要重新定義環保，也需要重新調整美國在綠色行動方面的計畫，如此能讓美國變得更強，而且，藉由提供更多選擇，也能讓美國人在即將來臨的新時代變得更自由。

美國應該發揮影響力

不過，原因尚不止於此。美國人還有道德上的責任：因為全世界的資源中，美國的人均消耗量最大。因為美國比任何國家擁有更多發展創新的資源；因為在這個星球上，美國比任何國家更具有影響眾人的地位；因為提供世上更多人所需的綠能工具，與美國拓展全球自由的使命，完全不謀而合。

正因為美國的資本體系和研究型大學兩者結合起來，仍然是全世界推動創意最有力量的引擎，所以如果少了美國及其總統、政府、產業、市場、人民的領導或提倡，世界就無法以快速且大規模的方式，有效解決能源氣候年代的種種重大問題。加州已經證明，僅僅一個州，就能透過創新和法規，大幅降低人均能源消耗量，對其他49州產生了極大的影響。美國之於世界，必須像加州之於美國一樣。

關於這一點，我很驚訝的發現，其他國家的人常常比美國人看得更清楚。我在2007年的印度之行中，曾和薩蒂揚公司創辦人、印度最活躍的企業領袖之一拉主，就這方面長談。他認為，想在綠色能源和提升能源效率方面發展出蛻變性的突破，沒有任何國家的制度趕得上美國，「美國仍高踞科技上最卓越的地位，目前仍是我們所能想像的最佳建築師。」他接著說，美國的任務是要在潔淨的新綠色科技上作最前端的重大投資，就像美國在個人電腦、光碟、iPod上扮演的角色一樣，然後利用印度的低成本服務經濟，以及中國的製造平台，迅速把這些科技的成本降低到「中印價格」（Chindia price），讓中國和印度都買得起。

然而，如果美國沒有抓住這個機會，「最後印度、中國和其他國家就會這麼做，」拉主表示。他們的解決方法不會是最好的，因為他們沒有最尖端的科

學和科技知識做後盾，他們也不會迅速大規模化，不過絕對聊勝於無。「少了最佳建築師，砌磚工和水泥工會學著自己做設計。房子會花上四年而不是兩年就蓋好，可能會犯較多錯，可用資金也會比較少。可是最後房子會蓋起來，而且一旦他們開始動手，複製的過程就會每六個月發生一次。美國的任務是，在潔淨的新綠色科技上作最前端的重大投資，然後利用印度的低成本服務經濟，以及中國的製造平台，把成本降低到「中印價格」。

次。美國將只有旁觀的份。美國會被排除在蓋房子的行列之外，也無法獲得作為建築師所衍生的最大利益。但如果美國肯帶頭，全世界都會擠在它的櫃檯前排隊。」

美國人需要提供世界的不只是科技創新而已。美國也是保護自然資源的改革者，可以向全世界提倡這種價值觀。一百多年前，美國人發明了國家公園制度，如今全世界都競相仿效這個構想。過去三十年來，美國的援外計畫已幫助了從巴西到印尼等許多開發中國家，讓它們能保護自己的森林、綠地、珊瑚礁及瀕危物種。這些計畫不僅能幫助其他國家以合理的方式成長，更激發了美國最可貴的精神，把最美好的一面呈現在世人面前。

如果美國在發展綠能科技和促進環保方面，能成為世界領袖，那麼一定可以帶領全世界邁向這個方向。這聽起來可能有點老套，或帶點侵略主義的味道，但我不是這個意思。我只是想強調一個觀點：少了美國的領導，世界上發生了很多大規模的壞事，而且也不會發生什麼大規模的好事——無論是打擊納粹和法西斯主義，或是對抗共產極權及二次大戰後重建歐洲。

如今，全世界都在等待美國在能源氣候問題上扮演領導者的角色。雖然我並不反對〈京都議定書〉這樣的全球氣候協定，但我認為，期待那些協定能發揮其擁護者所預期的效果，希望非常渺茫。因為不僅讓所有簽約國遵守協定，是一種無止境的挑戰，就連一開始要他們同意某項協定，也非常困難。

綠化美國，就能綠化全地球

　　我寧願美國人把力氣花在創造一種美國模式上，迫使其他國家自動效法。我深信如果美國能成為楷模，帶頭發展綠色能源、提升能源效率，以及保護環境的制度，而且變得更有生產力、更健康、更受世人尊敬、更有競爭力、更有創意、更有安全保障，那麼一定會有更多國家及人群爭相仿效，遠比透過一些全球協定逼使大家走綠色路線更有效。一個真正綠化的美國遠比五十個〈京都議定書〉更有價值，因為競相爭先永遠比強迫奉行更有效果。

　　套用阿基米德的句子：給我一個綠化的美國，我就能綠化整個地球。

　　近年來，美國人忘了，即使世界各地那麼多人批評美國，它仍然是受世人追隨的楷模，而且當美國不再引領風騷或樹立負面榜樣時，整個世界也會感受到影響。正如英國E2環保企業（Environmental Entrepreneurs）集團的布爾克指明，是尼克森政府的「國家環境保護法案」（National Environmental Protection Act）提出，在威脅環境的大型計畫進行之前，要先做「環境影響評估報告書」的觀念。布爾克說：「當時歐洲每個國家馬上跟進，現在則全世界都在效法。」

　　不妨聽聽法國總統薩柯奇的看法。2007年11月，他首次到美國華盛頓做官方拜訪。我必須在早餐記者會上問他一個問題，於是我問：「如果美國在減緩氣候變遷上成為世界領袖，而不落人後，會產生什麼影響？」薩柯奇開始談到他對美國文化的熱愛，「我從小到大都聽貓王的歌……從小到大都看美國電影……美國創造了前所未有的經濟成就、前所未有的民主成就……我永遠都會熱愛美國。所以當我看到人人憎恨美國時，真的感到很痛苦。」所以當美國在氣候變遷等全球重大議題上不肯帶頭時，薩柯奇說：「我心想，美國夢在哪裡？出了什麼事？它到哪裡去了？你們在八大工業國（G8）高峰會❷這種全球會議

---

❷八大工業國組織成員為法國、美國、英國、德國、日本、義大利、加拿大和俄羅斯，與會國在政治、經濟、軍事等各方面交流意見。

上遭人噓聲。如今的情況就是如此。你們鄰近兩個海洋，所以海平面上升時你們會首當其衝。你們應該做世界的榜樣，應該在環保之戰中一馬當先……你們不能贏得了人權冠軍，卻在環保的責任和義務上敬陪末座。」

我也從德國接收到類似的訊息。歐洲在環保方面的領導地位極

> 一個真正綠化的美國遠比五十個〈京都議定書〉更有價值，因為競相爭先永遠比強迫奉行更有效果。

為重要，可是實在不像美國那麼能抓住世人的心──至少目前美國仍屬第一。「美國是全世界最活躍的國家，也是全世界最大的經濟體，」德國聯邦環境部長加布里爾（Sigmar Gabriel）在一次訪問中向我表示，「我們需要它的市場、它的改革者。我們需要美國的資本主義來解決這個問題。如果美國人綠化了，全世界其他人都會跟著綠化。」

幫助弱勢族群改善生活

不過，「綠色行動」策略的目標，不只是讓美國更富有，讓熱帶雨林更安全，讓產油國獨裁者窮一點，或讓大海嘯微弱一點。它的目標還包括要利用美國的力量，幫助世上最弱勢的人口改善生活，此外還要更瞭解他們的願望。

布希政府的能源部中，掌管能源效率及能源再生的助理部長卡斯納，因為曾在巴基斯坦、菲律賓及中國等地推動能源計畫，增長了不少閱歷。1999年，他著手一項能源再生業務，想在北非、西非及地中海地區，尋找開發風力及太陽能動力的機會。那時他第一次發現，綠色能源能以完全意想不到的方式，把人們和美國連結在一起。他告訴我當年在摩洛哥的卡薩布蘭加銷售太陽能板時，遇到一段發人深省的經驗：

我雇用一個叫法緹瑪的摩洛哥女孩，那時她二十幾歲，剛從美國留學回

來，學業成績非常優異。她的知性、外貌和熱情都非常出眾。她用完美的英語告訴我，她剛抵達美國核心區念大學的某日，獨自開著敞篷車，不停的往前，為這趟旅遊的自由而興高采烈，目的地反而變得不太重要。對這位年輕的伊斯蘭教女性來說，也許這是第一次擁抱現代事物和擁有真正的獨立感，所以的確是件了不起的大事。她說，置身美國的州際道路上，能隨心所欲的停靠在某個速食店門口，讓她太快樂了，像是一種解放。法緹瑪的活力很有感染力，不用說，我當下就雇用她。

工作一陣子之後，漸漸的，她似乎愈來愈抑鬱。有一天她走進我的辦公室，問我能不能以現金支付薪資，或一部分開支票，剩下的付現金。她母親是個非常傳統的摩洛哥原住民柏柏爾族（Berber）女性，穿著黑色衣服，有明顯的刺青；而她的兄弟

> 除非一個國家能認同世界利益大於國家利益，否則它就不可能真正的綠化。

可以自由進入她的帳戶，幾乎搾乾她的存款。她告訴我：「除非能偷偷存一點錢，否則我沒辦法再離開這裡。」

當天，我沿著平日的濱海路線開車回家，從海濱蔓延到路上的人潮非常擁擠，造成大塞車。人潮來自伊斯蘭基本教義派的聚會。這樣的聚會愈來愈頻繁，是由來自國外的神職人員所帶領，對這個原本不熟悉伊斯蘭教、卻一向以包容聞名的美麗國家，宣揚伊斯蘭教儀式。為了吸引人潮，他們會免費贈送足球。蜂擁而至、積極參加佈道大會的，大多是失業青年。

這讓我陷入沉思。我心想，「我們培養了多少像法緹瑪這種人，讓他們分享我們對解放和知性自由的熱情？就在不久以前，他們的人數還超過那些分發足球的傢伙。」法緹瑪心裡暗藏的目標是要存夠錢，讓自己有能力出國，以便不得已時把國家留給那些伊斯蘭基本教義派教徒。不過，如果美國曾與世人共享崇高理想的那種力量真能恢復，而且更茁壯，我們就應該提供像法緹瑪這樣

的人一些工具，讓他們能在自己的故鄉得到支持與鼓勵。

在法緹瑪住的小村落裡，這個工具就是她正努力開發的科技，我想這也是她想到我公司來的一個原因。一旦摩洛哥的鄉下居民能得到這種科技，太陽能板和風力渦輪機就能改變他們的生活；並不是說他們會擁有高檔的奢侈環保品，而是能擁有更好的未來。這將打破南方柏柏爾族的生活框架，而使用太陽能板來冷凍疫苗，汲取乾淨的水來飲用和灌溉；此外，還能提供燈光，讓日益增加的年輕人有機會在晚間學習、識字。每天太陽下山、做完苦工之後，許多開發中國家的女性都這麼做。

法緹瑪希望綠色能源科技能在這裡迅速普及。就專業來說，從我們在卡薩布蘭加的公司，她已經看到大規模風力發電的威力，因為它立刻減少了摩洛哥龐大的長期國債，這些債務大都是因為在能源上依賴中東「捐贈」而產生的。就個人的層面來說，她的動力來自目睹太陽能開啟了健康、識字和機會的大門。她本能的把綠色能源視為一種改變目前情勢的力量，而且對此非常歡迎。因為這正是她賴以航向新大陸的重要船艦。

與他人攜手服務人群

身而為人，我們什麼時候自我感覺最良好？答案是，與他人攜手服務人群的時候。領導綠色科技革命正好能讓美國人這麼做。此外，這也是美國人尋回道德權威的方法。因為除非一個國家能認同世界利益大於國家利益，否則它就不可能真正的綠化。聰明人基金（Acumen Fund）是在開發中國家營運的公益性創業組織，創辦人諾佛格拉茲（Jacqueline Novogratz）告訴我：「當年我以一個年輕女性身分在肯亞鄉下工作時，聽過一種市井傳說：如果鄉下婦女生病，醫生去看她時，第一件事就是要這個生病的女人煮飯給全村的人吃。意思是身體有病經常是因為心生病了，如果你能奉獻自己，也就治療了自己。」

布希總統在911事件之後，提出很多道德指標，但同一時期，在對抗恐怖主義的戰役中，美國和布希卻喪失了很多道德權威。在綠色能源、能源效率和環

保上樹立楷模，會是恢復權威的最佳辦法，全因為綠色行動是謙卑的象徵。它是在向世界宣示：雖然美國是超級強權，是全球最富有的國家，卻不認為自己有權比任何國家擁有更多的世界資源。

有這種想法，並不表示我們就該放棄自己的利益。絕對不是。但是，有時表現得較不自私，正是一種自利的行為。大家將會知道，美國人會去解決世界的一些問題，至於其他問題，只能站在同為人類的立場提出合作，而這兩方面美國都很樂意去做。

就像加州州長阿諾・史瓦辛格說的：把美國從氣候變遷的落後者變成領導者，會「產生一種力量強大的副產品」。他解釋說，那些因為伊拉克戰爭而不喜歡美國的人，至少從此可以這麼說：「沒錯，我因為戰爭而不喜歡他們，可是我真的很喜歡他們那種了不起的領導風範——我說的不是牛仔褲和漢堡，而是環保。」大家會為了這個緣故而喜歡美國，可是現在情況卻非如此。

侯威（Daniel Walker Howe）在他談十九世紀美國史的書《上帝造就了什麼》（*What Hath God Wrought*）中，提到他在1844年的商業圖書館協會會議中，曾引用愛默生（Ralph Waldo Emerson）的一段話：「美國是象徵未來之國。它是個充滿契機、充滿計畫，有偉大藍圖和成功希望的國家。」

這段話用在今天，仍然像在1844年一樣正確。如今美國確實又面對了另一個契機，另一個龐大的計畫，並擁有偉大的藍圖和無限的希望。美國想在全球體系中維持強權地位和領導角色，唯一的方法就是看它是否願意做大事、成大業。而如今全球的最大挑戰，莫過於開創綠色能源、提升能源效率，並保護森林、地球及動物的存續。

A計畫：綠色行動

A計畫是我們為期五年的100項計畫，以求解決我們的企業及世界現今所面對的最大挑戰。它將監督我們與顧客及供應商共同合作，以減緩氣候變遷、減少垃圾量、保障自然資源、更有交易倫理，並建立一個更健康的國家。我們

會這麼做，是因為你們希望我們這麼做，同時也因為這是正確、該做的事。將之命名為A計畫，是因為我們認為這是目前做生意的唯一方式。B計畫根本不存在。

——2007年5月4日，英國瑪莎百貨（Marks & Spencer）的永續計畫報告書

我真的很喜歡「A計畫」的定義：馬上該做的事，大家真正希望我們做的事，以及做生意的唯一方式。這就是我對「綠色行動」的看法。綠色行動是我對這個地球和這個時代的A計畫，除此之外，沒有B計畫可言。

這就是本書後半要談的重點。可是別搞錯了：綠色行動是個大計畫。我們需要為經濟找到一個全新的系統。這是個系統性問題，所以唯一的答案就是要建立新系統。

自從工業革命及現代資本主義興起之後，全球經濟就是由我所謂的汙染性燃料系統（Dirty Fuels System）所推動。汙染性燃料系統是以三種主要元素為基礎：具汙染性、便宜、充足的化石燃料，多年來人類以「取之不盡」的想法揮霍這些燃料；以「用之不竭」的心態任意開發其他天然資源，包括水、土地、河流、森林及海洋魚類。（我對於過去兩世紀以來，那些拚命挖掘煤礦、開採石油和天然氣，以供世界經濟成長所需能源的人，沒有中傷之意。他們只是應要求做事，他們的工作提供了全世界提高生活水準所需的燃料。我也知道今天的燃煤比過去乾淨得多，如今廣泛使用的天然氣又比煤乾淨很多。但是這些燃料對環境和氣候的確造成了汙染。）

事實上，這個汙染性燃料系統根本不是人刻意設計出來的。它從十八世紀自然演變至今，先是推動了西方工業國家的成長，近年來則讓幾個開發中國家的經濟快速起飛，像是印度、中國、南非、波蘭、埃及等國。

這個系統在發展時，運作得很有效率。世界各地都在開採煤礦、石油和天然氣，再用油槽、火車和油管，把這些化石燃料輸送到全球各地的發電廠或煉油廠，然後加油站或輸電網再把這些能源直接輸送給消費者，而消費者從來

不懷疑電燈是不是永遠都會亮，加油站是不是永遠都會在幾英里路外的街角出現。木材、水和魚類也一樣，以魚為例，你永遠想吃就可以吃，直到一切都枯竭為止。這是一個系統，一個根深柢固的系統。

可是這個汙染性燃料系統已經無法繼續下去了。如果繼續下去，不管是與能源、氣候、生物多樣性、地緣政治或能源匱乏的牽連，將會腐蝕地球上每個人的生活品質，並且終將危及地球上的生命。

> 每當我們想個別解決汙染性燃料系統所造成的問題，而不是創造一個新系統來代替它，最後不是創造了新問題，就是加速惡化了另一個問題。

不幸的是，截至目前為止，我們一直想個別解決汙染性燃料系統所造成的問題，而不是創造一個新系統來代替它。而每當我們嘗試解決某個問題時，最後不是創造了新問題，就是加速惡化了另一個問題。

想想看：設法保護生物多樣性的人，為瀕臨絕種的動植物建立保護區，這是非常重要的行動，可是氣候變遷卻改變了棲息地的氣候和降雨模式，使一些保護區不再適合他們想保護的生物居住。雖然我們想保護生物多樣性，但是在一個氣候會快速改變的汙染性燃料系統裡，我們永遠不會成功。

想想看：美國攻擊伊拉克，一部分是以促進中東民主為名，這當然是很重要的事，然而維持一個交通系統，是以使用中東石油的千百萬部汽車為基礎，這表示我們的生活方式間接資助了該區的軍力，而那正是企圖損害美國對民主所做努力的政權。所以，雖然美國想促進中東的民主，但是在一個會資助民主頭號敵人的汙染性燃料系統裡，我們永遠不會成功。

想想看：美國想紓解世界的貧窮，這是非常重要的工作，然而為了維持汙染性燃料系統，美國對農民和農業提供大量的補助，以鼓勵農民為了提煉乙醇而種植玉米，結果卻提高了全世界窮人的糧食價格。所以，雖然我們想打擊貧窮，但是在一個鼓勵人們用食物來發動汽車，而不是少開車、多使用大眾運輸

工具，或要求汽車大幅改善油耗標準的系統裡，我們永遠不會成功。

以系統思考解決問題

想解決一連串相互關聯的重大問題，亦即系統問題，卻沒有用系統化的方式去處理，自然效果不彰。我們需要創造一個新系統。所以讓我們停下來，思索一下系統最重要的兩個特徵：其中一個可以靠觀察大自然來領悟，另一個則可以靠開豐田Prius油電複合動力車來瞭解。

系統的第一個法則，就是一切都是相互關聯的。想領悟這一點，沒有比大自然更好的老師了。美國自然資源保護組織峰巒協會創辦人繆爾在1911年所寫有關大自然的文章，直到今天仍然適用：「若試著選出任何一樣個別的物品或事件，會發現它與宇宙中所有東西都相關。」

關於這個道理，我最喜歡的例子之一是《紐約時報》於2007年8月5日刊載的一篇文章，提到美國西部的白楊樹神祕消失，後來又突然再現，最引人矚目的是黃石公園拉瑪谷（Lamar Valley）中的白楊樹。作者康威（Chris Conway）解釋說，白楊樹的消失並不神祕：因為美洲大角鹿在白楊樹還來不及長大之前，就把嫩芽吃掉了。可是過去幾年間，白楊樹突然又開始茂盛起來，康威報導研究者所發現的原因，令人頗感意外：「科學家把此現象歸功於野狼；牠們在黃石公園絕跡70年之後，於1995年被再度引進。」

野狼對白楊樹有好處嗎？

康威寫道，「當然，野狼會吃大角鹿。根據公園統計，在冬季，平均每隻野狼每個月吃掉一頭大角鹿。」

可是白楊再現拉瑪谷，並不只是古老生態法則中獵食者吃掉獵物的產物。根據科學家在美國奧勒岡州立大學（Oregon State University）的一項新研究，這也可能與恐懼有關。儘管至少有6群、超過50隻野狼出現，但是在此研究區內，至少有6,500頭大角鹿倘佯其間，數目之多，本來大可繼續掠食白楊。但研究發

現，「恐懼的生態環境」讓河谷恢復了生態平衡，幾十年來首度保護白楊嫩芽免於大角鹿的啃食。

該校森林學院教授及該研究報告作者之一的瑞波（William J. Ripple）表示，在大角鹿難逃野狼攻擊的地區，白楊會重現生機。「我們認為，這些大角鹿需要在冒著被吃掉的危險或在喜愛的地方覓食之間，取得一種平衡。所以這是在恐懼的生態環境中，在食物與風險之間的一種取捨。」另一位作者及該校名譽教授貝斯塔（Robert L. Beschta），以自身經驗，把這種情況比做在大灰熊出沒的鄉間作研究。「在有大灰熊的鄉間，我會改變做事方式，進入視線不佳的區域時，我會變得比較小心。我想大角鹿的情形也很類似。在大角鹿看不清楚或很難躲開野狼的緊張環境下，草木就會長得比較茂盛。因為大角鹿不敢去那裡。」

這種情形誰想得到？黃石公園裡野狼多，白楊樹就會多，因為大角鹿不敢在視線不清的河谷裡，啃食更多白楊嫩芽。事物的本質如此，所以能源、氣候、貧窮、生物多樣性及地緣政治等也一樣：想以最有效的方法影響這些事物，你需要用有系統的方式去思考和行動。你需要仿效大自然，因為它是最終極的複雜適應系統。

羅斯（Jonathan F. P. Rose）是個專長於綠色建築及社區的美國房地產開發人，也是自然資源保護委員會（Natural Resources Defense Council）的董事會成員，以及業餘的系統理論家。有一次他這麼告訴我：「地球的系統化天性是持久而穩固的。大自然是個系統，而且永遠以系統化的方式反應。它就是如此，不會有起伏變化，永遠以一種穩固的方式運作。」

羅斯接著說，唯一會改變的，就是我們配合大自然系統的運作，去理解和行動的能力。「但是想要作整體性的理解和思考，就必須打開心胸，用一種共存共榮的方式去思考。自然宇宙原本就相互依存的特性，就像地心引力一樣。身為一個建造商，我不必決定建物的哪個部分需要因應地心引力定律，哪個部

分不需要。你不會與地心引力討價還價，它是存在的事實。相互依存就像地心引力一樣，是大自然原本就有的一種特性。」

　　所以，如果系統的第一個法則，是每個事物都互有關聯，那麼第二個法則就是：想要充分利用每個單獨的部分，最多只能達到某個程度。如果你不捨棄舊系統，換一個適當的新系統，你所做的每件事情都會受到束縛。然而如果你整理出一個新系統，而且做法正確，那麼每件事情都會開始好轉。最後新系統會對許多個別的部分有好處，同時也對整體有益。就像羅斯所說：「善用個別元素只能產生漸進的轉變；善用系統則能造成整個生態的變革。」

> 想以最有效的方法影響能源、氣候等事物，你需要用有系統的方式去思考和行動。你需要仿效大自然，因為它是最終極的複雜適應系統。

　　豐田Prius油電複合動力車，就是用新系統代替舊系統的完美例子，因此創造了全新功能，產生了一加一大於二的效果。豐田Prius車款並不是比較好的車，而是比較好的系統！Prius有煞車、有電池、有引擎，其他的車也都有。Prius的創新之處，在於設計者把它視為可產生多種功能的系統，而不只是一堆以轉動車輪為目的的汽車零件組合體。那些設計者心想：「為什麼不利用煞車產生的能源，製造可儲存在電池裡的電力，然後再用這種電池讓車子運轉，能跑多少路就跑多少路，以局部代替油箱裡的汽油呢？當Prius下坡時，我們也可以把車輪轉動所產生的動能儲存在電池裡，提供上坡需要的動力。」

　　換句話說，豐田從系統的角度去思考，才能從每加侖跑幾英里的漸進式改革，跨出一大步，變成每部車都可以自行產生部分能量。豐田從解決問題（怎樣讓車子擁有更好的燃油效率），邁向了轉型性創新（如何讓車子不僅降低耗能量，還能產生能源）。它創造了一種系統，使其產品的效能遠大於部分的總和，讓你我這樣的平凡人能做不平凡的事情，也就是只要開Prius，就能用一加侖

的汽油跑50英里路。一旦你開始系統化的工作，就會有數不盡的好處，也會有數不盡的機會。

如今每個國家和每種文化所面對的挑戰，就是開發潔淨的能源系統，使平凡人也能做不平凡的事情，也就是生產潔淨的電力，穩定的改進我們所有的能源及資源效率，並促進環保。這是我們最大的挑戰，因為唯有這樣的系統，才能使整個世界的經濟得以成長，而且不僅不會加劇能源供需失衡、產油國獨裁、氣候變遷、生物多樣性消失及能源匱乏等問題，同時還能減少這些現象。

> 善用個別元素只能產生漸進的轉變；善用系統則能造成整個生態的變革。

沒有系統，就沒有解決之道。如果聽到一個政治人物在提倡「再生能源」，你大可轉身走開；如果聽到一個政治人物在提倡「再生能源系統」，就不妨駐足聆聽。

讓我們先看看這個系統的每個重要元素：潔淨的電力、效率和環保，再看看如何發展每個部分，進而把它們連結在一起。

潔淨的電力

我先從基本原則談起，也就是全球社會需要讓經濟繼續成長，因為經濟若不能成長，就談不上人類發展，窮人也永遠無法翻身。可是成長不能再以來自地獄、會排放二氧化碳的汙染性燃料為基礎。我們的成長必須盡可能建立在從天堂來的潔淨燃料上。所以，首先，我們需要一個可激發大量創意的系統，並發展出充足、潔淨、可靠又便宜的電力。

國際保育協會氣候及水文的資深組長托騰（Michael Totten）說：「本世紀最大的轉變，就是我們對物質世界的瞭解從分子進展到電子，人類文明的象徵從糧倉和煙囪轉移到網路。」正因為從分子進展到電子，帶來系統性的連結和效

率，才能創造潔淨電力的網路，這個網路把電力從電廠傳輸到企業、家庭和電動車，再傳輸回來。而這個網路（我將於第10章中詳述）能讓平凡人以不平凡的方式，去創造、使用和節約能源。

　　想馬上解決能源氣候年代的許多問題，沒有任何方法比發明一種充足、潔淨、可靠又便宜的資源更有效。給我充足、潔淨、可靠又便宜的電力，我就能給你一個可繼續成長、卻不會讓氣候變遷失控的世界；給我充足、潔淨、可靠又便宜的電力，我就能用發電機挖掘深井，在沙漠給你水源；給我充足、潔淨、可靠又便宜的電力，我就能讓產油國獨裁者沒有生意；給我充足、潔淨、可靠又便宜的電力，我就能終止因社群亟需燃料而導致的森林消失，並去除在大自然寶地上鑽井挖油的任何藉口；給我充足、潔淨、可靠又便宜的電力，我就能讓世上千百萬窮人與外界取得聯繫，讓他們有能力冷藏藥品，讓他們的女性能接受教育，讓他們能在夜晚擁有燈光。給我充足、潔淨、可靠又便宜的電力，我就能建立更多網路，讓全世界的人都能貢獻他們的能源創新，就像程式設計者在全球資訊網上創造的共用軟體一樣。

激發創新的方法

　　潔淨電力無法解決所有問題，但是它比任何元素更有助於解決其他問題。而在綠色能源系統中，激發創新是首要工作。因為迄今尚無人找到任何一種電力來源，能符合四種標準：充足、潔淨、可靠又便宜。

　　不過，有兩種方法可激發創新；一種是短期的，一種是長期的，而兩種方法我們都應該全力以赴。

　　第一種方法，就是藉由已大量發展、可提供綠色能源的科技，更快讓學習曲線產生效果，自然的激發創新。其實，科技發展史就是不斷改善發明的歷史：讓發明物變得更小、更聰明、更有生產力、更充足、更可靠；而當數量夠多，我們就能學習把這些發明改良得更好。想想看你擁有的第一支手機、第一台筆記型電腦和第一部冷氣機，再比照現在所用的手機、筆記型電腦和冷氣

機。拜創新之賜，它們愈來愈好，也愈來愈便宜，不過，這是來自大量生產，以及學習在每一代新產品做小幅改進的結果。人們常低估這種創新方式的價值，其實這正是我們目前所需要、也有能力去激勵的一種創新方式，唯有靠這種創新，才能克服科技上的障礙，讓現有的風力及太陽能系統盡快變得充足、可靠又便宜。想激勵這種形式的創新，亦即從已知科技中學著讓產品變得更好、更便宜，可利用大方的租稅誘因、管制誘因、再生能源法令，以及其他有助於形成市場的機制，為這些既有的潔淨動力科技，創造持久的市場需求。

第二種創新方法，是透過某些人的研究和實驗，找到令人驚喜的突破。激勵這種創新的方法，就是要增加政府贊助的研究，同時為綠色能源的創新塑造更多的市場需求。我們需要更多人、公司和大學，嘗試更多事情，也需要為最有前景的新構想，迅速創造一個有大量需求的市場。這種突破性創新，發展通常很難預測，能源的創新也不例外。「你沒辦法看著它發生，」比爾‧蓋茲在一次訪談中對我說，「突破很可能在你最意想不到的地方出現，我們只有在事後回顧時，才知道事情是怎麼發生的。」

雖然這兩種創新，都亟需大規模的嘗試，但對能源這件事，我們通常只把重點放在尋找意外的突破，卻對日常穩定的突破視而不見。能源物理學家及柯林頓政府能源部官員羅姆說：「其實風力及太陽能混合科技，現在已經符合成本效益了。」如今光是想打破阻撓它們發展的市場障礙，都比把賭注放在具突破性進展的「絕佳但仍屬想像的低碳科技」（Terrific Imaginary Low-carbon Technology），造成更大的衝擊。

更快的大規模開展綠能科技

羅姆指出一個歷史事實，這是2001年時，荷蘭皇家殼牌石油公司對未來50年使用能源的可能演變，所提出的看法，「一般來說，在把某種能源以初級能源❸形式引進商業市場後，還需要25年的時間，才能占有全球能源市場的1％。」羅姆補充說：「要注意，在引進商業市場後，還要花25年的時間才能占

那麼小的比率。而從科學突破到引進商業市場的初步過渡期，本身可能就要花上幾十年。雖然燃料電池最初發明的時間，距今已超過160年了，但我們還沒看到氫燃料電池驅動車進入商業市場，也幾乎沒看過任何商用燃料電池。這告訴我們兩件重要的事情。第一，新的突破性能源科技不會依照我們關切的時間表，快速進入市場，及時發揮巨大的作用。如果我們想讓綠色能源占全球市場的5%到10%，甚至更多，也就是在2050年大規模的開展（如果不能更快的話），那麼，第二，在大家共同面對的急迫處境下，我們必須採取史上未見的激進做法來開展這種科技。」

如果聽到一個政治人物在提倡「再生能源」，你大可轉身走開。如果聽到一個政治人物在提倡「再生能源系統」，就不妨駐足聆聽。

　　這是為什麼我們需要不斷努力去發明充足、潔淨、可靠又便宜的新形式電力，也需要不斷努力使如今已有的科技所產生的潔淨電力，包括太陽光電（solar photovoltaic）、風力、太陽能板、地熱等，變得更充足、可靠又便宜。前者來自對目前未知的發現，後者則來自對已知事情的進一步學習，可以大量、迅速的開展現有科技，以便從學習曲線中獲益。（我將在第11及12章中討論如何激發這兩種形式的創新。）

　　太陽光電是利用太陽光讓矽之類的物質產生電力，這種能源很潔淨，而且日趨便宜。可是太陽光電不夠充足，除非我們發明可貯存大量太陽光電的電池，才能在缺乏日照時也有電力可用。太陽熱能發電（solar thermal electricity）是利用鏡面反射，把太陽的光線集中起來為流體加熱，以蒸氣驅動發電機。這是大有可為的一種能源，因為它不需要用電池來貯存電力（依我的看法，這是所有能源科技中最有希望的基本負載潔淨電力科技）。它和燃煤火力電廠一樣用

---

❸初級能源指蘊藏於大自然，且未經任何人工轉化過程的能源，例如煤、原油、陽光和鈾。

蒸氣發電，但不會排放廢氣。然而，雖然太陽熱能發電既潔淨又可靠，而且已經發展成功，尤其在西班牙地區，但建造費還是太昂貴。它需要在更多地方發展，供應量才足以與燃煤抗衡。風力發電很潔淨、也很便宜，但只能在風力強烈的時候或地方才夠充足，而且也需要更好的貯電電池，才能大量供電。

柴油發電機的動力很便宜也很充足，卻不潔淨（想想看你跟在一部大卡車後面開車時聞到的那種氣味），而且大量生產時也不可靠，因為發電機會壞掉。靠大自然和火山岩產生的蒸氣所發動的地熱動力，雖然很潔淨也很可靠，卻不充足也不便宜。燃燒煤礦，再捕捉及封存二氧化碳，可以提供我們潔淨、充足的電力，卻不便宜（把排放的二氧化碳封存得愈多，產生的總動力愈少），而且沒有人知道什麼封存程序才可靠，因為有些二氧化碳可能會滲漏出來。核能很可靠也很潔淨，但絕對不便宜也不充足，而且核廢料的貯存也是問題，因為核廢料有可能滲漏，也可能被處理成製造炸彈的原料。❹

這些新能源科技各有利弊，說明了何以荷蘭皇家殼牌石油公司所做的展望報告書，認為2007年風力發電只能占全球能源產量的0.1%左右，而太陽能發電甚至未能達到這個水準。鑑於目前創新和技術擴散的趨勢，殼牌石油預測，如果我們每件事都做對了，那麼2050年時，再生能源將可占全球主要能源的30%，化石燃料則仍占55%。可見那不是新系統，還差得很遠。所以我們需要加把勁，激發更多的創新。

能源效率和資源生產力

綠色能源系統的第二個元素，就是效率。雖然我們最優先的工作是創新潔淨電力，卻不能把未來賭在這種突破上，我們必須現在就大幅改進能源效率，以及自然資源的生產力。「我們不能只注意能源供給面的創新，」麥肯錫全球研究所所長法雷爾（Diana Farrell）表示，「還必須注意能源的需求面。」也就是說，我們必須想出更好的方法，使經濟成長需要的電力愈來愈少，需要消耗來自森林、水、土地的能量，也愈來愈少。這就是增進能源和資源生產力的

意義：用較少的東西創造更大的成長。想在創造充足、潔淨、可靠又便宜的電力上有所突破，可能得花很多年的時間，可是改進能源及資源的生產力，卻可能大幅降低我們消耗的能源及二氧化碳排放量。現在愈提高能源及資源的生產力，以後需要生產的潔淨電力就愈少，需要掠奪的自然資源也愈少。

麥肯錫全球研究所的一項研究（2008年2月）指出：從現在到2020年，全球能源需求量的成長幅度，「至少可削減一半，只要我們掌握時機，提高能源生產力（能源生產力指我們消耗的能源所達成的產量水準）。」想減少那麼多能源消耗量，全仰仗我們把建築物、包裝、汽車、冰箱、空調設備及照明系統，設計得更具有人工智慧，並不斷提高這些物品的能源效率，就能用較少的資源獲得同樣的舒適、方便和照明。

因此，當世界變得又熱、又平、又擠，迫使經濟成長縮減，把餅做小，再

---

❹ 如何看待生質燃料這種能源？它們是由糧食農作物、廢棄農作物、木片或特殊的草類，所萃取出來的燃料。我對生質燃料抱持戒慎的態度，因為它們不能大量解決能源問題，我們也不該試圖把它們當成主要的解決之道。只有電力能大規模提供我們所需的動力。不過，在從汽油驅動的汽車轉移到電動車的過渡階段，生質燃料可以作為橋梁，但必須符合下列四種條件。第一，在考量所有用來種植、收成、加工、運送生質燃料的水、肥料、汽油、交通的投入成分時，生產生質燃料必須在能源平衡上屬於相當程度的正數。由甘蔗萃取的生質燃料大約可達到8:1的正向能源平衡，由玉米萃取的生質燃料則最多只能略高於1:1。第二，種植生質燃料在碳排放上不能對大自然造成強烈的負面效應。如果你砍掉一片熱帶雨林來建造一座油棕種植場，以生產生質燃料，所造成的碳排放，生質燃料要花費50到80年的時間才能完全彌補回來。第三，生產生質燃料時，不能破壞該區豐富的生物多樣性；所以必須仔細考慮要在哪裡種植作物。第四，不能大規模用燃料換取食物，否則等於解決了一個問題，又引發另一個問題。對於像巴西這樣的國家，靠著廣大的耕地和盛產的甘蔗，生質燃料可以解決其交通問題。對於從非洲到加勒比海的其他熱帶國家來說，這種做法大概也可以。可是除了這些地區之外，以現有的生質科技而言，生質燃料並不是我們尋找的答案，而且如果想大規模發展，將會造成大自然的反撲。當然，創新也許能改變這種情況，所以，對於採用非食用性作物和廢棄農作物以萃取生質燃料的各種方法，我們應該多投資。不過就今日的情況而言，巴西適合這樣的做法，但美國並不適合。美國的未來還是得靠潔淨電力。

分成更小塊分食之前，我們必須盡量透過對潔淨電力和能源效率的創新，努力做個更大、更耐久的煎餅鍋。在我們接受一個匱乏又充滿限制的世界之前（如果我們繼續像以往一樣經營，我們的子孫就會繼承一個這樣的世界），必須竭盡所能做各種嘗試，就像杜克能源公司（Duke Energy）執行長羅傑斯（James E. Rogers）所說的，我們必須推動一切形式的創新，「盡可能去擴展這個世界的可能性」。

「我不希望從我這一代開始，必須跟孩子說，你不能擁有跟我一樣好的人生。」燃料電池發明人及布盧默能源公司創辦人、印裔美籍的史歷哈說，「讓別人去說這種話吧，我拚死都要找到出路。」

保育倫理

雖然建構這種新系統，是以生產潔淨電力和改進能源及資源的效率為基礎，但不能忽視保育，而且保育不只是事後彌補而已，保育在新系統中所占的地位，與上述兩種基礎同樣重要。「保育倫理」對今日世界而言是必要的，未來甚至處於更重要的地位，尤其是如果人類真的發明了充足、潔淨、可靠又便宜的電力來源。為什麼？因為我們從汙染性燃料系統裡確實學到了一件事，就是如果一種東西是免費或很便宜，像空氣、水、土地、森林、漁產、汽油、電力等，大家就會濫用它們。保育倫理是指我們要努力培養盡量不影響自然界的習慣。如果缺乏保育倫理，那麼一旦擁有充足、潔淨、可靠又便宜的電力，人們一定又會掠奪自然界。譬如，要是哪一天能源已經很充足、潔淨、可靠又便宜了，何不開部龐大而耗油的悍馬越野車，穿越雨林？

保育倫理是什麼？可以先從「保育倫理不是什麼」來回答這個問題。倫理不是法律，不是由國家強制施行的。相反的，它是大家自願遵守的準則、價值觀、信念、習慣和態度，是身為社會一份子的自我要求。法律是從外在規範人的行為，倫理則從內在約束。倫理是無論我們在哪裡都會恪守的行為準則。

哈佛大學政治哲學家桑德爾（Michael J. Sandel）表示，保育倫理有幾個準

則，首先是「一種責任感，一種做大自然管家的意識」。桑德爾說，保育倫理「是一種自我約束的倫理，表示我們有責任維護地球資源和大自然奇觀的原貌」，因為它們建構了整個生態，這正是地球上所有生物賴以生存的架構。

可是，除了要有做大自然管家的責任感之外，保育倫理還必須有受託人的精神，桑德爾說：「所謂管家是指對自然界有責任感。其實大自然的威嚴及生物多樣性令人敬畏的奇觀，都是自然天成的現象。擁有受託管的精神是指，對未來的世代及之後將棲息於地球上的物種，要有責任感。

成長不能再以來自地獄、會排放二氧化碳的汙染性燃料為基礎。我們的成長必須盡可能建立在從天堂來的潔淨燃料上。

這表示我們與後代子孫是休戚相關的。所以保育倫理需要我們做大自然的管家兼受託人，意即人類應養成自我約束的習慣，以表達對自己所居住的地球的尊重，以及對未來世代的尊重。」

新的消費習慣和態度

桑德爾說，要成為好管家和受託人，「我們必須自我節制，不能因眼前的需求或慾望，而隨意使用地球和它的自然資源。我們必須培養新的消費習慣和態度。」

否則，無論我們發明任何科技，都只會變成一種工具，把我們恣意揮霍的消費習慣，傳染給全世界快速增加的龐大中產階級。不過，這表示全球經濟應該停止成長嗎？還是表示每個人都必須把生活水準降至最低，或必須以比今日一般上層或中產階級家庭低很多的消費標準生活？在環保運動中，的確有一些反資本主義者、反消費主義者、回歸自然派人士，認為我們應該欣然提倡這種想法。這種想法或許沒錯，不該置之不理，不過我認為目前還言之過早，因為就連已經確知可行、也不會改變基本生活的一般做法，我們都還沒試呢。

譬如，告訴想買車、也買得起車的人不能買車，的確會因此改變現代人的生活方式；但是禁止車子超過某個噸位或引擎大小，或把最高速限降低為每小時55英里，或規定計程車只能用混合動力車，就不會從根本上衝擊生活方式。如果告訴大家，以後要採取限電措施（每個月只能用多少電），的確會改變現代人的生活方式；可是規定美國的辦公室在下班後不關燈是違法的行為（這似乎是成千上萬公司不自覺的做法，只要半夜開車經過美國任何大城市，都會看到燈火通明的景象），就不會從根本上衝擊生活方式。如果告訴大家不能再擁有iPod或筆記型電腦，的確會改變現代人的生活方式；但是要求所有iPod或筆記型電腦採用容易再生的原料來製造，就不會從根本上衝擊生活方式。如果告訴大家，以後的住宅面積不得超過5,000平方英尺（相當於140.5坪），的確會改變現代人的生活方式（至少在已開發國家是如此）；但是告訴任何想住在5,000平方英尺以上住宅的人說，這麼大的房子必須達到零耗能（energy net zero），也就是只能採用太陽能、風力、地熱等綠色能源，就不會從根本上衝擊生活方式。如果強迫每個人都騎腳踏車上班，的確會改變現代人的生活方式；但是要求市政機關開闢從郊區通往市區的自行車專用道，就不會從根本上衝擊生活方式（也許還會讓整個社會變得更健康）。如果在美國各大城市中心徵收交通擁擠費，就像倫敦和新加坡的做法一樣，可能會使生活方式有些改變；但是如果政府因而大量投資大眾運輸系統，那麼我們的日子也許不會難過，反而更舒服。去年我開始常搭華盛頓特區的地鐵去上班，而不總是自己開車。結果所花費的交通時間和開車一樣，有時甚至更快。路上我翻閱了兩份報紙，到公司時也覺得比較沒有壓力。其實只要政府多花錢在大眾運輸系統上，少花錢在汽油補助上，很多國家都可能有不少人寧願不開車。

> 現在我們愈能提高能源及資源的生產力，以後需要生產的潔淨電力就愈少，掠奪的自然資源也愈少。

　　總之，只要多用腦筋，而不是去節制現代人的生活方式，不知道就能省下幾百萬桶石油或幾億瓦的能源。唯有當大家發現綠色生活其實比較好，而不是比較苦，可以提供我們更多東西，而不是更少資源時，不知道能省下幾百萬桶石油或幾億瓦的能源。前面我已說過，也許大幅改變生活方式，才是拯救人類和地球之道，所以我不會把這種可能性排除在外。可是我們還不知道是否需要做這麼激烈的選擇，因為連容易的方法我們都還沒試過。

環保和經濟成長並不牴觸

　　「環保不是消費的相反詞，」國際保育協會的普里克特認為，「人類需要靠消費來生活，並促進經濟成長。不過我們可以一面進行更多消費，一面做更多保育工作，而且認清哪些地方和資源需要保留自然狀態，在這之外尋求經濟成長。」我們必須確認哪些做法是浪費之舉，是一種習慣或疏忽，是不必要，但也不是刻意的，然後停止這些做法。普里克特說，「只要我們能做智慧而適當的計畫，並提高警覺去保護我們想要保護的東西」，無論在保育或消費上，都還有很大的空間。

　　為能源和環境辯論的雙方，經常都混淆了問題。太多環保主義者反對任何經濟上的成長，這種立場只會把窮人困在貧窮裡。而太多批評環保主義的人，則把一切保育工作都視為古怪的反資本主義者在意識型態上的荒唐遊戲。他們沒有認清大自然裡潔淨的水和空氣、健康的森林和海洋，以及物種的多樣性，對人類的日常生活和精神幸福多麼重要，更別提對經濟的重要性，也尚未體認大自然多麼容易受到破壞。

　　「並不是每片土地或海洋都要受到保護，」普里克特說，「但是需要保護的那些土地或海洋，可以為生態提供維持生命的重要系統，因為這些土地和海洋庇護了瀕危物種；保護了水域；緩衝了水流，讓沉積物和養分不會流進河流裡；飼養了我們所吃的魚類；把二氧化碳排出大氣層；維持物種多樣性，使更多地方對氣候變遷有更大的調節能力；更因為大自然能讓生活擁有豐富的精神

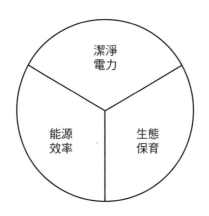

內涵,這對人類來說是不可或缺的。」

因此,我們需要一個綠色能源系統,讓它隨時發揮下列三種功能:創造和生產最潔淨、最便宜的電力;讓這些電力和其他自然資源產生最大的效率和生產力;不斷提高警覺保護自然資源,並教育人們物質、精神及美學的價值。

我們能製造愈多的潔淨電力,就能擁有更高的成長,更少的排放量。我們愈能提高能源效率,達到更高成長所需的潔淨電力就愈少。我們愈能促進生態保育,所需的潔淨電力和能源效率就愈少,成長時所消耗的自然資源也愈少。

「有人認為無限制的發展綠色能源,長期來說會引發災難,」美國太平洋研究所氣候專家葛雷易克說,「可是短期而言,我們的問題是沒有足夠的綠色能源。這個問題現在對我們來說危險多了,因為氣候變遷已造成嚴重的威脅。不過長期來說,我們的確需要多思考一下『便宜』所隱含的意義。」

一個理想的巴西農場

讓我們幻想一下,然後試問:如果在綠色能源系統下經營一座理想的巴西農場,那是什麼樣子?想像一個巴西農夫擁有一座千畝農場,一條魚群豐富的河流經其中,農場毗鄰著廣闊的自然森林,裡面有各式各樣的動植物。下面是他經營農場的方式:

每天一開始，他使用一台人工智慧型牽引機耕田，這種牽引機已經由約翰迪爾（John Deere）公司製造出來了。當他耕田時，牽引機會即時測量出每平方公尺地的溼度和養分，然後依據他希望的產量，自動注入適量的肥料；這樣就不會有過剩的肥料被沖刷到河流裡，傷害到這裡和下游的水生生物。氮肥用得少，也能減少排放像氮氧化物這樣強力的溫室氣體。拜這種科技之賜，耕地最肥沃的部分發揮最大的效益，所以他就不會為了多種幾畝農作物，而到雨林或河岸伐木整地。事實上，他和鄰居與當地的非營利環保組織合作，把他們的農場劃分成不同區域，這樣他們就能在最肥沃的地區耕種，然後把其他地區保留起來，恢復原生草木，這樣不僅可以保護溪流，還能讓野生動物在更大的自然棲地上遷徙。順道一提，那種智慧型牽引機是插電的混合動力牽引機，上面還裝了靠生質燃料驅動的備用馬達，這種生質燃料是由生長在巴西貧瘠土地上的植物柳枝稷所萃取出來，而這些土地則是因國家計畫特別保留下來，以避免亞馬遜河流域因為生質燃料的需求而受到侵害。每平方公尺土地所滲入的肥料量，以及最後的產量，這些資料全都記錄在電腦裡，所以明年他可以作更明智的決定，甚至減少施肥卻提高產量。灑水灌溉系統也是一種智慧型自動系統，可以判斷每平方公尺所需灌溉水的精確用量。農作物本身也已經過基因工程的改良，可以在使用最少量的肥料、水和農藥的情況下生長。與非基因改造的農作物相比，這種農作物的生命力比較強，產量比較大，也比較有營養，所以人們需要的食物愈來愈少，卻愈來愈健康。

此外，因為他使用較少又較潔淨的肥料，對河流的影響很小，所以用較少的能源和化學藥品，就能使水資源再循環利用。同時，因為沒有在河岸耕種，保護了岸邊的樹木，他也保護了自己最珍貴的資產，亦即適合耕種、能生產農作物的土地，並透過樹根和溼地而提供了天然的濾水網，使河流能免於沉積物的淤塞，也避免下游溼地受到破壞。有了健康的河流，他更能享受釣魚和游泳之樂；此外他還能申請執照，讓其他人在夏天來這裡釣孔雀鱸魚，額外小賺一筆。在與熱帶雨林毗連的那些土地上，他蓋了一個小型生態渡假村，所需的電

力全來自一個百萬瓦等級的風力渦輪機，每年都吸引了好幾百個生態遊客來此度假。

最後，政府允許他興建正式的生態渡假村，條件是要保護附近的雨林，並資助附近的國家公園。資助國家公園對他來說是有道理的，因為如果保護國家公園，就可以保護為農作物傳授花粉的蜜蜂、捕食害蟲的昆蟲的棲息地，保護了那些昆蟲，他就不需要那麼多昂貴的殺蟲劑了。

> 我不希望從我這一代開始，必須跟孩子說：「你不能擁有跟我一樣好的人生。」讓別人去說這種話吧，我拚死都要找到我們的出路。

沒被汙染的森林也可以保護河域，為他的農場提供更可靠的水源（由於氣候變遷會帶來更多乾旱的威脅，這一點變得愈來愈重要）。此外，國家公園也能保護野生動物棲息地，讓他的遊客願意花錢來此參觀。最後的結果是，這裡的生態系變得比現在更健康、更怡人、更有生產力。由於各種因素相輔相成，農業有了更大的成長，對生物多樣性做了更多的保護，而且因為使用更少、更潔淨、更智慧的原物料，所以產生更多的潔淨動力，達到了更有效率的節能效果。這正是我們必須努力達成的理想。

改弦易轍

所以，我們怎樣從這裡走到那裡？我們怎樣從現有的汙染性燃料系統，邁向一個使用潔淨電力、追求能源效率、以生態保育為基礎的系統？我們必須從整體計畫著手，逐步建構這個系統，而不是頭痛醫頭，腳痛醫腳，沒有任何策略性的思考和藍圖，就像美國對生產玉米乙醇予以大量補助一樣；或是像2008年1月，我剛坐下來要訪問埃及貿易及工業部部長拉奇德（Rachid M. Rachid）時，他劈頭就說：「你們到底在做什麼？現在一般埃及家庭花在食物上的錢，竟占了總開支的60%。我們是全世界最大的小麥進口商，每年要進口600萬噸小

麥！」很多美國農夫都在種植要提煉乙醇的玉米，而不是小麥，使得小麥價格從2006年底的每噸180美元，漲到2007年底的每噸390美元。「真的很慘！現在事情還沒解決，主要原因就是美國在補助生質燃料。」拉奇德說，「我告訴你，埃及窮人討厭生質燃料。他們不瞭解這種東西，卻討厭它們。」

倘若玉米乙醇只能貢獻這麼少的淨能，又會造成二氧化碳排放，這整個風潮會讓我想起已故的美國經濟學家鮑爾定（Ken Boulding）對於「次優」（suboptimal）的定義：對根本不該做的事卻拚命去做。

一個更系統化的做法會是什麼樣子？Google是個不錯的範例。2007年11月，這個熱門搜尋網站宣稱它不再只是提供強力搜尋（power searching），而是自己也要去搜尋動力（searching power），意指要開發來自非化石

> 一個創造、生產、發展潔淨電力、能源效率、資源生產力、生態保育的可再生能源生態系統，比燃燒煤炭、石油、瓦斯的真正成本便宜。

燃料的潔淨電力。沒錯，Google說，它要進入能源創新和生產的產業，目標是要盡快生產一種10億瓦的可再生潔淨電力，足以供整個舊金山運轉。這是一個大膽的作為，大家應該讚揚Google肯把資金和腦力花在這麼開創性的事業上。

我只有一個小小的問題，那就是Google把它的革命性目標總結為一個簡單的等式：「RE＜C」，亦即「再生能源比煤便宜」（renewable energy cheaper than coal），好讓這種綠色能源在中國、印度，以及其他開發中世界大量生產。

再生能源必須比煤便宜，是對的，但我認為只是這樣還不夠。我們還需要創新的能力，以改進能源及資源的生產力，並需要保育的倫理觀念，否則，RE＜C的想法很可能使生物多樣性慘遭滅絕。Google的想法沒錯，因為我們的確需要保險桿貼紙，來道破我們的目標。我只是想建議這個保險桿貼紙更長一點。事實上，我的保險桿貼紙可能會蓋住你的整個保險桿。

我想厚著臉皮說，保險桿貼紙的內容應該這麼長：REEFIGDCPEERPC＜

TTCOBCOG（a renewable energy ecosystem for innovating, generating, and deploying clean power, energy efficiency, resource productivity, and conservation ＜ the true cost of burning coal, oil, and gas.），意即：一個創造、生產、發展潔淨電力、能源效率、資源生產力、生態保育的再生能源生態系統，比燃燒煤炭、石油、瓦斯的真正成本便宜。也就是說，如果我們衡量一下化石燃料所引起的氣候變遷，所造成的汙染，所釀成的能源戰爭，就知道我們的確需要綠色能源，因為它的花費遠比化石燃料造成的社會成本來得便宜。

> 環保倫理需要我們做大自然的管家兼託管人，意即人類應該養成自我約束的習慣，以表達我們對自己所居住地球的尊重，以及對未來世代的尊重。

我的看法是，開始綠色行動表示要制訂適當的制度，包括政府政策、法規、研究基金、賦稅誘因等，以便激勵出一個新系統，能夠創造、生產和發展出潔淨電力、能源效率、資源生產力及保育倫理。這需要系統性的做法，才能產生系統性的效應。我們非採取這種策略不可。

可是，這件事沒有捷徑。我們必須用綠色能源系統來取代汙染性燃料系統，理由是REEFIGDCPEERPC＜TTCOBCOG。從政治或經濟層面來說，有個簡單的詞彙，可以描述一個系統取代另一個系統的過程，那就是「革命」。

有人說，這正是目前我們所進行的：一場綠色革命。

恕我無法贊同。

第三部

我們要如何往前邁進？

第九章

205種方法輕鬆救地球？

我們正面臨一場綠色革命嗎？

沒有資源的願景只是一種幻覺，

現在我們有的只是綠色幻覺，而不是綠色革命。

我們必須投入所有的資本與智慧，才能應付眼前的挑戰，

看看過去五年，你可能會覺得我們真的在進行一場綠色革命，

但看看未來十年我們必須達成的目標，就知道我們只是在辦派對而已。

「噢，老天，他們來了——表現得綠一點！」

——雞尾酒會上，一對夫妻看到另一對夫妻迎面走來時說的話。摘自《紐約客》的漫畫

近日的一項研究發現，打高爾夫球的美國人平均每年要走900英里路。另一項研究則發現，打高爾夫球的美國人平均每年要喝22加侖的酒。這表示，平均而言，打高爾夫球的美國人要走41英里路去喝1加侖酒。

這真令人感到驕傲。

——摘自網路

你是什麼意思？難道我們正在進行的不是綠色革命嗎？可是我剛才還在一間診所裡讀了《職業母親》（*Working Mother*）雜誌裡的封面故事，題目就叫做：「205種方法輕鬆救地球」（2007年11月號）。這大大激起了我對輕鬆救地球的興趣，於是我上Google去找更多有關這個主題的書籍和雜誌文章。結果，老天，我真的又找到不少：「20種方法輕鬆幫助地球」、「輕鬆保護地球的方法」、「拯救地球的簡易法則」、「10種方法救地球」、「救地球的20種速簡法」、「5種方法救地球」、「10種綠化家庭的極簡方法」、「365種方法輕鬆救地球」、「100種救地球的方法」、「1001種救地球的方法」、「101種治療地球之道」、「10種方法隨手救地球」、「21種救地球的賺錢法」、「14種方法天天輕鬆做環保」、「輕鬆綠化法」、「40種方法輕鬆救地球」、「10種救地球簡易法」、「幫忙救地球：小兵立大功的方法」、「50種方法救地球」、「50種救地球並致富的簡易法」、「10種最佳方法綠化你的性生活」（素食保險套、太陽能電動按摩棒——這可不是我杜撰的）、「創意救地球」、「設計者救地球的101件事」、「5種救地球的怪方法」、「5種方法救世界」，對於有救世情懷卻沒時間又缺錢的人來說，還有一篇文章可參考：「1分鐘內省錢救地球的10種方法」。

誰想得到救地球可以那麼容易，而且1分鐘就辦得到！

綠，正在流行

這種趨勢也反映了一些好消息。在愈來愈綠的潮流裡，思考如何以更潔淨的電力、更高的能源及資源生產力，以及符合環保的倫理來生活和工作，已經非常大眾化和民主化，而不再是菁英階層的議題。

如果你從事科技業，卻從來沒人邀請你參加任何綠色科技座談會，那你一定完全不注意產業動態，要不就是所有人都把你的電子郵件地址弄丟了。說綠色是今日的「流行色」，還不足以形容其熱門程度。據美國專利商標局表示，「綠」這個字確實是2007年申請商標註冊最多的一個字。新聞編輯室裡的環保

記者，以往總是坐在距離編輯台最遠的角落，現在忽然變得很搶手。大學都在增設環境課程，並設法減少碳足跡❶，企業界也是如此。如今美國候選人的政見若少了下列三部曲，是不可能當選的：我會支持綠色能源政策，我會把美國從對石油的依賴中解放出來，我會與氣候異變奮戰。

這個議題的政治立場已經有了極大的轉變，即使是那些左右全球情勢、蓋達組織的支持者，也開始涉足貼有綠色標籤的事務了。2007年9月10日的《新聞週刊》曾報導，在2007年7月，「一個擁護印尼施行伊斯蘭教法的龐大伊斯蘭教徒團體（其領導人曾公開支持賓拉登）高舉著『地球之友』的牌子──印尼曾在一個集會上對美國某礦業公司和布希政府示威抗議……真正的環保組織『地球之友』（Friends of the Earth）則公開譴責

> 在我們所經歷的綠色革命裡，每個人都是贏家，沒有人必須放棄什麼，而最常使用的形容詞，就是「容易」二字。這不是場革命，根本是場派對。

該伊斯蘭教團體未經授權就使用他們的商標，並否認與該團體有任何關聯。可是，如果激烈的伊斯蘭教徒企圖以社會運動的外衣，掩飾他們更多的行動，也並不令人意外。」

與穆斯林相比，猶太人的動作也不落人後。根據合眾國際社（UPI）2007年12月5日的報導：「一個以色列環保團體發起了一個網路活動，鼓勵全世界的猶太人在這次光明節（Hanukkah），少點一根蠟燭……『綠色光明節』活動的主辦人說，每根蠟燭從頭到尾燃燒完，會產生15克的二氧化碳。」而世界各地猶太家庭點燃的蠟燭會產生相乘作用，積聚成真正的碳足跡。「該活動呼籲全世界的猶太人，要節省最後一根蠟燭並拯救地球，活動創辦人之一歐塔（Liad

---

❶ 碳足跡（carbon footprint）是指人類在日常活動中、使用能源時，所排放的溫室氣體，以二氧化碳為標準計算。

Ortar）告訴《耶路撒冷郵報》（*The Jerusalem Post*）：『這樣我們就不再需要其他奇蹟了。』」（我看到有個部落格回應道：為什麼不要求全世界每個人都不要抽菸呢？）

一場綠色派對

要是我對這類事情忍不住有點嘲諷的味道，請多包涵。我讀到或聽過太多人說：「我們正面臨一場綠色革命。」沒錯，社會上的確有很多關於綠色的雜音。可是每當我聽到有人說「我們正面臨一場綠色革命」時，就忍不住反唇相譏：「真的嗎？真的嗎？一場綠色革命嗎？你曾看過什麼革命是沒有任何人受傷的嗎？那就是我們所面臨的綠色革命。」在一般人所謂的綠色革命裡，每個人都是贏家，沒有人必須放棄什麼，而最常用來形容綠色革命的，就是「容易」二字。這根本不是革命，而是派對。其實我們正在參與一場派對。而且，我得說，這個派對還滿好玩的。我本人受邀參加了所有的派對，不過，至少在美國，大都只是化妝舞會而已。只要「看起來」是綠色的就行了，而且人人都是贏家，可說皆大歡喜。

美國農夫是贏家，他們是綠的。他們獲得政府大量補助種植用來提煉乙醇的作物，即使以一個減少二氧化碳的政策來說，這麼做根本沒有實質意義。艾克森美孚說它正在綠化，通用汽車也一樣。通用汽車在使用彈性燃料（flex-fuel）的汽車上裝置了黃色的油箱蓋，表示這種車子是使用汽油或乙醇的混合燃料車。多年來，通用汽車從未費心強調它的車子是彈性燃料車，或把這件事當成對顧客的行銷重點，它之所以會製造一些彈性燃料車，唯一理由是因為這麼做，政府就會准許它製造更多吃油極兇的悍馬和敞篷載貨卡車，卻仍然符合美國國會頒布的國家汽車平均油耗標準——這標準為什麼這麼模稜兩可？

煤礦公司也正在綠化，因為他們打算把自己改名為「能源」公司，並加強封存二氧化碳的技術，以便未來能給我們「潔淨的煤炭」，只不過這件事他們從來沒做到過。我很確定現任美國副總統錢尼是綠的，因為他在懷俄明州有個

住所，常去那裡打獵，而且他還支持煤製油❷。我們全都是綠的。「沒錯，向前走，各位先生女士，在美國現在的綠色革命中，每個人都可以參與演出，每個人都是贏家，沒有人會受到傷害，沒有人得做任何為難的事。」

我說過了，革命的定義不是這樣。這是派對的定義。

象徵意義大過實質意義的行動

幸好有相當多人在這個綠色派對上。在Greenasathistle.com網站上，有個追蹤環保議題的部落客，就曾挖苦的道出其觀察：

讓大眾意識到全球暖化的問題、推出環保商品，以及大家所做的環保行動，這些顯然都是好事，可是難道每本雜誌都得刊登綠色議題的文章嗎？我開始覺得氣候變遷的議題，已經做了過多宣傳，尤其是扯上流行界的時候。說真的，如果我再多看「生態時尚」（eco-chic）這個詞一眼，就想要用我的生物可分解筆把自己的眼珠挖出來……我擔心一旦所有雜誌都這樣處理綠色議題，他們會像對待其他所有過時的流行一樣，感覺倦膩時，就把它丟在一旁，不再理會。也許下個月他們就會宣稱……耗油的東西才「正點」，再生的東西已經「退流行」了，用的標題則是：「亂丟垃圾是最新流行的黑色！」

為了讓人們覺察到能源氣候問題，並要求大家擺出象徵性姿態以喚起注意，結果在這方面所花的時間、力氣和口水之多，已經與設計系統性解決方案所花的時間、精力和努力不成比例。我們已經有太多「拯救地球家園」的演唱會，也收到太多服飾精品店寄來的「擁有一個綠色假期」聖誕目錄，卻太少人專注於遊說國會制訂有利於轉型的環保立法。如果能把花在演唱會或其他活動

---

❷ 煤製油（liquefied coal）是指將煤轉化加工，生產出汽油、柴油、液化石油氣等液體燃料的煤液化技術。

的金錢和動員力，用於遊說國會，以便推動再生能源的生產和投資，制訂更寬鬆、更長期的相關賦稅優惠，或推動其他環保立法，就能產生更大、更有意義的影響力。從象徵性的行動轉移到實質上的行動，其實並不容易。我住在美國馬里蘭州的蒙哥馬利郡，這裡有一票人自認是環保和資源再

> 如果我們把這些容易、符合成本效益、符合生態效益的方法全都加起來，所能達到的最好結果，也只是減緩環境傷害的速度而已。

生的擁護者，也做了其他很多好事。可是當我想在我家側邊的院子裡裝設兩組太陽能電池陣列（solar array）時，他們卻告訴我這是違法的，因為有礙觀瞻。土地使用分區管制法說它們只能裝在後院，可是我家後院日照不夠。結果我們的太陽能公司不得不聘請一位律師，訴請修正法律，我們幾乎在一年之後才成功實行。

五角大廈的規劃者常說：「沒有資源的願景只是一種幻覺。」現在我們有的正是一個綠色幻覺，而不是綠色革命。因為我們正在給自己和孩子們一個沒有資源的幻覺，這個幻覺缺乏能把願景轉變成事實的系統性回應，而這個系統性回應是由知性的設計塑造，由市場力、更高的效率標準、更強硬的規定和保育倫理所支撐的。我們想要結果，卻不想用方法。

沒錯，如果你看看過去5年來我們走了多遠，可能會覺得我們真的在進行一場綠色革命。可是如果你看看未來10年我們必須達到的目標，就知道我們只是在辦派對而已。對於這種情形，沒有人比政治及環境科學家、阿列格尼學院（Allegheny College）教授馬尼茲（Michael Maniates）說得更好了。他在2007年11月22日的《華盛頓郵報》裡寫道：「從來不曾見過在如此的緊要關頭，有這麼多該做的事，要求卻這麼少。」

馬尼茲說，有幾本暢銷書，「對我們必須要求自己和別人的事情，提出了一些建言」：

這些書的書名建議我們不用花太多力氣：《輕鬆做環保》（*It's Easy Being Green*）、《懶散的環保人》（*The Lazy Environmentalist*），甚至還包括了《綠書：天天輕鬆救地球指南》（*The Green Book: The Everyday Guide to Saving the Planet One Simple Step at a Time*）。

雖然每本書都提出了類似的建議（「紙張在回收前要廢物利用」，或「縮短淋浴時間」），然而這些書保留沒說的話，才真的耐人尋味。書的字裡行間不斷提醒三件事：(1)作為一個消費者，我們應該在私生活裡尋找容易、符合成本效益的事情來做，因為這是我們最能作主、也最能控制的部分；這樣做最好，因為(2)如果我們都這麼做，那麼這些個人選擇所累積的效果就可以救地球了；這真的很幸運，因為(3)我們天生就不太喜歡做那些不私密、非個人、不合成本效益的事，尤其不喜歡做不容易的事。這種對「容易」的讚譽，不只出現在最新推出的一些自助環保書裡，美國一些重要環保團體的網站，像是美國國家環境保護局，甚至是美國科學促進會，也都提出了非常類似的行動清單，告訴我們可以透過消費選擇來改變世界，而這些消費選擇合乎經濟效益、容易，甚至很有格調。

瞭解真正的事實

當然，我們可不打算為了這個問題自毀前程，可是並沒有「容易」這個按鈕，讓我們一按下去就綠化世界。馬尼茲說：

真實情況是：如果我們把這些容易、符合成本效益和生態效益的方法全都加起來，所能達到的最好結果，也只是減緩環境傷害的速度而已……執迷於資源再生或多裝幾個省電燈泡，並不能解決問題。我們必須在能源、交通、農業等系統上尋求根本的改變，而不是在科技的邊緣打轉。但是，尋求根本改變所需要的改變和成本，似乎正是目前及未來可能的領導者都不敢討論的。這真令人感到遺憾，因為當奮力團結、與人合作、試圖解決困難目標的時候，美國人

通常表現得最好……那些容易的事情當然得做，因為那能減緩傷害，也是我們為下一代著想的重要象徵。可是不能讓領導者低估我們。只做「容易」的事情表示我們能做到的最大限度，就是無法利用政治力量，而讓每個人都個別採取行動，大家步調不一致的列隊行進。

　　問題是，只要一離開「輕鬆做環保」的舒適範圍，無論我們為這個議題達成過什麼表面的共識，都很容易瓦解。太平洋研究所氣候專家葛雷易克認為，談了那麼多綠色議題，事實上，「我們還沒有以一個整體社會的角度，對綠化的意義達成一致的結論。」這種情況讓每個自稱為環保人士的人都可以各持己見，因為根本沒有任何基準可言。

> 別說205種，根本就沒有任何一種輕鬆的作法能真正達成綠色任務！如果我們真的能完成，那麼這將是人類有史以來最大的一個和平時期計畫。

　　我希望在本書後面的篇章，能大概描繪出一個有系統的綠化策略。可是在此之前，我們得先在磅秤上站一下。

　　你很清楚當自己身上多了一點肉之後，為什麼就不想再量體重了（至少我知道），因為你就是不想知道自己得減重多少才行。沒錯，環保問題也是如此。大家都喜歡用抽象的方式談這個問題，根本沒觸碰到實際上的嚴苛挑戰，才能大幅降低二氧化碳的排放，提高能源和資源的效率。所以在我們採取行動之前，必須把這種挑戰放在磅秤上秤一秤，然後看看量出來的數字，仔細看，連眼睛都別眨一下，才能搞清楚這個計畫究竟有多龐大。

　　首先，記住我們要做的事：我們想改變氣候系統，避免不可管控的，管控不可避免的！我們想減少降雨量、減弱風力、減緩融冰的速度。除了這些之外，我們還希望保護並恢復全世界正在迅速耗竭的生態系，包括森林、河流、熱帶大草原、海洋，以及其中蘊藏豐富的動植物物種。最後，我們想要打破對

汽油的集體成癮，因為汽油不僅對氣象有深遠的影響，對地緣政治也一樣。我們的藍圖就是這麼大。這不是我們可以當成嗜好來玩的東西，而且絕對、絕對不可以用「容易」這個詞來形容這項任務。

事實是：不僅沒有205種輕鬆綠化法，根本就沒有任何一種輕鬆的作法能真正達成綠色任務！如果我們真的能完成，這將是人類史上最大一個和平時期計畫。全世界任何地方的政治領導人，都鮮少直接談到這個挑戰的真正規模。

找到生產和使用能源的新方法

結果，這項任務通常都落到石油、天然氣、煤礦公司的管理者身上。他們很樂於告訴我們這個問題的規模，可是通常暗自竊喜，因為他們希望我們相信真正的綠能革命是不可能完成的，我們別無選擇，只能繼續沉溺在石油、天然氣和煤礦裡。他們想瓦解我們的抗拒意志，他們話裡隱藏的訊息是：「現在就放棄吧，對你衷心嚮往的耗油名車投降吧；我們必須達成的任務實在太龐大了。所以現在就放棄吧，現在就放棄吧……」

我本能的不信任他們的分析，但也有例外，因為有些公司的確在再生能源上投入相當大的賭注，也的確設法在這一行好好作生意——只要有市場的話。譬如，世界最大的電力民營公司雪佛龍（Chevron）用潔淨的地熱源（用地心火山物質在地底生產的蒸氣、熱氣、熱水，能讓渦輪發電機運轉，進而產生電力）來發電。下面就是雪佛龍執行長奧瑞利（David O'Reilly）對綠色能源挑戰的規模與範疇，所提出的看法：

「這裡有個能源知識問題，如果你把全世界每天的能源消耗量轉換成等量的耗油量，就知道我們每小時消耗了1千萬桶石油，也就是4億2千萬加侖的石油。這是把所有水力、煤礦、石油、再生能源和其他能源統統加起來的結果。如果我們真的想做出一番成績，必須注意三件事：市場的大規模需求；生產大量替代能源所需要的大規模投資；以及生產替代能源所花費的大量時間。而目前很多替代能源都還處於萌芽階段。

「我們先看看日益增加的能源需求。我聽說過『黃金的10億人口』（the golden billion），指的是地球上已經享有像美國一樣生活水準的10億人口。可是另外還有生活水準正在提升的20億人口，以及仍活在貧窮中的30億人口。正在提升的這20億人想達到美國目前的生活水準，仍在貧窮中的那30億人又想往上爬，從全球景氣的角度來說，美國也希望他們能爬上來。接下來還有目前尚未出生的30億人口，到了2050年，他們就在地球上了。如今

> 人類排放到大氣層裡的二氧化碳只有一定的限度，當二氧化碳量達到近代地質學史上從未有過的程度時，地球的氣候系統就會開始毀壞。

的能源供應量主要是滿足那10億和20億人的需求，並不包括仍在貧窮中的那30億，更別提還沒出生的那30億了。所以這每小時1千萬桶的石油消耗量還會再增加，」奧瑞利說，「因為能源使用量和生活水準是休戚相關的。」

接著，我們再看另一個挑戰，就是必須在生產和使用能源上找到新方法。奧瑞利說：「大家都太高估既有的替代能源開始大量生產的能力。」他解釋說，「我們先談效率問題：如果關閉整個交通系統，包括每部汽車、火車、船和飛機等每種會飛或有輪子的工具，讓地球上再也看不到一部汽車在跑，那麼全球大約可減少14%的碳排放；如果停止所有的工業活動、商業活動、居家活動——停止供應每個家庭的所有用品，那麼大約可減少68%的碳排放……所以提升效率會有幫助，但不要作錯誤的承諾。我們還是需要石油和天然氣，需要用到煤炭，需要更充分發揮能源效率。」

好像這些景象還沒能把我們嚇得腦袋打結似的，奧瑞利繼續說，先不把意外的科技突破估計在內，替代能源要花費幾十年時間才能大規模生產。「我希望我的孫子能活在一個不論是能源、環境或經濟都平衡發展的世界。這可不是一蹴可幾的，我們今天的系統是超過一百年來投資的成果，下個系統同樣也需要花一百年的投資。所以，我們對於從美國政府或其他地方聽到的輕率承諾，

要小心了。我預測，十年後全球溫室氣體會比現在更高，可是等我的孫子到了我這個人生階段，也就是六十幾歲時，溫室氣體就可以大幅降低。我們需要領導人站出來告訴我們，這件事很難、很龐大，需要大量的投資。」

那麼，我問奧瑞利，我一直看到報導提到，2007年大約有50億美金挹注到環保創投資金裡，對這件事該怎麼看？「那連買一個精密的新煉油廠都不夠，」他簡短回了我一句。「想改變目前我們所走的路，需要的錢是兆位數的，否則我們就會待在現在的路上。」

避免二氧化碳加倍

假設你是個樂觀主義者，你相信現有的再生能源科技，以及可提升能源效率的機會，都已進步到足以對氣候變遷及能源價格產生根本的影響，那麼我們究竟應該怎麼做，才能藉由發展現有的綠色能源科技及提升能源效率計畫（這些計畫必須從今天就開始做），來造成根本的影響？

這個問題的答案，也是觀察這個問題真正規模的另一種方式，是由普林斯頓大學工程教授蘇可羅（Robert Socolow），以及生態教授巴卡拉（Stephen Pacala）共同提出的。他們聯合主持「減碳專案」（Carbon Mitigation Initiative）組織，這是一個為氣候問題設計可計量解決法的國際協會。蘇可羅和巴卡拉最早是在一份報告中提出看法，這份報告現在已聲名大噪，並在2004年8月號的《科學》期刊裡發表。他們認為，人類排放到大氣層裡的二氧化碳只能有一定的限度，當二氧化碳量達到近代地質學史上從未有過的程度時，地球的氣候系統就會開始出現狀況。和聯合國跨政府氣候變遷小組一樣，他們認為，全球氣候將急遽紊亂的臨界點，是大氣層中二氧化碳含量達到工業革命前的兩倍，而那時的含量為280 ppm。

「如果不處理氣候變遷的問題，就會引來數不盡的災難，麻煩可多了，」巴卡拉說，「所有的科學研究都顯示，最有殺傷力的災難，都會在二氧化碳濃度達到雙倍時爆發出來。」

　　所以，大家都有了一個可理解的簡單目標，就是要避免二氧化碳加倍。巴卡拉說，問題是，如果我們什麼都不做，讓全球二氧化碳排放繼續以現有的曲線成長，很容易就會在本世紀中左右達到雙倍的程度，也就是大氣層中的二氧化碳含量達到560 ppm，2075年左右則達到三倍。你不會想住在一個560 ppm的世界裡，更別提800 ppm了。為了避免那一天來臨，同時還要留給已開發國家繼續成長的空間（只不過碳要少用一點），也要留給印度、中國等開發中國家成長空間，讓他們的碳排放可以比目前高出兩倍或三倍，直到他們走出貧窮，比較有能力提升能源效率為止，勢必要有一個巨大的全球工業能源計畫才行。

　　為了讓大家瞭解整件事的龐大規模，蘇可羅和巴卡拉畫了一個圓形圖，把它分成15份。有些部分代表無碳或減碳的動力科技，另一些則代表可以保存大量能源並防止二氧化碳排放的效率計畫。蘇可羅和巴卡拉認為，如果從今天開始行動，全世界必須在這15種計畫中找出8種來進行大規模發展，或是充分發展15種計畫，才能有足夠的綠色能源、生態保育、能源效率，讓世界經濟繼續成長，同時又能避免大氣層中的二氧化碳在本世紀中加倍。

　　當這15種計畫在這五十幾年中逐步實行時，每種計畫能避免排放250億噸的碳，也就是從現在到本世紀中這段期間，總共可避免排放2千億噸的碳，蘇可羅和巴卡拉認為，這個數量可讓我們低於二氧化碳濃度加倍的標準。可是，想符合15種計畫中的任何一種條件，該科技必須今天就存在，而且能大規模發展，此外，還得有辦法衡量碳排放量減少的數量才行。

15種避免二氧化碳加倍的計畫

　　現在我們有了一個目標：要避免二氧化碳在本世紀中加倍，為了做到這一點，從現在到二十一世紀中期的經濟成長過程中，我們必須避免排放2千億噸的碳。讓我們來看看這15種計畫，並選出其中你最喜歡的8種「容易」的計畫：

- 把20億輛汽車的燃油效率，從每加侖跑30英里，加倍為60英里。

- 以每加侖跑30英里的燃油效率，讓20億輛汽車每年只開5千英里，而不是1萬英里。
- 把1,600個大型燃煤廠的效率，從40% 提高到60%。
- 用天然氣動力設施取代1,400個燃煤火力發電廠。
- 在800個大型燃煤廠裝設碳捕捉及封存的設備，這樣二氧化碳就可以被分離出來，並貯存在地底下。
- 在新煤礦工廠裝設碳捕捉及封存的設備，使之產生氫氣，提供15億輛氫動力汽車之用。
- 在180個煤氣化廠（coal gasification plant）裝設碳捕捉及封存的設備。
- 把全球現有的核能發電量提高兩倍，以取代燃煤火力發電。
- 增加40倍的風力發電，以廢除所有的燃煤火力發電。
- 增加700倍的太陽能發電，以廢除所有的燃煤火力發電。
- 增加80倍的風力發電，為環保車提供氫氣。
- 用乙醇發動20億輛汽車，用全世界六分之一的農地來生產所需的玉米。
- 停止砍伐和燃燒所有的森林。
- 採用保育耕地，讓全世界所有的農業土壤都減少二氧化碳排放。
- 將家庭、辦公室、商店的用電量削減25%，碳排放也減少同樣的比率。

　　只要全世界能設法跨出其中任何一步，就已經是個奇蹟了，8個更是奇蹟中的奇蹟，可是這正是我們需要做到的程度。巴卡拉說：「歷史上從來沒有一個縝密的工業計畫，具有這麼大的規模。」透過綠能科技和生態保育兩種途徑，「我們必須在未來50年內減少排放2千億噸的碳，同時仍繼續維持經濟成長。如果我們今天就開始這麼做，這個目標就可能達成。可是我們每延遲一年，這個任務就會變得更困難，因為延遲一年，第二年就要做得更多，若我們延遲個10年或20年，碳加倍就無可避免了。」

不是不能承擔，而是不能輸

　　加州理工學院的化學家及能源專家路易斯，用了一個和蘇可羅及巴卡拉不太一樣的算法，不過也可以表現出這個挑戰規模之龐大。路易斯的說法是這樣的：在2000年，全世界能源用量的平均比率大約為13兆瓦，這表示平均來說，全世界隨時都在使用13兆瓦的能量。即使我們積極做保育工作，這個數字到2050年時仍預期會增加一倍，變成26兆瓦。可是如果我們想避免大氣層中的二氧化碳加倍，並順應美國及印度、中國等其他開發中國家的成長，那麼必須在2050年以前把全球的二氧化碳排放量削減80%左右，而且從今天開始行動。

　　這表示到2050年以前，我們只能使用2.6兆瓦排放碳的能源。可是我們知道到那時我們的總需求會從13兆瓦倍增到26兆瓦，路易斯說：「這表示，從現在到2050年間，我們必須提高能源效率，節省幾乎等同目前用量的能源，也必須開發不會排放碳的能源，以創造幾乎等同目前用量的綠色能源。」

　　如今，一個一般的核能發電廠隨時可生產大約10億瓦的電力。所以如果從現在到2050年之間，只靠核能發電取得需要的所有潔淨動力（大約13兆瓦），那麼必須興建1萬3千座核子反應爐，或在未來30年內，每天興建一座核子反應爐，而且是從今天就開始。

　　「我們必須投入所有的投資資本和智慧資本，才能應付這個挑戰，」路易斯說，「有人說這會毀了我們的經濟，是我們不能承擔的計畫，我卻認為這是無論如何都不能輸的計畫。」

　　更正，我們現在已經在輸了。儘管有那麼多關於綠色革命的討論，路易斯說：「情況卻並沒有改善，事實上，反而更糟。從1990到1999年之間，全球二氧化碳排放量每年平均增加1.1%。後來每個人都開始談〈京都議定書〉，所以美國扣緊腰帶，認真起來，打算讓世人見識一下我們的能耐。結果從2000到2006年之間，我們的二氧化碳排放增加率比全球高出三倍之多，比這段時間的每年平均增加率高出了3%！世人終於見識了美國的本事！嘿，看看我們認真起來的能

耐，我們可以讓更多的碳排放得更快。」

用政治力面對挑戰

該是政治出面解決氣候、能源、科技問題的時候了。無論是我們或任何人，有足夠的政治力量，去承擔和發展這麼大規模的工業計畫嗎？

當然，以美國目前只是嘴上綠化的層次來說，還沒有牴觸到民主黨或共和黨那些公開宣稱的原則。可是如果要快速且大規模的推行綠能革命，就表示將會與一些經濟上、地方上、企業界的既得利益者發生牴觸，而這些人都居於兩黨的核心地位——從俄亥俄州的農民到西維吉尼亞州的煤礦遊說團。因此，如果兩大黨內部沒有為這個議題發生真正的衝突，美國就不會有真正的綠能革命。

「如果不管民主黨或共和黨，企業或消費者，都表示支持你的目標，你就該懷疑自己是不是還沒把問題解釋清楚，或是還沒有把它陳述成一個真正的政治問題。」哈佛大學哲學學者桑德爾說，「凡

> 我們必須投入所有資本，才能應付這個挑戰，有人說這會毀了我們的經濟，是我們不能承擔的計畫，我卻認為這是無論如何都不能輸的計畫。

是重大的社會、經濟或政治變遷，都很具爭議性，一定會引起爭論和反對。想要克服能源挑戰，除非你認為有純粹科技性的解決方法，否則一定需要大家共體時艱，並有政治決心。真正的政治，沒有不充斥反對意見和利益衝突的。政治的本質就是處理困難的抉擇，而不是一團和氣。唯有當政黨內外爆發真正的爭論時，才算開始在政治上認真面對綠色議程。」

如果政治上認為大變遷是可行的，但解決問題所需的最小資源卻付之闕如，還是不能稱之為一種革命。能源氣候年代所帶來的挑戰，「在現有的政治思考層次上是無法解決的，」惠利基金會（William and Flora Hewlett Foundation）

的能源專家哈維（Hal Harvey）說：「你不能用產生問題的思考層次，來解決問題。」

環境顧問華森有一天對我說，想真正應付這個挑戰，讓他想到他當童子軍時的一次經驗。「那時我很胖，有些事情我認為自己做得到，實際上卻不行。有一次我們這小隊要參加一個50英里的健行活動，為了做好準備，必須進行一連串的健行訓練，所以我就自己去練習。我以為自己每次訓練時都走9到12英里路，其實只走了3或4英里。當真正的健行活動開始時，我因為狀態不好，中暑不支倒地。我因為不瞭解自己的狀態，讓自己和小隊裡的每一個人陷入危險。我知道想感覺自己做得很好、很對的心理需求，可是如果事

> 談到環保，我們寧願偽善一點，也比冷漠來得好——只要你知道自己在做什麼，不斷往正確的方向邁進，而且不要太早就宣告勝利。

實並非如此，我們就無法真正達成野地求生的任務。」

他又說，大眾似乎不太瞭解，現在的我們並不是像必須避免撞到冰山的鐵達尼號，而是已經撞上冰山了。海水已經衝進下層船艙，可是有些人還不想離開舞池，有些人則不想離開餐廳。可是如果我們不肯做困難的抉擇，大自然會幫我們做。如今強烈意識到問題真正的規模和速度的，大都還只限於專業的科學圈子，可是很快的，人人都會非常瞭解。

別誤會我的意思，我從許多投身於這個問題的年輕人那裡得到幫助。就像Greenasathistle.com網站上的部落客所說的：「談到環保，我們寧願偽善一點，也比冷漠來得好。」——只要你知道自己在做什麼，不斷往正確的方向邁進，而且不要太早就宣告勝利。太早插下旗幟，只會惹來大麻煩。而這正是我們近來所做的事：貼個綠色商標，說些綠色八卦，辦個綠色音樂會，就以為在解決問題了。門兒都沒有！

「這就像在攀登聖母峰，當我們抵達海拔最低的6號基地營時，就決定環顧

四周，放下裝備，拍拍挑夫的肩膀，然後打開一瓶慶祝用的白蘭地，」能源創投家海德瑞說，「可是這時候，2萬9千英尺高的聖母峰，仍然巍巍聳立在我們面前。」

從聖母峰山頂望下來究竟是什麼樣子？也就是說，一場真的會造成大破壞和大轉型的綠色能源革命是什麼樣子？請翻到下一頁。

第十章

能源互聯網打造新生活

當我們的電力設施能與所有的用電設備連線，

並且全依照屬於自己的能源計畫，

聰明的自動開啟、關閉、買電、儲電，甚至是賣電給電網……

我們就是以更高的能源效率，取代了更多發電廠的興建，

以最少的金錢、最低的汙染，享受最好的生活品質。

這不是魔法、也不是科幻小說的情節，而是已經近在咫尺的未來！

革命不是請客吃飯，不是做文章，不是繪畫繡花，不能那樣雅緻，那樣從容不迫，文質彬彬，那樣溫良恭儉讓。

──毛澤東

你大概不曾看過，站在聖母峰頂所看到的景觀；事實上，成為聖母峰的一部分，也是你從未有過的經歷。那就像你家裡所有的電力系統，都透過資訊系統來控制，從使用、儲存、生產甚至是買賣潔淨電力，全都整合在一個大型無縫的平台裡；那就像是經過了資訊科技革命與能源科技革命後，兩者已整合為一的系統；那就像是你已經住在一個「能源互聯網」（Energy Internet）的世界裡。

這不是科幻小說，這是即將成真的先進科技

我知道這聽起來像是科幻小說或魔法，但它不是。許多科技已經可以創造出能源互聯網了，《經濟學人》曾經用「智慧型電網」（smart grid）來形容它，說這樣的科技已經存在，或者正在實驗室裡進行著，接近完成中。

我們現在最需要的就是整合型的政府政策，包括法律、標準、稅制、貸款、鼓勵誘因與再生能源組合標準❶的相關法令、最低限度或最大限度等，來引導與刺激市場，驅動創新技術往前邁進，才能讓這些新概念加速商品化，並將這樣的革命更快帶進我們的生活中。

自本章起共四章，我將會描述綠色能源、高能源效率是什麼樣的系統，該如何保護，而我們又應如何帶動它。

這一章主要介紹的是，能源互聯網將如何讓你、我和你隔壁的鄰居，都藉由節能與綠色能源系統來完成不可思議的事，而且是日以繼夜、無時無刻不在進行，不論你是否注意到它。

之後的兩章（第11、12章）將會敘述我們需要什麼樣整合型的政府政策，來引導和刺激市場與投資人投入資本，才能建立起能源互聯網，並創造充足、潔淨、可靠又便宜的電力輸送到互聯網中。

---

❶再生能源組合標準（Renewable Energy Portfolio Standard）是美國的一種制度。實施的各州要求州內電力公用事業在其提供的總電力來源中，要有一定比率的潔淨再生能源電力，以推動能源多元化。

第13章的重點則是在保護：我們如何制訂政策來保護這個自然世界，包括那些延續我們生命的植物、動物、魚類、海洋、河流與森林。

這些章節合起來將解釋：在真實世界裡，如何建立一個可創造、生產、發展潔淨動力、能源效率、資源生產力與生態保育的再生能源生態系統；這個系統的成本會比燃燒煤炭、石油和天然氣的真正成本便宜。

要讓這個系統成真的許多原物料，其實都已經以某種形式存在了，然而要創造這樣的系統卻沒那麼容易，畢竟沒有一種革命是容易的。但這真的不是科幻小說；所以，請持續保持開放的眼界與心胸，記住近年來最偉大的科幻小說家克拉克（Arthur C. Clarke）的洞見名言：「任何夠先進的科技，幾乎與魔法無異。」

在便宜、穩定且隨處可得的電力背後

在我們揭開這個魔法秀的序幕之前，我得先揭露一些真相。我需要解釋一下，美國的電力系統是立基於公共事業規範的電力設施網路上，而這個系統目前是怎樣運作的。

也許你最近一次想到電力設施，是在玩大富翁遊戲時，買了一塊地皮，而必須決定是否要花150美元去買一家電力公司。

這的確是我在寫這本書之前的狀況——我知道我的車是怎麼運作的，也知道最近的加油站在哪，但我完全不知道所謂電力設施到底是什麼，雖然我每天的生活都得靠它。我只知道每個月會收到電費帳單，然後付錢，一切就是這樣了。不過呢，電力設施其實比你我想像中有趣多了，而且它們對於綠能革命的重要性，也遠超過人們的想像。

你也許認為這個部分可以跳過不讀，但請千萬不要。不論你喜歡與否，地方性或區域性的標準電力設施，將一直是我們國家能源系統的核心。

如果我們要建立一個綠色能源的平台，也絕對是要依靠國家電力系統來執行。這個電力系統已經有了消費者基礎，同時也有能力集結大量的便宜資本，

並且擁有可以驅動能源互聯網發展的既有基礎設施。而且，一般大眾也十分信任這些電力設施。美國詐騙集團最喜歡用的策略，就是偽裝成地方電力公司的服務人員去敲你家大門，而幾乎所有人都會不疑有他的說：「嗨！請進！」

　　這個電力系統如今到底運作得如何？許多國家和美國現存的以電力設施為中心的供電系統，都是遵從一個最高指導原則來建造的，這個原則就是：滿足最大電力負載的任務。結果，不論是地方政府或州政府，還是不同區域設立的管理委員會❷（regulatory board），都必須保證在所屬範圍內，供應足夠的電力及天然氣給顧客。也就是說，這些電力設施必須達成下列三項基本義務：提供價格合理的電力、提供穩定的電力（也就是一天24小時、一年365天都必須供應）、提供隨處可得的電力（在電力設施可運作的範圍內，凡是需要電力的顧客都要被滿足）。

從前我們總是說，美國這套發展了數十年的供電系統，是人類有史以來建造過最大型的機器；但我不得不這麼說：這套系統是人類有史以來建造過最笨的大型機器。

　　這套供電系統，是由愛迪生的門徒英薩爾（Samuel Insull）所精心設計，他將愛迪生的發明商業化，並且早在一百多年前就把這套系統賣給政府單位。這套系統讓電力公司實際受惠，可以更有效而便宜的募集資金，投資興建大型電廠和電力傳輸網路——因為有廣大的顧客需求作後盾。這套系統也讓顧客受惠，使他們數十年來都享受得到便宜、穩定而且隨處可得的電力。大多數電力公司都在這樣的情況下運作得非常良好，並且在二十世紀裡協助美國的成長。

---

❷美國的電力管理者裡負責制訂費率的，稱為公共事業委員會（public utilities commission），委員會的成員通常是由州長或州議會指派；而跨州之間的電力交易則由華盛頓的聯邦能源管理委員會（Federal Energy Regulatory Commission）來負責管理。

然而，這套大型州際系統已經有逐漸走下坡的趨勢。一開始，我們總是說，美國這套由數十年來建造的發電廠和傳輸線路所構成的供電系統，是人類有史以來建造過最大型的機器。也許它是最大的，也許不是。但有一件事我可以肯定的告訴你：這套系統絕對是人類有史以來建造過最笨的大型機器，而且它笨的方式還不只一種。

美國的電力設施與供電網路：一個既大又笨的系統

我知道這樣說可能不太公平。簡單的說，從二十世紀以來，美國各地的家庭、城鎮與工廠的電氣化，全都得歸功於這項偉大的工程；如果沒有這項建設，美國的經濟發展也不可能有今日的規模。然而，即便這個供電系統可以提供便宜、穩定且隨處可得的電力，它的建造仍舊不是個聰明的設計。

這套供電系統就只是一間間的電力公司、一區區的服務範圍、一張張的資產負債表、一套套的地方性市場規範，依循各地的不同需求而隨意發展。直到今天，美國還沒有一個國家型的供電網路，現有的系統其實只是來自於全國各地的東拼西湊；相形之下，巴爾幹半島的國家分裂其實還不算什麼。

今日全美國約有3,200家電力公司，有些公司的服務範圍可以橫跨好幾州，有些公司就只服務單一城鎮或者某個郡的部分地區。這些電力公司和供電網路最終可以合併成全美的三大區域電網，包括：結合美國東海岸、中部平原及加拿大東部省份的東岸電網（Eastern Interconnection）；德州獨立電網（也就是德州保證供電理事會，Electric Reliability Council of Texas，簡稱ERCOT）；還有除了上述範圍之外，涵括至太平洋沿岸的西岸電網（Western Interconnection）。就是這些了，這就是美國的電力系統。

這三大區域電網之間的整合，少得令人驚訝，而且即便是每個區域內個別的電力公司之間，也都沒有整合。想像一下，如果你從紐約開車到洛杉磯，途中完全沒有州際高速公路，只能走州內及地方型的快速道路，而且還只能用每個郡各自的地圖找路──這就是如果想把電力從紐約輸送到洛杉磯的情景。

　　雖然實際上，你不會想要橫越數個區域來輸送電力，因為大量的電力會在傳輸過程中耗損；然而，這個東拼西湊的電網仍然是個問題，會使得區域內的電力輸送同樣十分困難。想像一下從鳳凰城開車到洛杉磯，如果只能走地方道路，就像是要將亞利桑那州北部風力發電廠所生產的電，送到南加州的市場一樣的困難。

　　此外，這套系統的定價也很笨。這個電網的確能很穩定的供電，但這些電力全都來自不同的能源消耗；也就是說，在大部分的情況下，不論來到你家的電是如何產生的（可能是燃煤、石油、核能、水力、風力、太陽能或天然氣），你付的都是一樣的電費，而你也不需要去管這些電是在尖峰時段還是離峰時段生產的。而且，你根本無從分辨：每一度電你都付同樣的價錢，只等著電力公司讀取你家後院的電表後，寄一張帳單給你；電費帳單不像電話帳單有明列細項，電力公司才不幹這種事。

　　最後一點，在大多數情況下，從你家到你的電力公司之間，這套系統笨到沒有辦法雙向溝通。你這個顧客無法要求只使用特定能源生產的電力，也無法要求使用特定的費率在特定電器上，即使你要求了，你的電力公司也無法提供。美國大多數的情況是，一旦你家停電，你必須自己打電話通知電力公司，要不然電力公司永遠不會知道。

　　但天佑美國電網，即使它很笨，這麼多年來還是能提供便宜、穩定且隨處可得的電力，穩定到多數的美國人從來不曾問過這些電從哪裡來、是如何生產的、又怎麼在插座、開關啟動或關閉的瞬間流動。我們就只是期望著：需要用電時就有電。當沒有電時，就算只有15分鐘，你也會氣炸了！

電力公司的使命：建更多設施、賣更多電

　　由州政府所指派的管理委員會，決定每家電力公司每度電能收取多少錢，他們給電力公司的指示基本上是：「你要負責生產便宜、可靠又隨處可得的電力，我們會給你專賣權來做這件事。每隔幾年我們會決定你服務範圍內的電力

費率，確保你的收支可以平衡，還有足夠的利潤繼續運作，好讓你可以徹底的盡你的職責。」

特別的是，管理者和電力公司會制訂出一套計畫，有時他們稱之為整合資源計畫，但基本上那就是一個平鋪直敘的資金預算表。在這個計畫裡，電力公司會告訴管理者：「這是我計畫服務顧客的方式，我盡所能的提供便宜、穩定又隨處可得的電力服務；計畫中這麼多的電廠和電力線網，總共需要花這麼多錢。」這個計畫一經認可，電力公司就會跟管理者說：「我將需要這麼多錢來支付這些成本。」

> 對電力公司來說，「增加供電量」永遠是所有問題的解答，而不是「管理需求量」；增加供電量所需的大量成本，就轉嫁到你的帳單上。

然後，管理者會就這份財務需求（也就是「法定盈餘」），先砍掉一部分金額（因為一開始的數字往往會浮報），然後再除以電力公司預計銷售的電力總度數，這就成了每度電的價格，電力公司就能據此向顧客收錢。這個價格的計算，涵括了電力公司運轉既有電廠的固定成本、投資新電廠的成本、用來生產電力的燃料（包括煤、石油、天然氣和鈾）的變動成本，再加上勞工的成本、稅和保險；當然，最後還得再加上一點給股東的甜頭：他們的稅後利潤。

再更簡單一點來說，電力公司就是靠興建這些設施來賺錢的──愈多的電廠和傳輸網路，愈能讓他們賣更多的電給更多顧客。由於管理者會利用提升費率來獎勵這些電力公司投入更多資本，因而愈多資本的投入，就代表電力公司可以賺到的錢愈多。同時，也因為電力公司的新投資是依照顧客需求的成長來調整的，所以電力公司會鼓吹消費，創造更多的電力需求，再投資得更多、興建更多設施，又再增加他們的收入。像這樣的循環不斷繼續，就像是受到制約的反射動作一樣自然。

自然資源保護委員會裡有名的電力專家卡瓦納夫（Ralph Cavanagh），曾

經力促加州的電力革新，他說：「想想一個電力設施涉及如此龐大的投資，無論電力公司賣了多少能源，他們勢必要回收這些成本。當電力公司要投資一個新的天然氣發電廠或風力發電廠，花費至少都要上億、甚至是數十億美元，而這些成本並不會因為你這個顧客用了多少電而有所變動。因此，電力公司自然肩負提高電力和天然氣銷售量的重要使命，這樣才能確保這些固定成本能夠回收。」

網點公司（GridPoint）是生產一種可以管理你家所有電力系統設備的公司，它的執行長柯塞爾（Peter Corsell）解釋道：從很多層面來看，地方電力公司就像是「5塊美金吃到飽的自助餐廳，它們是由電力管理者付錢來提供我們穩定、便宜又什麼都有的電力」，而我們每天都可以來這個自助餐廳吃任何想吃的。這個餐廳則總是24小時無休、且總是這麼便宜。生活是如此美好，對吧。

然而，它之所以能這麼便宜，是因為大眾和管理者從來沒有要求電力公司在供電時做兩件事情：從沒有要求他們在生產電力時不能排放二氧化碳（我們只要求在燃煤過程中，那些像是汞、氮氧化物和硫氧化物等傳統汙染物必須移除，這些電力公司都做到了，但並不包括二氧化碳）；此外，也不曾鼓勵電力公司提供更有效率的能源計畫。我們並沒有鼓勵電力公司要回饋顧客的節能行為，也沒有要求他們讓顧客有機會選擇不同用電時段的費率，好讓大家可以在電力生產比較便宜時多買一點電、在電力生產比較貴時少用一點電。

讓5塊美金吃到飽式的電力供應成為過去

電價是否便宜才是重點，這一點勝過了能源效率和全球暖化的考量。便宜的電價，確保了電力公司必須更依賴燃煤火力發電。這麼多年來，如果電力公司每度電都只賣5美分，才沒有人會管這些燃煤電廠排放了幾百萬噸的二氧化碳到大氣中，也幾乎沒有人會在意沒有效率的用電或各種浪費電力的行為。坦白說吧，電力管理者其實一直在對電力公司施壓，要他們降低電價，並且聚焦在找到像煤一樣便宜的原物料上。

此外，可靠且隨處可得的電力，與能源效率同樣有所牴觸。怎麼說呢？電力公司往往會超量建置供電系統，才能有足夠的「備用餘裕」（reserve margin），以便隨時可以因應酷熱天氣中的尖峰用電需求；然而像這樣的電力尖峰負載往往在整個夏季中，只會發生一到兩次。對電力公司來說，「增加供電量」永遠是所有問題的解答，而不是「管理需求量」；而增加供電量所需的大量成本，就轉嫁到你的帳單上。

不過，就在某天你前往這個電力吃到飽自助餐廳的路上，一件有趣的事發生了。有少數人，例如美國前副總統高爾，跑到自助餐廳後面的廚房閒晃，而他們所看到的情景並不怎麼賞心悅目。然後，他們回到餐廳裡排隊取餐的隊伍前，對著大家說：「你們

> 一旦某些東西是免費的，或是幾乎免費，人們對該樣東西的需求通常只會更多。

知道這後面發生了什麼事嗎？你們知道為什麼電力吃到飽只要花5塊美金嗎？因為有許多成本其實沒有轉嫁到我們這些顧客身上，而是由某人買單了。」

這些成本其實是由整體社會買單了，或是先掛在我們下一代子孫的信用卡帳單上。尤其是，這些用來生產吃到飽電力的便宜能源，是來自於煤炭、石油和天然氣，這些燃料導致了全球暖化、讓兒童氣喘、產生酸雨，也造成森林消失、生物多樣性消失和產油國獨裁，而且沒有人將這些成本計算到我們所付的每度電價裡。一旦某些東西是免費的，或是幾乎免費，人們對該樣東西的需求通常只會更多。我們要求愈多便宜的電力，愈多的破壞就隨之而來。

負責運作這些電力吃到飽自助餐廳的人，是你的鄰居，也是我的鄰居。他們其實無意傷害這個社會，他們也只是這個系統的一部分。但這套汙染性燃料系統的建立，只是為了供應穩定的吃到飽電力，並且用最便宜的價格，供給任何需要它的顧客（也包括提供最低價的汽油給每個有需求的駕駛人）──就算這套系統會產生破壞生態系並且影響氣候的副作用。我們直到最近才把這些影

響全部串在一起，只是有許多人還不知道。

　　輿論已經開始改變了，大家逐漸瞭解到我們需要一個新的系統，一個綠色能源系統。現在我們還是同樣希望，這些電力和燃料是便宜、穩定且隨處可得的，但也期望這些電力盡可能來自於不會排放二氧化碳的來源，而且是透過一個更有能源效率和環保的系統來提供，不再只有消費與汙染。

　　再更精確一點的說，全美國約有40%的二氧化碳排放來自於供應一般家庭、公司與工廠的電力生產；占二氧化碳總排放量30%的，則是交通運輸工具，其中主要包括汽車、卡車、船舶、火車和飛機。如果我們能讓這個龐大的交通艦隊和各式各樣的建築更具能源效率，然後讓這些總共占二氧化碳排放量70%的建築與交通運輸工具，可以透過智慧型電網獲得充足、潔淨、便宜且可靠的電力，將是一項創新革命。這將會大幅帶領美國減少對化石燃料的消費與碳足跡。

　　這才是我們尋求的、真正的綠能革命。不過，這對許多人來說還是太抽象了。所以讓我們跳上時光機器，到未來的能源氣候年代第20年——20 E.C.E.，看看在真正的綠能革命中，我們的生活是什麼樣子：

能源氣候年代第20年

　　清晨6點37分，鬧鈴響起，同時開始播放披頭四的經典老歌「太陽出來了」（Here Comes the Sun），這首歌是你前一晚從1萬首起床歌中挑選的，這項服務則是由你的電力公司、電話公司和iTunes共同合作提供的。

　　你其實沒有鬧鐘，這個音樂是從你家的電話擴音機播放出來的，而它整合在你的聰明黑盒子（Smart Black Box）裡。每個人現在都有一個聰明黑盒子，這是屬於你個人的能源儀表板。以前當你申請有線電視時，你會拿到一個機上盒或是數位記錄器；現在當你向一家先進的電力公司申請能源互聯網時，你就會拿到一個聰明黑盒子。如果你住在卡羅來納州，可以向杜克能源公司申請，如果你住在西岸，就可以找南加州愛迪生電力公司。

當所有電器都變聰明

這個黑盒子，大小跟微波爐差不多，就放在地下室裡，可以整合控制同時確保所有的能源、通訊、娛樂設備和各種電力服務能夠彼此串連。它的功能包括每個房間的溫度設定，還有其他能源偏好設定，例如燈光、警示系統、電話、電腦、網路連線，以及所有的電力設施、娛樂設備，還有你那輛插電式的混合動力電動車和它的電池。聰明黑盒子有數位觸控式螢幕，可以精確的告訴你每一個設備在任何時間點消耗了多少能源。

順帶一提，你的車已經不再稱為「汽車」了，我們現在叫它作「行動式能源儲存裝置」（rolling energy storage unit），簡稱「RESU」，所以你現在應該說：「我開的是一台福特野馬RESU」。「汽車」這個詞，天哪！聽起來好二十世紀的感覺。

這可不是現在唯一會被認為老套的東西。在能源氣候年代剛開始的前幾年，我們將只連結電腦與網際網路的傳統線路，升級為所有東西的互聯網——也就是能串起所有裝置的能源互聯網：從電燈開關到冷暖氣機、熱水器、汽車電池、各種電纜線和電力站，全都裝上了微晶片，隨時可以直接連結到電力公司，或間接透過聰明黑盒子，讓電力公司知道它們運作時需要多少能源；反過來也可以接收你或電力公司的指示，讓這些裝置知道什麼時候該運轉、要耗用多少能源來運轉；當然，當它們需要買賣電力時也會通知電力公司。也就是說，你和你的電力公司之間，現在可以雙向溝通了。

當電網上的負載比較高，也就是電力比較貴的時段，你的暖氣、冷氣、燈光和所有的用電設備，包括洗碗機、烘乾機、冰箱和汽車電池，都可以設定以最少的能源運轉。這些用電設備也可以設定在夜間才採全速運轉，或是當夜間電網負載低、電價比較便宜的時段，才讓你的電動車開始充電和儲電。

不用怕，選用這種系統完全是出於自願，並不會有一個老大哥在旁邊逼迫你這麼做。如果你不想在家裡裝設聰明黑盒子，完全不用勉強自己去安裝。你

還是可以用過去那個愚笨的老方法取得電力，但可別想得太美，假如你不選用這個系統，你就會被丟進一般顧客名單中，而你的電價費率也會比較高。因為無論是從你家對外傳輸，或是將電力傳輸到你家，電力公司都無法優化你家裡的能源使用習慣，而其他顧客也不會願意負擔比較高的費率，來補貼你對環境不負責任又浪費的行為。

在你讀完報紙、喝完早晨咖啡後，你可以用iPhone、黑莓機或是電腦啟動聰明黑盒子的控制面板。這個容易閱讀的全彩螢幕，可以讓你依據個人的能源計畫，知道家裡每個裝置的耗電狀況，也知道每度電在哪一個時段得花多少錢。

沒錯，屬於你個人的能源計畫。就像電話公司老早就在做的那樣，現在你的電力公司也提供好幾種不同的方案，因此你可以設定你家的能源要如何使用，從最低的成本、最乾淨的能源、最高的效率，到指定你在家或去上班的時段才用電等不同的方案，全都任君選擇。

當用電方式可以任你選擇

目前最受歡迎的方案是「特價電力：夜間和週末計畫」。這個方案可以讓你的電力公司同時平衡負載並且減少能源需求的總量，也就是將每日尖峰時段和傍晚（這也是電力最貴的時段）的電力負載，移轉到夜間、電力最便宜的離峰時段。透過你家的聰明黑盒子，電力公司可以調整你家裡自動調溫器的開與關；可以指示你家裡的熱水器、冰箱與空調，在短時間內循環關閉與開啟，時間短到你幾乎察覺不到。此外，聰明黑盒子還可以讓電力公司在夜間控制你的洗碗機和烘乾機；或者每隔一段時間就關掉戶外電燈幾分鐘。

透過這樣控管能源使用的方式，你每個月要繳的電費將可以減少15%。對電力公司而言，這也是很棒的交易，因為如此一來，他們就可以更有效的運用既有的發電廠，平衡離尖峰之間的電力負載落差，也因而不再需要為了滿足尖峰時段的需求來興建新的電廠。

另一種受歡迎的方案稱為「當日沖銷計畫」。在這個方案裡，你家所有的

電器都成了你的能源購買代理人。聰明黑盒子的設定，會讓特定的電器只在每度電低於5美分時才運轉（例如烘乾機、洗碗機、熱水器和空調等），也可以讓你家裡的冷氣或暖氣（依季節而異）在每度電高於10美分時關閉（必要時，你可以打開窗戶，或者再加件毛衣）。

也就是說，當你在睡前設定好了洗碗機，它會等到凌晨3點36分才開始運轉，因為那時你家的聰明黑盒子偵測到每度電的價格已經降到4.9美分。至於你家的冷氣則會持續開著，幫你的房子降溫，直到下午6點每度電的價格漲到了12美分時，它就會自動關閉；而當晚上9點，每度電的價格又降到9.9美分時，冷氣才會再度啟動。

> 許多消費者並不明白，電力市場其實是一個不停變動的現貨市場，一天之內電力成本的起落變化可以相差10倍之多。

這種生活與你爺爺那輩已經完全不同了。在進入能源氣候年代元年（I E.C.E）之前，幾乎所有電力公司對每度電都收取一樣的價格，而不管市場的真實需求或價格波動如何。但在這個新時代，你所要做的就是選擇「當日沖銷計畫」能源方案，那麼你家中安裝了聰明晶片的洗碗機和冷氣機，就會配合聰明黑盒子，代替你來進行當日電力的沖銷交易——它們每5分鐘就偵測一次即時的能源市場，自動取得最好的價格買進。

許多消費者並不明白，電力市場其實是一個不停變動的現貨市場，一天之內電力成本的起落變化可以相差10倍之多。在你每個月單一費率的電價帳單背後，其實隱藏了電力市場每天、每分鐘劇烈的價格變化。

電價主要是依據區域內電網的不同需求，和不同供應來源（包括燃煤或天然氣火力發電廠、水力、風力或核能發電廠等）的可及性而變動的。

舉例來說，當區域電網裡的負載需求增加，超過以最便宜的燃煤方式發電的供應量，電力公司就必須加入天然氣發電，這就代表發電成本馬上增加了天

然氣發電的部分。若是相反的情況，當電網負載需求減少，成本可能就降到只需便宜的核能發電或水力發電即可。這些所有的情況，過去全都隱藏在汙染性能源系統的背後。

不過，現在再也不是這樣了！自從你安裝了聰明黑盒子和聰明的電器，電力公司也在電網上設置了智慧型科技之後，你在家裡就能夠讀取電力公司真正的發電成本，而且只有當電價降到你的設定值，電器才會開始運作。同時，這套系統不只是讓你在成本最經濟時用電，你也要感謝穩定提升的效率標準，這讓你的用電量不斷減少。因此，如今你家電器所消耗的電，大約只有十幾年前的三分之一。

當節能就像開關電燈一樣簡單

在智慧型電網裡，控制你的能源使用習慣，就像開燈關燈一樣簡單。在這些方案下，每當你要走出家門時，只需要按下聰明黑盒子控制面板上的「休眠」按鈕，家裡所有的電器包括電燈都會停止運作，或是處於最低耗電的狀態，直到收到指示才重新啟動。

在你長途旅行回到機場時，你還可以直接用手機啟動聰明黑盒子的控制面板，叫你的房子「醒過來」，讓你到家時，馬上就有熱水可以沖澡、冷氣也已經把家裡的溫度調整到令人舒適的標準。

電力，不過就是開與關。智慧型電網就是要確保當電器處在開的狀態時，能達到它的最佳生產力。當你不在家時，為什麼要讓你家所有電器都處於開的狀態，像個吸血鬼一樣，一點一滴的在消耗能源？因為你的電器實在太笨了，笨到不知道怎麼做才更好。

藉由在正確的時間點開關電器，智慧型電網終將消滅這些吸血鬼，讓你家的總電力消耗至少降低10%。當然，在你真的需要使用烘乾機或洗碗機時，還是可以取消自動控制，而這個電力系統仍然會用當時最便宜又可得的電力，供應這些電器的運轉。

讓電力公司更願意開發綠色能源

你的鄰居是位綠色狂熱份子，他選擇了「來自天堂的燃料」方案。在這個方案下，每個月只需要多付一點點錢，電力公司就會確保你所用的每一度電都來自綠色能源，如風力、太陽能、地熱或水力等。這並不代表你家的電力在每一分、每一秒都是來自綠色能源，而是代表每個月電力公司都會保證生產一定總量的潔淨電力，而這個總量就是所有簽下「來自天堂的燃料」方案的顧客的電力需求總量。

這個方案會讓你在使用能源時覺得好過一點，因為你已經盡力去要求電力公司持續開發更多的綠色能源，也讓綠色能源因此而更有價格競爭力。

讓你家的電表走得更慢

你和你的鄰居也一起簽了「讓電表走得更慢」方案。這項方案的內容是：在你家後院的4個角落，安裝4支追日型的太陽能系統，這是向電力公司租來的設備；這些太陽能板所產的電會直接輸入你家的電力系統中，因而使你對電網的需求量減少，也就真的讓你的電表走得更慢了。也就是說，你所使用的電，有一部分是由你家裡的分散型發電廠來供應，也就是一般所稱的「區域型電力生產與儲存裝置」。當然，這些太陽能板是由電力公司負責維護的。

某一天，杜克能源公司派人前來幫你更換2片因冰雹而受損的太陽能板——這不需要由任何人去通知電力公司，因為這些太陽能板全都與智慧型電網連線，可以連上杜克能源公司的超級電腦，所以當它故障時，會馬上自動傳送訊息回去。反觀過去你爺爺的年代，如果遇上嚴重的暴風狂掃家園，使得電力供應中斷，除非是自己打電話通知電力公司，否則電力公司根本不會知道哪邊停電了。爺爺啊！那個年代一定很辛苦吧！

電力公司非常樂意去你家安裝那些太陽能板，因為他們可以藉由這項新服務來增加收入；另一方面，由於你恰好住在人口密集的地區，而這邊的電網在

尖峰時段總是負載很重，如果有顧客願意使用分散型的電力生產方式，就可以減少電網的負載壓力。所以，只要可以讓顧客更安全無虞的使用自家的風力或太陽能，來點亮屋內的電燈或是加熱熱水，當然是愈多顧客加入愈好。

讓鄰里合作、共享潔淨的電力

你有些住在洛杉磯的親戚與朋友，已經享受到更先進的技術了。他們和電力公司合作，發明了他們自己的「綠色之友與家庭」方案。他們在街尾的小學後方租了3個停車位，然後向南加州愛迪生電力公司租了一台由布盧默能源公司所生產的可逆式燃料電池機器，再將它連線到自己家裡。

這台機器是一個大型的黑盒子，尺寸大約與一台休旅車相當，可以從多個面向來省錢、節能與保護環境。它可以在深夜時向電網要電，那時的電價最便宜；再藉由電解過程，將水分解成氫，放進儲存槽裡，然後在電價是兩倍貴的尖峰時段，將氫轉換成電能，提供給鄰里住宅來使用或是供電動車充電。

這台機器最大的優點，是可以將氫或太陽能轉變成電力，而且唯一的「廢棄物」只有乾淨的水。甚至，還可以將農業廢棄物放進這台機器裡，它就能用一個小小的內建火爐，將這些廢棄物轉換成氫，然後再轉換成電力。與鄰里共用電力的這所小學，學校裡的課程包括讓學生競賽，看誰能讓這台燃料電池機器生產最多電力。

電力公司對於提供這些服務同樣樂意之至，因為每種服務都可以讓他們賺錢，而不再只是提供5塊美金吃到飽的、便宜又愚笨的電力。電力管理者當然也樂見這些服務，因為他們相信這些服務既可以讓顧客受惠，又能保護環境、減少電網的負載壓力，因此就不再需要興建那些高價的發電廠。

讓電力負載曲線趨於平坦

在這個系統裡，你看不見但又極其重要的，就是能源互聯網和智慧型電網，因為它們可以讓電力公司使用更多的再生能源。

　　如同先前提過的，電力公司過去一直不斷在興建電力生產系統，以確保夏季最炎熱的四天之中，所有人的冷氣都可以正常運作，那時正是電力需求的最高峰。某種程度上，電力公司的做法是先預測需求量，然後提前一天或一個小時將供電量排入計畫表內；他們對做這件事非常、非常在行。不過，為了避免計算錯誤，或是臨時無預警的遇上又長又強的熱浪，他們也必須再準備額外的備載電力。所以，理論上來說，即使是在炎夏最酷熱的日子裡，也沒有人會沒電可用。

　　但為了這些理由，電力公司又必須興建新的電廠。這聽起來似乎很聰明，但其實非常沒有效率。想像一下，假設你自己擁有一間生產問候卡的工廠，如果你想的就像電力公司一樣，那你就會花1千萬美元，蓋一間工廠來維持平日標準營業額的生產量；然後，你又再花1千萬美元蓋另一間工廠，只是為了滿足聖誕節前一週，以及母親節、父親節與情人節前三天所額外增加的需求量。

　　然而其餘的日子裡，第二間工廠不會生產任何東西，只是讓所有的設備保持在最低耗電量的待機狀態，以免當生日卡的需求量突然間暴增時應變不及。這樣運用資本的方式，真的非常沒有效率，但這就是過去、長期以來我們管理電力系統的方式。

　　如今智慧型電網已經就位，我們就能控制需求。因為不論是電力公司或是顧客，都可以優化電力使用的方式，讓愈來愈多人在夜間電費最低時用電，而白天電價較高時，則只有少部分的設備需要運轉。當你想要使用電力，或是當電力公司要賣電給你，甚至是當電力公司需要向你的汽車電池或太陽能系統買電時，能源互聯網也因而變得更聰明，因此全年365天的電力負載也變得愈來愈固定。

　　當電力公司能讓全天候的電力負載曲線愈趨平坦，或是在尖峰時段沒有那麼高的負載，甚至沒有所謂的尖峰時段，他們就不再需要興建或運轉任何備載發電廠。實際上，這就是以能源效率的提升取代了新電廠的興建。

　　這就是能源互聯網所創造的可能性——它不只是增進了能源效率，也是第

一次讓大規模的再生能源系統變得可行。為什麼？因為當全天候的電力負載曲線愈趨平坦，電力公司就愈有機會去購買或生產再生能源電力，取代燃煤或天然氣的發電方式。

讓再生能源的成本降到最低

在能源氣候年代第20年，南加州愛迪生電力公司已經有一半以上的電力供應來自兩大再生能源：風力和太陽能，剩下的另一半則是混合使用核能、天然氣以及採碳封存技術的燃煤發電廠。南加州愛迪生電力公司已經在懷俄明州和蒙大拿州興建了大型的風力發電廠，也跟沿途許多小型獨立發電廠簽約。懷俄明州風力發電廠的規模非常巨大，遠遠的就能看見風力發電機，變成像是胡佛水壩一樣的觀光勝地。

智慧型電網同樣讓這些大規模的再生能源系統變得實際可行。過去，風力和太陽能最大的缺點就是不穩定：白天有陽光，晚上沒有；多數地方的風力總是在夜晚或清晨時比較強，換句話說，都是在離峰時段才有足夠的風。若是用既有的儲電技術，這些潔淨的再生能源並不符合成本效率。

過去的電力工業最可行的儲電機制是利用抽蓄電廠，也就是在夜晚時將水抽到高處，白天再讓水落下來發電。問題是，能夠利用這種水利技術的地方並不多，而且建造成本也非常昂貴；此外，每天晚上抽水到高處的能源消耗，是隔天落水產電的3倍。這些因素使得電力公司很難依賴風力或太陽能來供應20%以上的電量。因此，當陽光不夠強或是沒有風時，還是得依靠興建額外的天然氣發電廠做為備載系統。

但如今我們已經進展到能源互聯網的時代，也有了智慧型電網，電力公司可以在陽光普照或是有風的時候，同步讓你的冰箱或是空調設備運轉，使供需得以平衡。這樣一來，就能讓使用這些再生能源的成本更低。因為當烏雲遮住陽光或是風停時，電力公司的智慧型電網就會提高電價來降低電力需求（此時你家的聰明黑盒子就會決定停止洗衣機的運轉，或者調整你家裡的溫度設

定）；而當陽光普照或風力強勁時，電力公司就可以用最低價來啟動你家裡的烘乾機等設備。

因此，這個電網有多聰明、它的能源效率有多高，以及有多少再生能源可以使用，彼此之間就產生了直接的關聯性。

有了全新的能源消費方式，就等於有了全新的能源市場

就像所有的革命運動，一次就改變了許多事情。當智慧型電網擴展到智慧型住宅，也一路擴展到智慧型汽車，就表示在你家電表的背後，已經創造了一個全新的能源市場。

在過去的日子裡，除了進到你家的愚笨電力之外，別無市場可言。任何行為就停留在電表那裡，你也只需要在月底時按帳單付錢。然而，一旦你有了聰明黑盒子、你家的電器也都變聰明之後，一個新的市場就不再僅限於你家的電表，而是遍布你家裡各個角落，同時也可以廣泛的應用到全國的工廠和商業大樓裡。

有些電力公司決定踏進這個市場，幫你優化你的智慧型住宅，讓你從這些最潔淨、最便宜又最低消耗的電力，取得最涼爽、最溫暖和其他你需要的電力服務。其他多數的電力公司則是決定擔任這個全新工業的促成者，成為提供能源效率改善服務公司（energy efficiency service company，以下簡稱為EESC）。

就像是網路服務業者已經慢慢整合了傳統的電話公司一樣，這些EESC也是透過整合來幫你優化智慧型電網，以更符合你的需求。這些電力公司會告訴顧客說，他們將提供最好的折扣甚至補助，來協助你安裝最具能源效率的電器，或是重新整修你的房子以減少能源的消耗。這是因為政府已經訂了一條新法規——電力公司的收入，必須來自幫助顧客節省的能源，而不是來自顧客消耗的能源（我將在第12章詳述這個部分）。

某一天，奇異公司能源效率改善服務部門的業務人員來到你家門口。因為你的房子已有20年屋齡了，這位業務人員給你一個提議：首先，他們會免費幫

你的房子做一次全面性的能源效率檢查——他們會帶一台測量壓力的儀器到你家，找出是哪些沒有接好的管線讓冷、暖氣流洩出去，使得你家裡的暖氣，可能只加熱了屋頂或地板下方供電線、水管通過的狹小空隙，讓老鼠們住得非常舒服，而不是你。

第二步，他們會借錢來修補這些管線滲漏的地方，並且修補你家屋頂的裂縫，因為那些裂縫也會使得你所用的能源慢慢往外流洩，讓你每個月要繳的電費多出30%。最後，他們會幫你安裝更具能源效率的電器，而截至目前為止，你都不需要付任何一毛錢。這家EESC的收入其實是來自你每個月所節省的電費和瓦斯費的一部分，同時他們還可以利用幫你減少碳足跡所得到的碳排放額度，賣到全球市場上去賺錢。

奇異公司的EESC會從你省下的錢裡拿走75%，其中50%用來償還先前的借貸，另外25%則是他們的利潤，而你則保有省下的錢的25%。現在，你的房子不僅更具能源效率，也可以用更高的價格轉售了。

同時，另一家EESC，席爾斯（Sears），則會給你一本小冊子，上面說明他們願意提供你同樣的服務，而且只要六四分帳！因為由提高能源效率所產生的現金流，其實很容易預估，而EESC可以將這些資金賣給投資銀行，然後再轉成綠色儲蓄債券（green savings bonds）。

智慧型辦公室就在你家

吃完早餐之後，你準備前往公司參加今天的第一個會議。你需要先步行一小段路——路程大約20步，來到你的家庭辦公室。你的手中握著一張智慧卡，這張卡是由VISA和美國聯合航空公司的飛行里程酬賓計畫所贊助，它看起來就像是一般的信用卡，只是稍微厚一點。你將這張智慧卡放進辦公桌上Sun Ray終端機的插槽裡，然後開始你一天的工作。

這台Sun Ray終端機是由昇陽電腦公司生產的，它所需要的電力只有4瓦，而一般標準的桌上型電腦通常要耗用50瓦以上的電力。這台終端機省電的原因在

於它沒有耗電的硬碟，嚴格說來它只是一台螢幕，在螢幕下方有個狹長型的插槽，當你將智慧卡插入槽內，它就會自動連上「網路雲」❸，你所有的軟體、電子郵件、網路應用程式和個人檔案全都在裡面。

「網路雲」可以看做是一個擁有龐大數量的各式伺服器的資料中心。它就座落在哥倫比亞河水壩的附近，因此你的所有應用程式都是用無汙染的水力發電來驅動（當然也包括其他數百萬連上「網路雲」的人的應用程式），同時也利用水力發電來冷卻所有的伺服器。

家庭辦公室裡的智慧型光源，是由移動偵測器控制的，讓你一走進這個房間馬上燈亮，當然也包括空調設備的啟動；當你不在辦公室，這個房間就不會有任何能源消耗。

杜克能源公司的執行長羅傑斯說：「我希望我們的電力市場可以延伸到顧客家的屋頂，也延伸到所有的能源裝置；只有從優化這些能源網路和應用做起，才是真正的節能省錢。」

你的每項設備、這個城市裡的每個新家和每棟新建築，都要符合日漸提升的能源效率標準。在2007年的能源法案裡，美國總統小布希宣布要在2014年以前分階段淘汰傳統的白熾燈泡，因為這種燈泡會將90%的能源轉換成廢熱，讓辦公室內的溫度因而大幅升高。相信大家應該都有換燈泡的經驗，如果在它尚未冷卻前去換，手指可是會被燙傷的。

---

❸ 運用現代網路科技，許多龐大而複雜的運算工作，例如企業的商用資料分析、甚至基因圖譜定序等科學研究，都不再受限於本地端的電腦資源，而能透過網路交由遠端電腦、分散給多台伺服器同步處理，享有「超級電腦」般的效能。這種現已普遍應用在Google、Amazon的許多網路服務中的技術，一般稱為「雲端運算」（cloud computing；因為在許多示意圖中，一朵雲的圖形即代表網際網路）；而提供這類服務的業者所成立的雲端運算中心，可稱之為「網路雲」或「網雲」（network cloud）。

現在已經有一種比較聰明、省電的螢光燈管，耗電量只有傳統燈泡的四分之一，這不只減少了照明所需的能源和多餘的廢熱，也省去了降低辦公室溫度所消耗的能源。

立在你的辦公桌上、Sun Ray 終端機旁邊的是6瓦的桌燈。沒錯！只需要6瓦的耗電量，因為這種桌燈採用發光二極體和反光鏡來加強光源，所以相當於100瓦電燈的照度，卻只有6瓦的耗電量。

你家裡的其他電器也同樣如此有效率，例如超省電的冰箱，消耗的電力只相當於一顆20瓦的燈泡。此外，你家的電視、TiVo（電視節目導航數位錄放影機）、跑步機等，在沒有使用時都會完全關機，不會產生吸血鬼效應。

讓每個開車上路的人都付費

正常來說，你的公司鼓勵你盡可能在家工作。但今天，你收到一封來自老闆的電子郵件，通知說今天早上10點30分要在城裡的辦公室舉行視訊會議，與會成員包括管理團隊和遠在印度千奈（Chennai）工作的同事，會議主題則是討論一個大型的不動產開發計畫。於是，早上9點45分，你開著你那台福特野馬RESU上路。

這台RESU是插電式的混合動力電動車，它就像是一般的混合動力車，但有個比較大的電池，可以直接從牆上的電源插座充電。也就是說，你所有區域性的旅程都是由電力支應的，不過你車上還是有瓦斯貯氣槽作為備用動力。這個電池通常在每天晚上充電，也可以在任何需要充電的時候充電，因為它就像你的烘乾機和其他電器一樣，可以自動與電網互動，在深夜離峰時刻買進最便宜的電力。

在你前往辦公室的途中，車上的導航系統地圖突然跳出一個訊息，指出你平常習慣走的高速公路發生車禍事故，建議你改道，以節省時間及車上電池裡的電力。

當車子進城時，你必須經過一個電子收費閘道。進城的時間若是在早上

10點到下午2點之間，它會自動調整收費為12美元（尖峰時段的收費則是18美元），這正是你必須盡量待在家裡工作，或是盡可能搭乘大眾運輸工具去上班的原因之一。

這其實是全新的道路壅塞定價系統的一部分，實施以來大幅減少了進城的車輛數，也因此讓出了更多行車空間給電動巴士和其他類型的大眾運輸工具。

比起從前，現在這些大眾運輸系統可以載更多人、更快抵達更多地方。實際上，這個剛上任的新市長就是靠著「道路標價、交通淨空」的競選口號而當選的。他說：「如果你想要少一點的二氧化碳排放，那就向排放二氧化碳的人收費。如果你希望特定時段裡路上的車子少一點，那就向開車上路的人收費。」這個道理其實再簡單不過。現在，所有實施這項計畫的地方，都已經有效減少了路上的車輛。

讓你連停車都有錢可賺

到達辦公室前，你將車子停在立體停車場裡，讓車子可以充電也可以賣電給電網。這種雙向式的隨插即用系統，在全美國各地的房子或是立體停車場都是通用的設計。你之所以停在這個立體停車場，是因為它比轉角那家推出更優惠的方案，讓你可以一個月內免費停四天，還附加每週五的洗車服務。這種停車優惠的競爭，現在可是一點也不稀奇。

為什麼這家立體停車場的老闆這麼渴望你來這裡停車？因為他可以在你賣額外的電力回去給電網的同時，分享你賺進的錢。此外，這個立體停車場的整片屋頂全都裝了太陽能板，可以生產潔淨電力賣給停在這裡的所有車子，老闆稱它是「電子汽油」（e-gasoline），這個立體停車場的名稱則叫做「比爾的人工油田」（Bill's Artificial Oil Field），所以這位老闆是同時進行停車服務和能源生產的事業。

下午2點32分，當室外溫度高達攝氏30度，你的車還有許多昨晚充飽而未用的電力。根據智慧型電網的資訊，它計算出此時正是賣電的好時機。這輛聰明

的RESU先計算你平常週三下班例行路徑所需要的電力，包括帶小朋友去足球場練球，然後去雜貨店買東西，另外還預留了10%的電力，以防你臨時改變路徑。接下來，它就把多餘的電用每度40美分的價格賣給電力公司。

南加州愛迪生電力公司透過這個各地通用的插座系統，向你車上的電池買了5度電。這不僅讓電力公司可以滿足尖峰時刻的電力負載，也讓整個系統的負載曲線維持平坦，同時還讓你和這家立體停車場的老闆都賺到錢。

在這筆交易裡，你總共賺進2美元，而這家提供太陽能發電、也讓你的車連上電網的立體停車場，也從你賺的錢裡分了一杯羹。

> 當全天候的電力負載曲線愈趨平坦，或是在尖峰時段不再有那麼高的負載，甚至是再也沒有所謂的尖峰時段，我們就是以能源效率的提升，取代了新電廠的興建。

這個月到目前為止，你車上的電池已經靠賣電和紓解電網負載替你賺進24美元，而同一段時間裡，你總共只花了47美元讓車充電，因為你總是在晚上的離峰低價時段充電，然後又在白天高電價的尖峰時刻賣出多餘的電。

平均來說，你開車的花費約等於每加侖汽油只要1.5美元。不過，人們還是會盡量少開車，而多多使用大眾運輸工具，因為道路壅塞定價系統會轉投資到大眾運輸系統，讓大家都願意這麼做。無論如何，這總好過任油價飆高而讓石油輸出國獨享利益。

為了上午的那場會議，老闆召集了整個負責千奈新郊區智慧型住宅設計的管理團隊，你跟6位遠在印度千奈的同事開了3小時的會，從財務到建築等所有問題全都討論過一遍。過去如果需要這樣面對面的會議，至少有好幾個同事要飛到千奈，耗費相當多的時間、金錢和能源。但再也不需要這樣了。

實際上，這3小時的會議是藉由思科系統公司（Cisco Systems）的遠端臨場

會議系統（TelePresence system）召開的。當你的團隊坐在會議室裡，就可以透過思科公司的網路，看到另一個團隊出現在整面電視牆上，而且畫面是非常逼真的3-D影像。

思科公司的遠端臨場會議系統讓這些人看起來或聽起來，都像是真人親臨現場一樣，每位開會成員的影像都是實際的真人尺寸，配合高解析度的動態影像與環繞音效，可以讓你們清楚的辨別是哪位成員在發言。即便你們相距半個地球之遠，像這樣擬真的環境，會讓你感覺像是所有人都在同一個房間、同一張會議桌上開會一樣。

好玩的是，因為整個環境和真人尺寸的影像太過逼真，讓你開完會時竟想站起來跟螢幕上的某人握手，引起一陣哄堂大笑。

開完會後，你回到家停好車，大約是下午4點左右，你打開電動割草機除草，此時你的小孩則搭著混合動力校車回到家來。那台校車也是另一種大型的RESU，透過跟你的RESU一樣的方式，它也可以藉由儲電和賣電幫學校賺錢。

讓建築盡可能多功能、零耗能

現在的社區型校園是一個具雙重功能的教育與商業中心。也就是說，當學校廚房供應完午餐之後，就由愛因斯坦兄弟貝果公司（Einstein Bros. Bagels）接手。從每天下午3點到隔天清晨6點，貝果公司都會利用學校餐廳來烤貝果，然後再將貝果送到遍及城內的經銷點或雜貨店；這樣一來，貝果公司就不需要建造一座烘焙工廠。

具雙重功能的校園現在已經成了一種新趨勢，透過這種方式不僅可以省下龐大的電力、土地和新建設，同時也可以替學校賺錢，讓學校請得起更多老師。達美樂比薩也是利用學校餐廳下午閒置的時間，製作並且遞送比薩到城內各處；他們已經有好多年不再租用或興建新的商業廚房了。

另外，這所學校也是一幢零耗能建築。它的設計和興建，從牆體、窗戶、照明系統、水處理系統到空調系統，不論是單獨檢視，還是系統整體的合作，

都超級省能。同時，學校建築的外牆和屋頂，也是一座迷你發電廠，整合了太陽能板、太陽熱能系統，再加上盡可能讓白天室外的光線透過智慧型窗戶進到室內的照明設計，可以取代燈泡的使用。

因此，在白天的上班時間裡，這所學校就是一個「淨」能源生產者，可以將多餘的產電賣給電網。到了晚上，當愛因斯坦兄弟貝果公司在廚房裡烘烤他們的貝果時，學校就從電網買進離峰時段的低價電力。結果當每個月月結算時，學校的電費帳單上需要支付的電費就是「零」。附帶一提，除非你的新建築可以做到零耗能，否則你是無法取得建築執照的。

為什麼零耗能建築和雙重功能這樣重要呢？這麼說好了，這裡有個有趣的事實：生產水泥時，要利用熱來烘乾石灰，這個過程中會釋放出二氧化碳；而全球所有的水泥生產過程中所排放的二氧化碳總量，其實跟交通工具排放的總量幾乎一樣。因此，我們興建愈多愚笨的水泥建築，就等於消耗愈多能源、排放愈多二氧化碳。

一旦我們理解智慧型汽車和智慧型住宅可以省下多少能源，就會知道建築標準就跟油耗標準一樣重要。

智慧型電網的雛形已經出現

我知道以上所敘述的故事聽起來有點虛幻，就像是卡通「傑森一家」❹ 或是科幻小說裡的故事那樣。但這故事其實一點都不虛幻。一個簡易的能源互聯網原型，已經在2007年開始部署了，這個實驗計畫在華盛頓州的奧林匹克半島進行，由太平洋西北國家實驗室（Pacific Northwest National Laboratory）能源部門負責統籌，邦威電力行政署（Bonneville Power Administration）和地方電力公司共同協辦。

---

❹「傑森一家」（The Jetsons）是美國60年代的著名科幻卡通影集，故事以西元三十世紀為背景，內容充滿對未來世界的生活想像，是一齣輕鬆的太空家庭喜劇。

2007年11月26日，美國MSNBC新聞網報導了這個實驗的初步成果，標題是「聰明電器學會保護電網」（Smart Appliances Learning to Save Power Grid），內容提到「在這個實驗裡，研究者發現所有參與家戶的尖峰電力負載，連續3天都減少了一半」。

這篇報導還引用普拉特（Rob Pratt）說的一段話，他是太平洋西北國家實驗室跨部門合作計畫的專案經理，這項計畫又簡稱為智慧電網（GridWise）。普拉特是這麼說的：

「這真是太神奇了！」……有位住在華盛頓州西昆市（Sequim）的屋主布勞斯在地方電台聽到這個計畫時，馬上就登記參加。結果他說他家裡的用電量少了15%，他還自製了一張估算表，計算有多少比率的電力會流進熱水器、空調系統和烘乾機，好讓他可以再想辦法省下更多電。

這個計畫會根據布勞斯每一季所節省下來的電費，再寄一張相同面額的支票給他作為回饋獎勵，而他最近一期收到的支票是37美元。經過幾次露營之旅後，布勞斯已經學會讓他的房子進入休眠狀態或是重新啟動——他只需要簡單的登入一個網址，就能從遠端控制家裡的暖氣或熱水器開關。

> 近年來最偉大的科幻小說家亞瑟‧克拉克曾經說過：「任何夠先進的科技，幾乎與魔法無異。」

報導中還解釋說：

在華盛頓州奧林匹克半島的布勞斯家和其他住戶家中，智慧型熱水器和空調系統會依照當時的供需狀況，每5分鐘更新一次電價資訊。屋主可以自行調整電器設備的設定，在尖峰時刻減少能源消耗與電費支出，並且在任何需要招待

賓客晚餐或應付某位吹毛求疵的親戚時，取消原本的控制設定……

社會與環境行為專家卡札夫（Richard Katzev），也是奧勒岡州波特蘭市公共政策研究團隊的主席，他認為只提供充分的資訊給顧客是不夠的，除非一併提供他們行動的誘因。參與這項計畫的住戶現在都已經願意接

> 讓能源互聯網成真的許多原物料，其實已經以某種形式存在了，然而要創造這樣的系統卻沒那麼容易，畢竟沒有一種革命是容易的。

受那些省電裝置了，他們只需要再稍稍改變一下生活方式，例如讓洗碗機和烘乾機延到夜間才用低價的電力來運轉。

另外，報導中還提到：

在另外兩個共有約200戶家庭參與的相關研究中，研究者平均在每戶花費1,000美元來安裝節能電器與設備，同時監控性能。普拉特認為，如果這些設備能廣泛應用於一般住宅，前期成本大概只要400至500美元，而如果電器在出廠前就先安裝好這些晶片的話，前期成本就有機會更低。

普拉特說：「當這些設備便宜到一定的程度，就連咖啡機都能幫到供電電網。」如果全國都開始應用節能電器，將可以在20年內省下700億美元，這已經相當於興建好幾座新發電廠和配電站的成本了。

說到咖啡機也能幫助供電電網，當我到華盛頓州富國市（Richland）的太平洋西北國家實驗室拜訪時，普拉特和他的同事戴維斯（Mike Davis）及伊姆霍夫（Carl Imhoff），展示了一套系統給我看。

從管理用電取代發電廠的興建

那是一個裝潢成家用廚房的房間，裡面有洗碗機、烘乾機、熱水器、冰箱和咖啡機。每個電器都裝上了太平洋西北國家實驗室設計的特殊晶片，他們稱之為「對電網友善的電器控制器」（Grid Friendly Appliance controller），簡稱GFA。

這個控制器是一個約5乘6公分大小的電路板，可以安裝進冰箱、冷氣、熱水器和其他各種家用電器的線路中。它會監控電網負載，在負載過高或是收到指令時，讓電器關閉幾秒到幾分鐘，但不會把電器搞壞。當發電廠無法生產足夠的電力來滿足消費者時，GFA就會用這種方式來減少系統的部分負擔，以平衡電力的供需。

當我走進這個模擬的廚房，所有的設備都在運轉，包括冰箱的門還打開著，房間裡非常嘈雜。在我頭頂上方有個數位螢幕，上面顯示出所有電器都全速運轉時需要多少度電。當他們將輸入廚房的供電量減少70%，令人驚訝的事發生了：所有的設備都還在繼續運轉，嘈雜的聲音和剛才全速運轉時也沒太大分別，但其實供電量已經少了70%！

這是怎麼辦到的？原來，GFA只要感應到電力驟降，就會切斷部分的系統負載來因應。舉例來說，GFA會將烘乾機的熱源關閉，但是讓滾筒持續旋轉；GFA也會切斷熱水器的熱源，但因為熱水筒裡已經儲夠了熱水，即便你正在沖澡，也不會沒有熱水可用。

當偵測到電網的負載壓力很高，GFA也會自動將電力供應向下調節，使冰箱的循環除霜功能暫時中止，但如果你打開冰箱門，裡面的燈還是會亮起來，而放在裡頭的食物，在這短短幾分鐘之內也依然能維持在冷藏的狀態。像這樣對電網友善的電路板，目前每個只要25美元，如果能夠大量生產，價格一定會大幅下降。

目前這項科技已經開始在較大型的社區裡進行先驅實驗，它的優點有好幾

項。首先，像這種電力驟降的情況，其實可能每週都會發生好幾次，只是你不知道而已。

你之所以不知道，是因為電力公司通常會利用一到兩座備載發電廠來支應，而就算是在平常不需要它們供應電力到電網時，這些備載設備還是要不停的運轉，以便當遇到電力驟降的情況，能隨時替補上去。就因為如此，你才不曾察覺到電力驟降的情況，然而如果這個備載發電廠是個燃煤火力發電廠，它就會不斷的排放二氧化碳。

如果我們可以藉由需求管制來管理電力驟降的問題（其實只需要減少電器的使用），比起一直增加額外的供電量，不但能省下能源和金錢，還能削減二氧化碳的排放量。

太平洋西北國家實驗室能源科學與技術董事會的共同主持人戴維斯說：「打從有了這個電網，我們就不斷利用新科技從供應端來解決所有問題，卻從來沒有試著用新科技從需求端來解決問題。現在我們已經有了這項科技，如果某人要求我家咖啡機的熱源每天必須關閉幾分鐘，同時有好幾百萬個家庭也都願意這麼做，我們就不再需要額外的火力發電廠了。我會非常樂意配合！」

這就是我們要的未來──落實能源互聯網

前述我所設想的模式，再加上戴維斯和他的同事所實驗出來的模式，一定可以引發一場電力工業的革命性改變。如果能顛覆過往只關心從發電廠到你家電表的侷限觀點，公共電力事業將可以全面轉型。這樣的轉變所涉及的範圍將從潔淨電力生產的這一端，直接延伸到你的家用電器、汽車電池，甚至是你家屋頂的太陽能板。

電力公司將不再只是販賣既愚笨又汙染環境的電力銷售者，而是搖身一變，成為整個智慧型電網和能源互聯網的推動者，還能藉由整個系統的優化來賺錢。

位於北卡羅來納州夏洛特市的杜克能源公司，其執行長羅傑斯總是說，與

其花70億美元去蓋一座新的核能發電廠，他寧願電力管理者讓他把這筆錢花在打造一套智慧型的電力系統，供他的顧客在屋頂上安裝太陽能板、在家裡設置聰明黑盒子、在車裡有聰明的電池、還擁有各種裝了對電網友善晶片的家用電器，然後讓杜克能源負責提供網路裡各個層面的維護與服務工作。

羅傑斯說：「過去一百年來，我們將自己的市場侷限在從電力生產者到你家的電表之間，然而我希望這個市場可以延伸到顧客家的屋頂，也延伸到所有的能源裝置，而且能源網路可以直接建置在顧客的住家、辦公室和汽車裡。因為，從優化這些能源網路和應用做起，才是真正的節能省錢……

「我要讓我的電網成為智慧型電網、讓每個人的家都變成智慧型住宅、讓每間工廠都變成智慧型工廠，然後再一一優化，讓每個人都能用最少的金錢和最低的二氧化碳排放，得到最多的服務。」

從營運一家5塊美金電力吃到飽的自助餐廳，轉變成優化能源互聯網的經營者與推動者，對電力公司來說，的確是很艱難的工作。但，這就是未來。

如同電資系統公司的未來趨勢專家威克所說的：「未來就在我們身邊，只是它還沒有廣為人知。」

他是對的！我們今日所見，已經可以推斷出未來可能的樣子；那些已經成形的科技，我們都可以讓它發生，但還需要一些關鍵的創新突破，才能讓這樣的未來廣為人知。

就像所有的革命運動，一次就改變了許多事情；當我們有了智慧型電網、當你家的電器都變聰明，在你家電表的背後，就已經創造了全新的能源市場。

我所形容的能源互聯網，若能真的落實，我們就有機會用更少的發電廠、更高的能源效率、更多如風能和太陽能等再生能源，抹平能源需求的離尖峰落差，也能夠帶動更高的成長。

如果能再加上一項創新突破，找到可以真正提供充足、潔淨、可靠又便宜

的電力的來源，啟動整個能源互聯網，我們將能大幅減少燃煤、石油與天然氣的使用。也只有這樣，革命才算完整。然後，我們就能夠讓潔淨電力輸入節能的智慧型電網、輸入智慧型住宅、輸入智慧型汽車。

當這一切發生時，將是一項偉大的能源變革。這是資訊科技革命與能源科技革命兩條大河的匯流。當這一切發生時，當這一切真的發生時，將超越你我的想像，開啟人類更深的潛力、更多的創新、更大的可能性，讓人們可以用永續的方式脫離貧窮。

我只希望能活得夠久，可以看到這一天的到來。下一章，我將敍述怎麼讓這件事成真。

世界又熱、又平、又擠
Hot, Flat, and Crowded

第十一章

比大地之母還重要的利益之父

我們需要為綠色能源科技創造出瘋狂的需求，

我們更需要一個為綠色能源而存在的市場。

唯有利益之父所帶來的各種賦稅、法令、獎勵或處罰性的誘因，

才能趕在大地之母來課我們的稅之前，

打造出足以激發綠色能源茁壯、突破、革新的能源花園。

到那時，石油時代終將因綠色能源系統的興起而結束。

近日來某些報紙的報導指出，發明家愛迪生，終於完成了蓄電池的優化，可以用電力來驅動汽車，價格不貴又不太需要維修，即將在未來幾個月內上市。這些年來相同的報導不斷重複出現，卻不見電力運用到汽車的技術有多大進展。

——《國際前鋒論壇報》，1907年11月1日

如果我問顧客們想要什麼，他們一定會要隻跑得更快的馬。

——亨利・福特，福特汽車創辦人

天津，是中國許多汽車大廠的總部，2007年9月我受邀到中國天津「綠色汽車代表大會」（Green Car Congress）演講。沒錯，就是中國，他們已經開始持續改善汽車的油耗標準和汙染規範，現在則是召開了討論最新綠色汽車科技的研討會。

誰會料想得到呢？演講是在天津的萬豪酒店舉行，底下那些頭戴口譯耳機聽我演講的聽眾，大部分都是中國汽車工業的高階主管，其中有些人看起來非常嚴肅。演講之前我努力想了很久，該說什麼來刺激這些人的思考，給一個他們從來沒有聽過的觀點。最後，我決定直接採取鎖喉攻勢──我在演講裡發動攻擊的基本策略如下：

「我每年來到中國，總會有年輕朋友告訴我，『佛里曼先生，你們美國人在過去150年來，靠著煤和石油為動力、靠著汙染環境以帶動你們國家的工業革命和經濟成長，現在，該輪到我們了！』這麼說好了，今天在這裡，我要代表美國人向各位說，你們是對的，該輪到你們了！所以請不用急，慢慢來，你們高興怎麼汙染環境來帶動經濟成長都可以，高興汙染多久都可以。

「慢慢來，都沒關係！因為我想我的國家只需要5年的時間，就能發展出所有的綠色能源和提高能源效率的技術，而你們中國得小心，不要因汙染而窒息；然後我們再把這些綠能技術全部賣給你們。在下一波綠色能源和提升能源效率技術的全球化產業興起之時，我們將至少超越你們5年的時間，我們會擁有壓倒性的領先優勢。所以，請別急！你們要怎麼汙染環境來帶動經濟成長都可以，想汙染多久都可以。

「如果你們只想再汙染5年就好，沒問題；如果你們想再汙染個10年，讓我們有更充裕的時間在下一波全球化產業中超越你們，那更是太好了。請不用急，儘管慢慢來！」

剛說完這段開頭，我看到許多滿頭灰白髮的中國汽車業者調整了一下頭上的耳機，想確定自己沒有聽錯：「台上這傢伙剛才說啥？美國要在下一波全球產業裡打敗我們？那是什麼產業？」當我繼續說下去，我看到有些人開始點

頭,嘴角微微一撇,已經知道我在說什麼了:綠色能源將是下個十年的全球標準,而綠能技術,將是下一波全球產業的主力。那些可以發展、製造和販售更多這類型技術的國家,將更具競爭優勢。這些國家可以享有最乾淨的空氣,又有成長最快速的產業——這倒是一個不錯的組合。

這就是我試著在天津引導人們思考所強調的重點,我將它轉變成關於競爭力的議題:能夠讓人們繼續使用汙染性燃料而不遭受大自然反撲的世界,已經不復存在,如果中國仍執意要持續使用汙染性燃料來帶動經濟成長,使用的時間愈長,就愈會延遲他們制訂那些帶動綠色能源產業的相關政策、價格與法令。那麼,身為美國人的我,當然就更高興了。

美國勝利!美國勝利!美國勝利!

不過……

不過前提是,我們必須瞭解此時此刻的重要性,並且傾全力掌握這樣的致勝關鍵:建立一個可創造、生產、發展綠色能源、能源效率、資源生產力與生態保育的再生能源生態系統;這個系統的成本會比燃燒煤炭、石油和天然氣的真正成本便宜。如果能早一點察覺到這個時間點,並且認真執行各種可能實現這個勝利公式的工作,那麼,我們的確有機會確保自己占據全球的領先地位。

我們需要一個為綠色能源而存在的市場

我在前一章所描述的能源互聯網,其實就是這項革命性的創新綠色能源系統的核心。智慧型電網已經是必要的工具,它可以提升能源效率、降低電力需求,同時也減少二氧化碳的排放,只是單單有它其實還不夠。我們還需要充足、潔淨、可靠又便宜的電力,可以輸入智慧型電網,才能創造一個完整的綠色能源系統——讓電力可以從發電廠傳到電力網路,再傳送到你的家、你工作的地方,也傳送到你的交通工具上。

不幸的是,就像之前提過的,我們還沒有找到那顆促進能源生產的神奇子彈,因而無法生產出充足、潔淨、可靠又便宜的電力。到目前為止,我們在風

能、太陽能、地熱能、太陽熱能、氫氣和纖維素乙醇等領域，雖然持續有所斬獲，但仍然沒有任何一項能源科技有突破性的發展。所有穩定增加的進展都是我們需要的，然而指數型成長的突破性創新，才是我們真正渴望的。

這就是為什麼綠能革命是我們首要的創新挑戰，而且絕對不只是一般的挑戰而已。微軟的首席研究暨策略長蒙迪（Craig Mundie）說：「這個問題最終還是得靠工程師來解決。」但要怎麼做到呢？已經有這麼多的綠色討論，和各種大鳴大放的言論，為什麼我

綠色能源將是下個十年的全球標準，而綠能技術，將是下一波全球產業的主力。那些可以發展、製造和販售更多這類型技術的國家，將擁有成長最快速的產業，也享有最乾淨的空氣。

們還發展不出呈指數型成長的創新或工程突破呢？

答案可以分成兩個層面來說。首先，真正的能源創新是很困難的，必須跳脫物理、化學、熱力學、奈米科技與生物科技的限制，去開拓這些學科裡尚未開發新領域。

更重要的是第二個層面，這也是本章和下一章想講的主題：我們還沒有真正努力去嘗試。沒錯，我們還沒有真正努力去嘗試。

有一些努力嘗試時該做的基本功課，我們一直還沒做，那就是整合各式政策與法令、獎勵性與處罰性的稅制誘因，以刺激業界投注到能源互聯網，提升目前已有的綠色能源技術，如風能和太陽能，好讓學習曲線降得更快，並且誘發更多人願意在自家車庫或實驗室裡研究發明，讓大家一起來找出新的潔淨電力來源。

有太多重點我無法一一陳述，但如果你只能從這本書裡學到一件事，那就請記住：我們沒有辦法利用規範，來避開能源氣候年代裡的問題；我們只能找出創新的方式闖出一條生路，而唯一能做的，就是利用市場機制，來策動更有

效率、更富創造力的系統,並且將既有的新產品進一步商品化。因為,唯一比大地之母更重要的,就是利益之父,而我們居然還沒將它拉入這場戰局中。

我們需要的不是一個提倡綠色能源的曼哈坦計畫❶(Manhattan Project),而是一個為綠色能源而存在的市場,這才是我們現在所缺乏的。

為了發展充足、潔淨、可靠又便宜的電力,同時提高能源效率,我們不需要政府偷偷帶領一群科學家,在遙遠的基地發展出單一目標的創新,而是需要上萬名發明家共同合作,彼此依存與激勵,提出各種突破性的創新。我們還必須替既有的綠能科技,如風能和太陽能,創

> 我們只能找出創新的方式闖出一條生路,而唯一能做的,就是利用市場機制,因為,唯一比大地之母還更重要的就是利益之父。

造龐大的需求,而且必須是瘋狂、渴望到破表的需求,才能降低這些科技的成本,讓它們足以與煤、石油和天然氣等傳統化石燃料競爭。

只要我們能創造這個市場,讓全世界都產生龐大的需求量,今天就可以讓這些既有的綠能科技變得更便宜,也更有效率。如此一來,就能大幅降低學習曲線。我們能夠在太陽能和風能發展上所做的努力,就如同中國在網球鞋和玩具方面所付出的一樣。

唯一能刺激突破性的科技創新,和既有技術的根本改善的,就只有自由市場而已。只有市場,能快速而有效率的生產並且調度足夠的資金,讓上萬名發明家可以在成千上萬的公司、車庫和實驗室裡,促進創新的轉變。也只有市

---

❶第二次世界大戰末期,由美國理論物理學家歐本海默主持,為率先研發出原子彈而進行的計畫,代號「曼哈坦」。這項計畫集結了當時西方國家(納粹德國除外)的頂尖核物理學家、動員超過12萬人,在花費20億美元、耗時3年之後,終於在1945年7月16日於新墨西哥州的沙漠中,成功試爆世界上第一枚原子彈。

場，才能讓這些最好的技術商品化，改善既有的科技來符合我們需要的視野、速度和尺度。

然而，自由市場並不只是一片開放的園地——你只需要簡單的澆澆水，然後賴在躺椅上，放任裡頭的東西隨機長出來，並且認定最好的東西肯定會冒出頭來就好。不是這樣的！市場就像是花園，需要聰明的設計和養分供給：必須正確的運用賦稅、法令、獎勵或處罰性的誘因，才能生產出漂亮又健康的作物來帶動繁榮。

截至目前為止，我們還沒有打造出足以發展綠色能源的能源花園。我們其實還差得遠呢！我們目前所擁有的能源花園，就只能用石油、煤和天然氣等便宜的汙染性燃料來生產電力，而我們就坐在這兒，放任國會和私部門裡從中受益的人，拚命用政府資源來挹注這個使用汙染性燃料的花園，毫不關心其他能源的可能性。套句英國經濟學者柯利爾（Paul Collier）的話，在這座能源花園裡只有一個規則，那就是「肥者生存」（survival of the fattest），也就是那些擁有最多遊說資源和資金的人，才是政策制訂者。

唯有聰明設計的系統，才能創造綠色能源新系統

現在的能源花園，已經糾結了一堆煤炭、石油和天然氣的管線、精煉廠和加油站，幾乎再也容不下任何新事物在這裡尋找生存的空間。毫無疑問的，多數先進國家的能源花園都是為了石油、煤和天然氣的利益所打造的，他們讓這些燃料既便宜又多產，而且很難被取代。綜觀全球的能源花園設計，也都是為了符合石油輸出國家的石油企業聯盟和獨裁者的利益。在能源的世界裡，沒有所謂公平競爭的「自由市場」，那完全只是個幻想。

舉例來說，美國政府從同樣是民主同盟的巴西進口甘蔗乙醇，每加侖要54美分的關稅，但是從最多911劫機客所在的沙烏地阿拉伯進口原油，每加侖卻只要1.25美分的關稅。這算是哪門子的自由市場？而且，雖然甘蔗乙醇所能生產的能源是玉米乙醇的七、八倍高，但也只有在美國的市場裡，玉米遊說團對國會

有足夠影響力，才能夠阻止巴西的甘蔗乙醇來跟美國的玉米乙醇競爭。

當然，也只有在美國石油大亨的遊說之下，執意讓運輸燃料持續依賴汽油，才能使其他替代能源無法突破汽油的低價。為了支持石油、煤炭和天然氣產業，美國已經投注了數十億美元，同時長期給予租稅減免，然而在過去三十年來，只有每二到三年才給風能和太陽能

> 我們必須替既有的綠能科技創造龐大的需求，而且必須是瘋狂、渴望到破表的需求，才能降低這些科技的成本，讓它們與化石燃料競爭。

一點點微不足道的稅收減免額度，使得這兩項替代能源的長期投資變得很不穩定。這又是什麼樣的自由市場？

只有在為了化石燃料而打造的市場裡，才有辦法讓化石燃料維持低價，然後凸顯再生能源的昂貴與難以捉摸。這也難怪，當原油的價格已經逼近每桶100美元的時候，我在《紐約時報》的同事摩瓦得（Jad Mouawad）在2007年11月9日寫到：「即使在今天這樣油價的高點，進口一桶水仍然要180美元，進口一桶牛奶也要150美元，原油的進口價格依然比較便宜。」

可想而知，當進口原油的價格依舊比進口水和牛奶便宜時，我們幾乎很難有任何能源創新的機會了。

如果希望看到潔淨電力、智慧型電網和提升能源效率的創新科技，我們就必須聰明的重新設計這座能源花園。正在興建大型電力系統的貝泰工程公司（Bechtel Corporation）副總裁艾韋登（Amos Avidan）表示：當人們試圖發展下一代的綠色能源時，「我從不相信演化，我只相信聰明的設計。只有經過聰明設計的政策，才能讓我們有最佳的機會產生突破性的創新。」

人們常問我：「你最喜歡哪一種再生能源？你是喜歡太陽光電的那一派呢？還是喜歡風力那一套？或者是地熱？太陽熱能？」我現在的答案非常簡單：「我最喜歡的再生能源，是一套能激發能源創新的生態系統，我最贊成的

是能夠激發能源創新的生態系統。」

　　我們真正需要的是一套把政策、法令、獎勵性與處罰性稅制誘因都設計進去的聰明系統，可以確保我們得到更多潔淨電力的來源、提升能源效率，並且讓學習曲線降得更快，也讓每一種產生綠色能源的新概念，可以更快速的超越實驗室研究階段。只有這種激發能源創新的生態系統，才能催生能源互聯網的形成，讓充足、潔淨、可靠又便宜的電力可以輸入智慧型電網。唯有系統，才能創造另一個系統。

　　單單一個曼哈坦計畫是無法達成這個目標的——應該說，還差得遠呢！矽谷研究團隊的執行長卡爾森，也是《創新：滿足消費者所求的五項守則》（*Innovation: The Five Disciplines for Creating What Customers Want*）的共同作者，曾經表示：「我們需要政府介入重塑市場，才能產生爆炸性的變革。只要政府做了合理的事情，其他事情就會自動到位。」世界上很多國家已經察覺到這點，並且開始逐步推動能源和環境的創新與發展。只有美國還沒跟上世界的潮流。

　　卡爾森補充道：「我們國家唯一制訂的產業政策，只有針對農業，那還是一個十九世紀的產業。我們目前的確還沒有一套聰明設計的、針對能源創新與商業化的國家策略。」

　　卡爾森又補充說，我們並不希望政府挑選出最後的勝利者（就像目前已經干涉過深的玉米乙醇），而是希望政府設立一套正確的賦稅政策、管理政策和教育政策，並且資助基礎研究，打破材料科學、化學、物理、生物和奈米科技之間的藩籬——唯有準備好所有的培育資源，市場和創業投資者才能選出最可能從計畫階段過渡到業界的新能源商品。這就是所謂聰明的設計。

　　短期來看，變革性的突破性創新是比較不可能的，但卡爾森認為：「從長期來看，只要我們做對事情，綠色能源將是讓我們的生活變得更美好的解決辦法……不過，若是沒有聰明的設計，那是不可能發生的。」

　　接下來要談談價格訊號（price signals），它是這套聰明設計系統的一部分。

毫無創新動力的美國能源產業

在開始說明我們需要什麼樣的價格訊號之前，我想強調一下，過去50年來，美國針對刺激綠能創新所做的努力有多麼薄弱。

讓我們先來看看統計數字。美國在2007年由電力公用事業投入的研發經費，只有全部收益的0.15%；通常在競爭激烈的產業界，這個投資數字應該是收益的8至10%。如果你全部的研發經費只占總收益的0.15%，那也不過只能訂閱幾期《大眾機械》（*Popular Mechanics*）和《科學美國人》（*Scientific American*）雜誌而已。實際上，就連美國寵物食品產業每年投入的研發經費，都比美國公用事業來得多。

我們再換個提問來看：美國最近一次在綠色能源生產方面的突破性創新，發生在什麼時候？答案是1957年，也就是全世界第一座集中式商業核反應爐在美國賓州的西賓堡（Shippingport）啟用的時候。沒錯，就是從那個只有無濾嘴香菸和種族隔離的年代之後，綠色能源就再也沒有更大的突破性創新了。

還想知道更多證據，好確定我們在能源領域多麼沒創意？那就來請教伊梅特（Jeffrey Immelt），他是奇異公司的現任執行長，而奇異公司是全球最早投入動力系統的製造商之一。

伊梅特跟我說了一個故事：他在奇異公司工作了26年，這段期間，他已經在奇異公司的醫療事業部門見證了多達八代或九代的醫療科技革新，包括X光機、磁振造影和電腦斷層掃描等設備。由於政府和醫療市場共同創造了好的價格、誘因和競爭力，因而衍生出一連串穩定的創新；這個領域裡的創新是很有利潤的，而且相當容易跨入。至於動力系統的創新呢？伊梅特說，就他所知，就只有那麼一次而已。

伊梅特說：「直到今天，我們在動力系統這一塊，仍然以賣燃煤發電的動力為主，與我剛進公司時幾乎差不多。現在是有比較潔淨一點、更有效率一點了，但基本上還是相同的模式。」醫療科技的創新已經歷經九代，動力系統卻

只有一次。這告訴你什麼？這告訴你，我們所擁有的能源市場，從來不曾為開發綠色能源而創新、改變過。

伊梅特下了一個結論：「若回望過去30年，你不能說這個能源市場已經在成功運作了。」

在電力與天然氣事業幾近獨占的環境下，石油公司也被默許是運輸燃料的獨占戶──這些能源市場裡的關鍵玩家，幾乎沒有任何誘因要創新，而新啟動的事業也幾乎沒有空間可以生存。伊梅特說：「從技術標準來看，能源系統的基礎投資實在被低估了。醫療產業每年都還投入總收益的8%到研發部門，但整個能源產業卻只投入2%。」

重塑市場，讓綠色能源挑戰汙染性燃料

顧伯格（Edward Goldberg），是安尼沙（Annisa）集團的總裁、出色的商業顧問，也是紐約市立大學柏魯克分校席克林商學院（Zicklin School of Business）的兼任教授。他曾在《巴爾的摩太陽報》發表一篇短文（2007年2月23日），其中一段提到：

現代美國資本主義，是來自於世界對成長的追逐。這種追逐，成功的利用人們對於創造與創新的需求，來駕馭人們的好勝心──蘋果電腦因為iPod而大放異彩，而微軟公司也必須日日追求更新、更好的軟體版本。一旦失去競爭，市場創新也就沒有必要，這樣一來，我們今天所認為富裕、豐饒的資本主義社會將大受影響。這種現象，已經確確實實發生在能源巨人的身上了。

原本發展新能源最有效率的方式，應該是透過私人企業，但是，這些最主要的能源公司卻沒有來自現代資本主義市場的壓力，所以只是口頭上承諾發展新能源而已。

當美國的資本主義正逐漸發展成更具效率和不斷創新，能源產業似乎還身陷重商主義的泥淖中……如果這種狀況只是發生在小型產業裡，沒有多少人會

在意。但是當我們生活中最重要的能源產業市場，對自身的創新感到自滿，那麼，作為國家獨立性守護者的政府，一定要化身為刺激創新的催化角色……

能源產業已經很多年沒有為了爭取顧客而提出創新了。你最近什麼時候在電視上看過，石油公司會打廣告說他們的產業或服務比別的競爭者好？雖然不算是獨占事業，但能源公司實際上就是龐大的私人企業和輸送系統。

在「能源是國家重要根本」的預設前提之下，能源產業勢必得到不同的待遇──與其他產業不同的是，能源公司擁有龐大的美軍支援，保護他們的供應管線和出產地；而與現代高科技產業不同的是，能源公司甚至可以輕易的忽略由哈佛商學院教授克里斯丹森（Clayton Christensen）所提出的創新關鍵「突破性科技」（disruptive technologies）。也就是說，新科技之所以能夠取代既有科技，是因為它們更便宜、也更具顧客導向。然而，能源公司大可以不顧這類型的需求，只要將主要投資放在拓展和維護他們的供應系統就好。

> 市場就像是花園，需要聰明的設計和養分供給：必須正確的運用賦稅、法令、獎勵或處罰性的誘因，才能生產出漂亮又健康的作物來帶動繁榮。

既然沒有尋找替代能源的市場壓力，我們從這些公司所能得到的利益就少了許多。如果當福特汽車還在生產運動型休旅車款，豐田汽車即大膽以製造油電複合動力車搶攻福特的市場，縮減了福特的收益，那福特就會因為不創新而受到市場懲罰。但因為能源公司的利潤主要來自於原物料，因此不需要以創新競爭來生存。再加上能源公司的利潤很驚人，他們更不需要擔心因缺乏創新而受到市場懲罰。實際上，能源公司終究是受益者，當美國資本主義已經受到市場驅策而改變、往前邁進的同時，能源公司卻可以自由的選擇忽略。

這些能源大公司深知，只要油價終年持續比其他競爭的能源產品便宜，就沒有什麼壓力逼他們去發展新型態的能源。而當油價下跌時……反而強化了整

體經濟的不景氣。在能源短缺的世界裡，美國已經沒有本錢再讓這些既傳統又毫無創新的資本主義占據產業系統的核心，也沒有本錢再讓他們扭曲和威脅整個產業系統了。

　　唯一能改變這種情況並啟動能源產業創新的作法，就是重塑市場，讓綠能科技更容易加入市場、參與競爭，並且挑戰既有的汙染性燃料。要重塑市場的唯一辦法，就是用賦稅與各種誘因來刺激對現有綠能科技的需求，如風能與太陽能等，並將學習曲線降到所謂的「中印價格」；再利用賦稅和各種誘因來刺激私人企業和大學投入更多研發經費與人才；利用賦稅和各種誘因來鼓勵更多投資者，將政府、大學或私人實驗室中所能生產的突破性創新，更快速的轉化為商品。

用價格啟動創新

　　加州大學柏克萊分校的能源創新專家康曼（Daniel M. Kammen）表示：「不論你怎麼告訴市場你想要什麼，市場只會對價格訊號做出回應。」因此，「任何想要啟動市場卻不知丟入價格訊號的人，一定是基礎經濟學被當掉了。我們已經啟動市場對能源的興趣，卻沒有進一步利用它。如果你想要有市場來生產，卻沒有投入價格訊號，那就等於沒有市場的存在。你一定要有一個價格訊號。」

　　若要說，誰曾經表示相對價格是刺激再生能源創新的不二法門，那就非亞瑪尼親王莫屬了，他是近年來最重要的沙烏地阿拉伯石油部長。1970年代，在石油輸出國組織初次發現自己的重要性的同時，亞瑪尼親王就曾警告同仁不要太快將油價拉高，因為他擔心西方國家與市場對價格的反彈，將可能轉而激發了風能、太陽能和其他形式再生能源的大幅創新。

　　亞瑪尼親王對石油輸出國組織的同仁提出的警告，大意是說：「孩子們，你們要記住！石器時代的結束，並不是因為我們把石頭用完了！」石器時代的

結束，是因為人們發明了用青銅和鐵製作的替代工具。

亞瑪尼親王深知這些石油消費國家如果一起行動，大幅投入再生能源的生產，或是在改善能源效率的技術上突飛猛進，那麼即使地底下仍有上百萬桶原油的儲量，石油時代也可能因而結束；就如同石器時代終結的時候，地表上仍然有許多石頭一樣。

亞瑪尼親王認為石油和再生能源的價格訊號將主導一切，所以石油輸出國組織必須將原油價格維持在一定的水平，好讓所有石油同盟仍然有最大的收益，卻不會刺激西方國家為了取代石油而投入再生能源的創新。

> 當我們生活中最重要的能源產業市場，對其自身扮演創新的角色感到自滿，作為國家獨立性守護者的政府，就一定要化身為刺激創新的催化角色。

我們的目標，就是要讓亞瑪尼親王的噩夢成真。

方法就是要創造我們自己的價格訊號來刺激市場，讓上萬名的發明家在自家車庫和實驗室裡，投入綠色能源的研究。市場必然會回應我們想要的，只要我們給市場的訊號是正確的：增加碳稅和燃料稅，制訂再生能源組合標準的相關法令，或是推動溫室氣體總量管制與交易制度，間接對碳排放課稅；或者是這些項目隨意組合都可以。

為什麼對這些汙染性燃料課稅，是誘使人們大量投入綠能研發的重要關鍵？加州理工學院的能源化學家路易斯給了一個非常好用的比喻，他是這麼說的：假設我發明了第一代手機，然後找上你，親愛的讀者，「看過來！看過來！我這裡有個好貨！我剛剛發明了一支你可以放在口袋裡的手機！」

你可能會回應說：「哇！一支可以放在我口袋裡的手機！真的嗎？那可能會改變我現在的生活吧，我要買十支分送給我的員工來用。」

我說：「十支沒問題！但我得先警告你，這只是第一代的原型機，一支至少得花上你1,000美元。」你無疑會回答說：「聽起來很貴沒錯，但它們值

這個價錢，因為就像我說的，一支可以放在我口袋裡的手機，將會改變我的生活。」

所以，我賣了十支手機給你，然後又賣給下一位讀者十支、再賣給下一位讀者十支……六個月之後，猜猜看發生什麼事？我又帶了一支新型手機回到你面前，它更小、更輕，而且一支要價只有850美元。我馬上就降低了學習曲線。

現在我更得心應手了。我再度回到我的創新實驗室，這次我發明了一個太陽能電燈，我又回到你的面前，親愛的讀者，「記得我曾經賣給你的手機嗎？用起來不錯，對吧？嗯，我現在有另一個提議，看到你頭上那盞燈了嗎？我可以利用太陽能來讓它發亮。不過，這是個全新的技術，它並不便宜：用太陽能點亮的燈，每個月得多花你100美元。」

親愛的讀者，你會怎麼回覆我呢？你可能會說：「先生，記得你賣給我的那支手機嗎？它真的改變了我的生活，那是我前所未有的經驗。但你可能沒注意到，我頭上那盞燈已經可以提供我光亮了，而且它好得很。老實說，我才不管它的電是從哪裡來的。抱歉，這次我不買了！」

要改變你的心意，只有一個辦法。就是由政府直接告訴你，親愛的讀者，點亮這盞燈的電力來自火力發電廠，因為生產電的過程中會排放二氧化碳且製造許多汙染，從現在起，請你要負擔起所有的成本；也就是說，打開這盞燈，你每個月必須多繳125美元。不過，我那用太陽能發電的燈，每個月只要多花你100美元。看起來是個不錯的交易吧？所以你會願意買十盞，而這本書的所有讀者也都會願意買。

六個月之後，猜猜看發生什麼事？我將帶著同樣的太陽能電燈回到你面前，這回你每個月只要多花75美元就可以了。而後，我將再一次降低價格的學習曲線，也會提出新的創新。最終，太陽能發電一定可以比火力發電便宜。於是，我可以將新的創新又帶往另一個境界。

電力就是電力！但我們需要綠色能源帶來的新環境

每個人都說，再生能源基礎建設的興建，就像是我們這個世代登陸月球的創舉一樣可以實現。但這是痴人說夢！

「興建零排放的能源基礎建設，無法跟登陸月球相提並論。」路易斯進一步解釋：

登陸月球，錢並不是問題──大家所有的努力就是為了能站在月球上。但現在不一樣了，我們已經有煤、天然氣和石油這些便宜的能源，因此要大家多付一點錢來改用綠色能源，將變得非常困難。

這就像是當廉價的西南航空已經可以載大家上太空，還提供免費花生的同時，怎麼可能還要大家再捐錢給美國航太總署，讓他們打造一艘新的太空梭來登陸月球──既然我花小錢就可以登上月球了；那不過就是一趟飛行而已。

同樣的，對很多人而言，電力就是電力，根本不用管它是怎麼來的；要人們改用綠色能源，並不是提供給人們一種新奇的玩意，因此你無疑是要他們就一模一樣的東西付多一點錢。就像如果每個人的手機都可以下載音樂，那麼或許當初就不會有那麼多人買iPod了。

請記住非常關鍵的一件事：綠色能源所能給你的是一個新的環境，而不是一個新的功能。路易斯說：「電力就電力，沒有分藍色或綠色的，它只是讓電燈發亮；它既不會搜尋你的電子郵件，也無法糾正你的拼字。」

因此，我再次重申，如果我們希望在兩個層面都能有大幅度的創新──包括潔淨電力生產模式的突破性創新，以及使既有的綠能技術更快降低學習曲線的突破性創新，我們就需要政府建立一個公平的競爭環境，增加我們不想增加的稅收（尤其針對來自碳排放源的電力），補助我們需要的研發經費（尤其針對潔淨電力的創新）。這樣才能創造出我們所需要的、足夠規模的市場需求。

國際能源總署在2000年曾發表一篇報告〈能源科技政策的經驗曲線〉（Experience Curves for Energy Technology Policy），報告中強調，只要政府願意利用價格訊號來增加需求，就可以將既有技術的學習曲線快速降低，也可以更快的用更低成本來換取大幅的研究進展。報告中還提到「若需求量以每年15%的速率成長，太陽光電模組的生產將可望

市場必然會回應我們想要的，只要我們給市場的訊號是正確的。

在2025年左右達到損益平衡；若是成長速率加倍，損益平衡的時間點就可以提早10年，可望在2015年達成目標……如果我們想要在成本效率最佳的情況下，讓二氧化碳排放減量的技術，在二十一世紀初期的十幾年間就發展出來，那一定得把它們放入現有的商業市場裡」。

換句話說，我們需要新的東西，我們絕對需要！但是像風能、太陽光電、太陽熱能和地熱這些「舊東西」已經存在了，而且也真的可以運作；只要我們再給市場一些正確的價格訊號，讓學習曲線降得更多，它們的價格就能更快的下跌。一旦市場需求打開了，你只需要靜待太陽光電模組和風力的價格穩定降低；製造商就可以從經濟規模回收利潤，同時也能找到讓太陽光電模組和風機提升轉換效率的技術。

只不過，再生能源終究逃不過要跟煤炭競爭，這就是為什麼我們希望再替這些現有的再生能源拓展市場，這也是為什麼我一再強調市場本身，而不是單一的曼哈坦計畫。

能源物理學家羅姆認為：「類似於阿波羅計畫或曼哈坦計畫的這些大型政府投資，其實是有問題的。這些計畫只是用無上限的預算，為一些特定的客戶打造獨一無二、非商品化的產品。砸錢是一個顯而易見的解決策略，但若是要保護一個適居的氣候，我們必須創造可以大量生產的商品，替許多只有有限預算的不同顧客服務。」羅姆又補充說，只有一個架構完整的市場才能做得到，

而且必須「現在馬上開始建立」，我們不能只是繼續祈禱或打賭將有奇蹟出現。

我當然喜歡奇蹟，我們需要一個奇蹟式的創新。閉上你的眼睛，一起祈求奇蹟趕快出現吧！但於此同時，也請打開你的眼睛，探索那些我們不曾注意，但已藉由既有技術所創造出來的潔淨電力。只要我們在市場上創造正確的價格訊號，就能創造規模經濟。

最低價格：讓大型能源公司「梭哈」的關鍵

所謂的價格訊號，不一定是課稅，也可以是最低價格（floor price）。當每桶原油進口只要50美元，美國國會絕對不敢課以每桶50美元的稅金，讓它的價格變成100美元。但現在每桶油價已經超過100美元了，因此開始刺激更多投資進入替代能源。

只要政府可以宣布每桶原油進口的最低價格是100美元——當油價高於每桶100美元時，不會有任何稅金，但當油價降到每桶90美元，政府就要課徵10美元的稅金。或者，也可以將汽油的最低價格定在每加侖4.5美元。這樣一來，就可以解決許多能源投資者的疑慮。

當發明者和創業投資者仍舊相信這些新綠色能源的價格，將會受到傳統汙染性能源的低價影響，我們就很難從規模經濟中找出新的創新技術，也沒有辦法有效降低既有技術的學習曲線了。1970年代，油價一度大漲，刺激了不少太陽能和風能的創新發明，但隨後十多年內，石油輸出國組織降低油價，掃除了不少再生能源的投資，而政府也不再願意挹注再生能源。

這樣的變化，企業和投資者已經看過太多次，所以即使是在油價攀升到如此高點的今日，他們仍然非常擔心，投資再生能源會是個很大的賭注；也擔心現在的油價（每桶原油超過140美元）到了明年就會降到每桶75美元、或甚至50美元，那麼替代能源的市場就會消失，他們在股東面前將會抬不起頭來。

看看豐田汽車！當我在寫這本書時，排隊等著要買豐田Prius油電複合動力

車的名單，至少都要等三個月。為什麼？Prius的銷售業績一直隨著汽油價格上下波動——當美國的汽油飆漲到每加侖4.5美元時，Prius的銷售量也達到最高點。

Prius原本是在日本生產製造，再送來美國銷售，但2008年7月，豐田汽車已經宣布他們準備將一部分的Pruis生產移至美國（原先他們只有計畫2010年時，要在密西西比州設廠生產運動型休旅車）。

> 當發明者和創業投資者仍舊相信綠色能源的價格，將會受到傳統汙染性能源的低價影響，我們就很難從規模經濟中找出創新技術，也沒有辦法降低既有技術的學習曲線了。

我可以保證，如果白宮早在911事件後就開徵汽油的愛國稅，或是設定石油與天然氣的最低價格，Prius早就在美國三個州以上的地方設廠生產了。而且，今天荷包滿滿的就會是美國國庫，而不是世界上那些產油國獨裁者。

因為油價長期的不穩定，使得那些應該投注所有精力到綠能技術創新的大型能源公司，一直遲遲沒有「梭哈」。你應該看過電視上的撲克牌遊戲，一個從拉斯維加斯來的傢伙，臉上戴著太陽眼鏡，反戴著棒球帽，當他把面前所有的籌碼推出去，喊了聲「全梭了！」，旁邊每個人都會驚訝的倒抽一口氣。這就是我們希望這些美國最好的工業創新企業做的事：將他們所有的籌碼，全都投注在潔淨電力的創新和提升能源效率技術的發展上。

沒錯，創業投資者是很重要，但更重要的是這些巨型公司所下的賭注——當他們注意到再生能源是一個既持久又有利可圖的市場，自然就會驅策上千名工程師、科學家和研究人員，利用他們的全球製造和行銷能力，將產品更快、更廣的推銷出去。

奇異公司、杜邦和微軟公司，是美國最先進的工程、化學／生科和軟體公司。當我訪談這三家公司的高階主管，奇異和杜邦都說還沒將所有資源投注在

再生能源上，微軟則是還沒將資源投注到提升能源效率軟體的發展上。真是太可惜了！單單微軟這間公司的研發經費就有60億美元，這個金額比2007年所有投入綠能科技的資金還要多，甚至是聯邦政府投入能源效率改善和再生能源研發總經費的三倍高。

這三間公司都已經開始對綠色能源和能源效率創新技術投下賭注，但這只是他們所能投注的九牛一毛而已。當原油價格上漲到每桶140美元時，他們已經開始有點被迷惑住，甚至被慫恿要再投入資金到再生能源，然而真正會讓他們梭哈的關鍵，其實在於原油或是含碳產品（carbon content）的最低價格，是否可以確切讓他們和他們的投資者感受到，這些化石燃料的價格不會再跌至某個水平以下。

麻省理工學院創新學專家奧伊（Kenneth Oye）曾說：「浮動的價格並不等同於最高價。」即使原油價格已經飆漲到每桶140美元，仍有可能因為產業衰退，或是巴西海岸發現了大片新油田，而把原油高價整個推翻，然後掃除替代能源的所有投資。這也就是為什麼，奇異和杜邦關心的並不是原油的最高價，而是最低價格。

奇異公司執行長伊梅特的說法再清楚不過：「這些大型能源公司不可能把數十億美元和40年的時間，都賭在一把只持續15分鐘的市場訊息上。因為那根本行不通。」像奇異這樣的大型工業，如果要長期投資在綠色能源上，就需要得到一些明確的價格訊號。然而，那些市場的教條主義者，總認為政府不應該插手去干涉市場裡的最低價格，或不該給一些誘因來帶動綠色能源的發展。

伊梅特的看法則是：「現實點！不要搞錯方向了！政府早就插手干涉每一種產業。如果真的躲不掉，我寧願那是有建設性的干涉，而不是來搞破壞的。」

市場需求增加，「賭注」才會增加

那些已經想通這件事的國家，早就開始獲利了。目前奇異投入綠色能源

的部門，已經進展到第三代風力發電機的創新。伊梅特說：「這都得感謝歐盟！」諸如丹麥、西班牙和德國等國家，已經在全國電力公共事業列入風能的組合標準，要求每年要有一定比例的電力來自風能，同時還提供再生能源產業長期補助。

歐洲自1980年代起，已經為風機製造商創造了一個很大的市場，然而美國卻因為油價下跌放棄了風能。伊梅特說：「我們的風力事業是在歐洲長大的。」

目前美國已經有超過一半的州政府，制訂了再生能源組合標準的相關法令，規定每年要有一定比例的電力來自太陽能、風能、水力、地熱或生質燃料，但每一州的標準都不一樣！美國國會曾經試著在2007年通過全國統一的再生能源組合標準，但最後卻沒有過關。

伊梅特認為：「如果全國各州有了統一的再生能源組合標準，那就代表大家對風能、太陽能或地熱能的需求將會大增，我們就可以大大增加賭注了。」

2000年時，歐洲的能源和環境部長告訴我說，全歐洲將有10%的電力供應由再生能源取代；這就是我們的風力事業可以在歐洲成長的原因。我們的政府必須先建立一套明確的需求，而技術風險這部分就由我們來負責——投入資金、尋找創新技術。但我必須知道，當我找到了創新技術時，已經有個200億美元的市場等著我進去了。

醫療和航空業就是知道市場的存在而發展起來的，但能源產業還沒有……這也是阻礙核能發展的原因。我們真正害怕的是，在投入這麼多的研發賭注之後，卻不知道是否能接得到訂單。

杜邦執行長賀利得（Chad Holliday）認為，不管政府把原油或汽油的最低價格訂在哪裡，不論是每桶原油80美元或是每加侖汽油4美元，最重要的還是：這是不是一個可靠而穩固的最低價格。

這樣我的投資人才會說：「我知道你沒有浪費我的錢，市場的確是存在的。」一旦市場確認了，我的工作就是確保這些科技是確實可運作的。這樣至少解決了一半以上的問題。

我經常得和投資者討論，而他們總是不斷問我：「如果市場不見了，怎麼辦？」我們需要一些合理的保證……從前，杜邦旗下有一家石油公司康諾可（Conoco），但我們認為我們無法同時是一家大型石油公司，又是一家好的科學公司，因此我們決定出售康諾可公司。

我曾經花錢請了全世界最好的三家顧問公司，幫我評估原油價格的走勢。當時他們曾跟我保證，說每桶原油的價格絕對不會超過24美元，至少這個機率是很小的。但如今，就連市場也不確定原油價格的走勢會如何。即便油價現在已經往上飆漲，但仍沒有人能保證它不會跌回來。這也就是為什麼伊梅特和我都不斷的強調：一定要訂出碳排放的成本，不論怎麼訂，一定要有一個簡單的價格訊號。

2007年時，賀利得給了我一個具體的例子：「我們已經有100名科學家正在研發纖維素乙醇。」纖維素乙醇可以從植物的廢材或柳枝稷提煉，而不是從糧食作物。賀利得補充說：「我想，我們可以將研發人員增加到250人，開始將纖維素乙醇商品化，而且大概不需要花超過1億美元就能大量生產，但我還沒準備好要這麼做。雖然我可以評估我們得花多少成本、銷售的價格又該是如何，但市場真的能夠接受嗎？政策法令又將會怎麼走？乙醇的補助金會減少嗎？石油是否會被課稅，好讓乙醇保有競爭力呢？

「如果我知道這些答案，我就有一個價格目標可以追求，但如果這些我都不知道，我就真的不確定市場會在哪裡、我的股東也會不知道該如何衡量我所做的事……從稅制誘因到市場層面，都需要有明確的訊息，因為我們討論的是很多年的投資、數十億美元的金額，那需要很長的時間才能收效，而且我們不可能所有投資都每擊必中。」

　　有些人認為這不過是企業在發發牢騷，但我可不這麼想。能源創新的確是很龐大、昂貴的投資，而且永遠要跟既有的便宜、但具汙染性的燃料互相競爭。如果美國就原油、天然氣和汽油設了最低價格，或是增加永久性的碳稅來抬高煤炭的價格，你馬上就會看到能源創新的投資金額向上飆升。

　　伊梅特說：「政府就是醫療產業背後的大推手，他們投入了大量的補助，使得癌症在我們有生之年，將不再是不治之症了。政府為何不來資助再生能源？」事實上，其他國家早已經都想通了。

　　賀利得說：「我們即將很快的發展出下一代的太陽光電系統，因為香港和新加坡政府都有投資，他們兩地也都積極的利用各種誘因，要遊說我們在他們的城市建置太陽光電廠。為什麼美國政府不這麼做？有一次我到香港出差，香港的新特首沒有事先告知，就出現在我們開會的地方，只是為了要跟我說：『這真的很重要，你們一定要來香港設電廠，我知道新加坡已經找你們談過了，但你們一定得來這裡！』美國的官僚就是不做這種事。」

從能源科技泡沫中，尋找創新的契機

　　總結來說，美國需要一個能源科技泡沫，就像是當初的資訊科技泡沫一樣。為了達到這個目標，政府必須讓再生能源的投資絕對沒有任何阻礙。的確，我們會浪費一些錢；沒錯，也會有許多人因為這項投資而破產。但我們終將改變我們的經濟體系，同時也將經由這些過程，把我們從其他許多問題中解救出來。

　　現在的美國，以為我們正在「建構」綠色能源的泡沫，但實際上，綠色能源離泡沫化還遠得很。2007年投資在綠色能源的資本額，還不到50億美元；反觀2000年時網路科技投資的高點，資本額約為800億美元。在網路泡沫的時代裡，如果有50億美元掉下桌子，也不會有人費心把它撿起來。

　　在1999年的世界經濟論壇中，我第一次從比爾‧蓋茲那兒瞭解到泡沫的價值。我在我的著作《了解全球化》（*The Lexus and the Olive Tree*）中，描述了我當

時不經意的受到他在會議中講述內容的影響。

蓋茲在年度會議中報告微軟的近況和技術創新。當時，網路泡沫正值高峰，所有的媒體記者不斷向他提出各種問題：「蓋茲先生，這些網路科技股票，它們是泡沫，對吧？它們真的是泡沫，它們一定是泡沫吧？」最後，蓋茲有點被激怒的回答說：「它們當然是泡沫，但你們都沒抓到重點。正因為這個泡沫吸引了眾多資金進入網路科技產業，才能夠刺激創新科技發展得愈來愈快。」

的確，當時正值過度蓬勃的網路科技泡沫——從1990年代末期到二十一世紀初期，數十億美元過度投資到光纖網路產業，但也因此意外造成全世界的網路連結，抹平了這個世界，最終讓每個人都可以免費使用網際網路。這些硬體建設大部分是由美國和歐洲的投資客買單，許多人最終在網路泡沫破滅時耗盡家產。然而他們所留下的網路世界，提供了機會給印度、中國、巴西和其他開發中國家；相較於過去，這些國家可以更容易也更廉價的競爭、連結與合作。

> 如同當初的網路科技泡沫成就了資訊科技的革新，能源科技泡沫也終將改變我們的經濟體系，把我們從許多問題中解救出來。

1990年代的網路泡沫投資所造就的眾多創新，在短短10年間就引發了網際網路商業生態系統的串連，也成就了資訊科技的革新。

儘管投資無法回收令人難過，但經濟學家早就知道泡沫可以驅動創新的熱潮，資助世界的連結，並為下一次的繁盛、泡沫化和破滅做好準備。美國《新聞週刊》經濟學作家葛洛斯（Daniel Gross）曾經寫下《啵！泡沫有益經濟的原因》（*Pop!: Why Bubbles Are Great for the Economy*），書中強調泡沫的經濟邏輯，以及泡沫真的是驅動「美國經濟成長和創新的卓越功臣」。葛洛斯也提到，就像早期許多投身鐵路和電信泡沫的投資客，雖然以破產收尾，但他們所遺留的

硬體建設，卻帶動了美國經濟大躍進。

不令人意外的，葛洛斯也聲稱，想要刺激替代能源的真實創新，的確需要啟動一個真實的能源科技泡沫。泡沫帶給資訊科技的成就，同樣也能運用在能源科技上。

沒有定價格，人們就看不到價值

一個健全的社會要重塑能源市場，之所以需要稅收和法令的支持，除了為帶動科技創新之外，還有一個重要的理由，這個理由可說是生死存亡的抉擇，已經是個生存議題了。簡單來說：如果我們在一個又熱、又平、又擠的世界裡，繼續使用汙染性燃料，將導致塑造能源氣候年代的五大趨勢走向無法控制的極端，包括能源供需失衡、失控的氣候變遷、產油國獨裁、生物多樣性消失和能源匱乏。我們需要一個市場來傳遞不同的訊息。

環境保護界裡一位傳奇性人物布朗（Lester Brown），在他卓越的著作《B計畫3.0版》（*Plan B 3.0*）中，引述了挪威和北海艾克森公司前任副總裁達勒（Oystein Dahle）的觀察：「社會主義的崩毀，是因為沒有讓市場說出經濟的真相。資本主義也可能崩毀，因為沒有讓市場說出生態的真相。」

達勒所指的，正是現代化工業時代中資本主義的基本典範，在十九世紀及二十世紀裡廣泛通用——將汙染、廢棄物和二氧化碳排放，看作是不相關的外部效應，可以加以忽略。任何一本經濟學教科書都會告訴你，外部效應是商業交易中衍生出的成本或利潤，由那些未直接參與在商業交易的第三方來承擔或接收；工廠將汙染及二氧化碳直接排入大氣、將廢棄物直接傾倒在河流裡，都是最典型的例子。

以玩具工廠為例，這些玩具的價格，是計算了勞工和原物料的成本，再加上利潤而後定價的，其中商業交易的雙方只有製造商和消費者；然而這裡頭的「外部成本」卻由某個第三方來承擔，也就是由全球社會和地球環境來買帳。這些外部成本有短期的和長期的重大健康影響，經由這些還在使用燃煤火力發

電與有毒化學物質的玩具工廠，汙染了空氣、毒害了河川，也加劇了全球暖化。

我們一直在自我欺騙，遲遲未將這些外部效應列入成本定價。如同布朗提到的，我們的社會，「就像安隆公司（Enron），是個經營不善的能源巨擘，愚蠢到了極點。」我們每年極盡可能的寫出令人驚豔的獲利和國內生產毛額，而且這些文件上的數字看起來真的很漂亮，「因為我們已經將一些成本隱藏了起來」。

> 如果我們沒有看見開放的土地、清淨的空氣、乾淨的水源和健康的森林的價值，那麼這個已經又平、又擠的地球，將很快變成是個既炎熱、又毫無價值的垃圾掩埋場。

然而，大地之母並沒有因此而被愚弄，所以我們現在正遭遇氣候變遷的問題。沒有定價格，就沒有價值可言。如果我們沒有看見開放的土地、清淨的空氣、乾淨的水源和健康的森林的價值，那麼這個已經又平、又擠的地球，將很快變成是個既炎熱又毫無價值的垃圾掩埋場。當市場為了削價競爭，刻意忽略這些外部成本，那麼削價競爭將對經濟、健康及國家安全等，產生極大的負面影響。因此我們需要政府涉入來重塑市場，矯正這樣的錯誤。

英特飛地毯製造公司（Interface Inc.）創辦人暨董事長安德森（Ray Anderson）問到：「如果市場背後的推手無視於外部成本的存在，那他怎麼能理性的分配資源？」

政府過去曾利用賦稅及教育的綜合策略，讓數百萬人停止抽菸和酗酒；現在政府也必須重複同樣的策略，運用經濟手段來停止排碳及大量依賴石油的狀況。我們的經濟、環境和地緣政治是否健全，全仰賴這個策略了。

什麼樣的價格訊號才能「多贏」？

如果前面敍述的全是創造價格訊號的理由，那麼每一種價格訊號的優缺點又是什麼呢？

最常被討論到的價格訊號包括徵收碳稅、燃料稅、費用扣抵（feebates，藉由總量管制與交易制度所徵收的非直接稅收），以及再生能源組合標準的相關法令。不論用哪一種方式，都是我樂見的方向。只要稅率夠高、時間夠長，一定有機會促成行為的改變。

在總量管制與交易制度之下，美國政府可以設定在特定的時間點內，全國各地排放二氧化碳至大氣中的總量，這個總量也限定了各州所能排放的二氧化碳的最高額度。這個總量必須隨著時間逐漸降低，才能真正減少二氧化碳的排放量，並增加二氧化碳排放的成本。

不論是藉由保險或者拍賣，每一所企業被允許的買賣額度，加總起來必須等於或小於其二氧化碳排放的最高限額。那些可以用更便宜、更有效率的方式減少碳排放量的企業，能夠將未使用的額度，賣給不得不付錢來達到排放標準的企業。儘管當時只有少數機構參與，美國政府仍曾以總量管制和交易制度，成功控制了酸雨問題。

皮尤全球氣候變遷中心的主席克勞森（Eileen Claussen）從以下幾個觀點，指出總量管制和交易制度比徵收碳稅來得好：「當碳稅確立了排碳成本的增加，總量管制和交易制度則是確保了環境的品質。」意思是說，當政府依據科學家的研究制訂了固定的碳排放總量，這個總量就是為了保護氣候所限定的排放量。

克勞森認為徵收碳稅的危險在於，有些人就是寧願付錢了事，就像他們現在願意支付較高的汽油價格一樣；而這些人仍然會持續他們的行為，並且買台悍馬車，排放更多二氧化碳到大氣中。

此外，也如同大家所知道的，新的賦稅很難通過國會那一關，尤其這種賦

稅真的可能影響二氧化碳的排放差異。總量管制和交易制度則提供給政府稍微多一點的彈性運作空間：一開始，他們可以調整公共事業及企業重度依賴煤炭的程度，然後就逐漸切中要害，讓這些交易走向低碳經濟。要讓總量管制和交易制度真的可以運作，就必須針對排碳制訂出某種程度的高價——每噸二氧化碳排放至少要索價30美元。

擁護徵收碳稅的人則有不同的見解（我傾向支持他們的說法）。他們認為徵收碳稅比總量管制和交易制度來得好，因為徵收碳稅較為簡單、公開、透明、更容易計算、更能廣泛的影響整體經濟，也更容易運用減少或免徵所得稅來減輕低收入勞工的負擔。碳稅擁護者認為，全面經濟性的總量管制和交易制度的執行面過於複雜，也會引發各種特殊免稅額的遊說行為。

> 處在一個需要系統性改變的新時代，我們的思維必須從「這是我們所能做到最好的」，轉向「我們要如何將它做到最好」。

關於總量管制和交易制度，除了複雜程度之外，最困擾我的一點是，它感覺起來就像是在粉飾太平，是一種自以為已經直搗問題核心的思維。人們必須知道，我們處在一個需要系統性改變的新時代，然而總量管制和交易制度的重點卻是在掩飾這些改變的痛苦，假裝我們不曾強加稅收。對我而言，這就像是1962年密西西比大學試著廢除種族隔離，讓黑人青年梅瑞迪斯（James Meredith）進到夜校就讀一樣。但這從來不會管用的，我們就應該讓梅瑞迪斯直接走進日校的校門來讀書，也必須讓大家都看到他。

這才能改變一切。碳稅也是如此。關於排碳所需要的價格訊號，不只是從金融計算去改變經濟行為，也必須改變我們的認知，試著去思考一個國家或身為人類的定位是什麼。這些可都不能被掩飾。我們的思維必須從「這是我們所能做到最好的」，轉向「我們要如何將它做到最好」。

也就是說，不論哪一種系統，如果可以在不被灌水的狀況下，最快通過國會這一關，我都會欣然接受。

有些人認為徵收碳稅將對美國經濟不利，因為這會使出口價格變貴，降低競爭力。我並不同意這個看法。第一，會影響出口價格的因素有太多，其中最重要的其實是貨幣的強勢與否。第二，諸如丹麥、挪威等歐洲國家，早就開始徵收二氧化碳排放稅，而丹麥如今是風力發電機最主要的出口國，他們的失業率只有2%，一部分原因就是他們對能源徵稅，刺激了全新的綠能科技產業。

最後一點，只要美國開始徵收碳稅，並假設中國沒有辦法馬上跟進，很快的，國會就會對那些使用汙染性燃料生產的中國出口製品，通過「課徵碳關稅」的決策。

至於汽油的部分，也有幾項合理的做法。一個就是我先前提過的最低價格。能源經濟學家維勒格曾經提議分階段將燃料稅逐步增加至每加侖5甚至10美元，並利用這些歲入來減少所得稅、創立政府基金，將那些超級耗油的車種全買回來，然後壓扁它。許多消費者現在都被他們自己無力負擔的大車給困住了，但又無法換成更省油的小車。維勒格曾說：「911事件的最佳紀念碑，就是把那些耗油車壓扁之後，堆成一座山。」

有名的環保人士羅文斯，也是落磯山研究中心的共同創辦人，曾經提出汽車的費用扣抵系統，以課徵燃料稅的方式讓人們審慎考慮是否要買超級耗油的大車，並以各種優惠鼓勵民眾選擇省油的車種。「針對不同等級的車種，一一制訂新買主需要額外負擔的費用或者可以享受的折扣；至於該多付多少錢或享有多少折扣，則是依據車種的省油狀況，那些多付的錢就用來補貼折扣。這種方式能夠鼓勵消費者購買比較省油的車種，不論他或她喜歡的是大車還是小車。買主省了錢，製造商的利潤也增加，國家安全就改善了。」

在美國要增加燃料稅，很難想像會有什麼負面影響，因為美國的油價仍然低於歐洲油價的一半，這都得感謝那邊所課的重稅。燃料稅可以減少消費、鼓勵人們買更省油的車種、減少輸送給石油獨裁聯盟的金錢、改善空氣品質、讓

美元變得強勢、幫助減緩全球暖化，也讓市民覺得他們為抵抗恐怖主義付出了一點心力。

約翰霍普金斯大學外交政策專家孟達邦表示：「這不只是一個雙贏策略，而是創造贏、贏、贏、贏、贏的局面。」

如同伊梅特提過的，另一個有效的價格訊號就是「全國性的」再生能源組合標準的相關法令。透過這樣的法令，全國各州的電力公司都必須在特定期限前（假設是2020年），讓20%的電力供應來自再生能源，包括太陽光電、太陽熱能、水力、風能、波浪能或其他任何潔淨的電力生產過程。

> 能源經濟學家維勒格曾說：「911事件的最佳紀念碑，就是把那些耗油車全都壓扁之後，堆成一座山。」

再生能源組合標準的相關法令可以刺激大規模的創新，因為一個龐大的全國市場已經出現，投資者一定願意投入，促使既有如風能和太陽能等技術快速降低學習曲線。

曾經成功證明了這項政策可行的人，就是美國現任總統小布希，當他擔任德州州長時，曾在1999年推動並簽署了德州再生能源組合命令（Texas Renewable Portfolio Mandate），規定德州的電力公司必須利用再生能源生產20億瓦的電力（其中以風力為主），並且要在2009年以前完成。

你猜，結果發生了什麼事？數十家新公司跳進德州市場來裝設風力發電機，其中一家還來自愛爾蘭，使得20億瓦的目標提前在2005年就達成了。後來，德州州議會又將標準提高到「2015年以前，完成以再生能源生產50億瓦電力的目標」，而每個人都認為這目標絕對做得到。再生能源組合標準的相關法令，已經有了成功的一例。

在1979年三哩島核變事件發生前的短短25年之內，美國興建了上百座核能

發電廠，直到災變發生後，美國才暫緩所有核能發電廠的興建工程。我們必須讓同樣的事情再發生一次，我們要盡快想出辦法，延長這些既有核能發電廠的使用壽命，以避免必須興建新核電廠。

以現在的最新科技來看，核電廠輻射外洩的威脅，已經比氣候變遷的威脅小得多了；然而，興建一座新核電廠的經費，至少要70億美元，且從規劃到興建完成，至少也要耗時8年。許多公司的執行長任期大約也是8年，但幾乎沒有幾個執行長敢將70億美元投入到核能計畫中，因為這筆錢顯然已經超出許多公司最高營業額的一半以上。

過去幾十年來，興建核能發電廠就像是「賭上你的事業」一樣，那些公司最終不是倒閉，就是嚴重虧損，像是長島照明公司（Long Island Lighting Company）和印第安納公共服務公司（Public Service Company of Indiana）都是其中的例子。而且，再加上官司纏訟的種種風險，要重新啟動美國的核能工業，政府可能要提供最低貸款保證。

做對的事情——改變市場，愈快愈好！

要充分形容我們想移轉至綠色能源系統所要面對的所有挑戰，可以試著重讀馬基維利（Machiavelli）的《君王論》，其中我最喜歡的一段話是：「我們應當記得，率先引介新的事物，是最難控制、最不容易執行、也不能確定是否會成功的。因為那些在原有情境下的既得利益者，就是創新者所面對的敵人。因為創新而可能會過得更好的人，又不一定會熱情支持；這樣的冷漠對待，部分來自於對既得利益者的恐懼，因為他們有法律作後盾，部分則來自於人們的懷疑心，無法準備好相信新的事物，除非他們已經很熟悉這些新事物。」

這又是一個我們需要政府來設立價格訊號，以刺激能源創新的好理由。當你要從一個系統轉移到另一個系統，一開始總是比維持現狀來得痛苦且昂貴；然而，在這個又熱、又平、又擠的世界裡，我們每多等一年，這個過程都將更加痛苦且昂貴。

價格訊號能刺激大眾和市場更快走過這個轉移的過程，而不是延遲，但我們的領導人卻一直害怕帶領大家走向那條路。結果，我們只有在外力的影響下，才稍稍動了一下。猶記得1970年代阿拉伯石油禁運事件，真的讓大家受了不少苦，我們的領導人，只有在那時才覺得需要運用政治力來做一些對的事，例如下令美國車的燃油效率要提升兩倍。

誰來告訴大眾該怎麼做呢？是的，我知道專家會說，要求大眾在沒有短期利益的情況下付稅，是不可能的政策任務。但就像過去的女性投票權和公民權益等重大議題，群眾永遠是走在政治家前頭的。即便已經清楚知道什麼才是對的事情、真實的成本是多少，以及替代方案的優點，但政治家常常還是會低估民眾想要做對的事情的意願。

請想像某個競選場合，一位候選人贊成課徵燃料稅，另一位反對。這位反對課稅的候選人可能會說出數十年來他的同路人一直都在說的話：「你看看我那位自由派的對手！又想要加稅了。所有的稅他都喜歡。現在他又想增加你的燃料稅，或是在二氧化碳排放上課徵一些瘋狂的稅。天佑美國啊！美國人民被課的稅已經夠多了。謝謝大家！」

不過，針對課稅這件事，還有另一種回應，而且真正的綠色候選人絕對不會說不出口。他或她可能會這樣說：

美國人民被課的稅的確已經夠多了，我完全同意。但是這些稅是被沙烏地阿拉伯、委內瑞拉、俄羅斯和伊朗給拿走的。如果我們還是走在原路上，很快就會被大地之母課稅了。一旦大地之母來課我們的稅，你就再也沒辦法打電話給政治人物來解圍。所以我們直接一點說吧！我的競爭對手和我都支持課稅，但我的觀點其實有點老派，那就是我的稅金必須進到美國國庫，而不是繳給沙烏地阿拉伯、伊朗、委內瑞拉和俄羅斯。這只是我僅有的小小堅持，我希望我所繳的稅是貢獻在建設我自己的國家。

想想這樣的情況：2001年9月11日的早晨，美國的汽油還是每加侖1.6到

1.8美元；假如美國總統小布希在隔天就宣布對汽油加收每加侖1美元的『愛國稅』，也就是使每加侖的汽油價格接近3美元，美國政府就有更多收益，人們對汽油的需求量則可能會減少，同時對更省油車種的需求也可能會狂飆。我們其實不難去推斷，即便過去7年來，美國對中國、印度的進口需求增加，但美國今天的油價仍可能爬升到每加侖3到4美元之間。其中的差別就在於我們可能早已渡過這個過渡期——更多美國人會像歐洲人一樣，開著更省油的車，因而每罐汽油所能跑的里程數就會增加；美國國庫將隨油價上漲而有更多稅收，而不是伊朗國庫。

當你要從一個系統轉移到另一個系統，一開始總是比維持現狀來得痛苦且昂貴；然而，在這個又熱、又平、又擠的世界裡，我們每多等一年，這個過程都將更加痛苦且昂貴。

然而，因為我們沒有拿出勇氣，在2001年9月12日做出這樣的決定，到了今年，也就是2008年9月12日的汽油價格，應該仍會超過每加侖4美元，美國汽車的省油效率還是不夠完備。而且，自911事件以來我們的毫無作為，使得我們今日得多付雙倍的油價，而這數十億美元全都進了石油生產業者和看好油價上漲的產油國政府口袋裡。

在這個又熱、又平、又擠的世界裡，如果我們還是什麼事都不做，美國的汽油價格很容易就飆漲到每加侖5到6美元。那的確會刺激轉變，包括各種創新、消費習慣或是更多大規模的改變。但同樣的，因為我們已經等了太久才行動，所以平均每個美國人所要支付的轉變成本，會讓大家感到更痛苦，甚至導致政權的不穩定，即使現在其實已經很痛苦了。

只有上帝才知道窮人和開發中國家會受到什麼樣的影響。每十年當我們回顧過往時，我們都可能會說：「假如……假如我們十年前就做了正確的事」。喔！我的美國同胞們，如果要確保我們將慢慢變成次等國家的話，就只需要繼

續延遲做出正確的決定，靜待下個十年到來。

我們這些嬰兒潮世代，成長過程中的生活方式都依賴著操控和剝削我們所承襲的豐富自然資源。如果要繼續往前走，維持與目前相同的生活方式，就必須透過創新和科技，操控並開發我們的腦力資源。唯一能做到這件事的，只有改變市場。

我相信多數美國人都會願意多付一點錢給能源創新，只要他們相信這麼做，可以讓他們的汽車、房子和所有設備所消耗的能源大幅降低，這就是對國家建設策略的真實貢獻。

如果這個論點還是不能說服大眾的話，那我們就真的是前途渺茫了。

第十二章

政府是能源創新的推手

回顧過往歷史，你會發現：

在意想不到的產業革新背後，往往有著強硬法規的推動；

這就是在這場綠能革命中，政府必須扮演的角色——

運用公權力來決定價格、制訂各種法令與規範，

讓「綠」不再只是一個選項，而是唯一的標準，

讓那些能源業者面對「不改變，就淘汰」的局面……

在本章正式開始之前，讓我們先來個時事小測驗：

Q：美國賓州的哪一個城市，對中國大陸、墨西哥及巴西有貿易順差？

A：伊利（Erie）。

Q：像伊利這樣一個以勞力為主的老舊工業城市，如何能夠對中國大陸、墨西哥及巴西有貿易上的順差呢？

A：因為那裡有一家公司，奇異運輸公司（GE Transportation）。

Q：那麼，奇異運輸公司在伊利生產的熱門出口產品是什麼？

A：大型火車頭——那種超大工業尺寸、燒著柴油、拖著長長的火車往前跑的大火車頭！

Q：所以，在這個昔日屬於美國工業核心地帶，而今已變成美國荒廢地帶的沒落城市中，奇異運輸公司是如何成為全球最賺錢的火車頭製造商之一的呢？

A：奇異運輸公司的這項產品，是結合了這家位於美國傳統城鎮的傳統公司的創新技術、全球市場對於環保火車頭的需求，以及美國政府愈來愈高的標準，才得以成功——這些高標準有助於大型火車引擎的創新製程，使它們不僅更少汙染，同時也提升了燃油效率，並減少了二氧化碳的排放量。

要綠，就不要怕無聊

如果從宏觀的角度來看，那些政府官員、企業經理人與工程師訂出各種法規與標準的枯燥、無趣又乏味的過程，正是我們想要興起一場真正的綠能革命所不可或缺的。

當然，每個人都想成為環保明星。有名望的環保明星像是美國前副總統高爾，是有必要存在的，他們會激起大家對於某個議題的注意力與熱情。但如果

他們想造成真正的改變，只有在某些「革命官僚」（revolutionary bureaucrats）與他們攜手並進時才有可能。

革命官僚指的是那些制訂氣體排放量與能源效率標準的男男女女，他們只要彈彈手中的筆，就能影響五千萬空調用戶的電費支出，或是一千輛柴油火車引擎一年的廢氣排放量。這才是真正的革命。

談到綠能革命的推動，愈是無聊的工作，革命性的影響力就愈大——如果不夠無聊，那就還稱不上是「綠」。我稱這個現象為「站在子彈上的男人法則」（The Naked Gun 2½ rule）——我以一部老牌諧星尼爾森（Leslie Nielsen）主演的電影來命名，那是一部聰明又古怪的電影。尼爾森在電影中扮演卓賓探長（Frank Drebbin），這個角色是個蠢笨的警察，卻陰錯陽差揭發一樁企圖破壞美國能源政策的天大陰謀。

電影一開場就是美國前總統老布希在白宮舉辦的盛大宴會，出席者都是美國能源界的重要人物，包括：石油工業領袖協會（Society of Petroleum Industry Leaders，SPILL；意「漏油」）、煤炭能源協會（Society for More Coal Energy，SMOKE；意「抽菸」），及核能團體：人類重要原子福利辦公室（Key Atomic Benefits Office of Mankind，KABOOM；意「大炸燀」）等組織的代表。

劇中總統決定根據一位頂尖的獨立研究者麥罕默博士（Dr. Albert S. Meinheimer）的建議來制訂美國的能源政策。麥罕默博士主張太陽能是一種有前景且愈來愈重要的能源。因此石油、煤炭、核能等團體計劃綁架麥罕默博士，並換上一個替身，改而建議美國未來應該多多使用石油、煤炭、核能，就是不要太陽能。尼爾森發現了這個陰謀，還跟石油工業團體領袖嗆聲：「你這種人快絕種了，就像說得出美國50個州州名的人一樣。」最後麥罕默博士被營救，他向老布希提議使用「高效率、低汙染、可再生的能源」。（沒錯，自然資源保護委員會就是這部電影的顧問！）

我最喜歡的場景出現在電影的尾聲。那是一場在華府的全國記者俱樂部舉行的記者會，麥罕默博士在台上賣力解釋著複雜難懂的再生能源政策。他舉

出一大堆圖表、統計數據來支持他做的分析，結果，全場來賓，包括服務生在內，統統都聽到睡著，甚至鼾聲大作。

如果不夠無聊，就還稱不上是「綠」……

法規促進創新

法規跟標準很重要，即使它們總是讓你昏昏欲睡。雖然我們絕對需要靠著價格訊號來發展學習曲線已經下滑的綠能科技，同時用它來刺激市場為充足、潔淨、可靠又便宜的電力找尋新的方向，以滿足智慧型電網、智慧型住宅、智慧型汽車組成的能源互聯網的需求；但光是靠價格訊號是不夠的。潔淨電力的下一個大突破，大概還要花很多年才能踏得出去。

這也是我們既需要能源效率的大突破，也需要提升自然資源使用效率的原因，這樣我們才能在投入更少的能源與資源的狀況下，馬上得到更多發展、更多動力、更多熱能、更多光亮、更多能量。因此，就算目前那充足、潔淨、可靠又便宜的電力還沒出現，我們現在卻可以努力降低二氧化碳排放量。也因此，等到這個潔淨電力真的出現時，我們可以消耗得更少。

這也是為什麼正確的能源政策，此刻在小小的地球上變得如此重要：我們必須立刻盡可能發展各種經濟的能源利用方法，因為這樣做永遠比開發新能源來得划算。同時，我們也必須發展最便宜的零汙染電力，以填補能源不足的需求，這樣我們就可以在最可行的環保方式中慢慢求進步。

上一章的焦點是價格訊號在發展綠色能源系統中，所扮演的重要角色——它可以有效的促成各種政策的結合。而這一章的重點則是我們要如何利用這些標準與法規，來促進潔淨電力的發展與創新，包括改善家庭、工業、大型建築、車輛、照明、加熱與冷卻系統的能源效率，以構築智慧型電網；並且改變電力公司與消費者間的關係，讓電力公司轉變成整個能源互聯網的推動者，而不只是5塊美金電力吃到飽自助餐廳的經營者。

講到法規在促進能源效率改善與創新過程中扮演的角色，最好的例子莫過

於奇異運輸公司。這間公司的總部位於伊利，還有一間工廠在格羅夫市（Grove city），雇用了5,100名員工，其中大部分是工程師。奇異運輸公司的總裁兼執行長狄寧（John Dineen）形容他們的火車頭工廠，活像個「科學園區」，因為「我們的工廠外表看上去像是個百年工業古蹟，但在這些老舊建築物裡面工作的，全都是世界級的頂尖工程師，他們手上的工作，正是我們明日重要的新科技。人們只看到大廠房，往往誤以為我們是傳統製造業，而事實上，推動我們這個企業的關鍵，正是科技」。

　　奇異運輸公司的鐘點雇員，時薪是當地平均薪資的將近兩倍，這都拜擁有24萬磅推動力、造價400萬美元的進化系列柴油火車頭（Evolution Series diesel，簡稱EVO）出口所賜。奇異運輸公司在2009年底

> 從宏觀的角度來看，那些政府官員、企業經理人與工程師訂出各種法規與枯燥又乏味的過程，正是我們想要興起一場真正的綠能革命所不可或缺的。

前，將賣出300台EVO給中國大陸，以及全球各地的鐵路公司，包括墨西哥、巴西、澳洲以及哈薩克共和國。

　　你可能會以為，像中國大陸那樣一個以鐵路運輸為主要交通工具的國家，應該會生產自己的火車頭才對，事實上的確如此。中國大陸自己仍生產數千個火車頭，而且造價比奇異的EVO便宜許多，但奇異出產的引擎，終究仍是全世界能源效率最高，二氧化碳、傳統煤灰微粒、氮氧化物的排放量最低，同時擁有最高油耗標準的引擎。

　　這就是中國大陸會向奇異買火車頭的理由。EVO的引擎只有12個汽缸，它的前一代產品擁有16個汽缸，但兩者產生的馬力卻是一樣的。最棒的是，這些引擎非常穩定。「它們絕不會在鐵軌上突然熄火。」狄寧說。

　　奇異運輸公司設計出EVO的關鍵因素之一，在於美國國家環境保護局針對火車引擎與其他交通工具制訂的二期排放量標準（Tier II emissions standards），這

項2004年制訂的新標準，規定交通工具必須大幅降低氮氧化物與懸浮微粒的排放量。奇異別無選擇，只能跟著法規走，但問題是該怎麼做。

任何一家生產火車頭的公司，都會面臨這種法規與標準的問題，他們可以選擇在不同的面向上做出妥協。比如說，他們可以把引擎做得更加環保，但就是無法達到最佳燃油效率或是最佳時速，或是必須犧牲穩定度。奇異總公司的

法規跟標準很重要，即使它們總是讓你昏昏欲睡。

執行長伊梅特決定，與其硬是更改奇異原有符合一期排放量標準的火車引擎設計，不如重新發展另一個完全符合二期排放量標準的新產品。

「我們知道必須降低排放量，」狄寧回憶：「如果我們真的想要這樣做，我們也很清楚必須犧牲燃油效率以及穩定度，但是我們決定賭一把，試試看能否重新設計一個引擎，達到三方面全贏的理想結果……當你想把所有面向同時指向正確的方向時，你需要一個全新的開始。我們想要用全新的材料、全新的設計、全新的零件，做出一個更大、更結實、可以承受更大的汽缸推進力的新引擎。我們想要更穩的引擎、更低的排放量、更佳的油耗表現，而且是一起達成。」

是的，最後奇異的工程師們真的找到了解決的辦法，同時也讓美國國家環境保護局瞭解取得平衡的關鍵所在。不過真正的重點，還是在於2004年制訂的二期排放量標準，狄寧說：「美國國家環境保護局可以說是推動新科技進入火車引擎製造的幕後重要功臣。」

碳排放量與柴油火車引擎的燃油里程數直接相關；燃油里程數一旦增加，排放量就會減少。所以當奇異決定打造新引擎，讓新引擎不只能符合美國國家環境保護局二期排放量標準中對於氮氧化物的限制，也能提升燃油里程數時，也同時降低了EVO的二氧化碳排放量。

一個良性的循環

回到2004年，減少二氧化碳排放量似乎只是一個不錯的附加價值，當時甚至不在美國國家環境保護局二期標準的議題當中。但是在過去兩年裡，碳排放量卻成為相當重要的議題，尤其是像在中國大陸這樣的國家裡。中國大陸的國有鐵路公司及許多其他客戶，突然都很急迫的想要買到燃油效率更佳、氮氧化物與二氧化碳排放量更少的火車引擎。「我們並不確定中國大陸是否真的很關心碳排放量的減少，然而他們確實如此。」狄寧說。

事實上，中國大陸在2008年已經取代美國成為全球碳排放量最大的國家，同時也承接了所有的罵名，因此中國大陸的大型國有企業急著想用最經濟實惠的方式，改善他們現有的碳排放量情形，並不令人驚訝。

不過，關鍵在於，在這些國有企業能負擔的範圍內，降低碳排放量幾乎只是一種免費的附加效果而已。只要減少燃料使用，二氧化碳排放量自然就會降低。狄寧說：「我們看到大家對EVO的接受度非常高，不僅在美國，包括在許多沒有強制執行相關法令的國際市場裡，也是一樣的。」

狄寧補充，減碳議題「來得比我們想像的快得多……我們搶先跑在前面，是因為我們受到法規的驅使。法規讓我們不得不向前走，而我們早到了。當許多人開始對這議題感興趣時，我們已在這個領域裡占盡優勢」。

新EVO的燃油效率比舊型引擎的燃油效率高出5%。5%代表什麼？火車引擎的使用年限大約20年，在這20年間，多出5%的燃油效率能夠省下大約30萬加侖的柴油，以及減少相對應的碳排放量。如果一家鐵路公司同時買下上百具這種火車引擎，將會減少相當可觀的燃料使用與碳排放量。

「我們現在已經開始深入討論三期與四期標準了，」狄寧說：「政府對碳排放量課徵的稅愈多，燃料的價格愈高，我們持續提升燃油效率的動力也就愈大。奇異運輸公司和美國國家環境保護局從二期標準中學到了許多經驗，也正在技術上尋求改善之道，試圖再減少諸如氮氧化物這種傳統汙染物的產生，同

時要能夠持續改善燃油效率與碳排放量。標準愈高,技術發展就必須愈深入,我們也需要愈聰明的工程師。」

確實,奇異運輸公司對優秀工程師的需求量一直相當大,不過伊利的公立學校系統,卻連維持基礎數學與科學課程的師資都要費上一番工夫。奇異基金會為此捐出了1,500萬美金,用以改進當地學校的數學與科學教育。奇異並不是打算

> 汙染根本就是一種浪費:浪費掉的資源、浪費掉的能源、浪費掉的原料。能夠減少這些浪費的企業,就能將生產力發揮到最大,創造出最高的價值,因而變得更有競爭力。

聘請當地高中畢業生來擔任工程師,不過如果想要吸引更傑出的工程師留在奇異,並且在伊利長住,就有必要協助公立學校維持一定的教學品質。

「這裡是西賓州,」狄寧說:「這裡不是矽谷。我花了很長的時間與當地政府溝通,試著讓這些主事者瞭解,我們的競爭優勢是高級技術,而不是廉價的焊接工作。所以我們一直要求當地政府確保此地的數學與科學教育品質能夠不斷進步。」

簡單來說,企業都會傾向落腳在有最多、最好的人才,而且人才水準持續提升的地方。因為每個面向都環環相扣:愈嚴格的空氣品質標準與碳排放量標準,對高水準產品的需求就愈高,也愈需要高水準的工程師,而高水準的工程師對於良好的生活環境、優質的學校等要求也愈高;如此循環下去,所有的標準也就愈來愈高。

如果美國想要在能源氣候年代中繼續繁榮,從聯邦政府、州政府到地方政府,都必須讓這個良性循環隨時保持運作才行。

叫律師與遊說客走開，讓工程師來接手

關於環保法規與創新之間的關係，最常被引用的一種理論也許是「波特假說」（Porter Hypothesis），由哈佛商學院教授波特（Michael Porter）在1991年首度提出。他認為，「規劃良好的環保法規，將會刺激技術創新，使得成本降低，並且提升品質。於是本地企業將可以在國際市場中變得更有競爭力，工業生產力也將隨之進步。」

我們也可以換一個角度來看。波特向我解釋，汙染根本就是一種浪費，浪費掉的資源、浪費掉的能源、浪費掉的原料。能夠減少這些浪費的企業，就能將他們的資本、技術與原物料的生產力發揮到最大，創造出最高的價值，因而變得更有競爭力。所以，規劃得宜的環境法規是一舉兩得的——可以同時改善環境以及企業、國家的競爭力。

能源效率的相關法規與標準一旦到位，也就是在傳達一項訊息：「叫律師與說客走開，讓工程師來接手吧。」這個論點，從小布希政府對於空調效率標準所做的驚人之舉可見分曉。

柯林頓政府在第二次任期的後期，將美國的空調能源效率標準由SEER 10提高到SEER 13，這個標準一旦落實，將可以造成能源效率提升約30%：用更少的電力，產生更強的冷卻效果。〔SEER代表「季節性能源效率比」（seasonal energy efficiency ratio），以空調全年正常使用期間冷卻總輸出的BTUs數，除以同期間的總能源輸入（即用電的度數）〕。

不過，筆鋒永遠帶刺的Salon.com科技評論家李奧納德（Andrew Leonard）在2007年9月17日發表的文章中，曾引用加州大學洛杉磯分校法律教授卡爾森（Ann Carlson）的研究內容表達疑慮。正如李奧納德在文中所述，SEER標準已經變成一場政治角力，因為小布希政府上任沒多久，很快就決定將標準調回SEER 12，能源效率的改善效果因而降到20%。雖然連小布希政府管轄的美國國家環境保護局都持反對意見，但小布希團隊基於一項高估了SEER 13標準的製造

成本、且低估了它的節能效果的分析，仍然堅持這項決策。

當時，自然資源保護委員會聯合10個州政府控告小布希政府，希望逆轉這項決策，最後終於獲得勝訴。2004年，美國第二巡迴上訴法庭勒令能源部重新將空調標準調整回SEER 13。2007年1月1日，在距離柯林頓政府制訂這項標準的6年之後，SEER 13才終於付諸實行。

「提升20%與提升30%的能源效率有什麼差別？」李奧納德這麼說：「差別只不過相當於12座產電4億瓦的發電廠的產量總和罷了。」

美國能源效率經濟委員會（American Council for an Energy-Efficient Economy，簡稱ACEEE）執行主委納德爾（Steven Nadel），在柯林頓政府時期致力於推動 SEER 13標準，上訴法庭做出裁決後，他曾發表聲明說明此決定造成的影響：「這個重要的規定，

> 我們必須立刻、盡可能發展各種更有效率的能源利用方法，因為這樣做永遠比開發新能源來得划算。

將可以節省消費者的金錢、減少停電的風險、減少空氣汙染與溫室氣體的排放量……根據ACEEE的分析顯示，到2030年為止，美國消費者可以因此省下2,500億度的用電量，以及210億美元的電費支出。同一時間內，工業尖峰用電量也將不再高達200億瓦，不但可以省下數十億美金的整體支出，並能降低未來的用電費率。這些省下來的能源可以減少超過5千萬公噸的碳排放量——效果相當於一年路上少了3,400萬輛車。」

我非常確定，部分空調業者一定會大力反對提高能源效率標準，然而無論是對國家還是我們的空氣品質來說，提高能源效率標準都會帶來極大益處，尤其是在小布希政府操弄能源價格一路飆漲的此時。

我之所以提起這個事件，是因為想要藉此事強調：法規上一個小小的調整，就算只是一、兩級的變動，都可以在整體經濟層面上，對於能源生產、能源效率以及溫室氣體排放量造成極大的影響。此外，我也想藉此事件凸顯一個

在能源爭議中經常出現的詐欺行為——那些反對提升效率標準的人，是如何一再的誇大改變帶來的成本，以及低估改變帶來的利益。

這一點，在自然資源保護委員會的黃氏（Roland Hwang）與加州先進運輸技術組織（CALSTART，這個組織致力於潔淨交通的解決之道）的皮克（Matt Peak）於2006年4月發表，針對法規與創新之間的關係所做的研究當中，就有很清楚的紀錄。

觸媒轉化器之戰

黃氏與皮克在他們的研究中提出了一個簡單但卻十分重要的問題：在加州政府針對汽車工業實行某些特定的環境法規之前，這些汽車業者對法規發表了諸多意見，像是要符合這些法規，對他們而言有多難云云；但最後呢，這些法規在價格與創新上卻帶來了多少影響？黃氏與皮克發現，這些業者持續的過度高估法規所造成的成本增加，又誇張的低估了法規啟發創新的可能性。

1970年代中期，汽車業者強烈反對使用觸媒轉化器來降低引擎排放氣體中的有毒物質。「汽車業主管們宣稱，在技術上無法配合這個法規，而且汽車產業將因而嚴重衰退，」黃氏與皮克指出：

> 舉例來說，在1972年的一場國會聽證會上，通用汽車副總裁史塔克曼（Earnest Starkman）聲稱，如果汽車業者被迫在1975年開始使用觸媒轉化器，「可以想見的是，汽車製造業將會全面停擺，造成企業、股東、員工、供應商與社會的巨大損失。」福特汽車總裁艾科卡（Lee Iacocca）也聲稱：「如果美國國家環境保護局不中止使用觸媒轉化器的規定，將會迫使福特關廠，並且造成下列結果：(1)國民生產毛額將減少170億美元；(2)失業人數增加80萬人；(3)各級政府總稅收減少50億美元，地方政府將會難以為繼。」

雖然他們言之鑿鑿，加州政府仍然執行了這項規定。1975年開始，所有汽車必須使用第一代的觸媒轉化器，1977年則要開始使用三元觸媒轉化器（3-way catalytic converters）……克萊斯勒汽車表示，為了要配合1975年的聯邦汙染標準法規，每輛汽車要多花1,300美元的製造成本，大約相當於現在的2,770美元。福特汽車則估計，為了這項法規，Pinto車款每輛成本將增加1千美元（以2004年幣值計算，約為美金2,130元）。

　　然而，根據白宮科學辦公室在1972年提出的報告，估計每輛汽車的製造成本大約只會增加755美元（以2004年的幣值計算，約為美金1,600元）。不過，這項標準最後延到1981年才正式實施，實際增加的成本若以2002年的幣值計算，約在875美元到1,350美元之間。

　　在這段期間，空氣汙染果真大幅減少，而天並沒有垮下來，美國的經濟也沒有像預期中那樣一敗塗地。

　　黃氏與皮克的研究結果，展現了一個在各種環境法規上反覆出現的模式：產業界，甚至是法規制訂者本身，經常過於高估為了追求高標準而必須付出的經濟成本。就某種程度上來說，這當然是刻意的，但某種程度上，這兩位作者也指出，這是因為產業界與法規制訂者都低估了「預期之外的創新」所扮演的重要角色。

　　在回顧汽車業相關法規的歷史之後，黃氏與皮克寫下這樣的評論：

　　我們發現汽車製造業者經常將技術與製造工具，轉用於與原本用法截然不同的新用途，結果使得製造成本出乎意料的低於預期，而同樣的狀況也出現在空氣汙染法規的施行過程當中。強硬的法規往往激發出無比的創新——嚴格的法規不僅把不確定性降到最低，同時為汽車製造業者以及他們的供應商，提供了極有利的競爭誘因，讓他們創造出大幅降低成本的新點子。

　　清楚的價格訊號與清楚的法規，永遠能創造出有助於創新的環境。

本田汽車的CVCC技術

黃氏與皮克指出，在1969年之前，人們普遍認為要降低空氣汙染，唯一的辦法就是使用像觸媒轉化器這種管末處理技術（end-of-pipe technology）。「但是，當加州的排放標準產生正面效應，進而影響到國家政策，讓政府當局於1970年代頒布聯邦清淨空氣法案（Federal Clean Air Act），最後造成全國汽車減少90%的排放量，有一家汽車製造業者，本田汽車（Honda），開始採用了另一種減少汙染的方法。」兩位作者這樣寫著：

本田汽車創始人本田宗一郎，指示公司裡的工程師必須「試著在引擎內就解決掉廢氣，不要依賴觸媒轉化器」。於是，他們以全新的方式整合現有技術，讓引擎燃燒更為乾淨。他們的努力成果就是「複合渦流燃燒引擎」（Compound Vortex Controlled Combustion，CVCC），設計原理就是在汽缸裡多加一個「副燃室」。結果他們發現，藉由副燃室混合汽油與空氣，可以在廢氣進入排氣管之前，預先除去更多雜質。

這項技術讓本田汽車不必使用觸媒轉化器，就能輕鬆符合1970年代的空氣清淨法案的標準。這項技術也讓本田汽車賺進一筆意外之財——本來等著要嘲笑本田汽車的其他底特律汽車製造業者，後來紛紛在1973年向本田汽車請求技術授權。

本田汽車在1970年代生產的喜美車系（Honda Civic）中，成功應用CVCC技術；喜美車系更被美國國家環境保護局評定為同級車款中燃料效率排名第一，這也等於駁斥了底特律其他車商之前認為不可能同時符合排放量標準與油耗標準的說法。

美國總統小布希與他的行政團隊宣稱，他們不制訂過於嚴格的效率標準，不要求空調要有更高的冷卻效率，也不要求美國汽車有更好的油耗表現，是為

了保護美國企業。對於一個自認與企業界友善的政權來說，這是可以理解的本能反應，卻也是很笨的反應。

身為一個擁有最強創新能力的國家，我們有最優秀的研究大學、最頂尖的國家級實驗室、最先進的高科技基地，就應該要面對更高的標準——因為在其他國家的企業都無法達到這些標準的時候，只有我們的企業可以。美國空調業者為了降低標準而大力進行遊說，最後卻只是提升了低效率、低成本的中國大陸製的空調在美國市場中的競爭力，所為何來呢？

> 法規上一個小小的調整，就算只是一、兩級的變動，都可以在整體經濟層面上，對於能源生產、能源效率以及溫室氣體排放量造成極大的影響。

不過，對於高標準的抗拒反應，已經深入人心，特別是在產業界的菁英份子當中，許多人已經失去了更大戰役的視野。法規與創新政治學專家、也是麻省理工學院教授的奧伊這麼說：「很典型的，企業通常都看不透那些關於能源效率與油耗標準的嚴格法規，實際上對他們是有利的，所以他們通常也無法適時的做出調整，讓自己得到優勢。

「如果絕大部分的石油公司都因為技術或創新科技無法達成規定而早早出局，艾克森美孚便可以從非常高的潔淨燃料標準中得到很大的利益。但是這些公司卻都忙著抵制法規，而不是試著找出擊敗競爭者的方法。這些企業只會從工廠成本增加的觀點來看待這些法規，卻不懂得從成本、技術品質、自己與競爭者的相對關係來審視法規。」

如今，要強調改進能源效率有多重要，要強調能源效率對於減緩氣候變遷、減少我們的能源支出有多大影響，都為時已晚了。如同Google.org的頂尖能源專家萊徹（Dan Reicher）所說，談到能源效率，「那是一個很容易實現，卻又不斷升高的目標。」他的意思是，當企業終於找到一個方法來符合某一項效率標準，政府馬上又會推出另一項更高的標準。

「我們必須比從前更嚴格的看待效率這回事，」太平洋西北國家實驗室的科學家戴維斯補充：「我們需要另一個30年到50年，才能解決潔淨電力的供應問題，但是在需求面，這問題已經迫在眉睫。」

省電是最便宜的發電方式

提高能源效率始終是最快、最便宜、最有效的潔淨電力生產方式，因為電力的最佳來源是──你降低了需求，所以根本不需要生產電力。當這個抹平了的世界變得愈來愈擁擠，這道理變得更加真實。為什麼？因為任何我們試著用來發展潔淨電力的發電方式，無論是風力渦輪、太陽能板、地熱能系統、太陽熱能或是核能發電廠，都將隨著時間愈來愈昂貴。

從製造風力發電機的鋼鐵、風扇葉片的組合零件、製造太陽能板所需的矽，到核能發電廠或是新傳輸線需要的特製設備等，每一種系統所需要的原物料，目前都面臨短缺，因此需要有長期的儲備量。事實上，就算能夠找到這些原物料，那些掌握合約的大公司也都早早把它們都訂走了。

因此，每樣東西的價格都在上漲，而如何才能把節省下來的電力使用在其他地方，不需要再耗費動力去生產額外的電力，也就變得愈來愈重要了。

麥肯錫全球研究所的能源效率相關研究，做出了這樣的結論：到2020年以前，如果人們大量使用省電燈泡，再配合高能源效率的冰箱、熱水器、廚房電器用品、窗戶以及房屋隔熱設備，那麼全美境內的住宅大樓電力消耗量將比今日減少超過三分之一。研究中指出，屆時省下來的電力，會相當於110座發電量達6億瓦的新燃煤火力發電廠的產量總和。有些專家認為這個數據過於高估，但就算是高估好了，至少方向是對的。

「如果我們真的盡力提升能源效率，省下的錢便足以用來除碳，至於持續供應的電力與燃料，也就能夠讓我們在控制氣候變遷的前提下，持續追求發展。」自然資源保護委員會的市場創新主任杜克（Rick Duke）說。

我們很可能還需要30年到50年的時間，來發展再生能源及碳捕捉與封存技

術，以便提供足夠的綠色能源及可靠且價格合理的電力，來支持我們的整體經濟運作。要達到這個目標，我們有兩種方式可以選擇——我們可以創造「一波效率的高峰，」杜克說，

> 清楚的價格訊號與清楚的法規，永遠能創造出有助於創新的環境。

這麼做能夠真正解決接下來20年所有能源需求的成長，而且不增加任何一個碳分子；或者，我們需要繼續依賴汙染性燃料來提供更多能源。

這並不是憑空猜想。在1973年到1974年之間的石油價格大震撼之後，加州就針對建築物與電器用品如冰箱與冷氣等，著手制訂全美國最嚴格的效率標準。結果是，即使加州的經濟快速成長，它的平均每人電力使用量在過去30年來幾乎沒有增加。根據自然資源保護委員會的研究顯示，同一時期內，其他地區的平均每人電力使用量都增加了大約50%。這項研究中指出，如果加州的能源使用量和美國其他地區一樣成長的話，將會增加250億瓦左右的電力消耗；若以發電廠為單位來計算，大概需要多蓋50座發電量為5億瓦的大型發電廠。

史丹佛大學學者雷德（Walter Reid）與一群來自巴西聖保羅的環保部門專業人員，受惠利基金會委託研究。他們在2005年發表的報告中指出，由於加州與聖保羅實行了聰明的能源效率政策，在過去20年來，雙雙降低了每人平均溫室氣體排放量，同時為消費者帶來幫助。

根據惠利基金會在2005年12月1日提出的摘要：

加州的平均每人溫室氣體排放量，比其他美國同胞低了一半以上，很大一部分要歸功於州政府的政策，鼓勵使用天然氣及再生能源取代煤炭，並積極鼓吹能源效率的提升。自1975年以來，當全美國的平均每人排放量始終沒有改變，加州的平均每人排放量已經減少了將近三分之一。這項研究指出，單是靠實施建築物與電器用品的效率標準，每一個加州人在1975年到1995年之間，每年

都大約省下1千美元左右（在電費帳單部分）。相較於過去，能源效率的提升也使得他們的經濟額外成長了3%，相當於310億美元。能源效率產業帶來的新工作機會，也將在接下來的12年內，創造出80億美元的薪資所得。

這個研究意謂著，如果想要對環境產生某種影響，首要的事情就是，瞭解能源效率與排放量的相關法規，以及這些法規是如何制訂的。沒錯，那些化石燃料巨型企業就是這麼做的——他們很清楚，線上聊天室跟議事堂休息室的差別在哪裡。他們不會浪費大把時間在線上聊天室裡進行模擬遊說；他們情願在國會大樓裡、州議會大廳旁及管理當局會議室裡的休息室，跟議員勾肩搭背搏感情，試著影響這些制訂法規的人。因為只有決定遊戲該如何進行的人，才會是遊戲結束時最大的贏家。

諾亞與自動販賣機

關於遊說這件事，我最喜歡的故事之一是自然資源保護委員會主席班耐克（Frances Beinecke）曾說過的，一個關於某位「赫赫有名的行政人員」赫洛維茲（Noah Horowitz）的故事：

自然資源保護委員會裡，有位明星員工——赫洛維茲，他在舊金山辦公室工作，是一位永不言倦的工程師。他並不是非常出名，但他的足跡遍布各地，只為四處記錄那些毫不起眼的自動販賣機。

幾年前，赫洛維茲發現自動販賣機的數量愈來愈多，從超級市場、加油站、醫院、學校到遊樂場，到處都有。他發現，全美國每100人就有一台汽水自動販賣機；也就是說，全美國大約有300萬台這種機器，它們的壓縮機一天二十四小時、一星期七天，不停的在各地嗡嗡運作著。

更誇張的是，這些販賣機的耗電量比家用冰箱的平均耗電量要高出10倍以上——因為販賣機不只要冷藏汽水，還要點亮招牌的燈並且運作自動找零裝

置。還有一個最主要的原因，那就是從來沒有人想過要改進販賣機的設計。

赫洛維茲找上了飲料製造商，不過那些製造商並不想跟這個留著鬍子的環保人士浪費口舌。而且，他們並不是為販賣機的用電付錢的人，付錢的是商店老闆、學校董事會，以及任何販賣機所在位置的擁有人。赫洛維茲只好跑去找這些人，對他們說：「為什麼我們不一起努力呢？」在他們終於都一一被說服之後，赫洛維茲的行動才吸引到飲料製造商的注意。

飲料製造商開始找尋解決辦法，比如說使用更高效率的壓縮機、風扇，以及改良後的照明設備。他們也重新思考一些最簡單的事情，像是在隆冬時期，不要讓戶外的販賣機整夜運作。最後，他們開發出來的新型販賣機，耗電量只有舊型的一半。只要可口可樂與百事可樂也都跟進採用，預計一年將可以省下50億度的電力。這些電力足夠供應1千萬台家用冰箱同時運作。

赫洛維茲也對生產電腦螢幕的廠商做了相同的努力，成功的使他們同意開發更高標準的新產品。到2010年時，美國國家環境保護局估計這項協議將可以省下140億美元的電費開銷，減少將近400億磅的二氧化碳排放到天空中。赫洛維茲真是我心目中的英雄。

節能與省錢，重點都在設計

回到多年前的某一天，你的老闆打電話告訴你：「我有個任務要交給你！我們新的晶圓製造廠要拿來生產最新的微處理器，現在要決定該把新廠蓋在哪裡。中國大陸、台灣、新加坡都提供很好的補助與租稅減免，以吸引我們去設廠。但我們還是比較想把廠房蓋在達拉斯附近，因為這樣距離公司的晶片設計中心，還有其他設備都比較近。不管這個廠最後蓋在哪，你，負責建廠小組，要用1億8千萬美元在2005年以前蓋成一座新廠房，而且不能超過我們在1998年蓋一座新廠房的造價。」

「喔，對，最好是，」你會說：「用美金1億8千萬蓋一座新廠，造價還要低於七年前設廠的支出。誰辦得到啊？」

聽起來是很瘋狂沒錯，但這確實是德州儀器公司（Texas Instruments）高層在2000年代早期交給建廠小組的真實任務。而且，真正瘋狂的是：建廠小組還真的辦到了！更加瘋狂的是：建廠小組達成目標的方法，是讓廠房盡可能的環保、盡可能的提升能源效率，這就是他們的省錢作戰策略。環保的設計是他們省錢的訣竅，其中隱含著重要的寓意。

除了提升住家與汽車的能源效率，其實從建築設計來改善商業大樓的能源效率，更是值得開發的重要領域，這可由德州儀器在德州理查森市（Richardson）的晶圓廠看得一清二楚。德州儀器的建廠小組能夠實

> 提高能源效率始終是最快、最便宜、最有效的潔淨電力生產方式，因為電力的最佳來源是——你降低了需求，所以根本不需要生產電力。

現這個瘋狂目標的關鍵在於，一棟在能源效率上設計得宜的大樓，不只營運成本更低，就連建築過程中的花費也都低於一般的大樓。

在美國，消耗於建築物的能源大約占總能源消耗量的40%，其中電力部分更占總用電量的70%左右。當一般大眾都開始相信環保才是最便宜的建築與運作模式，這場革命才算真正開始。

我在2006年為探索時代頻道（這是探索頻道與《紐約時報》合作的電視頻道）拍攝能源紀錄片時，曾經造訪德州儀器的新晶圓廠。（順道一提，晶圓是什麼東西？根據網路科技字典Webopedia.com所載，晶圓是一個薄薄的、用半導體原料做成的小圓片，這個原料通常是矽，而晶片就是用晶圓做成的。一開始矽晶體原料會先鑄成圓柱形的矽晶棒，再切成一片一片非常薄的小圓片，在小圓片上植入電晶體之後，再切割成小小的半導體晶片。）

一般晶圓廠通常至少有三層樓，因為廠中需要設置極複雜的冷卻系統與環繞生產線的供給設備。然而，德州儀器的建廠團隊在理查森設廠時，卻蓋了一座樓板面積只有110萬平方英尺的兩層樓建築，既省下了大量土地面積，也省下

了本來需要的大量能源與建材。此外，德州儀器還同時諮詢落磯山研究中心的綠建築專家及羅文斯，同樣從設計來減少工廠未來的資源消耗，讓這座工廠在達到使用年限之前，省下的資源將超過建築過程的消耗。

另外，德州儀器的工程師與落磯山研究中心的團隊共同設計的大型水管與空調管線，因為沒有太多曲折，因而可以降低摩擦造成的能量損失，也可以讓廠房使用較小的、節能的幫浦。

為了在陽光炙人的德州降低冷卻的成本，工程師還設計了一種塑膠薄膜，可以把照到屋頂上85%的陽光反射出去。此外，工廠行政區域的窗戶也有特殊的隔板設計，能把光線反射到室內每一個角落，降低人工照明的需求。還有，工廠冷卻設備的運作用的是回收水，這些水也可以灌溉戶外的景觀植物——設計師特地保留了當地的原生植物，以將建築物對環境的衝擊降到最低。

這些讓空氣可以自然的循環、冷卻、回溫的設計，大幅降低了工廠裡的總熱能，因此，德州儀器不需要像一般工廠使用大型的工業用冷氣，而只要用小一號的空調設備就可以了。

「我們只需要7台冷卻機，不需要用到8台，」監督德州儀器全球廠房的永續設計與發展、並且提供興建團隊相關協助的威斯布魯克（Paul Westbrook）說。他也是邀請德州儀器高層到自己的太陽能住宅參觀，因而使這些高層支持興建綠建築的重要人物。

「這些冷卻機每台重約1,600公噸，購買加上安裝，每台都要花費100萬美元左右，」威斯布魯克補充說，綠建築並不表示你一定得用風車或太陽能板來發電給自己用，「而是用一種真正有創意的設計與工程技術來處理消費面的問題，把浪費與能源使用都降到最低，這將會是下一場工業革命。雖然綠建築可能增加某些成本，但總體來說，跟德州儀器在6英里外的上一棟廠房比起來，我們蓋了一座每平方英尺可以省能30%的綠建築。」

威斯布魯克解釋，這麼做的重點是要把德州儀器在理查森市的這棟廠房，變成「晶圓廠中的Prius」。怎麼做？「我們並不是拿出舊的設計圖修修這裡、改

改那裡，試圖省點小錢。我們從頭開始，檢查每個環節之間的關聯性，然後推出全新的設計，讓這座廠房不只是建造成本更低，營運成本也更低。」

威斯布魯克說，這當中最重要的課題在於你必須重新思考每個過程，以及所有過程之間的關聯。舉例來說，如何把一個系統產生的廢熱供給另一個系統使用，而不是多加一台冷氣去冷卻它；或是如同豐田的Prius油電複合動力車的設計原理一樣，在煞車的同時產生電力讓電池充電。事實上，你可以同時朝兩個大家都認為是相反的目標（省錢，並且興建、使用綠建築）努力，並且讓它們一起實現。

系統中的系統

然而，這並不是簡單的事。在原創設計中，你必須多花一點心思。你不能把建築物當成只是單純裝了電燈、暖氣、冷氣的牆壁、窗戶和天花板，而必須將這些東西都視為一個系統中的系統，然後反覆思考它們彼此之間如何交互作用。暖氣與冷氣當然從來沒跟窗戶說過話，窗戶與照明設備也都沒有對談，照明設備更從來沒跟走廊聊過天。可想而知，這些東西都經常保持在啟動狀態，但不曾互相溝通，而且也把電力輸送網路或能源市場擺在一邊。

但是在智慧型建築裡，每一個房間都會有人體感應器，你可以把它裝在禮堂、教室、辦公室裡，如此一來，只有當有人在其中活動時，冷氣與燈光才會啟動。不過，比這還要更先進的是，智慧型窗戶能夠在又冷又暗的天氣裡，讓較多光線與熱能進入室內，而在陽光充足的大熱天裡，則擋掉多餘的光和熱，同時這些窗戶還能夠知會過度工作的照明與冷暖氣系統。另外，還有裝有太陽能電源牆壁可以發電點亮學校的燈光，或是為校車電池充電。

當你不再把建築物當做一堆磚塊，而是當做系統中的系統來看時，所有的事情都將成為可能。想像一下，當這些高效率的智慧型建築，在智慧的能源互聯網中彼此串聯之後，每一棟建築物的靈活彈性都不再只是為它自身服務，更可以同時滿足互聯網中其他建築物的需求。

德州儀器的新廠房雖然已在2006年完工，但由於半導體產業的衰退，延遲了運轉進度。不過，建築物本身已經準備就緒，所有系統也都已經測試完成；威斯布魯克說，測試結果顯示，當所有系統都正式啟用時，以目前的電價計算，「我們估計，這些設備在第一年省下的錢大約是100萬美元，而且在正式啟用之後，預估每一年的電費可以降到400萬美元左右。」跟前一棟廠房相比，新廠房大約節省了20%的電力及35%的用水量，威斯布魯克補充說：「等到開始生產之後，這些數字還會再往上增加，我們省下來的錢，也會愈來愈多。」

> 當一般大眾都開始相信環保才是最便宜的建築與運作模式，這場革命才算真正開始。

德州儀器相當驕傲他們能夠「證明環保、節能、降低成本與提高利潤的目標，是可以同時達成的。」2006年，當這棟新廠房剛剛完工時，德州儀器全球設備副總裁布萊克（Shaunna Black）這樣對我說：「當人們決定要創造一些不可能的事情時，奇蹟就會一個個開始出現。」

讓全美國都有決心化不可能為可能，的確是個挑戰。如果我可以只要揮揮魔杖，就能讓足以加速目標實現的某條法規付諸實行的話，那麼這條法規將是：規定所有設計、工程與建築學系的一年級新生，都要修習「能源與環境設計領導」（Leadership in Energy and Environmental Design，簡稱LEED）的相關建築與系統設計課程。

LEED的綠建築評估標準（Green Building Rating System），對於高效能綠建築的設計、結構、運作等環節，提供了一套清楚的評估與認證準則，用以鼓勵人們多加採行永續的綠建築。

1990年代中期，生態顧問華森是LEED的開路先鋒，而今日的LEED則由美國綠建築委員會（U.S. Green Building Council）來管理。他們以基地的永續發展、水資源利用效率、能源效率、建材選擇、室內環境品質等五大項目來評估建築

物，並視評估結果給予建築物基本級、銀級、金級、白金級等四種認證。德州儀器在理查森市的廠房，獲得LEED的銀級認證。

LEED是一個完美的例子——能源或環境標準不一定得由政府來做，如果民間團體有能力評鑑愈來愈多的工作場所，就是為改變世界出一份力。這項標準的影響力擴散之廣、之快、之有力，就像病毒一樣，如今已有研究顯示，經過LEED認證的建築物，使用率、出租率以及出售價格都比一般建築物來得高。

但我們不能只靠這種志願精神。長期以來，房東都不在意有關能源效率的設計、建築結構與設備，因為電費是由房客負擔。當電費是房客的責任，房東就不會關心要花多少電費，而只會盡可能縮減眼前立即性的支出。如果電費是由房東負擔，那麼房客也不會在意效率，甚至根本不會注意到能源的消耗。

大部分的時候，就算有很強烈的經濟誘因，人們還是搞不清楚就能源效率而言，哪一種燈泡或是哪一款洗碗機比較好，所以他們也無法做出正確的選擇。這也就是為什麼我們需要政府出面領導市場的原因。

政府其實有很多方法來做這件事，包括宣布某些浪費電的燈泡是非法商品，或是管理汽車、建築物、家電用品的節能標準，這樣大家就不需要考慮其他因素，而將能源效率當做唯一的選擇。

就如同2007年7月2日的Salon.com上，艾麗森（Katherine Ellison）專訪史丹佛大學氣候學家史耐德（Stephen Schneider）的文章中提到，史耐德說：「志願精神發揮不了實際作用。我已經講過8萬5千遍了。因為志願行為的速度有限，所以效果也有限。沒有警察、沒有法官，天下大亂。沒有規定、沒有罰款，溫室氣體便滿天飛。沒有政策來推動，空氣中的二氧化碳將會累積到3倍、4倍。」

讓電力公司比消費者更注重省電

就如同新法規在刺激技術創新、創造更多高效率電器用品與建築物所扮演的重要角色一樣，它還有更強大的潛力：針對當今世上最古老、最笨重，但也是最重要的工業——公營電力公司，刺激他們開始在財務上創新。

這是真的，我們負擔不起更換電力公司帶來的沈重負荷，因為他們和太多基礎建設息息相關，但如果繼續讓這些電力公司以過去的電價賣電給我們，就好像5塊美金吃到飽的電力自助餐廳那樣，我們將同樣負擔不起。美國必須改變電力公司、管理者與消費者之間的社會與經濟關係，讓電力公司成為提升電網消費端的能源使用效率，以及驅使電網生產端提供潔淨電力的引擎。

就像我在第十章裡提到的，若以電力公司販賣的電量、新增發電廠的數量來計算電力公司應得的報償，那麼當愈多消費者記得在離開房間時關燈，或是開始使用高能源效率的電器用品時，電力公司就會因為用電需求降低而減少營收，進而造成以電力公司的利潤為基準的資本投入減緩。

因此，我們這種狼吞虎嚥的用電方式，是可以讓電力公司從中得到好處的。你爸媽說得沒錯，當你離開房間卻忘了關燈時，他們就說：「你是電力公司的股東嗎？」當你忘記關燈，電力公司的確有利可圖。

「少用電，省下電費，是消費者的權益；讓消費者多用電，提高電力公司的年收入，是電力公司與電力公司股東的權益。這兩者間本來就存在著緊張關係。」自然資源保護委員會的電力專家卡瓦納夫說：「那就像當你在開車時，一腳踩著煞車，另一腳卻踩在油門上一樣的有衝突。」但那就是我們正在做的事情，而我們得去改變。

我們不能只是要求電力公司賣有效率的東西，因為在既有的商業模式中，那等於是砍他們的獲利，就像我們沒辦法叫Nike滾出去，鼓動大家不去買它的球鞋一樣。我們應該想辦法讓販賣能源效率的電力公司賺更多錢，而不是愈賺愈少。

我們該怎麼做？引進一種新的規定是不錯的開始，在業界術語上，我們稱這種新規定叫做「脫鉤政策」（decoupling plus）；目前加州、愛達荷州與其他幾州都已經開始對電力公司實施這項新規定。

脫鉤政策的基本概念是打破以往大家對電力公司的單一想法，認為只有多多販賣電力與天然氣，才能增加利潤及回收投資。新觀念就是讓利潤與銷售量

「脫鉤」，不再以賣出多少電力或新建多少電廠、新鋪設多少電纜為消費者的付費標準。

脫鉤政策運作的方式大致是：每年年底，管理單位會比較每家電力公司的實際銷售量與預估銷售量，獨立稽核員再以每家電力公司的省電計畫訂出他們應該為消費者省下的電費淨值。如果電力銷售量意外下跌，管理單位將會補償電力公司的損失，而且還會依照他們為消費者省下的電費按

> 綠建築是用一種真正有創意的設計與工程技術來處理消費面的問題，並且把浪費與能源使用都降到最低，這將會是下一場工業革命。

比例發給獎金。獎金金額由獨立稽核員裁定，他會根據各家電力公司能源效率改善計畫的執行成果，計算出省下的電費淨值，並交給管理單位。

省電計畫成效不彰的電力公司將被課以罰金，而且如果電力銷售量的增加超乎預期，電力公司還得將額外增加的利潤繳出來，方式是降低他們未來費率攀升的幅度。於是，電力公司的管理方針將從鼓勵消費者多多使用能源，開始轉向改進自身的能源生產力。

舉例來說，某家電力公司可能會協助消費者購買能源效率更高的空調設備，或是補助商業大樓設計師降低新大樓的能源使用量——甚至比國家要求的綠建築標準更高。稽核員會算出這個省電計畫的支出有多少，以及它省下了多少電力。假設一台新的、能源效率更高的空調設備要價比一般空調多出500美元，但在它的使用壽命內，卻能省下1,000美元的電力支出，實際上，你就只是拿眼前的區區500美元，取代未來支出的1,000美元。這省下來的500美元，則將由電力公司與消費者分享。

2007年，加州電力公司花了將近10億美元，不是用來興建新的發電廠，而是用在提升能源效率。加州電力公司的目標是要從現在開始到2020年以前，可以不必再新建發電廠，而是藉由改善能源效率的方式，滿足預期未來用電成長

量的至少一半。

「這個方式消除了過去電力公司販賣更多電力、抵制電器用品與建築物能源效率標準的誘因，因為過去每一種新的效率突破都可能使他們受到損害，」卡瓦納夫說：「現在他們已經開始探索任何可能提高能源效率的新方法，因為這樣對大家都有好處。如果你能給表現好的電力公司一些鼓勵，他們就會開始斤斤計較消費者到底省下了多少電。這時他們才會走出去，對那些商業大樓的設計師說：『我們每平方英尺會多付你兩美元，只要你可以超越大樓能源效率規範的最低標準30%以上。』」

於是，電力公司會開始付錢給家庭用戶，讓他們丟掉老舊的、極耗電的冰箱，換一台新的省電冰箱。家庭用戶通常都不知道他們的冰箱用掉多少電，而且不管知不知道，也都不至於成為他們買新的省電冰箱時的經濟考量。然而電力公司會知道，而且他們還把這樣做的成本與利潤都算得一清二楚。

當電力公司可以用這樣的方式，達成股東與消費者的雙贏局面時，事情才會真正開始改變。電力公司將會開始在每一戶消費者家中，投資裝設更好的智慧型電網、智慧型電表與智慧型電器用品，以記錄並且持續能源效率改善所帶來的收益。

創造第五種能源

這也就是為什麼，杜克能源公司的執行長羅傑斯會把能源效率稱為「繼煤炭、天然氣、再生能源與核能之後的第五種燃料」。羅傑斯說：「將來，在2040年到2050年之間，當全世界為了爭奪資源而戰亂不休的時候，我們將依然能夠以高能源效率，維持我們的基本生活，並且協助我們繼續成長。」

南加州愛迪生電力公司的母公司——愛迪生國際公司（Edison International）的董事長兼執行長布雷森（John Bryson）告訴我，他的公司估計，透過能源效率的改善，每度電將可省下平均1.7美分的生產成本。目前，生產新電力的每度電成本約在10美分以上，因此，改善能源效率所省下的生產成本是相當可觀的。

布雷森說，能源效率是「我們想要進入的事業」。

負責管理高盛集團旗下的康建崔克斯電力公司（Cogentrix Energy）的凱勒曼（Larry Kellerman），是美國頂尖的電力專家。凱勒曼說，他會將未來電力費率的提高，就像是一塊「大起司」一樣的放在電力公司面前，誘使他們改善能源效率。

理想的狀態是，電力公司會因為促使人們省電而賺到更多的錢；這麼一來，不僅消費者的總支出減少，電力公司的總利潤也會增加，因為節能而省下來的錢，一定比生產更多電力的成本要來得多。如果你的能源生態系統只會生產社會價值（低二氧化碳排放量和高能源效率），卻不生產商業價值（既讓消費者省下大筆支出，又讓電力公司

當人們決定要創造一些不可能的事情時，奇蹟就會一個個開始出現。

賺進更多利潤），那終究是起不了作用的。所以，這兩種價值一定要同時產生才行。長久以來，已經有太多人在能源產業裡靠著做錯誤的事情而大發利市；如果他們能靠著做正確的事情而發大財，我會非常開心。

我們需要借重起司，很多、很多的起司，來從各方面提升電力公司的能源效率。凱勒曼建議，如果電力公司想要繼續興建傳統的發電廠，像是無二氧化碳封存技術的燃煤火力發電廠，那管理者就要讓他們自行規劃發電廠、讓他們自己去籌錢，而且不能讓他們把興建電廠的成本，算進電費中——也就是說，不保證他們能夠回本。但假如電力公司想投資太陽能、風力、水力、地熱能或是核能發電廠，或者是合乎、甚至高於現行的能源效率規範、二氧化碳排放量以及其他許多標準的化石燃料發電廠，管理當局則會保證他們可以得到一塊特大號的起司——非常高的股東權益報酬率。

電力公司並不需要自己建造這些全新的太陽能或風力發電設備，因為已經有許多企業紛紛投入生產綠色能源的事業。我們的重點應該在於讓公營電力公

司走出去，與這些民營企業合作，共同建立起智慧型傳輸網路，使這些新興的潔淨電力供應者都能連結在一起；或者讓他們簽下合約、停止競爭談判中的勾心鬥角──如此消費者自然可以得到最低價的潔淨電力。畢竟，民營企業需要電力公司的電網才能接觸到客戶端，而電力公司也需要有民營企業共同提供綠色能源。

凱勒曼也認為，管理者應該得到授權，用更有創意的方式把能源效率帶到老技術中。管理者應該這樣告訴電力公司：「你有各式各樣的發電廠──燃煤、天然氣、核能、風力。這裡，是你所有電廠的二氧化碳排放量目標值。如果你的排放量一直維持現有水準，我們會讓你得到標準的報酬率；假如你的排放量成功的大幅降低，不管是燃燒煤炭更有效率也好，或是經過蒸汽與渦輪轉換電力時損失更少的能源也好，我們都將會幫你增加額外的報酬率。」

全美國有一半的電力來自煤炭。把這些誘因都放到燃煤火力發電廠面前，電力公司就會試著用更少的煤炭創造更多的電力，而二氧化碳排放量也將隨之減少。

讓電網與交通工具一起變綠

我也想為所有的電力公司再創造一些誘因，讓他們以更多家庭與辦公室為目標，協助消費者在自己家中、辦公室、屋頂、停車場等，特別是在那些分散式的發電設施更能夠發揮作用的地點，也就是電網容易負載過高或難以架設的地方，安裝太陽能或風力發電裝置，將能夠減輕電網的壓力。

隨著太陽能與風力發電技術的進步，還有再生能源價格的下滑，電力公司再也沒有理由不把提供與連結這些設備，納入他們的服務項目之中。

杜克能源公司的羅傑斯說：「每當我向客戶的屋頂上看去，就好像看到了未來電廠的廠址。」羅傑斯曾經建議，電力公司可以幫客戶在屋頂上安裝太陽能板，並且把所有花費都算進電力公司的生產成本當中──如果管理者允許電力公司將這些支出加進電費的費率計算基礎的話。

不過，這需要經過有智慧且審慎的處理。以目前的技術水準而言，對大多數家庭使用者來說，集中式的潔淨電力生產方式，仍然是較有效率的。

「要提供多少資源與誘因給安裝在用戶端的、顧客自有的發電設備，都要根據經濟現實來調整。也就是說，那些分散式的小型發電設施，每生產一度電，跟具有規模經濟的集中式發電廠相比，仍需要更高的成本。」

凱勒曼強調：「那些在比佛利山莊豪宅的屋頂上，發電功率為5千瓦的太陽光電系統，浩浩蕩蕩軍容壯盛的排列著，然而這些系統的裝置與運作，每生產千瓦電力的成本，都比在死亡谷（Death Valley）中，裝置容量在億瓦以上的太陽熱能發電系統更高。再加上沙漠裡的日照既多又強，而且該地的海拔較高、溼度又低，來自太陽的熱能不易散失，使得死亡谷的太陽熱能

> 我們必須改變電力公司與消費者之間的關係，讓電力公司成為提升電網消費端的能源使用效率，以及驅使電網生產端提供潔淨電力的引擎。

發電廠每單位裝置容量的發電量出奇的高。顯而易見的，我們應該把社會資源集中在將科技應用於生產能源最有效率的地方，這樣生產出來的能源也自然是最便宜的。」

另一個法規上的創新，是鼓勵電力公司在州或國家層次，對建築物與電器用品的能源效率法律的設計與施行，做出更多的貢獻。「如果南加州愛迪生電力公司或太平洋氣電公司（Pacific Gas & Electric），都可以展現出他們將對消費者採用更高能源標準的建築物或電器用品所提供的回饋，並因此讓消費者省下更多能源，這應該（也）是對管理者的一種回饋。」卡瓦納夫說。

但是，要從能源效率的改善得到最大的利益，並且建構完整的能源互聯網與智慧型電網，還需要一個更大塊的拼圖來補足，那就是電氣化交通──我們要讓大量的汽車、卡車、巴士及火車，從現在完全使用燃油的內燃引擎，轉變成使用插電式混合動力的電動車，甚或是成為插電式純電動車。（插電式純電

動車是使用機載蓄電池中儲存的直流電來發動，而插電式的油電混合動力車則既可以自己發電並充電，也可以插電使用；兩者都極有潛力使能源需求下降、促進再生能源的生產，並且減少二氧化碳的排放量。）

事實是，我們的溫室氣體排放量當中，大約有30%來自交通運輸，所以如果能讓汽車盡快斷絕對汽油的依賴、讓潔淨電力取代汽油，將會造成相當大的改變。然而此刻，美國約有一半的電力來自燃煤發電，20%來自核能發電，15%來自燃燒天然氣，3%來自燃燒石油，7%來自水力發電，2%則來自燃燒木材、地熱能、太陽能與風力發電。在法國，則有75%的電力仰賴核能發電。（美國核能發電的產電量，實際上是法國的兩倍，但因為美國的總用電需求比法國大許多，因而比例就變小了。）

> 只有當政府使用公權力來決定價格、制訂法規與標準，重新整頓能源市場之時，才會強迫電力公司與其他大型能源業者面對「不創新，就得死」的局面。

此外，一桶原油的容量有42加侖，而美國一天就要用掉超過2,100萬桶，而且其中一半以上是進口的。在這2,100萬桶原油之中，大約有1,400萬桶是用在汽車、卡車、飛機、巴士與火車上，剩下來的700萬桶則用在建築物的空調及塑化工業的製造上。

如同我在先前所提過的，目前的油電混合動力車是使用燃油引擎、蓄電池與發電系統的綜合體，可以將行車與煞車之間浪費掉的能源轉換成電力，並且儲存在電池中，等到電力引擎需要時再釋放出來。因為這些車一部分的運作是使用自己生產並儲存在電池中的電力，另外一部分則是使用來自燃油引擎的動力，所以能夠用較少的汽油行駛較多的里程數，行駛每英里的二氧化碳排放量也會隨之降低──這就是油電混合動力車降低二氧化碳排放量的方法。

至於下一個突破性創新，則將會是擁有足夠的蓄電容量、且可以由電網補給全部電力的插電式純電動車電池，完全的取代燃油引擎──這種車將會比今

日的油電混合動力車更加潔淨，因為使用電力行駛的二氧化碳排放量，會比使用汽油行駛的排放量減少許多，就算這些電動車使用的電力仍有大部分來自燃煤。沒錯，插電式純電動車更潔淨、也更環保，而且即使它仍使用燃煤發電廠所生產的電力，都還是比燃燒汽油要省錢許多。

其中的原因在於，從初始能源到成為行車動力的整個過程當中，如果把汽油生產過程的所有能量消耗都包括在內，從原油的開採、運輸、精煉到配送銷售，再加上燃油引擎超低的能源效率，電力動力系統所損失的能源，可是遠低於燃油動力系統損失的能源。

「跟以汽油為動力的車子不一樣的是，只要我們的電網夠潔淨，插電式的純電動車也就夠潔淨，」領導促進插電式混合動力電動車的一所機構：加州汽車倡議組織（California Cars Initiative, calcars.org）的柯雷默（Felix Kramer）強調：「這還只是一開始。我們真正需要的、以及正在追求的目標是，所有的交通工具都能電氣化。這非常重要，因為這樣做將能夠結合交通運輸與發電兩大工業體系：電力公司可以得到他們從未擁有過的——分散式的能源儲存裝置，也就是那些汽車上的電池；同時，也將使這兩大工業體系的成本更低、更有效率，也更加潔淨。」

在共同標準的基礎上，創造能源科技的革命

在夜間，全美國有超過40%的發電裝置是整晚閒置的，或是處於低承載狀態，或者是以低於理想效率的狀態運作，而這時候剛好是絕大多數插電式電動車充電的時間。這表示數千萬輛的插電式電動車每天晚上都可以好好的充電，而不需要我們再為它們增加任何額外的發電容量，所以插電式電動車的使用，實際上還能夠使發電廠的運作更有成本效益。（不過，我們必須記住，許多夜間電力都來自老舊的燃煤火力發電廠，我們愈快將這些發電廠淘汰掉，就能夠愈快享受到交通工具電氣化所帶來的好處。）

一份由太平洋西北國家實驗室所做的研究發現，有73%的汽車、卡車與運

動型休旅車都可以在不增加新的發電設備及傳輸線路的情況下，由插電式混合動力電動車來取代，因為它們只需要在夜間離峰時間充電。太平洋西北國家實驗室的這份研究同時指出，這種轉變將能夠讓美國的國外原油進口量降低52%，同時也能夠降低27%的城市平均溫室氣體排放量。

太平洋西北國家實驗室的戴維斯估計，如果美國現有的汽車全部都是電動車，車上都搭載足夠行駛30英里蓄電量的電池，而且假設我們擁有可以使用這些電池做為備載電力的智慧型電網與電力公司的話，這些電池將能夠產生足以維持全國使用6到8個小時的電力。愛迪生國際公司的布雷森向我解釋：「這樣一來，在離峰時段，我們的電價將大約是行駛每英里所需汽油花費的25%到50%。」

> 只要有了共同的平台，消費者就有更大的權力，可以用他們現在寫應用程式的方式，改寫能源效率的程式，並且分享到全世界各地。

為了讓電動車成功，並與智慧型住宅、智慧型電網合而為一，我們還需要法令來將整個系統標準化。也就是說，不管你的奇異牌洗衣機裝的是什麼晶片，都得跟你的惠而浦乾衣機、你的漢威牌溫度調節系統，還有你的電動車上所搭載的電池一樣，使用相同的通訊與傳輸協定。

如此一來，所有這些用電設備才都能與聰明黑盒子連線，透過你家裡的智慧型電網連結到電力公司的超級電腦，接收何時開啟、何時關閉、何時再充電、何時以較低電力運作的指令，並且傳達它們需要充電或是可以將多餘電力回輸到電網中的各種需求。

電力公司也將必須投資裝置更多設備，例如相量感應器（phasor sensor），這是一種具有極高準確度的儀器，可以用來測量電網傳輸線上不同位置的電壓變化。如此一來，電力公司就可以清楚知道每30秒或每60秒之間，電網中每一英里長的線路，究竟有多少傳輸量。目前，還只有少數電力公司有這種能力。

除了可以讓所有用電設備與電力公司溝通的共同標準之外，供電動車使用的插座、充電器、電池也需要有標準的規格，這樣當你開著電動車從華盛頓到明尼亞波利斯，就可以到任何一家汽車旅館或路旁的加油站裡充電，而且只要你願意，還可以隨時把汽車電池裡的電力回輸到電網、賣給電力公司。「光是北美就有超過3千家電力公司與14個智慧型電網集團，正在試著建立這套標準，」布雷森說：「但那樣是不會有結果的。政府有必要介入，提供明確的方向。」

資訊科技的革命，尤其是個人電腦、網際網路及全球資訊網的應用，都是在有了共同的通訊協定、收發電子郵件與文件傳輸的語言標準確立之後才發生的，因為這樣才能使各種資訊以位元或位元組的形式自由流通。

能源互聯網也需要同樣的東西，好讓電流自在穿梭。只要有了共同的平台，消費者就有更大的權力，可以用他們現在寫應用程式的方式，改寫能源效率的程式，並且分享到全世界各地。「我們需要大量的『協同創新』（collaborative innovation），」IBM頂尖策略專家之一，寇里（Joel Cawley）說：「政府的任務是組織一個大方向，讓所有參與其中的不同團體付出的成本降到最低，投入的資本都能妥善管理，最後都可以保證得到正向且豐富的收穫。」

這也是美國前副總統高爾會特別喜歡引用一句非洲諺語的原因，用這句非洲諺語來形容我們所要面對的綠色能源挑戰，實在再契合不過：「如果你想走得快，就得一個人上路；如果你想走得遠，就得找同伴。」

當「綠」這個字不再出現

這些價格訊號與法規制訂的目的，的確都很遠大。所有這些努力的最終目標，都是希望能建構起能源互聯網，並且讓電力公司從只賣「5塊美金吃到飽」的笨電力，轉變為可以妥善利用全新電網的每個面向來獲得利益——包括智慧型電網的建構，以及讓更多潔淨電力以最低價格流入更多家庭、企業、汽車中，然後再回流到電網；還有以更多不同的方式促使能源效率不斷提升。

我們要怎麼樣才能知道我們做對了？當我們一覺醒來，環顧四周，發現了三件新事物時，我們就會知道，我們已經創造了一個綠色能源系統。

首先，當我們已經為電力公司創造了一個新的系統，這個新系統不僅有足夠的誘因，而且在電力生產與能源效率兩方面，都有足夠的競爭實力，那些電力公司與大型能源企業就都將瞭解，他們眼前只有兩條路：改變或是完蛋。

資訊科技的革命，在以位元與位元組為基礎之下，創新總是來得又急又快，那些企業只有學著掌握資訊科技革命的既有力量，才能利用這份力量驅使自己的公司超越競爭者，否則就會「死在沙灘上」。身處叢林中，你不是獅子，就是羚羊，而牠們的心裡都只知道一件事：獅子知道，如果牠不能追上最慢的那頭羚羊，牠就要挨餓；而羚羊知道，如果牠不能超越最快的那隻獅子，牠就會變成獅子的早餐。

所以當每天早晨太陽升起，牠們都非常清楚——最好趕緊做好準備。傳統的能源業者從來都沒有這種心理準備；因此，只有當政府使用公權力來決定價格、制訂法規與標準，重新整頓能源市場之時，才會強迫電力公司與其他大型能源業者面對「不創新，就得死」的局面。

「殺死你的子彈，絕不會打在你的雙眼之間，」電資系統公司的未來趨勢專家威克說：「子彈總是從太陽穴打進去。你永遠看不到它飛過來，因為你看錯了方向。」傳統能源業者從來不擔心天外飛來一顆子彈。因此，當你看到這些業者中，有些太陽穴中

> 每當我向客戶的屋頂上看去，就好像看到了未來電廠的廠址。

了彈的公司橫屍街頭時，你就會知道，我們終於為能源產業創造了一個「改變或者完蛋」的環境，只是有些人還是死性不改。

第二，當你月底收到電費帳單，發現每一度電的電費都上漲了——因為要負擔智慧型電網的升級工程，也為了鼓勵你的電力公司生產更潔淨的電力；但

是你要繳的電費總額卻沒有增加，甚至還減少了。此時，你就會知道，我們做的是正確的。這將是一個能源效率已經深入你的家庭與生活，同時系統已經完善到達某種程度的指標。這表示你已經可以過著既節能又省錢的生活。

那將會是什麼樣子呢？我會讓你知道，但你必須走一趟日本。我們可以先參考一下這篇由法科勒（Martin Fackler）發表在2007年1月6日的《紐約時報》上，來自東京的報導：

在許多國家中，高油價已經對消費能力造成傷害，恐怕也使經濟發展趨緩。但在日本，建築師木村公延（Kiminobu Kimura）說，他並不覺得受到任何影響。事實上，他每個月用於能源的支出比一年前要少了許多⋯⋯在他那狹窄的家中，到處都是高能源效率的電器用品──他的冰箱只要門沒關好就會嗶嗶叫、洗碗機極為小巧，剛好可以放在廚房角落。

在日本的某些家庭中，房裡的暖氣裝有感應器，可以將暖氣只朝著使用者吹送；另外還有「能源領航者」的裝置，可以用來記錄家裡的能源使用情形。48歲的木村先生說，他的四口之家為了省下能源開銷，用了一點點的小撇步，像是把回收的熱洗澡水拿來洗衣服，還有騎腳踏車出門購物⋯⋯

根據絕大部分專家的看法，日本是全球能源效率最高的國家。這些專家都認為，面對即將來臨的全球高油價時代，日本所做的準備比美國要充足得太多⋯⋯日本的人口與經濟規模，大約是美國的40%，但根據位於巴黎的國際能源總署的數據，日本在2004年所消耗的能源，卻比美國當年度總能源消耗量的四分之一還要少。

日本對於節能的執著，來自於一種敏銳的不安全感。身為一個天然資源稀少的國家，他們所需要的能源都必須從極不穩定的中東進口。1970年代能源危機造成的震撼，讓日本家庭都瞭解到節能的必要。而後，日本政府的強力介入扮演了重要角色：藉由將汽油與電力提高到大幅超越全球水準的價格，強迫家庭用戶與企業必須節能；其中包含稅率與價格的控制，使得日本目前每加侖汽

油的價格……是美國汽油市場價格的兩倍以上。利用這些稅收，日本政府可以鞏固日本在再生能源發展上的領導地位，例如太陽能發電，以及最近的家用燃料電池等。

許多專家認為，高於全球水準的能源價格，為日本創造了強大的節能和各種省電商品的需求，也刺激了如省電洗衣機、電視機、高燃油里程數的汽車及混合動力車等創新與發展。

此外，日本的工廠也學會了如何節省能源的使用，因而站上全球能源效率之冠。還有像是日本三菱重機（Mitsubishi Heavy Industries），如今靠著在海外市場大熱賣的超高效率電動渦輪機、超高效率高爐及其他超高效率的工業用機械，獲得了極高的收益，尤其是在美國市場。根據日本環境省的預測，節能產業的出口產值將在2020年時達到79億美元，大約是2000年時的10倍。

報導中還強調，日本採用了「領跑者計畫」❶（Top Runner program）來鼓勵節能電器用品的發展：

「領跑者計畫」為電器用品設定了降低能源消耗的目標。符合這個目標的產品，會得到一張綠色標籤做為獎勵，無法達到標準的產品則會被貼上橘色標籤。日本經濟產業省會提醒消費者要注意商品上的標籤，促使製造商必須提升產品的能源效率。

日本經濟產業省指出，透過「領跑者計畫」的推動，跟1997年相比，全日本目前用於空調系統的平均電力已經減少三分之二，而用於冰箱的平均電力則減少了23%；而且，可以節省的能源還在持續增加中。根據位於東京的居住環境

---

❶ 日本在1998年時，為提升電器用品與交通工具的能源效率，制訂「領跑者計畫」。這項計畫是以同類型商品中的能源效率最高者作為標準值，要求業者生產的同類型系列產品，其能源效率的加權平均必須達到此標準值；同時，也依據產品技術的發展而不斷修訂標準值。

計畫研究所（Jyukankyo Research Institute）表示，2001年的日本平均家庭用電量約為4,177度；而美國能源部在同一年的統計結果則顯示，美國的平均家庭用電量是10,655度，比日本家庭用電量的兩倍還要多。

最後一個也是最重要的徵兆，可以知道我們已經成功的是，「綠色」這個詞很愉快的消失了。以後再也沒有所謂的綠建築、綠色汽車、綠色家園、綠色電器、綠色窗戶，或甚至是綠色能源之類的東西了。所有的事情都會回歸正常──因為由價格、法規及效能標準所組成的生態系統，早已

> 當能源的利用沒有效率、碳的排放過量，以及對於汙染性燃料的依賴全都變成新聞，而不再是慣例的時候，就表示綠色運動已經成功了。

將「綠」變成基本要求。所以，你再也不可能合法的、合乎經濟效益的，去搞一些不「綠」的東西，也就是那些從一開始就不符合能源效率最高標準及綠色能源設計的東西。

屆時，每一輛新車都會是綠色汽車、每一棟新大樓都會是綠建築、每一個新家都會是綠色家庭、每一個新電器都會是綠色電器。「綠色」會成為唯一的標準，它會成為新的常態，沒有別的選擇，也沒有別的可能。

「『綠色』這個詞會變得像『民權』一樣，」制高點投資公司（VantagePoint Venture Partners）的能源專家愛德華茲（David Edwards）說。美國民權運動最終非常成功，所以現在除了少數例外，早已沒有人再把「民權」掛在嘴邊討論了。談到民權運動時，我們都會覺得那是過去的事情，因為如今，人們不可以因為他人的膚色而歧視他人，這已經是社會的規範；我們現在會再談到民權議題的機會，也只有當一些極端的、公然歧視的個案，出現在報紙上的時候了。現在，歧視已經變成新聞，而不是常態。

當能源的利用沒有效率、碳的排放過量及對於汙染性燃料的依賴全都變成

新聞，而不再是慣例的時候，就表示綠色運動已經成功了。到時候，當有人做這些事時，大家都會盯著他看，就像現在如果有人在飛機上抽菸，我們都會盯著他一樣。

　　所以，當你某天醒來，發現電力公司彼此爭著要讓你享受更好的能源效率，就像現在的電話公司搶著要做你的長途電話生意一樣；當停車場付錢請你去停車，只因為他們想把屋頂上的太陽能電力賣給你，或是從你賣電給電網的收入中抽佣；當你發現你的電費費率變高，但帳單金額卻減少了；當綠色不再只是一個選項，而成為一項標準時──你會知道，我們正在進行的不是一場綠色派對，而是一場綠色革命。

第十三章

一百萬個諾亞，一百萬艘方舟

想像一個沒有森林、沒有珊瑚礁、沒有魚的世界。

想像一個只有在雨季才見得到河流的世界。

這些想像，在愈來愈多地方，已經成真。

《聖經》裡的諾亞，用一艘方舟就拯救了當時世上所有的生物物種。

今日，我們需要一百萬個諾亞，一百萬艘方舟，

遍布地球每個角落，才能拯救這個時代的全部物種。

大自然是一個無限的圓，到處都可以是圓心，但是看不到圓周在哪裡。

——巴斯卡（Blaise Pascal），法國數學家與哲學家

2007年12月，聯合國在峇里島舉行了大型的氣候變遷研討會，我決定參加，一方面觀察對於如何面對全球暖化問題的各種爭論，也可以寫作討論印尼在環保上面臨的挑戰，尤其是熱帶雨林砍伐的問題。

我從波斯灣地區出發，在途中經過阿拉伯聯合大公國的首都阿布達比。凌晨兩點半，當我在熱鬧非凡的阿布達比機場等待登機時，看到將近200位身材嬌小的年輕印尼女性正在登機。她們都拎著皮包，身上背著裝滿衣服、鞋子、電器用品的行李，很明顯是在長期居留後，終於可以回家，所以才會帶著大包小包的伴手禮和行李。

「這些女孩是做什麼的？」我問鄰座一位衣著光鮮的印度商人。他回答我：「她們都是來這裡當女傭。」後來我們就開始聊天。他是一位企管顧問，在波斯灣地區協助當地政府改善生產力。我們談到全球化對當地產生的衝擊，比較印度與印尼，後來話題又繞回到正在登機的印尼外傭上。

印度商人若有所思的說：「印尼出口原始勞力，而不是腦力。」他補充，一個國家應該教育人民，提高他們的素質，這樣就可以有更多人在家鄉找到好工作，而出國販賣原始勞力的人就會愈來愈少。

我們談話的內容，我都牢牢記住，打算做為下一本關於全球化著作的參考資料。但在抵達雅加達後不久，我發現印尼外傭竟然與印尼的樹有許多共同點——從根本上來說，出口原始勞力與出口原始木材，只是同一個問題的不同面向而已。

印尼的熱帶森林正面臨危機

讓我瞭解這一點的，是森林資源豐富的印尼巴布亞省（Papua）省長蘇布（Barnabas Suebu）。我們本來在談印傭問題，但後來話題轉到樹木。蘇布解釋，在他管轄的省境內，許多人收入都很低，教育程度不高，所以只好砍伐熱帶雨林，把木材賣給當地仲介業者，換取微薄的數百美元做為報酬；仲介業者再以多個數百美元的價錢，把木材賣到中國大陸或越南。中國大陸或越南的家具製

造商，將木材製成價值數千美元的家具，而位於東京、洛杉磯或倫敦的家具店，則以更高的價格把這些家具賣出去。除非這些砍伐森林的印尼人獲得受教育的機會，得到更多知識，以及高附加價值的工作技能，例如，用一棵樹做出價值1萬美元的商品，而不必販賣100棵值100美元的樹，否則不管政府派出多少人力稽查，印尼的森林仍會持續被非法砍伐。「我們必須確定，我們能從每一棵被砍下來的樹得到更高的價值。」蘇布說。

樹木、外傭、教育、政府的管理、經濟發展，這些東西全是互相連結的。這也是本章的重點：我們需要發展綠色能源系統，以獲得更多充足、潔淨、可靠又便宜的電力，同時，我們也需要發展全球性的策略，來保護森林、海洋、河川與備受威脅的生物多樣性熱點，才能獲得更聰明的成長，不傷害自然世界。保育策略必須涵蓋法律、財政與教育等方面，這不是一蹴可幾的事，特別是在印尼這樣的地方。如果我們希望在這個又

> 如果希望在這個又熱、又平、又擠的世界中，保持一定的成長，「發展」與「保護」的重要性是一樣的，這兩方面的策略應該齊頭並進。

熱、又平、又擠的世界中，保持一定的成長，「發展」與「保護」的重要性是一樣的，這兩方面的策略應該齊頭並進。

當中國的汙染問題受到矚目時，我們也該注意印尼的環境破壞問題，這問題不只是跟印尼的人口大量成長有關（2億3,700萬人，且持續增加中）。印尼是全世界陸地生物多樣性排名第二的國家，僅次於巴西，而在海中生物多樣性部分，則排名第一。雖然該國陸地面積只占地球陸地表面積的1.3%，它所擁有的森林卻占了全球熱帶雨林覆蓋面積的10%，也是全球20%的動植物物種、17%的鳥類物種，以及超過25%的魚類物種的美麗家園。印尼的婆羅洲島只有10公頃大，生長其中的樹木物種量，卻比全北美還多，更別提它擁有大量世上其他地方根本沒有的植物、昆蟲與動物。事實上，小小的婆羅洲，面積不到地球陸地

表面積的1%，然而據悉，棲息其中的鳥類物種、哺乳類動物物種與植物物種，卻占全球總量的6%。整個加勒比海的海中生物物種數量，與位於印度洋、南中國海、太平洋交界處占盡地利的印尼相比，只有印尼的十分之一左右。

　　但是印尼擁有的豐富物種，正受到威脅。在我抵達雅加達後不久，我的好友、在印尼為美國國際發展局主持生物多樣性保育計畫的艾弗瑞德·中妻（Alfred Nakatsuma）告訴我，印尼已經以全球砍伐森林速度最快的紀錄，進入金氏世界紀錄排行榜。印尼的熱帶雨林，目前正以每年一個馬里蘭州面積大小的速度迅速消失中，而伐木與清運木材的過程，所釋放出的碳（絕大多數是違法排放的），已經讓印尼登上全球第三大溫室氣體排放量國家的寶座，名列美國與中國大陸之後。排名第四的巴西，也是因為同樣理由上榜。我們總是把氣候議題當成單純的能源問題來思考，討論該如何減少燃油汽車，以及燃燒煤炭數量，但在印尼，氣候問題就是森林問題。我們思考氣候問題，是從車子太多的角度出發；但在印尼，思考這個問題，得從樹木太少的角度。印尼所排放出的二氧化碳中，超過70%都來自砍伐與清運木材的過程。根據國際保育協會表示，在印尼，每小時都有相當於300個足球場面積大小的熱帶雨林被砍伐。國有森林的非法砍伐，讓印尼政府每年損失30億美元收入，但即使是合法的伐木業，砍伐量也相當大。這也是可理解的，因為印尼政府正試著藉由出售木材商品，來拉抬經濟成長。

想像一個沒有森林的世界

　　很不幸的是，這個問題在海域也不能避免。印尼1萬7千多座小島周圍的海域中，有全球14%的珊瑚礁，以及超過兩千種的珊瑚礁魚類。「珊瑚也是人啊，」海洋生物學家及國際保育協會駐印尼資深顧問厄德曼開玩笑的說。他補充：「我們經常忘記珊瑚既是植物也是動物，它們可以提供掩蔽、支撐與根基，就像森林裡的樹一樣——沒有樹，豹與猩猩會跟著消失；沒有珊瑚，也就不會有魚。」但是，過度的發展以及炸魚、毒魚等行為，已經讓印尼海域中的

珊瑚礁陷入危機，而這些珊瑚礁卻是周邊魚類及珊瑚礁生物的重要棲息地。一位長期關心生物多樣性的駐雅加達西方外交官，向我轉述一家印尼漁船公司告訴他的資料。該公司2000年在印尼海域的漁獲中只有8%是小魚，到了2004年，小魚的比例卻增加到34%。這位外交官說：「當小魚的數量超過三分之一時，一切就差不多要結束了。」

想像一個沒有森林的世界，沒有珊瑚礁的世界，沒有魚的世界，想像一個只有在雨季才見得到河流的世界。如果我們不盡快發展出一套保護生物多樣性與自然資源的系統，不僅智慧、全面，而且像我們試著為綠色能源發展出的生產系統一樣有效，這些想像，不但可能在愈來愈多地方成真，而且在我們有生之年就會實現。

> 政府、企業、非政府組織，與當地居民，都應該瞭解，維持當地生態系的完整，其實也是在保護自己的利益。

當然，許多人會針對如何遏止生物多樣性繼續受到損害，提出一些快速的解決計畫，但在印尼，計畫永遠趕不上變化。

在峇里島參加氣候變遷研討會時，我在2007年12月11日的《雅加達郵報》（*The Jakarta Post*）上讀到一篇文章，談到計畫最後通常都會怎麼變化。作者阿迪威包渥（Andrio Adiwibowo），是在印尼大學（University of Indonesia）教授環境管理的講師，他談到關於保護雅加達沿岸紅樹林的智慧型計畫：

即便在生物學家中，也有很多人仍然將紅樹林視為無用的荒地。但上個月底雅加達漲潮成災的事實提醒我們，如果不尊重這些習慣在海水中生長的植物社群，我們美麗的後花園就會變成廢土。大約十四年前，有一支來自印尼大學數學與自然科學學院生物系生態實驗室的團隊，曾經針對雅加達沿岸地區做過環境評估，並且提出有漲潮成災可能性的警告。他們建議的解決方案是，將紅

樹林劃為重點保護區，然後設置緩衝區。根據森林管理條文與環境保護法，緩衝區中的原生紅樹林應該要維持60％的植被率，其他比率則種植可供周邊居民利用的植物。如果當初這個計畫確實執行，就可以避免近來的洪水災害。不過，這計畫終究未能實現。不但沒有設置緩衝區，就連重點保護區都被發展商入侵，統統鋪滿了水泥。

　　就是這句話：「不過，這計畫終究未能實現。」在各種物種、珊瑚礁、魚類、紅樹林以及熱帶雨林保護計畫中，都有同樣情形。巴布亞省長蘇布似乎也很清楚這個狀況。他告訴我，他的座右銘是「想得遠大，做得聰明，馬上行動」。但，要怎麼行動？現在我們都很清楚，全世界的生物多樣性正受到嚴重威脅，比世界又熱、又平、又擠的狀況還要嚴重。有什麼全面性策略能真正達到保育效果，而非頭痛醫頭、腳痛醫腳的一次性計畫？

　　簡短的答案是，我們需要一百萬個諾亞、一百萬艘方舟。

打造諾亞方舟

　　身為生物物種之一，我們人類有一種奢侈又自大的想法，認為地球上的動植物資源應該取之不盡、用之不竭。但自從1992年在巴西里約熱內盧召開的地球高峰會後，已經形成一種全球共識：氣候變遷、我們消耗資源的方式、製造出的大量汙染，已威脅到維持所有物種存在的生物多樣性網絡，尤其是，人類也在這網絡中，因此必須重新定義我們與自然世界的關係。

　　就像我在前幾章所談到的，能源供需失衡、經濟成長、物種消失、產油國獨裁、全球暖化等，全都是互相關聯的。劇烈的經濟成長與人口爆炸，讓世界變得又平、又擠，讓森林與其他許多生態系，正以空前的速度毀滅中。而森林及具有豐富生物多樣性環境的毀滅，又會回過頭來造成氣候變遷；更多的碳排放到空氣中，讓這個又平又擠的世界，變得更熱。再者，森林與自然棲息地被破壞，例如珊瑚礁減少，會使我們人類變得脆弱。因為森林中的樹木會吸收乾

淨的雨水，並將它們儲存在地表下的根部與含水層中，同時調節進入河川與溪流的水量，而珊瑚礁與沿岸的紅樹林緩衝區則可以抵擋熱帶風暴。換句話說，在能源氣候年代，我們愈需要這些自然棲息地——森林可以涵養水土、保護瀕臨絕種的生物；健康的珊瑚礁可保護海岸周邊土地，不致因海水沖刷而沼澤化，並餵養魚群，提供沿岸人民食物。

生產充足、潔淨、可靠又便宜的電力，對於岌岌可危的生態系確實有幫助，但光是這樣並不夠。我們還需要一個全面性策略，來刺激保育工作擴大規模，以確保更多植物、動物及人類，能夠擁有生活所需的各種資源。這個策略必須能夠執行，並永續經營，最重要的是，必須由生活在珍貴自然資源中的人類來執行。這需要一個完善的生態保護系統，包括正確的政策、正確的投資，以及能拯救植物、動物與森林生態系的正確人物。

每一個生態保護系統的型態，都會根據其所在國家與地區不同而有所差異。我把這些生態保護系統，都稱作「方舟」。諾亞只用了一艘方舟，就拯救了當時所有的生物物種，而今日，我們需要一百萬個諾亞、一百萬艘方舟，才能拯救這個時代的全部物種。

每艘方舟，都應該具備以下元素：(1)國家政策。以國家政策保護生物多樣性熱點，免於被開墾、侵占與發展。同時，在可以開發、追求經濟成長的地區，應該謹慎管理，以保護瀕危的生物、水質與其他重要生態環節。(2)經濟發展的機會。提供當地社區經濟發展的機會，讓人民在不致危及該地生物多樣性的狀況下謀生。(3)民間投資者。像是飯店業者、能源或採礦業者、農產綜合企業業者、觀光發展業者，或是任何有興趣維持當地生物多樣性完整的人、任何能提出完善計畫的人——這個計畫必須既能吸引全球資金投入以創造利益，又尊重大自然，同時還能協助提升當地居民生活水準。(4)有能力、有意願保護保育區的地方政府。他們不會把保育區高價賣給競標者，或者接受伐木、採礦業者的利益賄賂。(5)能進行適當環境評估及土地規劃的在地或國際專家。他們能決定哪些區域應該被保護、哪些則可以在適當的環境監督下進行開發。(6)改善

中小學教育。幫助年輕人發展知識與技能，讓他們不必再以掠奪自然的方式謀生。

每一艘方舟的各項元素都必須依據當地的情況量身訂做，與方舟息息相關的每個政府、企業、非政府組織與當地居民，都應該瞭解，維持當地生態系的完整，其實也是在保護自己的利益。他們必須投入在保護保育區及當地的生物多樣性，任何一個環節出問題，成功的機率就會大大降低。

但是每艘方舟上，都一定要有一個諾亞，一個能整合眾人及生態保護系統，讓每個人都能在保育工作中找到自己利益的諾亞。這些諾亞可能是地方政府官員、保育工作者，也可能是企業界或民間組織領袖；他們高矮胖瘦各不相同、脾氣個性也大異其趣，就像每個不同的生態保護系統中，必須整合的環境問題與經濟利益也各有不同。

正因為這世界如此複雜多變，所以，如果人類想要在這個又熱、又平、又擠的世界裡，好好保護自然世界，就真的需要一百萬個諾亞、一百萬艘方舟。

今天在聯合國及世界銀行，對於已開發國家可以如何提供開發中國家金錢，讓他們不去砍伐熱帶森林，有許多相關討論。很多人希望這個機制能夠納入後京都時期（post-Kyoto）協議，進

> 如果我在寫這本書的過程中，學到了任何跟生態有關的事，那就是：保育是在地性的工作。

一步管制氣候變遷。這樣一個全球性的提議，立意固然很好，但在我看來，如果少了當地諾亞的合作，根本行不通。任何認為這麼做行得通的人，就是完全不瞭解生物多樣性保育工作的複雜程度。如果我在寫這本書的過程中，學到了任何跟生態有關的事，那就是：保育是在地性的工作。

也就是說，全球的協定、金援的機制都是必要的，但它們根本無法從核心解決問題。要保護原始地域或森林，必須經由現實中的利益網絡，把所有人結合在一起。我們在幫助開發中國家保護生態系所花的時間與心血，應該和用在

幹旋議定書條文應該怎麼寫的時間與心血一樣多。每一元全球資金能夠發揮多大的價值，能夠在保護生物多樣性上有多大用處，完全都要看諾亞這個人的本事，以及他在方舟上有多大的力量。

將紅毛猩猩的存亡，與當地居民的利益相連

方舟到底長什麼樣子？2008年3月，我實地走訪了一「艘」。這艘方舟看起來像個會議，它舉行的地點，是在印尼北蘇門答臘一個小村落的殘破木造校舍裡。小村落名叫伊克納巴拉（Aek Nabara），緊鄰巴東圖魯（Batang Toru）熱帶雨林。巴東圖魯熱帶雨林占地37萬5千英畝，但絕大部分面積的伐木許可權，都已經被雅加達政府以最高價賣給投標商。對當地村民而言，從有記憶以來，這座森林一直是他們精神上的寄託，也是糧食的寶庫，現在森林前途未卜，他們都非常擔心。這些村民沒有讀過大學，但很清楚自己的利益何在，雖然他們並不懂得如何捍衛。

我到訪的那天，國際保育協會以及美國駐印尼大使修姆（Cameron R. Hume）也一起同行。整個村子裡的人都來訴說他們的故事，男人、男孩，穿著傳統服飾、背著孩子的年輕媽媽，不分男女老幼，全都集合在廣場，參加這場臨時的重要集會。

不過事實上，只有男人才獲准進入教室，參加由村中四位領袖主持的會談。四位領袖中，其中三位長者戴著傳統印尼男士帽——就是前印尼總理蘇哈托（Suharto）常戴而廣為人知的那一種。坐在三位長老旁，一位留著鬍子、較年輕的男士，則戴著一頂綠色的澳洲寬邊呢帽。但讓我印象深刻的並不是那頂帽子，而是他的肩上，有一隻約八個月大、一身鐵鏽橘色毛的紅毛小猩猩。戴著呢帽的男人手中拿著奶瓶，正一口一口餵著牠。在一般的會議裡，通常很難見到這種畫面……

我很快就知道，這隻紅毛小猩猩其實是個孤兒，幾個星期前，牠在村落旁的森林被發現，而紅毛猩猩也是整個故事的關鍵所在。

這一切，都因巴東圖魯的諾亞——蘇普利特納博士（Jatna Supriatna）而起。蘇普利特納博士五十五歲，戴著眼鏡，是印尼大學的人類生物學教授，同時也是國際保育協會印尼計畫的主持人。蘇普利特納的研究專長之一，就是這些瀕臨絕種的紅毛猩猩。紅毛猩猩屬於大猩猩的一種，目前只有在印尼蘇門答臘與婆羅洲的熱帶雨林中，曾發現過牠的蹤跡。牠們最大的特徵就是高智力、火紅的毛髮，以及善於懸盪的長手臂。身為世界上最大樹居哺乳類動物，紅毛猩猩的長手長腳十分方便好用，在森林裡，牠們就像泰山一樣，在樹與樹之間來去自如。紅毛猩猩（orangutan）這個

> 保育工作也是在處理人的問題，因為人類才是擾亂自然界的禍源。

字，是從印尼與馬來文中的「人」（orang），以及「森林」（hutan）所衍生出來的。一個世紀前，在印尼與馬來西亞的山林裡，約有超過30萬隻的紅毛猩猩棲息。但從那之後，紅毛猩猩的數量已經減少了90%以上，其中大部分是在過去十五年中消失的。

2004年，蘇普利特納說服他的一位研究生，以北蘇門答臘省南端是否仍有紅毛猩猩棲息為題，撰寫碩士論文。因為一直有傳聞，在伊克納巴拉附近的巴東圖魯熱帶雨林中，還有紅毛猩猩出沒。但這座森林同時也是蘇門答臘虎與巨蟒的美麗家園，所以即使有紅毛猩猩，牠們也幾乎不會在森林地表上行走，這也加深了研究工作的難度。

蘇普利特納表示，「我的學生在巴東圖魯花了半年時間，發現當地的熱帶雨林中，仍有12隻紅毛猩猩。於是我開始思考，該怎麼拯救牠們。現在，全世界只剩下4千到5千隻的蘇門答臘紅毛猩猩。」要維持森林的健康生態，紅毛猩猩扮演重要的角色。牠們食量很大，喜歡吃白蟻和水果，尤其是糖棕櫚。牠們吃完後散布在森林裡的種子，能使森林日益茂盛。剛好這時候，佛蒙特州參議員李錫（Patrick Leahy）推動了一項方案，希望藉著增加美國國際發展局的預

算，幫助印尼瀕臨絕種的紅毛猩猩。所以美國國際發展局給了國際保育協會100萬美元，讓他們聘請科學家，針對巴東圖魯紅毛猩猩的確實數量進行全面調查，並且規劃保育計畫。這項調查，從2005年開始執行。

「我們最後得到的答案是，大約350到400隻左右。單就巴東圖魯而言，已經是很多的數目了。」蘇普利特納說，「我們也使用部分資金，和森林邊緣的居民進行溝通。我們帶居民進入森林，告訴他們，紅毛猩猩就住在隔壁。他們說：『老天，我們根本不知道牠們就躲在這兒呢。』他們都曾聽家中長輩提起過紅毛猩猩，但連一隻都沒見過。」

> 面對政府首長時，要談經濟；面對當地社群時，要談生活福祉；面對商人時，要讓他們看到利益；面對其他非政府組織時，要談環境。

接下來，蘇普利特納開始研究村民能如何自制的利用森林，在保持森林完整的前提下，賺進更多錢——比如在森林邊緣或森林裡，種植與販賣可可、丁香、肉桂與橡膠，或是出售能帶來最多利益的地熱能源。森林坡地上那些村民有權出售的滾燙冒泡泥漿，都是當年火山形成時所留下的。

蘇普利特納說：「我們認為，如果要讓紅毛猩猩生存，就必須先讓熱帶森林生存。」而實現這個目標的唯一辦法，就是讓村民瞭解，森林可以為他們帶來多大的利益。

讓我簡單介紹一下保護著我們的熱帶森林：它們沿著赤道，向赤道南北地表延伸，有如地球的一條寬腰帶。熱帶森林又分好幾種，有終年多雨的熱帶雨林，還有僅在雨季才有大量降水的季節性潮溼林，以及較乾燥的森林帶。「雖然熱帶森林只占地球陸地表面積7%，卻孕育了地球上超過一半的生物物種。」美國航太總署的林賽（Rebecca Lindsey）在「地球觀測」（Earth Observatory）網站的報告中（2007年3月30日），針對熱帶雨林的砍伐問題提到以上數據。「熱帶森林也是數以百萬計原住民的可愛家園，他們靠著基本的農業、漁獵、採集維

生，或是採收對森林衝擊較小的產物，例如橡膠或堅果。」

　　海洋仍然是地球主要的「肺」，儲存並蒸發二氧化碳，不過熱帶森林也在碳循環及調節全球暖化的過程中，扮演關鍵角色。大氣中到處都充滿碳分子，大部分是以二氧化碳的形式存在，雖然在空氣中占比極小，對植物、動物與人類的生活來說，卻相當重要。植物接受日照，產生光合作用，將二氧化碳轉換成碳水化合物，在過程中釋出氧氣，以此成長、茁壯、欣欣向榮。

　　在樹木仍處於迅速成長階段的年輕森林裡，這個過程更是劇烈。樹木與其他植物共同吸收碳原子，然後轉換為醣類，或成長所需的其他分子。安全氣候網（Safeclimate.net）指出：「植物使用這些醣類的一部分，藉由呼吸作用產生能量，這個過程中，碳原子會以二氧化碳的形式，被還原回大氣中。」因此，未受傷害的熱帶森林會同時吸收與排出二氧化碳。然而，大部分被吸收的二氧化碳，都會儲存在植物體內，直到腐壞、被砍伐或是焚燒時，才會再度釋放回大氣裡。特別是已經發展成熟的森林，在不斷吸收二氧化碳的同時，也儲存了大量的碳，這也是為什麼保護這些森林，對於抵抗氣候變遷如此重要。根據美國航太總署的研究，科學家估計，光是亞馬遜雨林所保存的碳總量，就相當於十年中交通工具與製造業所產生的溫室氣體。研究提到：

　　人們在清理森林時，多半是以火焚燒。這麼一來，保存在樹木中的碳就會被釋放到大氣中，使溫室效應與全球暖化的現象更嚴重……在印尼，沼澤低地叢林區的泥土，因為腐化物與有機作用的關係，顯得特別肥沃，也就是一般所說的泥炭。在長期乾旱下……叢林與泥炭變得非常易燃，尤其是當它們曾被砍伐或焚燒過。當它們燃燒時，也同時釋放出大量二氧化碳，及其他溫室氣體。

　　為了當地的生物多樣性，也為了村民、紅毛猩猩，以及氣候，蘇普利特納想要保護巴東圖魯雨林，他決定整合與這片雨林有關的人。他與這些人一一會面，包括當地的採礦公司、村民、擁有叢林伐木許可權的業者，還有想把當地

地熱資源放進自己口袋的大型能源投資客。

為保育盡力，就是在捍衛利潤

蘇普利特納所會面的大型能源投資客，正是印尼首富之一班尼可羅（Arifin Panigoro），他也是印尼本土大型石油與瓦斯探鑽公司「麥德克能源國際」（Medco Energi Internasional）的創辦人，光從這點來看，就感覺他不是很「綠」。2006年時，他取得巴東圖魯雨林中央的地熱探鑽許可權。

班尼可羅告訴我，蘇普利特納去見他時，顯得非常謹慎。「我從來沒聽過什麼國際保育協會，我以為他們跟綠色和平組織一樣。我對自己說：『這傢伙是誰啊？』」他們花了一番時間溝通，不過最後蘇普利特納還是成功說服了班尼可羅，讓他明白，如果不為保護森林多做一些事，他就討不到任何好處。班尼可羅需要這座森林，來做為維持地下水位的分水嶺，這樣在抽取地熱過程中，維持地熱井運作的地下水位才不會過低，導致發燙的石頭無法產生蒸氣。班尼可羅也許不是環保專家，卻是個明理的商人，他愛他的國家，也明白印尼的自然資源正在迅速耗竭中。班尼可羅說：「二十年前，我們哪來這些問題，那時我們擁有廣大的熱帶森林，而人們持續砍伐樹木。他們以為森林永遠砍不完，但事實並非如此。」

班尼可羅最後同意加入國際保育協會印尼計畫的顧問委員會，並運用他自己的資源，試圖從伐木業者手中，買下巴東圖魯雨林的砍伐許可權，然後使這片雨林被劃為保護區，除了有限度的森林農業，以及他自己的地熱工程外，禁止一切開發工程。

我在寫這本書的同時，他仍然在進行協商。要買下砍伐許可權，需要200萬美元，而印尼伐木業者似乎挺樂意成交，因為巴東圖魯雨林大部分位於陡峭的山坡地上，要砍伐或運輸，難度都相當高。

等班尼可羅拿到砍伐許可權，他就打算開始進行預計將生產3億3千萬瓦電力的地熱能源計畫，並且尋求各種可能性，例如透過有限度的森林農業，以及

生態觀光等方式，將當地居民納入發展。地熱所產生的電力，則提供給附近的蘇門答臘城鎮。蘇普利特納的國際保育協會團隊，會協助他們與當地居民達成協議，等到地熱電廠完工並開始運作後，當地居民就會得到一筆用來發展學校與基礎建設的權利金。

同時，中國最大的輪胎製造商，上海的佳通輪胎（GITI Tire）也自願降低它的碳排放量。佳通輪胎董事、也是國際保育協會委員會成員之一的譚氏（Enki Tan）表示，他們已經同意在雨林周圍種植橡膠樹，建立起一圈森林農業的緩衝區，如此既可保護雨林，生產的橡膠又可以製造輪胎，同時還能為當地居民提供額外收入。佳通輪胎並且打算把這種「對生態友善的橡膠」，當成是他們未來輪胎廣告的主打重點。

蘇普利特納的團隊也和當地居民合作，復興他們傳統的口傳律法「Adat」。Adat將保護森林、河川與整體自然環境，當作最高標準，讓這些小型社區能世世代代延續。「他們將再度發揚祖父輩傳下來的價值。現在的年輕人看了太多電視，就算他們就住在森林旁，也是什麼都不知道。」

蘇普利特納已經訓練了一支25人的隊伍，取名為「紅毛猩猩巡守隊」，每個月付給隊員一點津貼，請他們去看護動物，也同時嚇阻任何有意入侵的不速之客。那個頭戴寬邊呢帽、正用奶瓶餵紅毛小猩猩的男人，身上就穿著巡守隊的制服。

在對美國大使簡報時，村民們似乎都非常審慎樂觀，認為他們的「方舟」一定可以成功。他們很驕傲的展示產自雨林的作物：一罐又一罐的肉桂、丁香及糖棕櫚。一位村中長老在簡報中提到：「我們從國際保育協會學到一件事。那就是，如何分辨哪裡是適合森林農業的地方，哪裡不是。過去我們根本不懂如何創造更好的生活，現在等於是從頭來過。」

蘇普利特納不只是無關痛癢的告訴村民，他們為什麼要保護紅毛猩猩，又該如何進行——這些村民都非常貧窮，連養活自己都有問題，哪還管得了這麼多。他決定和村民一起動手，把這裡變成更適合居住的好地方，也讓村民瞭

解，他們和周邊的森林有共同的利益。至於保護紅毛猩猩，只是這個過程中的副產品而已。

蘇普利特納說：「我們總是從觀察當地權力結構開始，瞭解當地社群、文化、他們對於社會和經濟的觀點，以及商業的影響力，並找出不只對紅毛猩猩有利，對當地居民也有好處的東西。如果只有紅毛猩猩受惠，而當地社群得不到好處，就喪失了我們想要保護所有人的原意。」

以不同訴求，吸引不同對象協助保育

最近蘇普利特納學校裡的同事都問他：「你是打算從政了嗎？」他說：「他們都很擔心我就此遠離嚴肅的生物學研究。但我相信，如果要保護老虎，絕對不是在旁邊觀察牠們怎麼捕捉獵物、怎麼面對其他掠奪者而已。保育工作也是在處理人的問題，因為人類才是擾亂自然界的禍源。你當然必須要懂生物學，但不能在懂了之後，就假設一切都沒問題。」

許多政府官員只是看著地圖，在完全不瞭解當地真實生活的狀況下，隨手拿筆一圈，就決定了保護區的範圍，以為生態保育可以像種菜一樣，撒下種子就等著收穫。這是不可能的。蘇普利特納說，沒有人的參與，保育工作也就不存在。

2003年，蘇普利特納用了一個類似的方法，在巴東嘎地斯（Batang Gadis）熱帶森林，建立起另一「艘」完全不一樣的方舟。2004年他與團隊成功的讓該地27萬英畝的土地，被當時的印尼總理梅嘉娃蒂（Megawati Sukarnoputri）劃為國家公園園區。

蘇普利特納的策略是，先影響當地一所擁有7,500名學生的伊斯蘭教學校。他先接近學校中的以瑪目（imam），也就是校內最高精神領袖，並向以瑪目解釋：流經校區內的河川，上游位於巴東嘎地斯森林，如果那裡的採礦計畫如期進行，河川就會被煤渣汙染；要是伐木也得到批准，河道還會被淤泥堵塞。這項得到授權的採礦計畫，地點正好在集水區內，蘇普利特納和他的團隊，想

盡辦法希望讓計畫無法進行，但他們需要來自當地的後援。所以他向以瑪目解釋，學生每天在進行固定的五次祈禱前，都要使用河水淨身，要是河川被汙染，大家都會變得很髒。

　　蘇普利特納說：「跟他們說森林有多重要是不夠的，我告訴以瑪目，他們不能在被汙染的河裡，進行這麼重要的淨身儀式。」一開始，以瑪目有點懷疑。蘇普利特納回想當時的情況：「以瑪目說，『那也只是你的推測而已……那條河才不會被汙染，我們都在這裡住五十年了。』

> 健康的生態系與健康的經濟成長，必須攜手並進，否則經濟成長將會因為自然資源品質不佳或數量不足，而受到極大的負面影響。

我回他，『你知道上游要開礦了吧？』他說，『那個地方離這裡很遠。』於是我說，『跟我來吧，我帶你去看看打算要開礦的地方。』我和我的夥伴帶他去看預定的礦區，讓他親眼見到開礦會造成多大的衝擊。以瑪目回來後的第一件事，就是直接去找地區首長，要求保護那座森林。」蘇普利特納補充道：「如果你影響了以瑪目，他會去影響學校裡所有的小朋友，而這些孩子回到家後會告訴他們的父母。」

　　以瑪目去找的地區首長名叫杜雷（Amru Daulay），這是杜雷第一次面對來自基層的環保運動。蘇普利特納繼續在杜雷身上下功夫，希望達成另一個更大的目標：讓巴東嘎地斯成為閒人勿進的國家公園。「杜雷問我：『把巴東嘎地斯變成國家公園後，我們要怎麼承擔這麼做所造成的損失？又要怎麼補償那些靠伐木與採礦賺錢的人？』」蘇普利特納卻只把重點放在那條河川上，他強調，河川所流經的10萬英畝稻田，全都靠它灌溉，假如河川因為伐木或採礦而受到汙染，廣大的稻田也會跟著全毀。

　　巧合的是，當時印尼政府正從中央集權轉型為地方分權，漸漸將權力由雅加達的中央政府，下放到各級地方政府。而蘇普利特納希望影響的杜雷，正是

被中央政府指派到馬迪那（Madina）區當地區首長，馬上就要面對首次選戰的考驗。蘇普利特納說：「我告訴杜雷，他可以成為英雄。」杜雷經過沙盤推演之後瞭解到，如果他上書森林部，要求把巴東嘎地斯劃為國家公園，對他的初次參選將有很大的幫助，他也真的這樣做了。

當然，在政府決定把巴東嘎地斯劃為國家公園之前，許多其他環保團體，像是國際保育協會、當地的伊斯蘭教領導組織，還有許多印尼的環境專家，都花了極大心力去四處遊說、協商。這件事並不是地區首長一封信就可以達成的，但最後卻好像變成這樣。杜雷毫不客氣的以這件事來當作選戰主軸，宣傳自己成功保護了森林，阻擋採礦公司的進入。順道一提，他打贏了選戰。

可惜的是，事情不是都以同樣的模式發展。在印尼，民主化與地方分權的過程，對環保造成了相當複雜的影響。在某些地方，省政府甚至區政府，對保育工作不遺餘力，就像巴布亞省的蘇布省長一樣。但是有些新掌權的地方政府，一旦脫離中央政府的

> 大自然應該被視為一種不同且凌駕於一切經濟、現實事物的價值，受到感激、尊敬、保護。

管轄，為了賺取短期暴利，就開始榨取當地的自然資源，協助非法業者就地合法。

蘇普利特納告訴我，他在巴東圖魯與巴東嘎地斯所建立起的合作模式，讓他想起「夾了很多料的三明治——起司、番茄、肉片、馬鈴薯，就像政府、當地社群、科學家以及私部門。合作模式必須視問題而調整……面對政府首長時，要談經濟；面對當地社群時，要談生活福祉；面對商人時，要讓他們看到利益；面對其他非政府組織時，要談環境。」不同的地區、人群，自然就需要不同的諾亞、不同的方舟。想要成功，別無他法。

但是，如果少了受過良好教育的人民，任何一個想保護森林的生態保護系統，都不可能長久。這兩者密不可分。出席會議的伊克納巴拉村長老自誇的告

訴我們，他們終於有了一座圖書館。我特地繞過去看，結果只看到一落落堆在桌上的書、雜誌，書堆上積滿灰塵，看了真讓人難過。說到底，拯救雨林的各種方式中，最能夠長久繼續的，就是創造知識性的工作。如果想拯救森林，必須先拯救人們，而在今日世界中，唯一能夠達到這個目的的方式，就是經由教育，讓人們學會各種服務業或製造業技能，不必去掠奪森林。最起碼，這樣能夠讓人們不再打擾熱帶森林，而最好的狀況下，則能讓他們開始積極的保護森林，不論目的是要發展觀光、醫藥，或永續農業。

很不幸的是，印尼，這個我最喜歡的國家之一，雖然有不可多得的可愛人民，以及令人屏息的壯觀美景，卻從來沒有教育過人民，什麼才是國家最重要的需求。或許是因為，這個國家有太多自然資源可以任意取用。

雖然印尼總人口多達2億3,700萬，其中卻只有6,000人擁有博士學位，這是一個非常低的比例。印尼在補貼民眾汽油與食用油產品費用上，花了大把鈔票（占國家總預算的30%），甚至高過教育預算（占國家總預算的6%）。這麼做，並不划算。

所以，往後十年內，如果你又看到大批印尼年輕女子前仆後繼出國當女傭，那麼就可以肯定，印尼的樹木也將會繼續消失。

保育是在地問題，也是全球問題

每艘方舟，都必須建立在地方的基礎上，需要在地的投資、在地的參與者與在地的利益，但全球資金也扮演了關鍵角色。今日全球經濟的力量驚人，投入栽培油棕樹、大豆以及原始木料砍伐的資金都非常龐大，在很多地方，砍伐樹木的利潤，比保護樹木顯然要高出許多（以短期而言）。假如你知道村民或伐木公司每砍一棵樹能賺多少錢，再與保護樹木所能賺到的金額相比，很快就能瞭解為什麼森林會逐漸滅亡。你也可以想像一下，大型伐木公司砍伐一大片森林能賺取多驚人的暴利。

因此，這些方舟絕對無法孤立生存，我們也不能任由方舟上的諾亞自生自

滅；這些地方通常沒有足夠的自然資源可讓居民賺取其他收入，更不用提開發
森林之外的其他投資。

　　國際保育組織專家托騰指出，今天世界上大約有九成左右的人，生活極度
貧窮，這些人大多依靠森林生存。他們從森林中獲取食物、燃料、住所、新鮮
水源，以及各種纖維。這些人多數也是原住民，假如森林消失，這些原住民的
文化也將無法存在。同時，無論當地建立起怎樣的方舟，都必須要有提供支持
的國際組織為後盾，不論是傳統的國外援助計畫，像是美國國際發展局，或者
是在推動方舟運作上，能夠有效提供各種資源、專業技術與政治壓力的其他任
何機制。

　　這不只是慈善事業，也是國家安全議題。美國國際發展局的中妻指出：

　　對生活在自然生態系中的居民來說，當賴以維生的自然資源被破壞時，許
多衝突也因此產生。美國國際發展局一項近期研究顯示，在印尼，一個半徑6公
里大的砍伐區域，就有40%的社群因自然資源發生衝突。而由於用水引起的衝
突，則愈來愈普遍。通常都是因為地下水層管理不當、上游林區保護不良，或
是當地工業的汙染問題。所以，良好的環保措施，也能夠同時減少國內與國際
之間的衝突與安全問題。

　　因此，像REDD這種提案是相當重要的，它試著為熱帶森林所提供的環
境服務訂價，以跟熱帶森林在商品市場上的價格競爭。REDD的概念是「減少
開發中國家因森林砍伐及森林劣化而導致的碳排放量」（Reduce Emissions from
Deforestation and Forest Degradation），環境專家希望在〈京都議定書〉之後，聯合
國接下來所制訂的協定能夠納入這個概念。在REDD方案中，富有的已開發國家
將付錢給貧窮的開發中國家，讓他們的森林得以保持完整，然後因此獲得二氧
化碳減排額度，以符合任何新氣候協定的限制。要計算這些減排額度，非常不
容易，但是要確保最後森林真的不會被砍伐，不會只有金錢在各國中央銀行之

間轉來轉去，更是難上加難。從最上游的捐贈者到最下游的諾亞手上，每一分資金的流向都必須能夠清楚追蹤，這些錢不能只進政府的口袋，還必須確實花在運作良好、有聲譽的方舟上，或甚至建立起新的方舟。否則最後的結果，會是一堆滿是坑洞的方舟，而森林依舊被砍伐，二氧化碳排放量依舊持續攀升。

所有的保育工作，都是地方性的，但世上所有的「地方」，彼此之間的關聯性卻愈來愈高。今天你送進口中的炸薯條，是用印尼的棕櫚油炸出來的，為了生產這個棕櫚油，熱帶雨林遭到砍伐；熱帶雨林沒了，氣候變遷加速，你家後院的旱災也就愈來愈嚴重。所以，砍伐雨林，是每個人的問題，而為了每個人潛在的利益，它值得我們的關心與付出。

國際保育協會的普里克特說：「這個世界的長期健康，建築在健康的生態系上。如果我們只是尋找潔淨電力及擺脫碳分子，未來其實是不保險的。我們真正需要的，是健康的森林、乾淨的河川、肥沃的土壤。我們必須保護它們的權益，並直接投資在它們身上。」

在汙染性燃料系統中，人們認為，在健康的生態系與健全的經濟這兩方面取得折衷、發展經濟，是理所當然的，而像紅毛猩猩等動物瀕臨絕種，則是必然且必要的副產品，用經濟學的語彙來說，是一種「外部效應」。而在綠色能源系統中，我們會明白，健康的生態系與健康的經濟成長，必須攜手並進，否則經濟成長將會因為自然資源品質不佳或數量不足，而受到極大的負面影響。普里克特說：「紅毛猩猩的生存，不僅是一樣美好的副產品，也是這種模式成功的象徵。」

培養孩子的綠色價值觀

但在某種程度上，我們也需要跳開這些經濟、甚至實務上的爭論，回到最基本的事實：綠色節能，本身就是值得被維護的價值，不只是因為它可以讓你銀行戶頭裡的錢愈變愈多，還因為它能讓你的生活持續更加豐富。總而言之，就是所謂的「保育倫理」。「保育倫理」的精神是：由於大自然給予我們如此

純粹的美好、歡樂、喜悅與神奇，因此，維護自然世界，便是一種無法被量化、並且不容被忽視的價值。

　　綠色能源是必要的，在使用能源的效率上快速進步，也是必要的。但是我們不能只由經濟層面拿自然保育工作與前兩者相提並論（雖然當你把自然所提供、尚未以市場價格來計算的所有服務都加總起來時，的確可以）。大自然應該被視為一種不同且凌駕於一切經濟、現實事物的價值，受人感激、尊敬與保護。隨著經濟發展愈來愈乾淨，孩子們未來所能享受的能源效率也就愈來愈高；如果我們不培養孩子的綠色價值觀，愈來愈好的經濟效率，加上愈來愈高的能源效率，將會聯手強暴我們的自然世界。到那時候，再也沒有人可以阻擋這一切。人們不會保護大自然，因為他們不尊重，也不敬畏。

　　所以我非常贊成類似「小朋友趴趴走」（No Child Left Indoors）的這種計畫。這個計畫是由美國生態學家組成的頂尖組織「美國生態學會」（Ecological Society of America）所贊助。在一年一度的「地球週」活動中，有個「小朋友趴趴走週」，這活動的概念是要讓孩童與他們的家人，對自然世界網路能有更深切的體認，學著在這個「地球家園」裡，當個更稱職的管家。

　　美國生態學會的網站（esa.org）上指出，「統計數字顯示，過去十年內，造訪國家公園與州立公園的人數，已經減少了25%之多。」因為孩子們整天都窩在家裡看電視、打電動。網站上提到：「一項最近的科學研究發現，認識電玩遊戲主角神奇寶貝的小孩，比能夠認出橡樹或水獺的小孩多得多。美國的科學教育，特別是生態學與地球科學，已經落後其他國家。生物、健康與經濟數據都表示，跟大自然接觸愈多的小孩，在學校裡的表現愈好，SAT ❶ 的分數也比較高，叛逆行為也較少，更不太容易產生注意力不足的失調問題。」

　　只要看著孩子在花園或河床上探險，你就會清楚知道，我們天生就是喜愛並且尊敬大自然，但是在現代化社會，這種本能卻隨著年齡不斷增長，而

---

❶ SAT測驗（Scholastic Assessment Tests）的成績，是申請進入美國大學時的重要參考標準。

日漸枯萎。正如甘地曾說：「忘記怎麼玩泥巴、在泥土裡打滾，就是忘記我們自己。」如果我們想要並期許人們，用他們的金錢、聲音、選票，來保護自然世界，這正是必須喚醒的精神。就像我的探險旅行夥伴普里克特所說的：「你必須看到它，才能拯救它。」如果你曾親眼見過蘇門答臘那一片熱帶雨林的美景，就會打從心底想拯救它：雨林四周環繞著翠綠稻田，雨林裡的大型灌木枝枒上掛滿粉紅色喇叭花，有如鑲上一圈花邊。如果你曾在肯亞最富盛名的馬賽馬拉野生動物區迎接日出；黎

> 如果白天看不到一點綠意，那麼夜裡用風力發電照得燈火通明，又有什麼意義？

明時分，當你正在刮鬍子時，看著成群結隊的長頸鹿從營帳旁經過，你會真心想拯救牠們。如果你曾經在祕魯亞馬遜河流域的熱帶雨林中流浪，閃躲野生大蟒蛇，然後坐在早餐桌邊，餵食停在你肩上的金剛鸚鵡，你真的會希望拯救牠們。

　　有一次我參加一個研討會，一位聽眾問了環保先鋒羅文斯一個問題：「今日的環保工作者，所能做的最重要的事是什麼？」羅文斯只說了兩個字：「留心。」因為當你注意到了，就會想要拯救它。

　　2006年，我們全家人到祕魯的熱帶雨林中旅行，有一位非常了不起的原住民嚮導引導我們，他叫做吉伯特。吉伯特總是一馬當先，他不帶手機，沒有望遠鏡、iPod、收音機。在他身上，看不到現代人才有的文明病「一心多用」，相反的，他總是只專注於正在身邊發生的事。他可以聽見雨林中各種聲音：鳥叫聲、風吹聲、動物嗥叫聲、碎裂聲等等；他會隨時停下腳步，立刻指出眼前出現的是什麼鳥、什麼昆蟲、什麼動物。他也有絕佳的視力，絕不會錯過任何一張蜘蛛網、任何一隻蝴蝶、任何一隻大嘴鳥，或是任何一群正在行軍的白蟻。他與網際網路完全連不上關係，但是卻與他身邊美妙無比的生命網絡緊緊相連。

　　我總是覺得，可以從這趟旅行裡學到些什麼。說到底，如果我們不對自然世界所提供的免費禮物多留心，像是潔淨的空氣、清澈的水、令人屏息的景致、可以滑雪的山脈、魚兒優游的河流、自在徜徉的大海、詩意的夕陽、如畫的美景等，那麼再多投資、再多的綠色能源、能源效率，也都無法挽救它們。如果白天看不到一點綠意，那麼夜裡用風力發電照得燈火通明，又有什麼意義？大自然沒有股份可以出售，並不代表它沒有價值。

　　沒有保育倫理，我們將會失去最珍貴、無法計算的寶藏。

第十四章

唯綠者生存，不綠則亡

在又熱、又平、又擠的世界，靠更多開採、更多消費及對資源的更多利用，
已經無法再取得長久的競爭優勢了。
當社會、市場及大自然要求我們對使用能源及天然資源付出成本時，
唯有比別人更綠一籌，才能造成釜底抽薪的改變，取得致勝先機。

我們離開伊拉克時，會發生史上最龐大的冷氣機移交行動。

——諾蘭（Dan Nolan），美國陸軍能源顧問

聽過「節能之鷹」（green hawk）這個詞嗎？它指的是一群意志堅強的美國陸軍或海軍陸戰隊軍官。他們對太陽能的提倡，不亞於任何一位穿涼鞋、騎腳踏車、吃優格的柏克萊嬉皮。節能之鷹僅是這個能源氣候年代的一股新興勢力，許多團體都開始瞭解，綠色固然是生產潔淨能源、增進能源效率與生態保育的策略，綠色更是許多不同領域裡的致勝策略。未來，人們將發現，「更綠一籌」（outgreen）可以讓他們在市場、戰場、設計領域、甚至是對抗貧窮上，贏得競爭。不久之後，「更綠一籌」這個詞會出現在字典裡，列在「包抄」（outflank）與「以計謀勝過」（outmaneuver）這兩個詞語之間。

我第一次理解到「更綠一籌」可以成為軍事策略，就是因為「節能之鷹」。這個由一群有志一同的軍官所組成的非正式團體，於2006年成立。當時駐紮在伊拉克安巴（Anbar）的美國海軍陸戰隊將領齊莫（Richard C. Zilmer），向美國國防部反應，需要一些可以替代柴油的能源，來提供電力給他在敘利亞邊境的前哨陣地。

陸戰隊在當地最危險的任務之一，是開著運載10加侖柴油的卡車，前去偏僻的觀測所，提供發電機所需的能源，以維持空調、無線電及其他設備的運作。因為那些偏遠地區，不是沒有供電系統就是無法使用。不過，運送燃料的車隊，也成為伊拉克武裝份子攻擊的大好目標。當時，美國國防部其實已經開始和落磯山研究中心的羅文斯，一

> 「更綠一籌」能讓人們在市場、戰場、設計領域、甚至是對抗貧窮上，贏得競爭。

起試圖找出更有效率的能源使用方式。而戰場上的需求，讓美國軍方更迫切的想找出再生能源及分散式能源，好縮短能源補給線。

當齊莫將軍的要求往上反映時，諾蘭剛好是美國陸軍快速裝備部隊的電力小組負責人，該單位負責處理能源後勤業務。「我們分析他的要求，發現士兵的確在運送燃料和水的途中遭受攻擊。」理想的解決之道，是使用再生能源及

可當場產生的能源，以滿足偏遠前哨陣地的能源需求，而不是靠卡車從大老遠的地方運來柴油。

陸軍就這樣開始了第一個完整的嘗試，藉著找出節省能源的方案，比蓋達組織更綠一籌，化解對方的優勢。畢竟，蓋達組織是一個分散的、只需少量能源就能行動的游擊部隊，相反的，美國陸軍則是一支集中的、需要大量能源的傳統部隊。

對抗恐怖行動的最佳策略，是節能

要讓你成為分散式太陽能的擁護者，最快的方法，莫過於讓你親自負責運送燃料穿越伊拉克境內。我在伊拉克巴拉德的美軍基地，就見到了兩名正有所體悟的軍人。當地位於巴格達以北50英里的地方，這兩名軍人所屬的單位，負責供應DF2柴油給伊拉克北部戰區規模較小的前哨站，好讓那些單位的發電機能維持運作。

我抵達的那天是2007年8月25日，當地氣溫高達攝氏49.4度。可想而知，在這樣的高溫下，要耗費許多能源才能為一頂帳棚提供空調。這是為什麼當時，美國中央指揮部約70%的能源預算，都用在運送燃料上。即使在戰事穩定和天氣溫和時，戰爭都會消耗大量能源，更何況軍事裝備在設計時很少考慮到節能，至少過去是如此。

在來到伊拉克之前，魏渥道（Mike Wevodau）及大衛斯（Stacey Davis）這兩名士官長和「綠色」的唯一連結，是身上的綠制服。但幾個月下來，經歷了管理燃料與食物車隊，還有「路線清除」任務——掃除路上的土製炸彈，以免炸到經過的車隊，他們現在支持任何形式的分散式能源，這樣才能減少需要護衛的油料車，以及因為不得不通行而需要清除炸彈的道路。

伊拉克的電力系統非常老舊、脆弱，大衛斯說：「我們完全不依賴伊拉克的電力網路，所有東西都靠發電機。在這裡每走一百步就會看見一具發電機，它們不分日夜運作，直到沒有油為止。」魏渥道也表示，如果陸軍有分散式的

太陽能或風力發電設備，「派遣士兵上路的次數將會減少，那是我們最危險的工作。讓士兵遠離道路，是我們最重要的事……為什麼這裡不能有太陽能及風力發電設備？在賓州的高速公路上看得到，為什麼這裡看不到？」

在齊莫將軍提出這個議題後許久，美國國防部才瞭解，對抗土製炸彈的最佳方式，不是增加油料車的裝甲厚度，而是為部隊進行節能。美國國防部的能源顧問威爾斯（Linton Wells II）表示：「如果兩枚埋在路面下的155公釐迫擊砲可以炸飛一輛坦克，增加裝甲厚度的確比較安全，但這還不夠，我們想要一場零傷亡的戰爭。但是如果因此而製造出60噸重的車輛，根本無法空運輸送。唯一的選擇是更為分散的能源。」對抗土製炸彈的最佳辦法，他的結論是：「爆炸發生時不要在現場。」

能源自主，是國家安全議題

分散式能源能減少置身危險的人，需要的設備也比柴油少，更代表著，能減少在蓋達組織網站上看到美軍車輛被戲劇化炸開的畫面，並且為軍方省下能源費用，買其他更有用的軍事裝備。「能源自主不是經濟議題，也不是資源議題，而是國家安全議題，這是我們該做的事，」諾蘭說。他是一位退休陸軍上校，正率領一個團隊為伊拉克戰場提供節能方案。

諾蘭表示：「當情況複雜到像占領其他國家，如美國在伊拉克的情形時，我們更不想給當地人民錯誤的印象。所以我們搭起臨時建築，這樣人們就不會認為那是永久的占領。」這也表示，美軍需要許多帳棚。「帳棚是我們的標準臨時建築，為了確保士兵可以好好睡覺、裡面的電器用品可以正常運作，這些臨時建築必須要有空調。在某些地方，我們可以連上伊拉克的電力網路，但我們必須自問，這麼做是在取走當地的能源嗎？」此外，這也會暴露弱點，如果有人切斷線路，整個陸軍基地就會漆黑一片。所以美軍總是使用自己帶來的發電機，可是這些裝備又必須使用從科威特、土耳其和約旦等地運來的柴油。

諾蘭的團隊解決這個問題的方法，是先拜訪美軍在伊拉克境內的前進行動

基地。「我們的調查發現，僅僅一個小型的前進行動基地，每天都要運進1萬加侖的柴油，其中9千加侖供發電機使用，其他則做為運輸之用。而發電機95%的電力是用來為帳棚提供空調。」

在分析過所有戰地資料後，諾蘭和他的團隊自問：我們如何能在不損及戰力的情況下，發揮最大的影響力？諾蘭說：「你必須有整體觀，從能源系統的角度來思考。如果我告訴一位指揮官，要給他太陽能反射鏡和風車，他不會有太積極的反應。可是如果告訴他，我有一套系統，可以用再生能源補充傳統能源，提高他的戰術機動力，他會比較喜歡這個主意。」

不只解決問題，還能贏得競爭

諾蘭的計畫，剛好配合美國國防部已經開始進行的一項工作。國防部的行動，是根據2008年2月國防科學會（Defense Science Board）一份名為〈更多戰鬥，更少油耗〉（More Fight-Less Fuel）的報告。報告中提到，將大量燃料運送到前線部隊，會產生很大的後勤負擔，不但容易遭到攻擊、很難防備，成本當然也比去加油站加油貴上許多。

國防科學會是在2001年首次正視這個議題，還提出了「燃料的完全負擔成本」（the fully burdened cost of fuel）這個概念。退役空軍軍官、同時也是「節能之鷹」成員的摩豪斯（Tom Morehouse）向我解釋，美國軍方並沒有根據燃料的完全負擔成本來考量武器系統。這些成本包括燃料價格、運送到終端使用者的成本、燃料合約商和運送卡車的成本、沿途保衛燃料的成本，再加上照護因運送燃料而受傷的人員的成本。當陸軍開始整體考量問題時，他們發現，在伊拉克戰區運送1加侖的燃料，「其完全負擔成本至少是20美元，許多任務甚至得負擔每加侖數百美元的成本。」而由空軍運油機運送的燃料，成本是每加侖42美元。這些數據引起了注意。

諾蘭和他的團隊，首先把重點放在改善能源的使用效率上，和廠商合作發展出一套可用於帳棚的技術。「我們在帳棚外部噴灑市售的泡沫，以隔絕空

氣，這樣可以減少40%到75%的空調需求。」諾蘭解釋說：「我們必須在前端盡量節省能源，才能減少後端必須產生的再生能源，而且走得更遠。如果一個基地每天需要200萬瓦電力，想要用太陽能、風力或其他替代能源供應，是不可能的。但是如果能節省能源，將需求降到每天50萬瓦，那替代能源就可以發揮作用。」

美國陸軍喜歡這個方法，因此買了足夠的泡沫來為伊拉克境內數千個帳棚及貨櫃屋進行隔熱，所達成的成本效益很高，空調的需求降低了40%到75%，這表示燃料成本大幅減少，諾蘭和他的團隊因此被鼓勵開發更先進的技術。在同樣的模式下，一座大型圓頂臨時建築搭建起來，外部塗上泡沫，內部又覆著一層很薄的混凝土。這座圓頂帳棚可以睡四十名士兵，是一般帳棚的四倍，而由於使用混凝土，也提升了防彈能力。帳棚還配備了兩座移動式風力發電機，及兩塊可追蹤太陽的太陽能板，還有一

> 當你試圖用「更綠一籌」解決問題、贏得競爭，結果會是買一送四。

具備用的丙烷發電機。這些設備所產生的能源，足以為帳棚提供空調和電力，還有剩餘的可以給鄰近村莊！美國陸軍現在正試圖將這套系統改到盡善盡美，準備擴大規模部署在伊拉克或阿富汗。

這是個很典型的狀況，當你試圖用「更綠一籌」解決問題、贏得競爭，結果會是買一送四。在上述這個例子中，美國軍方這麼做，就不必運載燃料，既能減少人員傷亡，也能節省成本，也許還有剩餘電力可提供給當地清真寺。這樣當地人也許有一天會向美軍丟花，而不是丟手榴彈。

諾蘭認為，這麼做還有一個比較看不見的優點：士兵在伊拉克看到這種解決方式後，回到美國，會為他們的社區或向他們的工廠，爭取同樣的解決方案。就如同美軍廢除種族隔離政策後，整個國家的種族隔離才真正消失，如果美軍可以進行綠化節能，整個國家就真的可以。諾蘭提到：「這樣的做法會開

始改變整個文化。如果我們在伊拉克能這麼做，士兵回國之後會說，為什麼自己的家鄉不行？」

諾蘭是位肩膀寬大的退伍軍人，看些來像是巴頓將軍那一類的人，而不像是會擁抱樹木的人。他總結說：「思考綠化節能時，不能再用過去的思考方式，必須改變現有觀點，這與我們的戰術有很大的關係。」

我忍不住問他：「軍隊裡有沒有人說，『天哪，可憐的諾蘭開始實行綠化節能，他現在是要我們變成一群婆婆媽媽的男人嗎？』」

諾蘭大笑著回答：「這我不在乎。」

時代不同，競爭策略也應改變

我也不在乎，因為我相信我們是走在一個新時代的前端，「更綠一籌」可以成為各個領域裡取得競爭優勢的策略。

「更綠一籌」這個詞，是我的兩個朋友賽德門夫婦（Maria and Dov Seidman）某天早餐時想出來的。賽德門是LRN公司的創始人暨執行長，他的公司主要是幫助其他公司建立企業倫理文化。他也寫了一本書，名為《如何：今日我們在商場和生活上的做法，為何就代表一切》〔*How：Why How We Do Anything Means Everything...in Business（and in Life）*〕。這本書談的是，在現今完全網路化的世界裡，人們是因為自己「如何」一舉一動，而顯出彼此的差異。

在這個時代，每個人都比以前更透明、更相關，結果是，現在有更多人會更深入去看你所做的事及公司的運作，並經由網路，沒有任何剪接、篩選，就告訴更多人。因此，如何生活、如何做生意及如何說抱歉（或不說），都比以前更加重要。

雖然對個人或企業而言，這樣的狀況可能成為負債，卻也可能是資產。今天，不管你製造什麼產品、提供什麼服務，都可能很快被抄襲。可是你「如何」做生意，「如何」保持承諾，以及「如何」與顧客、同事、供應商及社區建立關係，卻很難被抄襲，但前提是要做得好。這也提供機會，讓你能與競爭

者有所區隔。賽德門提到：「人類的行為千變萬化，當人類的行為光譜範圍這麼大時，其中自然存在著各式各樣的機會。」人類行為的脈絡是如此多樣、豐富及具全球差異性，光是這點就呈現出一個罕見的機會：用「更加檢點」，來贏得競爭。賽德門指出，美國密西根州一家醫院，教導醫師在犯錯時要道歉，因而戲劇化的減少醫療不當的賠償，就是一個好例子。

然而你現在也可以用「更綠一籌」來贏得競爭、擊敗敵人。當這個看似無窮豐富的世界還不是又熱、又平、又擠時，贏得競爭的策略，當然是增加更多生產或消費。所以，擁有許多農地的國家，可以增加種植；擁有許多森林的國家，可以砍伐更多；擁有許多礦藏或石油的國家，可以增加開採；擁有許多原物料的國家，可以用更多的銷售來贏得競爭。

賽德門説：「這是為什麼字典裡充滿了『以消費取勝』或『以生產致勝』之類的

> 當你找尋更持久的方法為未來提供動力，創新能力就會增加。因為產品如果沒有變得更聰明，就無法達到更節能的目的。

字眼，這些都是深植人心的思考習慣和行為模式，但前提是，資源還很豐富，而你又擁有競爭對手所沒有的資本或資源。」這種心態在電影「黑金企業」（There Will Be Blood）裡有段描述。劇中，貪婪的石油大亨向天真的傳教士解釋，他不需要和傳教士簽訂石油開採租約，只要從自己的土地斜斜的往旁邊開採過去，就可以鑽到傳教士的土地下，吸光所有石油。

石油大亨：那塊土地已經利用殆盡，你無法可施，你輸了。

傳教士：你如果接受這份租約……

石油大亨：抽乾了，已經抽乾了！我很抱歉。如果你有一杯奶昔，而我也有一杯奶昔和一根吸管。就在那裡，一根吸管，你看到了嗎？我的吸管穿過這個房間，然後開始喝你的奶昔，就這麼喝著，把它喝掉了。

更多的拿取、製造及開採，已無法創造優勢

在今天這個資源愈來愈有限的世界，要喝別人的奶昔已經不那麼容易，這也是為什麼更綠一籌愈來愈重要。如同之前所說的，在一個又熱、又平、又擠的世界裡，不管你做什麼及如何去做，市場、社會、全球或是大自然，都會要你我付出真正的「完全負擔成本」。靠著鑽採更多、消費更多以及開發更多資源，已經無法再取得長久的競爭優勢。

透過徵收碳稅及石油稅、法令規定、興論意見，或多變不安的氣候，社會、市場及大自然會要求我們為使用能源及天然資源付出代價。此時最綠化節能、最潔淨及最有效率的製造商、組織、產品、國家、學校、團體及家庭，才能生存下來，並且活得最久。

更綠一籌需要完全不同的心態，不再是更多的拿取、製造及開採，不再是挖入更深的地底，而是挖掘自己、公司或社區。對於環境，不再予取予求，而是創造不同的環境——一種彼此合作的環境，能讓你個人、你的公司和社區不斷思考如何創造更多的成長、更多的機動性、更多的疪護、更多的舒適安全，以及使用更多綠色能源和最不耗費資源的創新包裝。

當你開始往內挖掘個人、公司或社區，找尋更持久的方法為未來提供動力，所有的好事就會發生，就如同美國陸軍所發現的。你的能源開銷會降低，創新能力會增加，因為一個產品如果沒有變得更聰明，就無法更綠化節能——無論是原料、設計或軟體都要更聰明。在這個前提下所開發出的產品，將可以符合全球需求，也能更有效的控制成本，並且享受到更潔淨的空氣和水。

現在，太陽能與風力發電的裝置費用雖然比較高，可是它們使用的「燃料」，也就是陽光與風力，卻永遠免費。化石燃料系統現在的裝置費用也許比較便宜，但是這些燃料，像是煤、石油和天然氣的價格卻經常在變動。此外，未來使用這些燃料，還得支付各種形式的碳稅；全球的需求也仍不斷上升。因此這些燃料的價格都在往上漲。

要最便宜，就要最綠化節能

「不確定會耗費金錢。」美國著名風險投資公司「制高點」的愛德華茲這麼說。現在，化石燃料的價格愈來愈不確定，趨勢是往上攀升；而再生能源的價格愈來愈確定，趨勢是往下降。

關於這個現象，愛德華茲說：「許多年來，已開發國家取得繁榮進步的方式，都是將看似免費的資源，像是化石燃料、基本農產品、土地和水做最大的運用。現在，由於開發中國家不斷擴展經濟，我們發現，長久以來賴以建設的資源，不是有限的就是無法再免費供應。」

所以，隨著對化石燃料的需求及其成本的增加，你如果身處一個依賴化石燃料的經濟體，幾乎可以確定，你所負擔的能源成本將會一直增加。現在不是1970年代，當時石油短缺是因為地緣政治，現在的短缺是因為地質和人口因素。相反的，愛德華茲指出，你如果身處一個依賴綠能科技的經濟體，長期的經濟狀況會非常不同。

愛德華茲說：「如果現在建置風力發電機、太陽能板或地熱廠，你會知道，接下來的十到二十年間，生產能源的成本會是多少。眾所周知，支撐再生能源的科技，也讓安裝太陽能板或風力發電機的成本逐年下降。因此，擁有最高比率綠色能源的經濟體，也最能掌握未來的能源成本，完全依賴化石燃料的經濟體則不然。長久來看，要最便宜就表示要最綠化節能。」

這也是為什麼更綠一籌可以成為一種競爭優勢，也是為什麼我們該投入綠色能源基礎建設的全球競爭中。愛德華茲表示：「如果我說的沒錯，綠色能源會是最便宜的能源，我們應該加緊腳步，比其他國家更快製造出最便宜的綠色能源。如果贏得這場競賽，和其他為高價化石燃料所苦的國家相比，就有很大的優勢。」不但在能源密集的製造產業擁有極大優勢，還會因為能源基礎建設，成為國際投資的標的。

再者，如果一間公司被認為是以更綠一籌來贏得競爭，就會有更多人想要

為它工作。因為綠化節能這個價值，會讓每個人（尤其是年輕人）愈來愈想要和它連結在一起。因此最綠化節能的公司、國家、學校和城市，就會吸引最多的人才。

賽德門說：「當你調整思維，希望更綠一籌，就不會再想著要比其他人累積更多，而是開始想要創新。」

超越碳中和，創造碳優勢

這也是為什麼，每次我一聽到有公司或機構提到「碳中和」（carbon neutral）❶，總會想抓狂。在一個又熱、又平、又擠的世界裡，為什麼有人只想要碳中和，而沒想到可以從「碳優勢」（carbon advantage）獲得更多？你的公司想要「資訊中和」嗎？你的員工是一半使用電腦，一半使用紙、鉛筆和算盤嗎？

這個觀念，我是從昇陽電腦的生態責任（eco-responsibility）副總裁道格拉斯那裡學到的。他在2008年1月2日《商業周刊》網站（BusinessWeek.com）上發表的文章提到：「碳中和模糊了焦點。為什麼要付錢給其他人種樹，來抵消你產生的二氧化碳？企業投資其他人的善行是件好事，可是現在重要的是，企業必須投資自己，以期永續經營。」在環保政策上致力於碳中和的企業，通常是這裡做一些效率計畫，那裡買一些綠色能源，抵消他們所做的其他事。

「這麼做不好嗎？」道格拉斯問道，「當然不是，這麼做可以幫助企業本身和大氣層。企業購買綠色能源，有助於投資產生更多綠色能源。而且他們如果買到品質好的能源，可以減少溫室氣體的排放，這些都是好事，我們也在做。可是我不相信，這些事情可以讓我們達到想要的目標。我們需要企業將氣候變遷視為機會，而非威脅，並以面對大好機會才有的熱忱投入。我們期待企業超越碳中和，創造碳優勢。」

---

❶「碳中和」指的是盡量減少二氧化碳排放量，並透過植樹等方式吸收這些二氧化碳，以抵消排放量。

追求碳優勢，就是「更綠一籌」的策略。

道格拉斯解釋：「有兩種方式可以為公司創造碳優勢。首先，更有效率的使用資源，能為公司的運作及產品創造成本優勢。其次，你可以創新，用綠色產品或服務，為顧客提供競爭優勢，讓你的產品、服務與其他競爭者不同⋯⋯創造出更環保產品的公司，譬如豐田汽車和地毯業者英特飛，市占率都持續增加，營運表現也不斷改善。更重要的是，許多證據顯示，我們正面臨一個新的、有道德的商業循環。追求永續經營的公司，都在尋找可長久不墜的產品和服務，創造更多機會。因此，能夠幫助顧客長久發展的產品和服務，需求會愈來愈大，並且有機會增加市占率，也減少對環境的衝擊。」

「如果豐田汽車在環保上的努力，全是用在碳中和上，就不會製造出Prius油電複合動力車。」道格拉斯補充，「如果他們只在乎碳中和，就不會往內挖掘自己，思考如何在效率上達到另一個層次，以獲得競爭優勢。」

紐約靠環保計程車創造競爭力

人們嘗試「更綠一籌」的各種方式，讓我印象非常深刻，以下舉出幾個實例，首先是紐約。

在全球化時代，城市之間的競爭更為激烈，它們爭相吸引人才進駐、開設公司，產生收入與稅收。它們也爭奪觀光客、企業總部的設立及資本的投資，並爭著不讓年輕人逃到鄉間或其他地方。2005年時，紐約市議員亞斯基（David Yassky）與他的支持者——科技企業家海德瑞，一起腦力激盪，討論紐約該如何變成一個更適合居住的地方，並在綠化節能上贏過其他城市。他們想出的方法，是讓紐約的計程車變得比較沒有毒性。

亞斯基和海德瑞首先向計程車與轎車協會查詢，瞭解該怎麼做才能汰換使用福特Crown Victoria車款的計程車，好讓這種每加侖只走約10英里的車子，換成可以跑更多里程、廢氣排放量又比較少的混合動力車。這個主意不錯，但居然不合法，原因是一些老舊的法令硬性規定計程車車身的大小，而這些規定都偏

向Crown Victoria車款和製造商福特。

海德瑞於是組成一個名為「聰明運輸組織」（SmartTransportation.org）的非營利團體，幫助亞斯基說服市議會其他成員，修法准許使用混合動力車做為計程車。為了擴大支持基礎，他們超越了汙染議題，進而提出髒空氣會對紐約市孩童造成危害的健康議題。紐約市美國肺臟協會的執行長維特（Louise Vetter）也提供了協助。

> 企業要將氣候變遷視為機會，而非威脅，並以面對大好機會才有的熱忱投入。

維特特別向我解釋：「紐約是全美空氣最髒的都市之一，紐約客所呼吸的空氣非常不健康，而大部分是車輛排放的廢氣。紐約的氣喘比例在美國名列前茅，尤其對長時間在外的兒童而言，高臭氧濃度是非常嚴重的威脅。將計程車從黃色變成『綠色』，會是給紐約市兒童的一份大禮。」

計程車協會會長道斯（Matt Daus），一開始抱持懷疑的態度。他和許多人一樣，並不具敵意，只是沒有真正意識到綠化節能會比較好。一旦他瞭解混合動力車對健康及其他方面的好處，便也加入了亞斯基與海德瑞的陣營。2005年6月30日，市議會以50票對0票通過這項提案。今天，紐約市1萬3千輛的計程車裡，有超過1千輛的混合動力車，大部分是福特Escape車款，也有豐田Highlander、Prius及其他廠牌的車子。

2007年5月22日，美國最有環保意識的市長之一，紐約市長彭博（Michael Bloomberg），確定要更進一步推出新法案，也取得計程車協會的同意。這個法案不只允許混合動力車做為計程車，還要求所有計程車必須在五年內改成混合動力車，或是每加侖最少行駛30英里、廢氣排放量較低的其他車款。

彭博表示：「關於健康、安全及環保議題，政府應該設定標準，而我們需要的是願意推動符合社會長期利益標準的領導者。當市民看到進步時，他們也會開始領導。」這會鼓勵領導者追求更高的標準。

節能可以吸引人才

2007年夏天，我問傅利曼（Evgeny Friedman）對於混合動力車的看法。他是紐約某個頂尖車隊的負責人。「非常棒！我們車隊一開始有18輛，現在則超過200輛……目前在外面跑的只有混合動力車。司機想要這些車，社會大眾也是。這種車很省錢，以現有的汽油價格來計算（當時1加侖約3美元），司機每班車跑下來可省30美元。」他表示，以前車隊使用的Crown Victoria車款，每加侖可跑7到10英里，現在的混合動力車，每加侖可跑25到30英里。而且，從原來的車子轉換到混合動力車，所花費的成本並不高。

在開始綠化計程車隊後，海德瑞、彭博和他的永續發展首席顧問阿加瓦拉（Rohit Aggarwala），將注意力轉到另一個更嚴重的問題。在紐約，1萬2千輛左右的林肯Town Car及其他廠牌的黑頭車，也是很大的汙染源，尤其是當它們怠速停在市區一些法律事務所及投資銀行前，等著客戶時。這是個更難解決的問題，因為這些黑頭車不像計程車，還有過時的法律可調整。這些大黑船想擺在路上多久就多久。不過，海德瑞開始行動，首先，他拍下這些黑頭車的照片。

「我用聯邦快遞寄信給這些公司的執行長，並附上照片，指出這些怠速停在他們辦公室前的黑頭車是很大的問題。一部怠速的車所產生的汙染，是一部一小時跑30英里車子的20倍，因為車子是用來移動，而不是怠速運轉的。」這種車子在怠速運轉時，都會將暖氣或冷氣開到最大，好讓客戶上車時，能進入最舒適的環境。海德瑞說，這些車子所造成的大量汙染，這些大型企業和法律事務所，得負直接責任。

令他驚訝的是，這些公司的高層很快就有所回應。「他們不但有正面意願去做些事，還提出了首要任務：如何留住人才。」

這是什麼意思？

「他們將節能視為吸引和留住年輕人才的方法，」海德瑞解釋。當紅的年輕律師與銀行家，寧願搭著混合動力車，而不是黑頭車在城裡跑來跑去。「這

些律師事務所和銀行用來吸引人才的武器不多，只有提供更好的薪水，或是在自助餐廳提供更好的食物。所以，他們很快就把綠化節能視為可以創造差異的重點。」我的法律事務所比你的還綠化節能！

大多數銀行和法律事務所，很快就打電話給配合的轎車租賃公司，問他們何時引進混合動力車。轎車租賃公司也看出這股趨勢，要求市長通過一項新規定，好營造出標準一致的競技場，讓業者不得不投資在更潔淨的汽車上。彭博很快就這麼做了。2008年2月28日，彭博宣布自2009年開始，所有「黑頭車」都得變綠，每加侖至少要跑25英里，到2010年，則要達到每加侖30英里。關於排放廢氣和油耗標準的設定，是針對大小與林肯Town Car相同的混合動力車。

正如《基督教科學箴言報》（*The Christian Science Monitor*）翌日的標題所言：「再會了，Town Car（每加侖15英里）！嗨，豐田的混合動力車（每加侖34英里）！」雖然混合動力車要比典型的Town Car貴上7千到1萬美元，可是海德瑞說，車主預期每年可以省下5千美元的燃料費，相當於他們現在花費的一半，而這是在油價到達每加侖4美元之前的狀況。

德意志銀行美國分公司（Deutsche Bank Americas）、美林集團（Merrill Lynch）及雷曼兄弟（Lehman Brothers）都以融資機制協助黑頭車的司機（大多數是個體戶）購買新車。這整個過程也刺激了技術創新。2008年2月20日，紐約市宣布，他們正與汽車設計公司合作，為「未來計程車」設定新的性能標準。

海德瑞說：「不要以為操著外國口音的黑頭車或計程車司機，不想為他們的孩子尋求比較健康的永續生活型態。他們當初為什麼來這裡？就是希望家人有比較好的生活品質。隨便問紐約任何一位計程車司機，他都會說自己迫不及待想擁有一部混合動力車。」

當大蘋果變成綠蘋果，當紐約藉由綠化計程車，比芝加哥、底特律或北京更綠一籌時，只有好事會發生。首先是每年過境紐約的4千5百萬旅客，他們至少會搭一趟混合動力車，回到自己的城市後，他們會問：「我們為何沒有混合動力車的計程車？」

這是划算的買一送四：使用更環保的計程車和轎車，就能讓駕駛更快樂、城市的形象更好、路上的汽車更小，並因為混合動力車的開發產生更多創新。

擁抱樹木的同時，也是在為生存奮鬥

身為昇陽電腦的生態責任副總裁，道格拉斯以「更綠一籌」為生。他表示，最好的節能點子來自基層，也就是最接近行動的人。「有一天，我接到檔案部門一位同仁的電子郵件，她建議我如何減少隨著產品寄給客戶的紙量。我們以前的做法是，每賣出一套伺服器，就送出一整套使用手冊。如果某家公司訂了十套伺服器，它就得到十套手冊，而訂購數百套伺服器的大客戶，就得到數百套手冊。新的做法是，我們讓手冊變成顧客可以選擇的項目。結果是，我們減少了60%的用紙，省下數十萬美元，因為多數公司的資料中心只需要兩套手冊……最近也有個類似狀況，我們決定不印製年度股東會報表，只在網站上公開，這麼做省下了9,900萬張紙。這些最終會被丟掉的紙，印製卻要耗費大約1萬2千棵樹，9百萬加侖清水，以及60萬美元。」

令人驚奇的是，當我們開始關心能源和資源生產力，行為就會產生改變。昇陽電腦的企業社會責任計畫經理林恩（Marcy Lynn），告訴我一個故事。

「我們團隊當時正在進行一項領航計畫，我們想知道，在現在許多人會在家工作的狀況下，人們在工作時會使用多少能源。我在一間辦公室裡做全職工作，實驗這個計畫。我們拿到一條延長線，線的一端有著名為『減少一瓦』（Kill A Watt）的裝置，可以監測你用了多少電。我將辦公室裡的每樣電器用品都插入這個裝置，除了燈光外。每天，我都會收到電子郵件提醒我們，得報告『減少一瓦』的數字，這很有意思。我們使用的電腦是昇陽的Sun Ray系列，令人驚訝的是，它們只用了一點點電。

「不過，我遇到一個問題。我的辦公室很冷，因為它靠近一間伺服器室，而伺服器室必須一直開著空調。有一天，我開了辦公室的暖氣，結果暖氣所耗費的電力讓我震驚不已，但我又得報告這數字。這數字讓我很難堪，因此不得

不改變行為——除非冷到指甲顏色變青，否則我就不開暖氣，畢竟我是環保小組的一員，可不想讓『減少一瓦』測出我用了那麼多電。所以，現在我會在辦公室準備一條毛毯。」

林恩拿了條毯子保暖，因為那是她唯一的選項，但後來，昇陽電腦推出了一套新系統，因為發生在林恩身上的事，也發生在客戶身上，而且規模更大。為伺服器提供空調的費用愈來愈貴，昇陽公司發現，必須要節省能源才能拯救事業，總不能老是在發毯子。更綠一籌變成一種生存策略。如果昇陽公司不這麼做，用更少的電力讓電腦做更多的事，它的事業就真的岌岌可危。

這裡提供一點網路背景常識：網際網路與全球資訊網也許看不到，卻存在於乙太網路（ether）的某處，事實上它們存在於一個互聯的資訊中心網路，就是所謂的伺服器農場（server farm）。這些資料中心通常有著數以千計的電腦伺服器，統統擠在架子上，一個堆著一個，它們儲存並傳輸網路上可以擷取的資料和網頁。昇陽公司的主要事業，就是製造這些伺服器及其他產品。這些資料中心的所有伺服器統稱為「網路雲」。現在，當你使用電腦時，有愈來愈多的事情不是在你桌下的小硬碟機裡發生，而是在外面的網路雲。

你打行動電話或發簡訊，都是經由伺服器處理，帳單資訊也是由伺服器來儲存並發送。你如果在網路上付電話費，也是由伺服器來處理。每次你上Google搜尋或經由雅虎發送電子郵件、在線上使用微軟的「live」軟體、在美國線上（AOL）儲存檔案、在亞馬遜網路書店買書、增加照片到Facebook ❷、上傳影像檔案到YouTube、編寫維基百科，或使用Linux作業系統在網路上閒晃，其實都不是在自己的電腦或PDA上作業，而是經由它們到達組成網路雲的資料中心。

誠如美國科技執行長委員會（American Technology CEO Council）於2008年2月發表的文章〈更聰明的一種綠〉（A Smarter Shade of Green）所言，「今天，為伺服器提供電力和空調所付出的費用，要大於購買的費用。資訊科技設施，正

---

❷ Facebook為知名的熱門社交網站，也是美國排名第一的照片分享網站。

在耗費冷卻能量和電力。」今天美國所有的伺服器，如果要二十四小時運作，所花費的電力大約等於6到7個1千兆瓦的核電廠，而這個數字每年都在上升。

這是昇陽公司和整個電腦業所面臨的新一波問題。道格拉斯說，從2006年開始，紐約及倫敦商業區的客戶都表示，「我們沒有多餘的電力來冷卻資料中心，所以不能跟你們買任何新產品，除非把某些設備關掉。」在東京，噩夢成真，一部伺服器在三年的使用期限裡所耗費的電力及空調費用，開始超過一部標準工業用伺服器的售價——大約5千美元。

道格拉斯說：「除非我們能製造出更節能的伺服器，否則就無法賣出更多伺服器。」由於客戶需要愈來愈強大的電腦運算能力來運作新的應用軟體，也有愈來愈多人開始在網路雲上工作，昇陽得出結論：它需要一個解決方案，好用更少的電力，提供更大的腦力。

政府與企業的執行長，也必須是能源長

在一個碳與能源都必須有所限制的世界裡，昇陽公司對內、對外，都必須以更綠一籌贏得競爭。道格拉斯表示，昇陽很快就瞭解到：「如果無法成為最節能的公司，就無法留在業界。但如果比競爭者製造出更節能的伺服器，就可以拿下市場。」

所以，昇陽從2002年起開始開發一種新的處理晶片，名為尼加拉（Niagara）。在設計尼加拉時，昇陽的考量是，對今天許多應用軟體來說，最重要的是可以同時處理許多事，而不是得以保時捷般的飛快速度完成其中一件。這與業界注重最高傳輸速度（peak speed）的傳統大不相同，如果強調速度，應該是讓晶片可以在同一時間很快的處理一、兩件工作。但是，昇陽意識到，雖然時速高達260英里的保時捷聽起來很酷，可是如果目的是要把60個人從一個地方移到另一個地方，那麼巴士可以用更快的速度和更有效的能源使用方式來完成。在這樣的思維下所開發的尼加拉處理晶片，可以讓昇陽在每個伺服器上同時處理多批eBay交易。道格拉斯說：「這可以讓我們以更少的能源完成更

多工作，效率比純粹注重速度來得大。」

今天，使用尼加拉晶片的伺服器生產線，是昇陽成長速度最快的事業之一，短短兩年間，營收就從零增加到10億美元。昇陽也將相同的原則運用到所有的電腦零組件（在其他部門表現不佳時，尼加拉晶片的確幫助昇陽維持收支平衡）。昇陽評估，如果有一天政府開徵碳稅，顧客會轉而選擇這種晶片，所以它想在轉變發生前就採取行動。昇陽不只在技術上幫助客戶，也用它的形象為他們加分。因為有愈來愈多昇陽的客戶對自己的顧客說，他們正在綠化節能，而昇陽給了他們立足的基礎。

> 公司或國家的執行長如果也是能源長，一個可以整體考量所有成本與利益的人，才有能力帶領公司或國家，以更綠一籌贏得競爭。

道格拉斯說：「大部分的企業責任是防衛性的，像是『不要被抓到在緬甸雇用未成年勞工』。很多人從來沒想過，承擔更多企業責任可以賺更多錢。」然而狀況已經不同，現在，整個能源前線也許會變成競爭優勢的來源。「昇陽開發節能產品後，降低了成本，也銷售出更多節能產品。我們也在公司內部安裝，讓自己變得更節能。這些行動表示我們在企業社會責任上採取攻勢，而採取攻勢總是很有意思的。」

公司或國家的執行長如果也是能源長，可以整體考量所有成本與利益，才有能力帶領公司或國家，以更綠一籌贏得競爭。然而，世界上大多數公司，行事方式都和美國軍方一樣，從來不在做能源決策時，正視所有成本。常見的狀況是，公司裡設計或購買產品的人、使用產品的人，以及為產品負擔電費或燃料費的人，都各自不同。所以設備部門的主管會購買成本最低的機器，好讓他的採購預算看起來不錯。可是，負責支付電費帳單的會計部門主管，整天都在他後面盯著，因為那部低成本的機器最耗電。當電費破表時，這部便宜機器在使用期限內所產生的費用，要比超節能的昂貴機種還要多很多。由於沒有人針

對能源決策的成本與利益做通盤考量，金錢與資源就這麼持續被浪費掉。

「你如果只是從所處的一方小井來看節能，只會看到增加的成本。」美國電資系統公司的未來趨勢專家威克解釋。「你看不到綠化節能換來的好處，看不到某些成本的減少，因為那不是在你的井裡發生的。」所以公司需要一個能通盤考量的執行長，他會說：讓我們採用比較貴，但低散熱、低耗能的照明系統，這樣就不必設計、安裝與運作那麼多的空調設備。威克說：「只有在系統化的檢視後，你才能衡量所有省下的成本。一旦開始衡量，就能瞭解這整個系統所帶來的益處。」

這也是為什麼我認為，在這個能源氣候年代，如果不能像一位能源長一樣治理公司或國家，就不會是一個很稱職的執行長，也不會妥善運用所有資產。如果你的思考還是局限在你的井裡，你會買一而得不到一。如果你採取系統性思考，就能買一送四或五。這就是如何取得競爭優勢。

關於綠化節能，道格拉斯說：「我不記得是誰說過這句話，但說得很對：『節能就像地板上滿是錢，而我們終於決定讓員工蹲下去把錢撿起來。』」

同時擊敗汙染與貧窮

對我來說，「綠色行動」從來就不是一筆生意或地緣政治策略，儘管這些策略本身是重要的。本書有更大的訴求——要讓國家恢復活力、重建自信及道德權威、整個社會往前邁進，最好的方法就是將焦點放在綠化節能議題上。因此，更綠一籌這項策略不僅要打敗其他公司、軍隊或城市，還要擊敗自家後院的貧窮。「綠色行動」必須證明，它可以提供某些東西給經濟上最低層的一群人，而不只是給中上階層。如果我們無法將綠化節能視為改善生活的策略，就無法產生成功所需的動力和規模。

聽起來有點困難，其實不然。問問瓊斯（Van Jones）吧，他善於接受挑戰。我在參加大連的一場會議時遇到他，當時他主動向我自我介紹。瓊斯是個異類，他是奧克蘭當地的黑人社會運動份子，也是推動環保運動的人。當他談到

同時身兼黑人和環保人士的身分時，變得很慷慨激昂，也很有趣。

他對我說：「試試看這個實驗，到西奧克蘭、瓦次（Watts）或紐瓦克（Newark）等地去敲某戶人家的門，然後說『我們有個大麻煩。』他們會反問『是嗎？』『是的，我們真的有個大麻煩！』『是嗎？』『對，我們必須拯救北極熊！你也許無法活著離開這個社區，但我們必須拯救北極熊！』」

瓊斯搖搖頭。如果你用這個方式，試圖讓一些連工作都沒有的人瞭解保育的重要，是沒有用的。這些人在所住的社區被流彈打死的機會，遠大過死於融冰的機會。但是，如果無法將下層社會納入綠色運動，運動的完整潛力就無法被實現。因此，瓊斯表示，得用不同方法面對比較弱勢的社區。「那些氣候變遷運動的領導人走進一扇門後，就要所有人也從那扇門擠進去，這個方式不會有用。我們如果要有一個基礎廣泛的環保運動，就得開更多扇門。」

什麼是最重要的問題？瓊斯在一場專訪中告訴我：「如何透過綠色經濟，將工作、財富與健康帶給缺乏這些東西的社區？如何將最需要工作的人連結到最需要完成的工作？如果做得對，就可以同時擊敗汙染與貧窮。」

我們真的能用更綠一籌同時擊退貧窮與汙染嗎？瓊斯態度堅定，充滿信心，並且正試圖在美國某些最貧窮的社區證明這一點。這位三十九歲的耶魯大學法學院畢業生所散發的精力，足以點亮好幾棟建築。他在奧克蘭創立了艾拉貝克人權中心（Ella Baker Center for Human Rights），幫助青少年脫離監獄、找到工作。2008年，他投入「為一切而綠」（Green for All）這個新成立的全國性組織，致力於建立具包容性的綠色經濟，其中一個重點，是為貧窮年輕人創造「綠領」工作。

世界又熱、又平、又擠，而當這些趨勢愈來愈嚴重時，地方政府就會要求建築物更節能，這也會衍生出更多的房屋改裝工作，像是增加太陽能板、隔熱材料及其他對抗氣候變遷的材料，而這些工作無法外包。

瓊斯說：「你不能把一棟想改造的建築物，用船運到中國，做完後再送回來。所以我們需要國內勞力來做這些工作：加強數百萬棟房子對抗氣候變遷的

能力，加裝太陽能板，建立風力發電廠。這些綠領工作，可以讓沒上過大學的人脫離貧窮。我們可以告訴那些不滿的年輕人，你能賺更多錢，只要你放下手槍，拿起填隙槍。」瓊斯補充說明：「要記得，美國有很大比例的黑人社區，在經濟上是困頓的。可以讓人往上爬的藍領製造業工作愈來愈少，出現的替代性工作，全都要求更高的技術。所以這一整個世代的年輕黑人，在經濟上是處於自由落體狀態。」因此這些綠領工作，對某些人會很有幫助。

為了這個目的，瓊斯協助一個名為「奧克蘭阿波羅聯盟」（Oakland Apollo Alliance）的組織成立，這個組織結合了勞工聯盟、環保組織及社區團體。2007年，它協助從市政府募得25萬美元，創立「奧克蘭綠色工作團」（Oakland Green Jobs Corps）。這個由工會支持的訓練計畫，旨在教導奧克蘭年輕人如何裝設太陽能板，並為建築加上對抗氣候變遷的功能。這是「為一切而綠」（greenforall.org）的開端，在包括「永續南布朗斯區」（Sustainable South Bronx）的卡特（Majora Carter）等環保人士的支持下，瓊斯用這個計畫說服美國國會在2007年通過綠色工作法案（Green Jobs Act），該法案授權聯邦政府每年撥出1億2,500萬美元，成立能源效率及再生能源工作者訓練計畫，讓這些工作者可以為投入各種節能產業的工作做準備（不過，美國國會至今還沒撥出這筆錢）。

瓊斯說：「職業訓練最大的問題是，只是發證照給受訓者，而不管他們有沒有工作。所以，受訓者從某個學校或機構拿到證照後，卻沒有工作的情況時常發生。」而綠色工作計畫的優點是，當建築法令改變，環保科技也讓改裝房子變得很簡單時，毫無疑問的，綠領工作會在那裡等著任何受過相關訓練的人。這項計畫如果可以施行，便能像其他形式的更綠一籌策略，讓你買一送四。

如果有愈來愈多的租稅誘因，鼓勵人們改裝房子，讓住宅在能源使用上更有效率，並使用太陽能科技，貧困者就更願意待在房子裡，他們的社區也會變得更安全。

瓊斯提到：「有一群經濟困頓的人，他們雖然有自己的房子，但大多年紀

老邁，收入固定。能源價格不斷攀升，對他們來說影響很大。」他補充，如果政府實施一個計畫，派專人檢查這些房子消耗能源的狀況，然後為房子安裝隔熱及耐候的材料，還有太陽能板等，就可以為弱勢年輕人創造工作機會，減輕低收入家庭的能源負擔，為經濟上最脆弱的一群家庭增加價值。對許多弱勢者來說，在燃料價格不斷上升時，為房子進行綠化節能，也許是可以保住房子的唯一方法。而這些擁有房屋的人，在任何社區都是最安定的支柱。

「讓他們不用擔心房子使用的能源，孩子也有工作，這樣社區就能安定，還會有更乾淨的空氣。」瓊斯說：「這個方法，能在同一時間內將社會與生態問題一併解決，讓老祖母和北極熊都待在家裡。」

這是一個即將起飛的產業，瓊斯強調：「如果我們現在把這些年輕人帶進太陽能產業的第一線，他們一開始是工人，五年內會成為經理，十年內成為老闆，接著成為發明者。這行的入門門檻很低，升遷的機會卻很高。如果你先綠化貧民區，花個7千美元訓練小混混，教他生活技能，總比花50萬美元將他關到監獄裡來得好。省一瓦、救一命，這兩者道理相通。因為，在綠色經濟中，你不必算花了多少，只要算省了多少。」

> 你不能把想改造的建築物，用船運到其他國家，做完後再送回來，所以需要國內勞力來做這些工作。

瓊斯提到，這個計畫是受了某件事的刺激。2006年，一些大型石油公司為了對抗「第87號提案」（Proposition 87），在黑人經營的加州報紙上買下廣告，以不斷升高的汽油價格來嚇唬黑人，以換取他們的選票。第87號提案的內容是，對在加州鑽油的石油公司課稅，以稅收來發展替代能源。瓊斯說：「製造汙染的人，可以嚇唬貧窮者加入他們的陣營，而我不想看到任何一位全國有色人種民權促進協會（NAACP）的領導者，在環保議題上站錯邊。」

很多製造嚴重汙染的工廠、發電廠及有毒物質廢棄場，都位於貧窮地區。

這並不讓人意外，因為這些地區的人民，沒什麼能力捍衛自己。

我在瓊斯的論點中，發現一個與本書核心相關的重點。過去的想法是，當你愈綠，你就愈偏離一般美國人的生活方式。因為人們經常將綠色和瑜珈墊、勃肯涼鞋、豆腐及個人生活風格的選擇相提並論。但是，當你用瓊斯的方式重新定義綠色，就會更接近一般美國人所關心的事。

瓊斯說：「在真正的綠色經濟裡，不會有可丟棄的資源，也沒有可丟棄的物種、可丟棄的社區及可丟棄的孩子……我還沒遇過一個不支持這個方法的白人，只要他們認為可行。綠色議程可以再次結合各色人種，因為綠色運動所帶來的希望，滋潤了每個人。」

美國上一次有人說「我有個夢想」❸，那個夢想是與人民有關。而瓊斯說：「現在這是一個關於人民和這個星球的夢想，我們必須把這兩者放在一起，因為其中的道德力量會讓我們夢想成真。」

所以無論如何，即使「更綠一籌」尚未成為一個通用名詞，我還是希望它很快就出現在每一種語言裡。這不是一場零和競賽，我可以在某個領域用更綠一籌勝過你的公司、國家或社區，而你卻在另一個領域比我更綠一籌。我今天比你更綠一籌，明天你能扳回一城，而且，我們都會比以前更好。不管是誰更綠一籌並持續保持，都會過得更好、更長久，因為最好的員工會說：「那是我想工作的公司。」最好的學生會說：「那是我想就讀的學校。」最全球化的人會說：「那是我想要追隨的國家。」

印度和中國也許可以用比較廉價的勞力拿走一些工作，但那只是暫時的優勢。然而，如果它們能更綠一籌，就會取得長期持久的優勢。在這個能源氣候年代，想要成為世界的領導者，就必須在綠色能源的解決方案上，從概念形成、設計製造、部署開展到激勵人心等各個階段，都居於領導的地位。

---

❶「I have a dream」，是美國黑人民權運動領袖金恩博士（Martin Luther King Jr.）一句有名的演講詞。

第四部

綠色新未來

第十五章

紅色中國能否成為綠色中國？

中國有全球五分之一人口，是世界最大的碳排放國，

也是僅次於美國的世界第二大石油進口國。

如果中國不能變成綠色中國，

它所排放的汙染將抵消其他人為拯救地球所做的事。

中國好，地球就會好。

如此，才能拯救中國，也才能拯救全世界。

我從1990年起定期訪問中國，多年來，讓我印象最深刻的是：中國人說起話來好像愈來愈自在，呼吸卻愈來愈困難。

是的，現在你可以和中國的官員、記者進行意想不到的坦率交談。不過，2006年11月我訪問上海時，有天走出飯店準備進行訪問，卻發現天空灰濛濛一片，好像農作收成後的焚田所造成的景象。一時間，我還以為飯店著火了。

三十年來，中國的經濟每年以約10%的幅度成長，這樣的成長率是建立在廉價勞工以及對河流和空氣汙染的忽視。多年來，每當被問到汙染問題，中國的官員和企業領袖都會說，只要中國變得富有，有能力處理時自然會處理。我卻認為，在這個能源氣候年代，唯有先清理汙染，中國才會變得富有。除非紅色中國變成綠色中國，否則共產黨領導者便無法按照承諾，帶給中國人民較高的生活水準。

> 在能源氣候年代，唯有先清理汙染，中國才會變得富有。

中國沒有本錢走西方走過的路：先成長，後清理。我知道許多中國人認為不公平，因此有人認定，全球暖化是西方搞出來的「陰謀」，目的是減緩中國的發展。確實不公平，想想看，早在中國工業巨龍開始吞雲吐霧前，西方工業化國家就已隨意排放了多少二氧化碳，並將最髒的製造業輸出到中國。但大地之母才不管公不公平，她只知道科學和數學定理：如果中國現在想要先成長、後清理，以這種前所未有的發展速度和規模，將會帶來一場環境大災難。

為什麼是災難？答案就在數字裡：中國有全球五分之一的人口，是世界最大的碳排放國，還是僅次於美國的第二大石油進口國；而且根據《泰唔士報》2008年1月28日的報導，它已是世界最大的鎳、銅、鋁、鋼、煤和鐵礦石進口國。木材的進口量當然也在上升。

「中國好，地球就會好」，這麼說並不誇張。如果中國能平穩順利的過渡到使用綠色能源，以及一個有效運用能源、資源的經濟模式，我們這個星球就

有機會大幅改善氣候變遷、能源匱乏、產油國獨裁及生物多樣性消失等現象。如果中國做不到，它所排放的汙染和物欲，將抵消其他人為拯救地球所做的努力，能源氣候年代的走向也將無法控制。因此對我來說，這本書真正攸關大局的問題有兩個：「美國真的可以領導一場真正的綠色革命嗎？」、「中國真的會跟進嗎？」其他的只是注腳……

綠色GDP與每個中國人的命運息息相關

鄧小平在談到中國經濟時，曾說過這樣的名言：「不管是黑貓、白貓，只要會抓老鼠的，都是好貓。」換句話說，就是得忘掉共產主義的意識型態，把重點放在中國的成長上。不過，情況已經不同。現在，如果那隻貓不是綠的，不論是牠或老鼠，還是我們任何一個人，都無法成功。

中國的表現如何？我聽過的最佳答案來自資深的亞洲觀察家錢達安（Nayan Chanda），他曾任《遠東經濟評論》（*Far Eastern Economic Review*）總編輯，現為「耶魯全球」（YaleGlobal Online）網路雜誌主編。當我問他中國在能源及環境上的表現時，他不假思索的說：「去租一部『捍衛戰警』（Speed）來看。」

「捍衛戰警」是1994年的驚悚片，由基努‧李維、丹尼斯‧霍柏及珊卓‧布拉克主演。李維飾演洛杉磯警局霹靂小組的警員傑克，試圖解除勒索者安裝在公車上的炸彈。這個任務非常艱難，因為只要公車行駛的速度低於每小時50英里，炸彈就會爆炸。因此傑克和布拉克飾演的乘客安妮，必須讓公車在市區裡橫衝直撞，好維持每小時50英里以上的速度，以免公車爆炸。

錢達安說：「中國就是那輛公車。」

「中國必須有8%的年成長率，否則就會爆炸，」他補充說明，「因為有許多的失業、不滿和人口爆炸。」中國共產黨對中國人民有一個隱而未宣的統治約定，從毛澤東時代結束後就很清楚。這個政治約定就像是說：「我們正用國內生產毛額（GDP）主義替代共產主義。我們負責管理，你們享受繁榮；只要你們接受統治，我們保證生活愈來愈好。」所以，如果沒有持續成長的GDP，

沒有那部每小時跑50英里的中國公車，統治約定就會被打破。

但我從這二十年來經常拜訪中國的經驗得知，即使這個統治約定還在，機靈的中國領導人也已經理解到，若是世界又熱、又平、又擠，中國將無法繼續維持這個統治約定太久，除非在旁邊加上一條注解：「這個統治約定，受到中國將施加給自己的限制。中國的經濟成長以煤為主要動力，如果不加節制，它對環境、能源及生物多樣性的影響，將會害死中國，造成無可彌補的環境汙染，削弱中國的經濟，並與世界其他國家漸行漸遠。如果其他國家，特別是美國，在接下來幾年實施某種形式的碳稅，或者大自然對人類進行更嚴厲的懲罰，中國就必須擺脫便宜的汙染性燃料，否則它出口的貨物將受抵制。因此，中國已先預留一個說法：為了讓經濟變得更環保，他們有減緩發展速度的權利。」

> 鄧小平曾說：「不管是黑貓、白貓，只要會抓老鼠的，都是好貓。」現在情況已經不同。如果那隻貓不是綠的，我們任何一個人，都無法成功。

中國領導人也許沒有用這麼多話，來對他們自己或人民詳細說明這條注解，但就是這個邏輯將他們帶到要去、且已經出發前往的地方。當你統整所有狀況後，就無法不做出以下結論，那就是，中國領導人正在進行一項全世界沒人嘗試過的最大膽的政治冒險。如錢達安所言：「中國領導人試圖將那部公車裡的引擎，從耗油的汙染型換成能源效率超高的混合動力型，而且，換的時候，公車仍要以每小時50英里的速度前進。」

這可能會是地球上最盛大的一場演出。

在中國展開的戲劇化轉變，如此動人，因為三十年前用GDP主義來代替共產主義的同一個共產黨，現在正試圖用「綠色GDP主義」代替原來的GDP主義。而且這場演出最吸引人的地方是，中國領導人在反覆嘗試錯誤後，還如何決定著手進行。公車司機已經掉頭，並告訴乘客，需要更換引擎，但沒有確切

說明將怎麼做，還開始讓某些乘客跳進引擎洞裡幫忙修補。因為中國領導人已經瞭解，更換引擎的工作不能只有他們在做。

最初，當大量增加的汙染在90年代成為一個議題時，中國領導人試著用文化大革命和大躍進時期的模式來推動綠色GDP主義：從上而下發號施令。但沒有用。以「不計代價成長」為核心的GDP主義，動力太大了。所以，現在他們嘗試一個既是由上而下、又是由下往上的方法，包括允許中國媒體報導製造汙染的違法者、通過進步的能源效率法、鼓勵對綠色能源及科技的研究投資，並賦與中國公民社會部分法律工具，好將違法者移送法辦。

我還不會稱它是一套系統，因為實際狀況，經常是進一步、退兩步。有時候，同一個地方領導人或商人，早上表現得像個純粹的GDP主義者，下午就變成綠色GDP主義者。在真實生活中，特別是在過渡的社會裡，人們經常有多重身分。不過，改變還是在發生，看起來像是中國的一種策略——從汙染的資本主義轉換到相對環保的資本主義，而且公車不須減速太多。

「我們傾向用宏觀的系統模式來思考，但實際上，中國從共產主義的中央計畫制度，轉移到資本家市場的社會，這個過程並沒有任何宏觀的計畫。」麻省理工學院的中國專家史坦非爾德（Edward S. Steinfeld）說，他是《在中國鍛造改革：國有企業的命運》（*Forging Reform in China: The Fate of State-Owned Industry*）一書作者，「這個過程是用漸進的、非系統的方式完成，相同的狀況似乎也發生在環保上。某些領導階層意識到經濟發展所付出的可怕成本，但他們沒有伸手關掉開關，而是將權力賦與社會的某些勢力和媒體，讓他們做些事情。如此一來，相互競爭的主張和動力便形成了方向一致的漩渦。」

中國的這個策略引發幾個基本問題，亦即本章焦點所在：是什麼原因，讓中國領導人從GDP主義轉移到綠色GDP主義？他們的速度夠快嗎？美國能在支援中國的「綠色大躍進」過程中扮演什麼角色？也許最重要的問題是，藉著給中國百姓更多權力保護他們的呼吸自由，中國領導人能釋放出讓人民擁有更大言論自由的政治力量嗎？這個環保行動，會成為中國第一個大型民主運動嗎？

亞洲觀察家錢達安拋出問題：「一場賦與人民權利呼吸、飲用乾淨水，及夜晚能望見星空的運動，最後是否會變成追求言論權利的運動？因為這兩者，少了另一方都無法成立？」他又追問：「是否一場為吸氣權而起的戰爭，最後會變成爭取更多的吐氣權？」

關於這個問題，大多數中國專家會說，答案是不。但看看中國為了徹底處理汙染問題，所必須採取的行動範圍和規模，就可以理解到，它需要比任何人現在所能意識到的更大的政治變革。

中國必須面對的真相

什麼原因讓中國領導人轉向綠色GDP主義？也許，只要往窗外看就夠了。他們不太可能沒發現問題，即使是坐在一輛有深色玻璃的車子裡。

一位住在北京的美國朋友告訴我，他每天早上起床都會做空氣品質檢測，就像許多北京人所做的：他從位於二十四樓的房子往外看，試試能看多遠。在空氣難得純淨、當風已將北京吹乾淨時，他能看見西北方的香山。在一個汙染狀況算是「好的」日子裡，他能看見四個街區外的中國國際貿易中心。而當空氣惡劣時，他連隔壁的大樓都看不見。在這種日子裡，北京是被一層汙染物包圍，汙染源則是每天以1千輛速度增加的新車和原有的300萬輛汽車，以及燃煤電廠和工廠，還有從建築工地、沙漠和全速運轉水泥廠飛來的灰塵。雖然這麼要求可能太過分，但中國本應從美國的錯誤中吸取教訓，完全略過汽車，直接採用世界最好的大眾運輸系統。因為正在增加的中國中產階級所需的汽車燃料，將會是個經濟無底洞和環保噩夢。

中國的汙染問題在近幾年達到關鍵程度，不僅無法逃避，中國領導人也知道，如果不採取任何行動，未來發展趨勢令人擔憂。中國環境保護部副部長潘岳，在2005年3月7日接受德國《明鏡週刊》（*Der Spiegel*）訪問時，有一席廣為人知的坦率談話：

許多因素全匯集在一起：我們的原物料不足，也沒有足夠的土地，人口還一直在成長。目前，中國有十三億人口，是五十年前的兩倍；預計到2020年，將成長到十五億。城市在成長，但沙漠地區同時也在擴大，可居住和可用的土地在過去五十年間減半……環境再也跟不上。有三分之一的土地降過酸雨；七大河流中有一半汙染嚴重，無法使用；四分之一的人民無法取得乾淨的飲用水。有三分之一的城市居民呼吸汙染的空氣，經過永續環保處理的城市垃圾不到20%。全球汙染最嚴重的十大

中國本應從美國的錯誤中吸取教訓，將汽車完全略過，直接採用世界最好的大眾運輸系統。

都市，就有五個在中國……因為空氣和水質受到汙染，我們損失了8%到15%的GDP，人民所付出的健康代價更是無法估算。以北京來說，就有70%到80%的致命癌症與環境有關。肺癌已成為第一死因。

中國的環境問題，沒有任何其他國家政府可以忽略。以美國來說，根據美國環保署的報告，在某些日子裡，洛杉磯上空的汙染物質有25%源自中國。

中國最著名的照片之一，是毛澤東在長江游泳的畫面。但誠如羅倫茨（Andreas Lorenz）在2005年11月28日出刊的《明鏡週刊》，針對中國許多河流和湖泊已受汙染的狀況所言：「毛澤東1966年在長江的傳奇性游泳，現在將不再被視為力量的象徵，而是有自殺的意圖。」

除了環境品質惡化的趨勢外，中國領導人也警覺到近年來能源使用的暴增。正如勞倫斯柏克萊國家實驗室的專家團隊所說的，在1980到2000年間，中國的GDP增加了四倍，但整體能源消耗卻只增加兩倍，這反映出良好的能源和資源使用效率，還有政府的嚴格管控。

然而，2001年後，北京的新領導階層放鬆了貨幣政策，中國加入世界貿易組織，更戲劇化的增加外國對中國的投資，特別是在製造業上。這個過程中，

中國在能源效率上跌了一跤，讓領導人感到驚恐。2001到2005年間，中國在能源使用上的成長速度，超過它的GDP成長，2005年更是多了40%，因為中國人同時間投入大規模、能源密集式的基礎建設，還接收西方正在淘汰、會造成汙染的工業，並開始過著更舒適，有空調、電視、電腦和更大空間的公寓生活。

最後，因為氣候變遷，中國領導人才開始行動。在過去兩年間，中國領導人像世界其他地方的領導人一樣，開始意識到，氣候變遷不僅是真的，還快過任何人的預期，以潛藏災難的方式在改變中國的氣候。《北京周報》在2008年1月4日的報導中提到：「2007年，中國全年的平均氣溫是攝氏10.3度，這是1951年有氣象觀測紀錄以來，最暖和的一年。這個創紀錄的高溫，也第十一年延續了該年平均氣溫高於正常年度氣溫的紀錄。同時，它也比2006年所創下的第二高溫，即攝氏9.9度，還高出許多。」

2006年12月，中國政府發布第一個關於氣候變遷的官方報告，報告指出，國家西北部的冰河從1950年代起已減少21%，且國內所有主要河流的流域都在過去五十年間縮小。科技部指出：「全球氣候變遷，影響到國家更進一步發展的能力。」它是參與這份報告的十二個政府部門之一。

科技部全球環境辦公室副主任呂學都向新華社表示（2007年10月4日）：「氣候變化近年來已經在中國造成了一些不良影響，我們應當立即採取行動減緩氣候變化，不能持等待觀望的態度。」中國政府在2007年6月4日公布的「中國應對氣候變化國家方案」裡，保證改變經濟的結構、提倡綠色能源科技，並改善能源效率。中國是世界上最大的煤生產者和消費者，龐大的能源需求中有80%由燃煤火力發電廠提供；每兩週，它大約增加約10億瓦的燃煤發電量。

呂學都還告訴新華社，如果氣候變遷仍未受到控制，中國主要的農作物產量，包括小麥、米和玉米，會在本世紀後半減少37%。「全球暖化將降低河流水位，並導致更多的乾旱和洪水。中國西部的給水將在2010到2030年間，短缺達200億立方公尺。」氣候變遷也對像青藏高原這樣的生態脆弱地區構成嚴重威脅，如同新華社在報導中提到的，「那裡可是中國的水塔。」水量減少不僅不

利農業，也將顯著減少水力發電量，使中國更為倚賴煤。

在「綠化」的路上，幾股趨勢正在相互拉鋸

認識問題所在及其急迫性，對中國領導人來說，只是這場戰爭的前半。要整個系統都有所回應——從城市、各省到中央政府，從國營企業到民營企業，卻是另一回事。

2007年9月我訪問北京。每次進入中國官員的辦公室，我都必須鬆開領帶大喊：「這裡是稍微熱了點，還是只有我覺得？」

結果，他們告訴我，不是只有我這麼覺得。原來，2007年6月，中國國務院下令，所有的政府機關、公司和公共大樓，不得將空調系統的溫度設定在攝氏26度以下。因為光是空調，就占中國夏季用電的三分之一。只要進入公家機關的辦公室，確實可以感受到這個政策造成的差異。

幾天後，我讀到《上海日報》的一則報導，報導中提到市政府派員查訪政策的實施成效，結果發現「有超過一半的公共建築，沒有遵守節能的規定，也就是將空調溫度設定在攝氏26度」。

這則報導概括了中國現在的好消息、壞消息和有趣的消息。好消息是，中國政府已經決定介入並接管公共大樓的調溫器，那表示他們的態度變得嚴肅。壞消息是，北京以外的省和市，甚至在北京，很多地方官員不怕違背國務院的環保命令。誠如中國的一句諺語所說：「天高皇帝遠」。

有趣的消息是，有人下令要國營的《上海日報》揭露是哪些公共大樓和官員忽視這項命令。我不確信這種事情在五年前是否可能發生。而且，真正有趣的是，也許根本沒人命令《上海日報》寫這則報導。反之，可能是一群具冒險精神的記者嗅出，他們可以在政治的掩護下，透過新聞報導造成社會改變，於是便這麼做了。這就是新中國。

在許多方面，中國現在有三種趨勢在相互對抗：一是瞭解問題所在、並採取嚴肅措施的領導群；二是一個又大又分散的系統，它成長的動力太大，以致

於要減速極其困難（就算對獨裁政權而言也是如此）；三是為了獲得公民社會及媒體支持，與環保站在同一陣線，而踏出的試驗性第一步。哪一股趨勢將勝出，目前看來還不明朗。

的確，原先中國由上而下為了「綠化」GDP所做的努力，在1970年代初期因資本主義制度的力量被釋放，而遭到巨大抵抗。受益於美國資本主義的地方政府和企業高層聯合起來，無視於北京政府的命令，有時還和高官一起共謀。

中國是一部「擋不住的成長機器」。中國專家易明和李侃如（Kenneth Lieberthal）在《哈佛商業評論》2007年6月號，發表了一篇探討中國環境問題的文章，名為

> 中國領導者要對抗官僚體系及私營企業裡的GDP主義者，人民是唯一的盟友。

〈染黑的中國熱〉（Scorched Earth: Will Environmental Risks in China Overwhelm the Opportunities?）。他們指出，中國共產黨的合法性取決於經濟的持續增長，這表示，任何環保規章只要阻礙發展，就會傾向被忽視或沖淡。

中國的政治制度由五個層級組成：中央、省、市、縣、鎮。按照易明和李侃如的解釋，中國共產黨的層級更在這五層之上。對試圖循著體制而上的官員來說，「成功可以獲得兩種獎賞。正式的獎賞是，每年的工作表現評比，是根據轄區的GDP成長。非正式的報酬是，從GDP成長中獲取財務利益，像是可以投資主要公司、在裡頭占個職位、指派親戚擔任管理階層，或乾脆貪汙等。」這個系統已經釋放出許多官方企業家。易、李兩人表示，如果中國共產黨要「黨如其名」，就該叫做「中國官僚資本主義黨」（China Bureaucratic Capitalist Party）。他們說：「中國共產黨各階層的領導人，都是具有企業家精神的猛虎，為了促進自己轄區的GDP成長，會不顧一切直接使用政治力量，並與當地政府及私人企業結盟。」

「這整個系統讓地方官員能夠縱容他們轄區的企業，不受環保法規約

束。」易、李兩人補充說明。「官員的確經常要求轄區內的企業漠視這類法規，以便追求GDP持續成長。而為了抵消企業違反環保法規的罰款，官員會在往上呈的報告中掩蓋發生的問題，干涉當地司法，阻止法院做出不利的判決，還提供租稅減免、銀行貸款及其他財務援助。」

北京在2005和2006年推動了一項綠色GDP計畫，將環保表現納入評斷官員的標準，並將環境損害納入GDP淨成長率的計算。但由於上述原因，這個計畫未產生任何影響。此外，也因為很難達成一致的計算與衡量標準，而且地方官員有所抗拒，這個計畫只能提早夭折，一些早期的目標也是。中國從2001年開始的「十五計畫」，原先希望減少空氣中10%的二氧化硫量，但當計畫在2005年結束時，卻增加了27%。

北京政府在節能政策上的積極行為

「十五計畫」是中國領導人跨入綠色政策的第一個嚴肅嘗試，他們顯然從中學到，把中國從共產主義帶向資本主義，實際上，比從汙染的資本主義進入潔淨的資本主義還容易。從共產主義步入由國家領導的資本主義，絕不容易，因為事關解放一群人，而這群人渴望成為開創企業、無所拘束的資本家。此外，也必須釋放出中國文化長久被壓抑的部分。結果是，釋放出的能量，隨處可見。

但是，要從汙染的GDP主義轉移到綠色GDP主義，事關限制及改變能源的使用方向。要有效達成目標，需要一個某種程度司法獨立的系統，這樣法院才能懲處國有的工廠和電廠。此外，也需要更自由的媒體，能不受限制的報導製造汙染的來源，即使是國有企業也不放過。還需要更透明的法規，這樣從事公民運動的人才知道他們的權利，並能自在的面對製造汙染的違法者，不論對方有多強大。更重要的是，它需要的成長，是建立在永續能源的生產力上，而非汙染性能源。

雖然中國領導人低估了，要將巴士上那顆全速運轉的骯髒引擎換成混合動

力引擎的難度,但有趣的是,他們沒有放棄。2007和2008年有許多跡象顯示,他們實際上已經決定將投入綠化節能的賭注加倍,那將使二十一世紀初期的中國政治非常有趣。

中國領導人瞭解,如果不處理環境能源氣候問題,汙染的空氣和趨緩的經濟發展,將破壞政權的穩定和合法性。因此,尋找一條綠化節能的路,成為一種必須履行的責任,而非選項。可以說,它是個生存策略。由此看來,在這能源氣候年代,中國領導人已和許多其他國家領導人一樣,將其權力的合法性基礎,從保衛已是既定事實的國境,轉移到提供人民更高生活水準的能力,並讓國家免於遭受環境品質惡化和氣候變遷的破壞。

因此,我們可以從中國的「十一五計畫」(2006至2010年)看到,北京政府一方面由上而下推動更廣泛的環保法律,另一方面則更加開放,好讓下層可以促成更多的變化,像是不定期給予人民和報社更多權力來揭露環保犯罪,並對想繼續利用便宜煤炭運作老舊系統的地方官員和工廠施加壓力。再者,中國領導人還促使官僚體系和私部門,追求綠色能源及能源效率所潛藏的巨大經濟機會,告訴他們:「綠色是光榮的。」

中國的「十一五計畫」,將降低能源密集度(每單位GDP的能源消耗量)訂為目標,預定在2010年降到比2005年低20%的水準。如此一來,估計將減少約15億公噸的二氧化碳,是歐洲國家根據〈京都議定書〉所承諾的五倍。負責監督能源計畫的中國國家發展改革委員會,已經將預定達成的目標,分配給各省及產業部門。這次,領導階層明白表示,能否達成目標,將成為考核政府官員的標準之一。這讓計畫的施行有了牙齒,更具威力,因為個人現在也必須負責達成目標。儘管如此,在2006和2007年,中國並未達成減少4%的年度目標。在看到任何一位主要的政府官員或產業經理,因為雖然實現GDP目標,卻未達成節能目標而被革職前,我都會對這個計畫採取保留態度。不過,至少就紙上作業而言,這是中國從未有過的嚴肅措施。

不幸的是,中國領導人今天面臨的挑戰也更嚴峻。光是城市化的規模和範

圍就令人咋舌：到2020年，城市人口增加的幅度預計多42%到60%，相當於增加了數千萬新居民和數百座衛星城市。這個數據，來自中國能源研究組織「中國可持續能源項目」副主任林江2008年5月的一份報告：「伴隨著都市人口成長，對能源密集材料的需求也將大增，新大樓、道路、電廠和工廠，都要用這些材料來建造。」他並提到，這是「人類史上最大的遷移」。

以不同的電費計算方式，刺激企業節能

　　為了賦與政府部門更多力量，2008年3月，中國政治局也將過去給人無牙老虎印象的國家環保總局，升級為功能更完整的「國家環保部」，並提供他們更多的人員和預算。

　　「中國在過去僅僅兩年就施行了幾個世界級的政策，現在還在籌畫更多。在某些領域，他們實際上還領先美國。」莫斯柯維茲（David Moskovitz）說。他是美國非營利研究團體管理協助計畫（Regulatory Assistance Project）的主任暨合夥創始人，該組織在許多國家推動環保議題，包括中國。

　　2006年1月1日，中國制訂一個全國性的再生能源命令，要求各省開發並使用再生能源。它的內容相當於2007年美國國會所拒絕的法案。中國的目標是讓再生能源，特別是風力、水力發電和生質能，在2020年達到總能源生產量的16%，目前是7%。中國也對國內汽車採行世界級的油耗標準。

　　莫斯柯維茲指出，2007年10月，中國也對發電廠施行了新規定，要求發電廠不能先使用煤之類的最便宜燃料，而是要使用最環保的燃料，如天然氣、太陽能或風力等，只要這些能源是可獲得的。莫斯柯維茲說：「這推動了對綠色能源的需求，並對發電廠的排放物有立即的影響。如果美國也採用這套方法，將會產生巨大影響。」為了淘汰汙染和能源密集的產業，中國也設立了一套差價制度。國營電力公司據此，對能源使用效率最差的業者收取較高電費，對有效率的業者則降低費用做為獎勵，並強迫最沒效率的業者改變或關門。

　　「所以，最有效率的鋼鐵廠將以兩種方式勝出：既降低使用能源，又降

低能源價格。最沒有效率的則以兩種原因落敗：使用較多的能源，並因能源較貴，負擔較高的成本。」莫斯柯維茲說。「反觀美國，連要電力公司考慮看看這麼做的可能性，都沒辦法。」中國預計在2010年前關掉效率最差的小電廠，這些發電廠的發電量約500億瓦（或占中國總發電量的8%），目前已開始進行。當美國的能源法案還是遊說的總和，極少有長期的戰略思考時，中國已經從2006年開始草擬一項涵蓋範圍廣泛的國家能源法，為國家提供長期的策略。領導人並尋求專家意見，以求正確無誤，而非從上頒布施行。

在綠化節能上，中國仍然有漫長的路要走，就算只是想接近美國的狀況，也還有一段距離。因為它的能源消耗正以每年約15%的比率增長，而美國的能源消耗成長率，卻只有1%到2%。莫斯柯維茲說：「沒有效率的中國正迅速變得更有效率。隨著經濟發展，許多新工廠成立，平均效率水準正在改進。」

讓人民成為節能的監督者

中國領導人愈是致力於推動綠色發展，就愈會把他們的信用賭在這個目標上。因此，我們想知道，中國領導人能否在不給予公民社會權力，讓它成為節能的監督者，並支撐這些由上而下頒發的規定，使目標得以實現。中國領導者要對抗官僚體系及私部門裡的GDP主義者，人民是唯一的盟友。我正在密切追蹤這股動力。

歷史上，環保運動在民主社會裡是從由下而上的草根運動起家，通常需要社會已經達到某種程度的經濟成長，並發展出一群關心這些議題的龐大安定的中產階級。許多國家，包括中國和美國，都有很好的環境法規，但如果沒有公民社會來監控法律被遵守的狀況，並對試圖規避或不遵守的地方政府或公司提起訴訟，環保法規終究只是中看不中用。

2007年9月我從中國返回美國後，在舊金山峰巒協會的年度會議上，得到這方面的啟發。我是去領取一項新聞獎，當晚獲獎的有24人。隨著頒獎過程的進行，我一直想到中國的狀況。峰巒協會當晚頒發的獎項，幾乎都是給地方公

民、峰巒協會分會或民意代表，他們都憑一己之力，透過美國的法院或管理機構，揭發及阻止傷害環境的破壞行為。

讓我吃驚的是，這些領取獎狀的人只是非常關心環境的平凡小市民，卻靠自由言論、集會和訴願等權利槓上大公司或地方政府，最後還贏得勝利！

代表加州第一國會選區的國會議員湯普森（Mike Thompson），贏得峰巒協會的韋伯恩獎（Edgar Wayburn Award），因為他在2006年協助立法，讓北加州一塊431平方英里的原野受到保護。特別成就獎則頒給峰巒協會伊利諾州分會，以表揚他們領導一場全國性活動，促使規範水銀汙

> 許多國家，都有很好的環保法規，但如果沒有公民社會來監控法律被遵守的狀況，這些環保法規終究中看不中用。

染的規定得以通過。史塔爾獎（Walter A. Starr Award）頒給南卡羅來納州瓦哈拉（Walhalla）的史奈德（Ted Snyder），因為他花了35年以上的時間對抗一項公路興建計畫。這條37英里長的公路，預定穿越大煙山國家公園（Smoky Mountains National Park），將公園東邊一塊最大的無道路山地切成兩半。道格拉斯獎（William O. Douglas Award）則頒給明尼亞波利斯（Minneapolis）的鄧肯（Richard Duncan），因為他幫峰巒協會處理為了保護邊界水域（Boundary Waters）而提起的訴訟。

我確信中國領導人正慢慢瞭解，既然已經將自己的名譽賭在更節能的經濟上，也必須建立類似的模式，由人民來監督。他們或許不會這麼做，但我不認為他們能做到綠色節能——除非逐漸引進一點2004年烏克蘭橘色革命的橘色，放寬對公民社會的壓制。

國際特殊奧會主席施萊佛（Tim Shriver）曾告訴我，由中國對待殘障人士的方式，就可以推想它會如何對待自然環境。他說：「我想問的是，中國是否理解到一個現象，那就是許多人都認為『參與的公民』，是美國對社會和政治

生活最獨特、也最重大的貢獻。那是美國最少被注意到、卻最有價值的輸出。參與的公民互相幫助，因為共同相信的議題而組織起來，並要求官員為行動負責。他們可說是自由媒體的經濟引擎……因此，全球化所引發的問題，及中國逐漸增加的政、經整合，不僅事關領導高層允許多大程度的政治異議、能打擊國內貪腐到什麼程度，以及操控人民幣的程度，也關係到他們能否理解並允許一個關鍵前提，那就是：能夠自我組織的公民，因為最好的政策執行者是參與的公民。一項改變社會的法律最後得到落實的唯一理由，是公民參與並造成改變，單靠政府是不行的。這些社會改造的運動能否成功，有個共同的基礎是公民要真的在乎，否則政府通過法律後就會束之高閣，大家也都回家就算了。」

中國媒體上確實有跡象顯示，一般公民不但想在環保前線上被授與權力，事實上他們也這麼要求，但國家卻遲而未決。但當更多中國公民獲得了讓世界變平的工具，像是行動電話、網際網路及PDA等，他們的聲音就更能被聽見。以下這則故事，只是我在寫作本書的數月間所接觸到的中國環保故事之一，從其中可看出那裡正在發生的事：

居民週末走上省會街頭，抗議由中國主要國有石油公司所支持、耗資數十億美元興建的石油化工廠案。這場抗議，是中國主要城市的人民對環境威脅表現出大規模不滿的最新實例。他們抗議的對象，是中國石油預計在四川省會成都興建的一間耗資55億美元的乙烯廠，這反映出中國都市中產階級高漲的環境意識，他們決心捍衛自己的健康和財產。去年的一場類似抗議，是針對一間台灣人在廈門投資的石化廠，結果讓該項工程懸而未決。在成都發生的這場抗議很平和，是透過網站、部落格和手機簡訊組織起來，這顯示一些中國人開始用數位科技從事平常會被警察禁止的公民運動。活動組織者也利用簡訊，向全國宣傳訴求。抗議者在星期天下午平靜的走過成都的商業區，歷時幾個小時，部分抗議者戴上白色面罩喚起汙染的危險。現場目擊者說，約有400到500名民眾參與這場遊行。因為集會抗議需要先申請法律許可，所以遊行組織者表示，

他們只是在散步。」（《紐約時報》，2008年5月6日）

　　國營媒體星期一的報導指出，中國兩條主要河流沿線的汙染者，不顧過去十年來整治清理河流的努力，讓大部分的水變得不適合接觸，更不用說是飲用，更讓六分之一的人口受到威脅。人大代表被告知，設於流經華中和華東的淮河及其支流的檢查站，有一半顯示出「五級」或更糟的汙染程度，達到毒素量表上的最高級，這表示水質不適合人類接觸，甚至無法用來灌溉。多年來的取締和廢水處理投資，已經控制住一些對淮河和遼河的最嚴重損害，但工業汙染還是太嚴重。《中國日報》報導，全國人大環境與資源保護委員會主任委員毛如柏，在星期日發表的一份報告上說，這些河流「對國家十三億人口中的六分之一，造成用水上的威脅」。（路透社，2007年8月27日）

　　中國已經下令各省，要在今年內，以獲得大量補助的節能燈泡替代5千萬個傳統白熾燈泡。這是財政部與國家發展改革委員會在一月啟動的某個活動的一部分，目標是在接下來五年裡，將節能燈泡的數目增加到1億5千萬只。有數個省份被指定要達到200或300萬只燈泡的目標，北京的配額是200萬只。目前，中國生產了全球至少80%的節能燈泡，2006年的產量是24億只，1997年時才不過2億只。如果中國全部的白熾燈泡都換成較省電的小型螢光燈泡，每年將節省600億度電，相當於省下2,200萬公噸的煤，而二氧化碳的排放量也能減少6千萬公噸。（新華社，2008年5月14日）

　　在過去十五年間，有超過8萬名的記者參加過「中華環保世紀行」這個中國最大型的全國環保運動之一。而從1993年迄今，有超過20萬則新聞報導是在喚起對能源和環境的公共意識。這些報導曾協助檢視產生汙染的採礦業，並推動調查來保護黃河和長江。活動主題每年都在改變，2007年的重點，是在降低能源消耗和汙染物的排放。「一份北京的民調發現，60.7%的受訪者關心食品安

全。另外，66.9%的受訪者覺得中國的環保問題相當嚴重。不過，儘管對汙染問題的關心有所增加，49.7%的人相信就算他們參與環保運動，也不會有什麼差別。」（新華社，2008年1月8日）

　　「我相信，中國正在發生獨特的社會政治變化，而這個變化是由永續發展議題所引起的。」麻省理工學院的史坦非爾德說。「我們許多人，包括我自己在內，傾向以完全的對立關係來看待這些變化，即公民之於國家，但它們顯然更複雜，因為牽涉到公民團體的興起、國家與公民角色間的界線變得模糊、公民的政治意識漸增，及國內政治企業家對政策參與程度的加深。著書討論中國農村反稅抗議的歐布萊恩（Kevin O'Brien）和李良江（Liangjiang Li），在他們《中國農村的合法抵抗》（*Rightful Resistance in Rural China*）一書中，探討到這類政治變化。在書中，他們確實掌握到政府中政策企業家（policy entrepreneur）所產生的動力。這些政策企業家釋放了許多以公民為重心的武器，包括法律措施、國營媒體對課稅或汙染等議題的報導等。公民有了武器後，就能以合法的中央政策和法律為名，抗議頑強的地方官員，而地方官員會再反擊。再者，優秀的行動主義者也會參與其中，包括中央階層較年輕的技術官僚、主要的學者及記者，他們都和國家與黨，也就是整個體制，綁在一起，經常藉著推動進步法律的立法甚或直接鼓勵地方的抗議活動來介入。」

　　人民目睹這一切，看著新法律通過、從體制內的媒體管道獲得訊息，並經常得到體制內行動主義者的直接鼓勵，然後，他們就開始身體力行，例如，對想建造化工廠的地方政府提起訴訟。史坦非爾德補充：「公民有時獲勝，有時則不。更可悲的是，他們有時候會被當地的暴徒痛打或被關入監獄。重點不在這套系統是公正的，而是合法或正當抗議的動力已被釋放出來……有很多原因讓人不喜歡中國發生的事情，不過，不要認為中國被困在過去、不能變化，或只願意照自己的方式改變。事實上，我對中國的變化抱持樂觀的看法。」

大連在環保節能上的成功經驗

　　現在，又有一個新的因素能產生作用：綠能科技產業在中國興起，而業者對推動更節能環保的法規有濃厚興趣，因為這樣，才能在中國賣出更多產品、建立力量，及運用龐大的國內市場降低成本，最後才能促成產品在全球大量銷售。中國領導人正積極推動綠能科技，因為那是可以讓GDP與綠色GDP相容的一種方法。中國在為汙染問題尋求科技上的解決之道時，也想要創造另一個外銷產業。

　　只要坐下來與大連市長夏德仁談談，就能理解中國有多麼積極投入環保科技的發展。夏德仁長期擔任大連市市長，很多人認識他，是因為他努力保存並擴展這個擁有六百萬人口的濱海城市的公園。大連是我最喜歡的中國城市，身為中國的軟體中心，它必須吸引知識工作者，因為這類工作者具有很高的移動性，並偏愛健康的城市。

　　當我在2007年9月訪問夏市長時，他告訴我的第一件事是：「我們最大的挑戰是，怎麼樣讓經濟成長、能源需求及環境達到平衡……我們愈來愈意識到，中國及世界的資源都是有限的。例如，大連缺乏淡水，因此必須發展省水工業。其次，大連缺煤，這表示我們必須發展許多節能工業……如果想要在環境、能源及經濟發展間取得平衡，就必須發展節能和環保的產業，像是軟體業……目前中國有個循環經濟（recycling economy）的概念，也就是重複使用所有東西。但我們知道，要在短時間內落實這概念有困難，必須循序漸進。但無論如何，我們必須向前走並立即開始。我們對環保和能源消耗有嚴格的政策，例如，大連沒有煉鋼廠，因為它們帶來空氣汙染，且相當耗能。我們也已經把超過一百個工廠遷到工業區內，那裡能集中處理汙染。去年，我們關閉了三十一家製造汙染的大型水泥廠。今年，我們計畫關閉十九座小型水泥廠……我們經常關注的是每單位GDP的能源消耗百分比，其次是降低汙染和廢棄物。」

　　他接著提到，大連一座新的大型會議中心使用了尖端的熱幫浦環保科技，

從海水回收熱能,然後用一種完全再生的方式為大樓進行冷卻和加溫。夏市長自豪的說:「我們可以省下30%的能源花費。」

當我問市長如何管理時間時,他說:「我在經濟上的工作,約四分之一到三分之一的時間,是用在減少汙染物排放量及能源的使用。我認為自己是在發展一座有能源效率的城市⋯⋯我們將環保標準設定成和已開發國家一樣,汽車排放標準也和歐洲相同,我們的空氣品質能達到歐洲國家的水平。」他補充說,大連剛剛贏得國內競爭,取得設立中國最高能源研究實驗室的資格。

我從2000年起就已訪問過夏市長好幾次,可是從未和他有過這樣的談話。

我在2006年和施正榮的訪談,也是一次嶄新的經驗。當時他名列《富比士》(Forbes)雜誌的中國第七大富豪,財產總額為22億美元。猜猜他從事什麼產業。房地產?不。銀行業?不。為沃爾瑪生產?不。營造?不。他是中國太陽能電池的主要製造者,將太陽能轉變成電力。

綠色能源在中國的發展

是的,今天中國的首富之一是位綠色企業家!這樣的事應該只會在美國發生。施正榮認為潔淨電力將會是二十一世紀的成長產業,他想要確保,中國和他的尚德太陽能電力公司,都會是這個產業的龍頭。年僅四十五歲、充滿活力的他告訴我,他想為太陽能做的,就像中國之前為網球鞋所做的:降低成本,好讓本來買不起的數百萬人都買得起。我到他上海辦公室訪問他時,我們都覺得有點好笑,因為雖然身處摩天大樓,但視線不良,而我們卻要談論太陽能。

施正榮在1992年於澳洲取得工程博士學位後,在無錫創立尚德太陽能。如同《華爾街日報》的介紹:尚德結合了「第一世界的科技和開發中國家的價格」,成效之好,讓它與日本的夏普(Sharp)、京瓷(Kyocera)及英國的BP並列世界四大太陽能電池製造商。施正榮說,他事業的關鍵在於使用了廉價的中國勞工,而不是高科技機器,來製造太陽能模組並處理脆弱的矽晶片。他還得到不同省份所提供的補貼,因為地方官員都希望施正榮在他們的轄區設立工

廠。施正榮表示，雖然目前他的市場約有90%是在國外，但當太陽能電池的價格降低後，也將開啟中國市場。他期望用價格和市場規模的組合，獲得更大的商業規模，並進一步降低電池價格，這樣他就會有真正的成本優勢，能擊敗全球競爭者。

「如果我們在中國有市場，就確信可以成為成本領導者。」施正榮說。他又表示，由於尚德的成功，「現在有一窩蜂的中國商人進入這個產業，即使這裡還沒有市場。不過，許多政府官員現在都說：這可是個產業！」

太陽能電池並不是中國唯一正在發展的再生能源，風力發電產業也正經歷戲劇性的發展。原有的風力發電設備所產生的發電量，在2005年到2007年間，成長了近100%。中國也在2007年底，提前達成預定2010年達到的50億瓦風力發電目標。照這個速度看來，五年內，中國將成為世界主要的風力發電生產國和製造國。

中國人絕不可能用一具乾淨的插電式混合動力引擎，來替換他們公車裡那具骯髒柴油引擎，更別說過程中公車速度還要維持每小時50英里——就在你這麼想的時候，可能就收到一封像美國聯邦能源管理委員會委員威寧霍夫（Jon Wellinghoff）曾寄給我的電子郵件。他

中國領導人正積極推動綠能科技，因為那是可以讓GDP與綠色GDP相容的一種方法。

當時剛從中國回來，時間是2008年4月。他提到：「整趟旅行最有趣的事情是，我發現，不到十年，他們已經把全部的二行程小型機車和摩托單車改成電動車。中國現在有4千萬輛電動小型機車和單車，這讓我很震撼。他們晚上將電池帶上樓充電，隔天早上再帶下來裝上機車。可見運輸電氣化在中國是可能的，並已經在進行中。即使以燃煤為動力來源的電動化，也能降低二氧化碳並戲劇化的降低城市汙染。我在北京的兩天裡，實際上是有藍天的。」

能源顧問華森說：「就綠色能源科技而言，中國才開始要從複製階段進

步到創造階段。他們上次處於完全的創造模式時，就發明了紙、指南針和火藥。」

綠能是美國與中國的新競技場

綠色中國的故事的確正在成形中。但由於有太多的趨勢和反趨勢、充滿希望的跡象及猶如環境啟示錄的跡象，我當然無法預言最後的結果。在所有我將仔細觀察的指標中，我相信其中一項將決定紅色中國能否成為綠色中國，那就是中國人如何面對打造新建築的挑戰。

如我之前所說的，中國預計在今後二十年建造數百座新城市和較小的鄉鎮。它必須為將從農村遷移到城市的3億以上人口建造新家和辦公室，並為想要留在農村、並不打算移居到城市裡的另外2.5億人建造房子。世界從未有過這麼大規模的興建工程，而它如何進行，嚴重關係到中國的未來。如果中國領導人採用「美國模式」，興建耗能的龐大建築，最後將製造出一隻大豬，在未來幾十年間，吃掉中國的煤炭、石油和天然氣。要記得，建築一般占國家能源總消耗量約40%，而且一旦開始消耗能源和水，接下來的三十到四十年間將不會停止。如果中國決定大步超越美國過時的做法，直接朝「零耗能」建築邁進，就有機會避開災難。零耗能建築有被動照明、太陽能裝置或風力發電機，白天能自行產生電能，夜晚則使用本身蓄積的電力供電，因此不會消耗任何能源。

今天中國領導人需要重視這件事，就像之前他們對一胎化政策的重視一般。一胎化政策或許讓中國免於一場人口災難，同樣的，零耗能建築也許能拯救中國和我們其他人，免於遭受一場能源與環境災難。

將這件事做對，對中國領導人來說，是一項真正的挑戰，同樣困難的是，要釋放出多少權力給公民社會，來協助揭露、降低、監控汙染的發生；再者，要決定受到汙染的地區要在多快的時間內減緩發展，減緩幅度是多少，於此同時，也要刺激未受汙染地區的經濟成長；更要決定如何將這些事做好，才能兼顧社會穩定及縮小貧富差距。同時做這些事確實很困難，賭注也非常高，中國

領導人可能會傾向用試探的方式，不是採取觀望的態度、降低標準，就是在數據上動手腳。但中國沒有本錢這麼做，全世界也負擔不起。

簡而言之，中國企圖改變，而我們必須竭盡全力，確保未來的新中國將會有張綠色的臉。美國必須扮演決定性角色，幫中國邁向正確的方向，但前提是要起帶頭作用，而領導統御的精神不是「你先請」，而是「隨我來」。美國是排放大量二氧化碳、造成地球暖化的元凶之一，但所擁有的資源，也足以在綠色能源系統的發明上取得領導地位。美國今天能為自己、中國和全世界做的最重要的事，是成為一個模範國家，一個因為最節能、能源效率最佳，以及能源生產力最高，而繁榮、安全、創新並受到尊重的國家。

> 中國人如何打造新建築，將是決定紅色中國能否成為綠色中國的重要指標。

我還可以更進一步指出，美國今天為自己、中國和全世界做的最重要的事情，是公開說明「比中國更綠一籌」的意圖，每天都要用各種方式讓中國人瞭解，美國將在下一個全球化的重要產業裡好好修理他們。這個重要產業，就是綠色能源。

正如美國和前蘇聯曾有過太空競賽一樣，當時是比賽誰先把人送上月球，那場競賽大幅強化美國社會，影響範圍從教育到基礎建設。現在，美國、歐盟和中國人之間需要一場類似的競賽——不是比賽誰先把人送上月球，而是為了保護地球人類的一場比賽。冷戰時，有贏方也有輸方，但在為了保衛地球的競賽中，我們不是全贏就是全輸。因為如果中國這輛疾駛的公車爆炸，不管在經濟或環境上，都是每個人的大災難。

如果美國決定開發一個綠色能源系統，以及驅動這個系統的科技，中國就沒有其他選擇，只能朝著相同方向走。因為持續汙染下去，不只表示中國人民將繼續吸入髒空氣，還代表中國將在下一個全球大產業落後。不過，美國在自

己還沒有以身作則前，總不能建議中國人先做節能這個辛苦的工作。實際上，讓中國人感到惱怒的是，美國先掠奪了大自然的資源，而當他們想要拿取剩餘的資源時，美國卻指責他們貪心。莫斯柯維茲說：「每次我們在中國提出一項政策方向時，最常碰到、也是最難回答的問題是：『如果這麼好，你們為什麼不做？』這不好回答，且令人有點窘。因此我們指出一些正面例子，說明美國部分的州、城市或公司正在施行的措施，但不包括聯邦政府。我們沒辦法以美國政府為例。」

「中國社會的集體存在意義，與如何將中國納入全球系統並和全球接軌，有緊密的連結，」麻省理工學院的史坦非爾德說。「如果先進工業社會推動綠化節能，中國並不會趁此機會打破規矩，並試圖以低價勝出。相反的，中國也會在社會和政治上感到強烈的壓力，並起而效法。中國的政治合法性和國家認同，與中國現代化這個使命息息相關。而現代性，不管會變好或是更糟，都是由美國做為代表。這可以部分解釋為什麼即使付出極高成本，中國仍希望進入WTO，也可以解釋為什麼中國政府有興趣推動某些象徵現代民主的制度，像是法治、公民社會、負責及受到限制的選舉，儘管它仍在抗拒任何多黨體制的可能性……只要美國開始了，他們會跟進，正如過去二十年來，在每次的全球性體制變革中，他們持續在做的，即使可能是斷斷續續、且難以預料的。」

對許多中國人來說，即使他們有時候討厭美國人的所作所為，美國仍像是山丘上一座令人嚮往的城市。如果美國人生活在汙染裡，他們就有理由生活在汙染裡。如果美國人住得奢華，他們也想住得奢華，像是擁有大房子、摩天大廈、大車等。史坦非爾德說：「所以，如果美國活出一個永續生存的故事，那在中國會被解讀為現代性的基準、世界級的意義。」

如果美國承擔在綠色能源議題上的領導地位，且中國被迫跟進，這只會鼓勵中國領導人賦與權力給更多的公民和媒體，好讓他們針對環境問題暢所欲言，並擔任監督地方政府和企業的角色。因此，美國如果能更多並更快的鼓舞、羞辱、激勵、引導及帶領中國，走向一條更綠色的道路，不但可以更快使

世界更乾淨，還能協助強化中國的法治和公民社會團體。它不會是一夕發生，我也不是在暗示，這樣就能將中國引向一個多黨的民主國家。我要說的是，中國共產黨如果要履行向人民所承諾的呼吸自由，必須以漸進的方式，開始准許他們擁有更多的言論自由。

世界又熱、又平、又擠
Hot, Flat, and Crowded

第十六章

有遠見的政策＋有效的執行力

能源業現在缺的就是上帝之手，只要總統登高一呼，

到2025年，我們需要生產多少數量的煤、天然氣、風能、太陽能、核能，

所有能源業的人都會站起來說：「謝謝總統，我們開始做吧！」

一套由上而下、明確的能源政策，會使市場商機清楚浮現，投資者才願大膽下注。

整個綠色能源的生態系統就會隨之起飛。

總統候選人小布希今天表示，如果他當選總統，將充分發揮人格力量，向產油國表達政治善意，使他們增加原油供應，從而降低汽油價格。「我會與美國在石油輸出國組織的友邦合作，說服他們打開噴口，增加供應量……我會以執政後從科威特或沙烏地阿拉伯賺得的資本，說服他們打開噴口。」他在發言中含蓄的批評柯林頓政府，未能善加利用美國與科威特及沙烏地阿拉伯在1991年波灣戰爭時建立的友好情誼，同時也意指自己的父親就是當年組成盟軍將伊拉克逐出科威特的總統，身為兒子的他可透過個人關係，說服產油國回報欠美國的人情。

　　　　　　　　　　　　——2000年6月28日《紐約時報》，當日原油價格為每桶28美元

2007年1月，我訪談奇異執行長伊梅特，他負責將奇異的產品線導向綠色能源科技，並使用「綠色創想」（Ecomagination）做為品牌名稱。伊梅特和我談到能源生產的不同形式，並討論到美國聯邦政府應該施行何種理想的配套規定、獎勵、稅賦及建設的基礎架構以刺激市場，使綠色能源、能源效率及節能達到一定規模。答案似乎很明顯，明顯到伊梅特最後既惱怒又充滿熱情的悲嘆：為什麼美國沒有一個政府可以訂定形塑能源市場的所有正確政策？

伊梅特說：「能源業目前缺少的就是上帝的手。我想，如果你問公用事業及大型製造商他們最想要什麼，答案應該是，總統登高一呼說：到了2025年，我們將生產多少數量的煤、天然氣、風能、太陽能、核能，沒有任何事可以阻擋我們。也許一開始會有許多抱怨和哭訴。接著，所有能源產業的人都會站起來說：『謝謝總統，我們開始做吧！』然後，我們就會著手進行。」

為什麼一套由上而下的明確指示，會造成這麼大的差別？伊梅特說，一旦業界有明確、持續且長期的碳價格指標，並清楚瞭解風能、太陽能等綠色能源的國內市場狀況，加上全國施行明確的配套規定與獎勵，鼓勵公用事業協助顧客節能，市場商機便會清楚浮現。這些清晰明確的長期走向，使投資者願意大膽下注。到那時，美國所有的龐大資產都會蓄勢待發，準備在再生能源上全力一搏，包括大學、國家實驗室、發明家、敢於冒險者、創投資本家、自由市場，以及自行推動研究並瞭解如何將創新商品化的跨國公司，如奇異、杜邦等，而整個綠色能源的生態系統便會隨之起飛。

如果美國能變成中國一天

當天晚上，我一直想著和伊梅特的對話，最後我想到一個頑皮的點子：如果……美國能變成中國一天，只要一天，一天就好了。

在我看來，中國政府制度各方面均不如美國，但有一點例外，那就是中國這一代的領導人可以不顧傳統產業、特殊利益請求、官僚障礙，也因為不是民主政治不必顧慮選民的反彈，而能直接下達命令，徹底改變價格、規定、標

準、教育及基礎架構，以反映國家長期的戰略利益，而這些改變在西方民主國家通常要花數年甚至數十年的時間辯論及施行。中國的這個特點，在想要推動大規模改變，像是綠能革命時，就變成了資產。因為要和根基穩固、資金雄厚、堅不可摧的利益競爭，必須激勵群眾接受包括較高能源價格在內的某些短期犧牲，以換取長期收穫。以美國來說，想要政府下令執行所有的正確改革，創造理想的市場以利創新，然後就閃到一旁，讓美國資本主義制度自行發揮作用，根本就是作夢。

所以變成中國有什麼不好呢？只要短短的一天。

看看這個狀況：2007年年底某天早上，中國許多店家的老闆醒來後發現，國務院宣布從2008年6月1日起，所有超市、百貨公司及商店禁止免費提供塑膠袋，以減少這些石化類產品的使用。以後商店必須向消費者收取塑膠袋費用。美聯社2008年1月9日報導：「商店必須明確標示塑膠袋價格，並且禁止將該價格直接附加於產品內。」中國同時直接禁止生產、銷售及使用厚度少於0.025公厘的超薄塑膠袋，希望讓購物者能改用可回收的籃子及布背包。

砰！就這樣，理論上，13億人民會停止使用薄塑膠袋，這可以省下幾百萬桶石油，免除堆積如山的垃圾。美國從1973年開始致力於汽油無鉛化，一直到1995年，美國國內銷售的汽油才全部轉為無鉛；中國在1998年決定汽油無鉛化，新的標準於1999年在北京部分施行，到2000年時，全中國的汽油都已無鉛。這樣的例子不只一個。從美國第一次提高汽車油耗標準的1975年，到第二次致力於此的2007年，隔了大概32年。中國2003年開始為汽車和卡車訂定油耗標準提案，並將所建議的新標準送交國務院核可，2004年正式通過，2005年生效，現在所有新的汽車與卡車都必須合乎新標準。

我很清楚瞭解，中國領導者頒布的命令，經常被地方政府或國營公司忽略，或僅執行一部分。這就是為什麼我希望美國只要變成中國一天就好。美國和中國不同，當政府通過某項立法或頒布規定後，必然會施行，因為如果地方政府或企業不予理會，由峰巒協會及自然資源保護委員會帶頭的十多個公共利

益團體就會控告違法者（包括聯邦政府），一路告到最高法院。這就是為什麼變成中國一天，使推動綠色能源系統所需的合適稅賦、規定及標準在一天內到位，對華府而言，會比對北京更具價值。因為一旦從上頒布命令，美國就能克服民主制度中最糟的部分（無法在和平時期做出重大決定），隔天卻又可以享受民主制度中最好的部分（公民社會的力量可鞏固政府規定，而市場的力量則會從中獲益）。

如果美國可以變成中國一天，那該有多好……

這個想法到底打哪兒來的？變成中國一天？像我這樣終生堅信自由民主政治的人，怎麼會做這樣的白日夢，幻想美國變成中國一天的好處？

一切都是過去三年，我在美國到處旅行所產生的巨大挫折感造成的。我看了所有幾乎可能想到的能源生產形式，會見各式各樣古怪、瘋狂及絕佳的能源創新者、企業家及創投資本家，從修車工人到國內首要研究機構的負責人。他們給我的感覺是，美國真的已經準

> 美國已具有發動綠能革命需要的各項要件，但政府卻還未形塑市場，以充分利用正在下方沸騰的力量。

備好起飛，也具有發動一場綠能革命需要的各項要件，但是政府卻還未形塑市場，以充分利用正在下方自然沸騰的力量。

讓我舉個例子。2007年12月某天，我造訪麻省理工學院，參加開放式課程計畫研討會。我去之前，該校兩個不同的學生能源社團，邀請我去看他們在做些什麼，別去聽開放式課程計畫。其中一個叫做車輛設計高峰集團（Vehicle Design Summit Group）的社團實在令我大為震撼。

這個社團由麻省理工學院學生管理，是一個資源共享的全球性合作成果，集合了25個來自世界各地大學的小組，包括印度和中國，目的在設計並建造一輛插電式混合動力車，每個小組負責不同的套件或設計。我以前還覺得自己幫大學報紙寫寫文章就算很酷了，而這些孩子是在建造超高效能的車子耶！他們

希望證明自己有辦法建造一輛車，降低車子從生產到報廢過程中95%的具體能源、材料及毒性，而且每加侖可跑200英里。沒錯，每加侖200英里。這可說是Linux作業系統的汽車版嘛！他們在社團網站（vds.mit.edu）上提到目標：要找出如登月競賽等劃時代事件的關鍵特質，並以同樣的精力、熱情、焦點與迫切性，催化一個全球小組建造一部環保車。他們的口號是什麼？「我們就是自己一直在等待的人」。

再一次，當我結束這場短暫會面時只能搖頭輕嘆：看來，所有的精力和才智已一應俱全，蓄勢待發。是的，這些力量已具備自行發展的條件，就像麻省理工學院學生所展現的行動。但假使國家的能源政策還是如此急就章、不協調、不一致且無法永續，前

> 會排放二氧化碳的煤炭，永遠不會是環保燃料，當替代能源符合成本效益時，就應該盡量不使用煤炭。

述努力就難以達到所需的規模，市場也永遠無法充分運用已具備的優勢，我們永遠達不到個別部分相加後應有的總和。所以，伊梅特把美國比喻成一路打到超級盃，但卻一直坐在更衣室，不願也無法上場的美式足球隊。

當我拜訪像麻省理工學院這樣的地方時，心中想到的是另一個不同的圖像。美國就像一艘將要起飛的太空梭，有來自下方的巨大推力，社會仍充滿理想主義與實驗精神，且活力十足。但太空梭的火箭推進器（現有的政治體系）漏油，駕駛艙（華府）中的駕駛正為飛行計畫爭論不休，致使太空梭無法產生脫離速度，也就是所需的方向與重點，以達到下一個新領域，充分把握機會，全力迎接能源氣候年代的挑戰。

美國的問題是什麼？如果最熟悉能源這一行的人已經瞭解應該怎麼做，為什麼無法開始？

能源政策不能是遊說的總和

　　首要問題，是來自汙染性燃料系統的傳統產業，他們希望保護地盤，維持在能源基礎架構中的主導性。在最好的情況下，這些公司的高層、員工及支持的政客試圖保住工作機會和支持群眾，也提供國家最便宜的能源，以利充分發展；在最壞的情況下，他們就是想保護自身利益的貪婪公司，儘管知道自家的產品如香菸一般有害社會和地球。無論是哪種狀況，他們都協助操弄能源政策的制訂。在許多案例中，他們扭曲事實，透過廣告誤導民眾，並收買政客，所作所為都是為了維護汙染性燃料系統。這些汽車、煤礦公司、一些無知的公用事業及石油和天然氣公司所提供的金錢，混淆了我們明辨實際生態狀況的能力，也削弱了我們大規模訂定明智政策、正確看待能源網絡的能力。

　　他們對政策制訂的集體影響是：美國沒有該有的國家能源政策，卻有能源專家拉夫特所稱的「遊說的總和」（the sum of all lobbies），哪項遊說能產生最多競選經費，就會獲勝。換言之，就如加州理工學院的路易斯所說：「我們有能源政治，但沒有能源政策。」能源政治就像性別政治、種族政治或區域政治一樣，乃是由特定的受益者主導攸關整體國民利益的政策優先事項。在這種環境下，要訂定一致可行的長期策略極為困難。

　　路易斯說，選舉期間他喜歡問別人一個問題：「說出五個政治態度搖擺的州。人們時常會回答：『佛羅里達、俄亥俄、賓州、田納西和西維吉尼亞州。』我就會說：『現在把佛羅里達去掉，看看剩下的四個州。它們的共通點是什麼？煤炭、煤炭、煤炭、煤炭。』反對煤炭的人根本別想當上美國總統。再加上愛荷華州、中西部以及生質燃料，很快你就根本沒辦法討論再生能源。」有的只是一堆關於「環保燃煤」的廢話，以及投入生產玉米乙醇❶計畫的巨額經費，經費的比率之高實在不太合理。

---

❶愛荷華州是全美玉米生產量居首的地區。

2008年總統初選白熱化之際，《華盛頓郵報》在2008年1月18日報導：「一個由煤礦業及其公用事業夥伴所支持的團體，在舉辦初選及政黨大會的各州，展開耗資3,500萬美元的活動，尋求民眾支持燃煤發電，並鼓吹反對國會立法以減緩氣候變遷。這個名為『平衡能源選擇的美國人』（Americans for Balanced Energy Choices）的團體，已經在愛荷華、內華達及南卡羅來納等州投入130萬美元，用於看板、報紙、電視及電台廣告。」這三州都是初選的關鍵州。報導中提到他們所做的一則廣告。廣告上畫著電線插入煤炭的圖案，文案則是：「煤炭是協助確保重要能源安全的美國資源」，以及「煤炭是驅動日常生活的燃料」。

> 美國國會和布希政府對建設能源產業錙銖必較，好像發展風能、太陽能和生質能源所需的錢，得由他們兒女的撲滿來支付。

煤炭已經驅動美國成長將近兩世紀，如果沒有意料之外的突破，我們至少在未來幾十年仍需燒煤。我們必須盡一切可能使這個過程更加潔淨，以技術改進傳統燃煤發電，使燃燒過程更具效率，並降低汙染排放。但是我們不能把必須做的事和應該做的事混為一談。會排放二氧化碳的煤炭，永遠不會是環保燃料，當替代能源符合成本效益時，就應該盡量不使用煤炭。

《阿帕拉契合眾國》（The United States of Appalachia）作者畢格斯（Jeff Biggers）在2008年3月2日《華盛頓郵報》發表一篇評論，似乎可說是對於那則煤炭廣告的反擊：

沒有任何語義矛盾的名詞，會比「環保燃煤」更陰險或更危害公眾健康。不論是民主黨或共和黨的總統參選人，都經常提起這個詞……並用以攻擊永續能源政策任何有意義的進展……這是個血淋淋的事實……無論「總量管制與交易制度」計畫是否會在遙遠的未來針對燃煤工廠成功實施，露天及地下煤礦的

開採，仍舊是最具汙染性和破壞性的能源製造方式。煤炭不環保，煤炭會致命。

2006年11月7日，加州就第87號提案進行投票，這個提案旨在成立一項40億美元的潔淨替代能源計畫（Clean Alternative Energy Program），透過獎勵替代能源、教育與訓練，降低加州25%的石油及天然氣消耗量。這項計畫的費用，將透過徵收該州開採的每桶石油些微費用來資助，這在其他州是標準做法，但加州的石油公司利用集體力量，一直得以規避。

第87號提案可補貼消費者，鼓勵他們購買應用混合動力技術、更環保、更便宜的車輛，並增加太陽能、風能及其他再生能源技術的運用。這項提案後來未能通過，因為石油公司聯合發動廣宣，刻意誤導加州選民，讓他們認為如果投票通過法案，當地油價會大幅上漲。這個說法很荒謬，因為各州油價根本和當地開採石油的成本無關，而是以全球或全國供需平衡與煉油量決定，這就是為什麼即使第87號提案遭到封殺，加州油價仍穩定上漲：因為全球油價上揚了。石油公司及其同夥據說花了將近1億美元，利用廣告及遊說來封殺此議案，幾乎相當於柯林頓1992年的競選費用。

跛腳的能源法案，偏心的政府獎勵

但是這還不夠看。沒有其他例子比2007年的能源法案更能展現：現有的能源政策是所有遊說的總和。這個法案是國會自1975年以來，首次提高「國家汽車平均油耗標準」，因此受到許多矚目。但在法案的相關報導中，大多沒有提到，法案中並沒有延長對支持再生能源相當重要的租稅抵減，而讓它在2008年到期。這點令人難以置信，美國2007年通過的能源法案中，竟然沒有延長太陽能投資及風能生產的租稅抵減優惠。

雖然眾議院同意這些租稅抵減，但因為民主黨「量入為出制」的預算規則，他們必須找到方法來平衡預算（上帝禁止美國因投資綠色能源這類事情，

而增加財政赤字或增加一點稅收）。所以眾議院民主黨議員建議，由石油與天然氣產業的租稅抵減中，挪出170億美元額度。儘管這筆額度將分十年逐次轉移，相當於每年17億美元，但總統和支持石油的參議員不同意，布希總統也拒絕顯露一丁點領導能力，不願將白宮的大人們都找來，協調出解決方案。

沒有人可以心存幻想，以為在基礎的科學研究階段，創投業者能取代政府資助研究。創投資本家的工作是採下盛開的花，但如果沒有人播種，就不會有花可採。

所以，國會並未同意以生產稅抵減誘因來鼓勵太陽能、風能、潮汐能、地熱能和生質能源的創新及長期投資，讓這些產業培養出能與汙染性能源相抗衡的競爭力。實際上，太陽能的租稅抵減，可以讓安裝太陽能發電系統的住家或商業建築，減少30%的安裝費用；風能的生產稅獎勵措施，則是風能每生產1度電，就可獲得1.8美分補助。這些稅賦優惠很重要，因為油價目前雖高，但很可能又會下跌，而扣抵額可確保在油價滑落時，風能和太陽能投資仍能獲益。這就是如何開展一項新的能源技術、並協助其達到一定規模的方法，最後它不需補助也能具有競爭力。

不過，美國國會和布希政府對建設新產業錙銖必較，好像發展風能、太陽能和生質能源所需的錢，得由他們兒女的撲滿來支付；而對於石油、煤及天然氣這些老舊、基礎穩固、資金充裕的產業又一擲千金，更別提農業遊說了。在本書完稿前，以稅賦激勵風能和太陽能的法案並未通過，主要是因為參議院共和黨員只關心推動生產更多核能，以及在美國境內鑽探更多石油。

這些替代能源領域的投資者會告訴你，只是短期延長租稅抵減優惠，可能會對新興產業造成有害影響，這些產業試圖吸引的是不求近利的資本，以擴大製造生產、系統裝配，以及設備與服務的運送。這些大型計畫需要巨額、長期

的投資，因此需要長期穩定的稅賦結構，如同石油及天然氣公司所享有的待遇一般，它們到現在仍然享有數十年前訂定的租稅抵減優惠。

美國最大的風能開發商之一創造能源（Invenergy）公司創辦人波斯基（Michael Polsky）說，國會不瞭解風能的生產稅獎勵措施未獲延長，對像他這樣的公司有多大影響。波斯基說：「這是個災難，風能是個高度資本密集的產業，而金融機構還沒準備好甘冒『國會風險』。他們告訴我，如果無法取得租稅抵減，就不會借錢給我購買渦輪機，發展計畫。」

但是，過去五十年來，化石燃料及核能產業接受了數百億美元、沒有期限的補助。卡托研究所❷在2007年1月17日發表一份措詞嚴厲、題目為〈受審判之石油補助〉（Oil Subsidies in the Dock）的報告，列出只有石油和天然氣公司所能享有的一些稅制優惠，包括：提供不確定但可負擔的國內鑽探無形費用（主要是尋找與開採油氣田相關的人工及材料成本）優惠稅賦待遇、提供小型石油生產商加速耗減優惠、提煉液態燃料裝備的價格優惠、天然氣輸送管線加速降價、乾井支出加速降價、石油或天然氣擁有者享有被動損失限額免稅等。不瞭解這些晦澀難懂的用語嗎？我也搞不清楚。但可以打賭那些訂定稅制優惠的遊說者絕對清楚，這些優惠對艾克森美孚及康菲石油公司❸的價值，而且計算得分毫不差。

太陽能產業協會（Solar Energy Industries Association）主席瑞斯克（Rhone Resch）表示，這真的很悲哀，美國國會的優先事項居然被政治扭曲至此，華府竟然不理會下一個重大的全球產業——綠色能源。美國調查管理顧問公司（Navignat Consulting）的研究發現，如果任由風能和太陽能產業的租稅抵減在2008政府會計年度結束前失效，到2009年就會產生影響，這些產業所裁減或無法

---

❷卡托研究所（Cato Institute），成立於1977年，為一非營利的公共政策研究基金會，總部位於華盛頓。

❸康菲（ConocoPhillips）為美國第三大石油及天然氣公司，同時也是第一大煉油廠。

增加的就業機會高達數千個，而數十億美元的投資會裹足不前。最後，國會會草率完成某個方案，但可能不是美國再生能源產業所需要的那種長期租稅抵減辦法，好讓他們可以擴大規模，躋身為全球廠商。在日本，投資太陽能的租稅抵減保證期限為12年，德國則是20年。

瑞斯克表示，美國在1997年時是太陽能技術的領導者，生產全球40%的太陽能設備。「但去年我們的產量低於8%，就算這樣，其中大部分也都是為國外市場製造的。」

2008年4月，瑞斯克告訴我他和一個歐洲太陽能設備製造商的談話。這家歐洲製造商想要將太陽能板的製作外包給美國。他們會在歐洲進行所有的創新研發，但組裝的藍領工作將在美國進行，因為美元貶值，使口袋裡有外幣可用的公司在美國做任何事，都只要花一半的錢即可。「他告訴我，『你們是新的印度』，這句話讓我不寒而慄。」

政府該做的事，是播下研究種子

破壞美國的能源政策的不是貪婪，而是領導者極度搖擺和忽視的態度。在國會進行2008政府會計年度預算審核的過程中，兩大黨針對經費的鬥爭結果是，在最後一刻，參眾兩院撥款委員會辛苦完成的支出分配被丟到一旁，而改為支持綜合撥款法案。這些乏味的細節關係重大，事實上，這些細節說了一個重要故事。

美國的大學和國家實驗室進行能源轉換創新研究所使用的資金，絕大多數來自能源部科學局，而這些資金每年是由「能源與水利發展撥款法案」（Energy and Water Development Appropriations Bill）提供，但這個法案也同時資助能源部和陸軍工兵團的計畫。當國會選擇這樣一個概括性、大雜燴的綜合撥款法案時，原來要增撥給能源部科學局用於重要能源創新研究的大部分資金，就被移轉到水利計畫。因為這樣一來，所有的國會成員都可在其選區內執行，還可就此發布新聞稿，而這些包括防洪、港口疏濬、建造水壩和堤防之類的計畫，從馬克

吐溫時代就一直列在預算內。所以，這些本應做為能源研究經費的錢，卻被用來灑政治紅包。這是——國會的問題。

細分下來，2008政府會計年度給陸軍工兵團的綜合撥款金額為56億美元，較總統要求的49億多出7億。增加這7億的同時，美國主

> 就業機會的大幅成長，來自於一波波的技術創新，例如之前的資訊科技和生物科技，而下一個將興盛的技術將是綠色能源。

要資助物理科學、材料科學、高能物理、化學、生物科學、地球科學、天文物理、核融合、粒子物理及核子物理學的機構，即能源部科學局，最後只獲撥約40億美元，比總統所要求的大概少4億美元。扣除通貨膨脹後，較去年增加的淨值幾乎是零。然而各種負面的能源趨勢持續增加，包括大氣中的二氧化碳、石油天然氣需求、氣候變遷及產油國獨裁等等。在這樣的時刻，美國的能源研究支出卻仍維持不動。不過，美國人別擔心，離你家最近的港口會徹底疏濬，使吃水深的油輪和中國貨櫃船可以將出口貨品運送到你家岸邊。

4億元的差別有何影響？問阿利維薩托斯就知道。他是勞倫斯柏克萊國家實驗室副主任，以及負責太陽能研究的「太陽神計畫」（Helios Project）組長。他的小組正致力於一項頗具潛力的突破，希望創造人為光合作用，不需要再依賴植物將陽光轉換成食物和燃料。阿利維薩托斯是公認的頂尖奈米技術科學家，但實驗室花了幾乎4年才獲得這項計畫的資金。實驗室提出的需求是1,500萬美元，能源部可出資1千萬，但在國會漫不經心的作為後卻變成500萬。說真的，沒有人知道他們會縮減這項計畫，但在美國領導者如此做事的過程中，這種事就是發生了，因為沒有人會以偉大能源策略的角度來思考。

儘管美國的雜誌及政治人物對能源議題有各種討論，但如果從真正的行動來看，結論會是：美國對能源研究這件事毫無急迫感。這就好像當年蘇聯的史波尼克人造衛星❹升空，美國必須重新面對自我再造的挑戰，只是這次是能源的

挑戰。但美國仍在夢遊中走向未來，依然暗自希望這不過只是個惡夢，很快就
會醒來。

美國需要回歸基本面。政府應該做的事，是播下研究種子，在化學、材料
科學、生物學、物理學及奈米技術上獲得根本性的突破，為解決能源問題開創
新路，為能源創造新的建構素材，以及找到較容易的方法使創新者能將它們拼
湊起來。然後，創投資本家便會選擇最有希望的構想將其商業化。但要找到一
個真正很棒的構想、一個綠色的Google，需要幾千名科學家和研究人員從不同的
面向從事研究。

「這就是基礎研究資金的作用，」加州理工學院的路易斯解釋道：「基
礎能源科學所問的問題是：『如何用新方法、以新材料做出新東西？』而我們
希望在實驗室內建立的基礎科學工程說的是：『這是可以做出東西的一種新方
法，這個東西做得出來。』」然後創投資本家進場，提供資金，看看能不能便
宜又大規模的製造，通常是沒有辦法。路易斯說：「但我們需要還不具競爭力
的研究，為這個花園播種。你需要資助一百個構想，因為你知道九十九個都
不會成功，但其中有一個會是明日的Google。有人問兩度獲得諾貝爾獎的鮑林
（Linus Carl Pauling），為什麼他有那麼多好構想，他的回答是：『因為我有一大
堆構想。』」

沒有人可以心存幻想，以為在基礎的科學研究階段，創投業者能取代政府
資助研究。創投資本家的工作是採下盛開的花，看看是不是可以將它們移植成
大規模作物。但如果沒有人播下種子，就不會有許多花可採。

道爾（John Doerr）是美國最成功的創投資本家，他和合夥人曾以傳奇的
KPCB創投公司（Kleiner Perkins Caufield & Byers）協助Google、亞馬遜、昇陽及
網景發跡。他表示，創投家較少投資綠色產業的原因在於，綠色能源缺乏能源
部提供的資金。道爾說：「除了極少數例外，創投家不會特意去資助基礎的研

---

❹史波尼克（Sputnik），蘇聯於1957年所發射的人類首枚人造衛星。

究，雖然我們公司有幾次無意間曾這麼做。我們極需要值得投資的計畫，也比以前更常注意世界各地的實驗室，以開發我們在知識地圖上的機會。」

數目很重要

聯邦政府即使只多投資個10億或20億美元在基礎科學研究上，就能帶來顯著不同。「目前投注到這個領域的研究經費，只是所需金額的一小部分。」阿利維薩托斯說：「現在，如果你告訴研究化學、物理學或生物學的學生，需要他們來做太陽能計畫，他們的眼睛都會發亮，這是他們真正想做的研究。只是，雖然數以千計的學生有研究意願，但我們卻找不到獎學金來支持。」

但是，有些人說，科學家總是想要更多資金、總是抱怨政府對研究不夠支持，又是怎麼回事？

「這種言論也有些真實性，有時要決定優先次序非常困難，而科學家都是一群想要開創的傢伙。」阿利維薩托斯說：「但是，我們可以回想一下最近一次預算過程中發生的事：700件研究太陽能的計畫案，在2008會計年度遭到否決。能源部廣邀計畫案，反應也很踴躍，美國各地科學家均提出計畫案回應，但經費卻沒有著落。能源部真的盡力了，他們原本以為可以拿到3,500萬美元來支付基礎的太陽能研究。我們的計畫拿到500萬美元，然而，獲得研究經費單位少之又少。想想看這個研究的潛力，有多少科學家、博士後學生想投入研究，但都遭到拒絕。就這樣，數以千計想要研究能源問題的科學家無法如願。」

諾貝爾物理獎得主、勞倫斯柏克萊國家實驗室主任朱棣文（Steve Chu）表示：數目很重要，因為我們必須運用比過去更有策略的方式思考能源創新。朱棣文重新調整實驗室的能源研究，破除物理學、生物學、材料科學、化學及奈米技術的所有傳統藩籬，將這些領域的專家編成合作小組，使各種專業可以互相交流。他認為，真正的突破將來自這些專業的交會處，所以希望有不同學科的許多人參與研究。

朱棣文說：「我們必須更廣泛的支持能源研究界，但也必須集中焦點在少

數大型研究中心，因為那裡有人數夠多的不同科學家研究不同計畫，所以有許多合作的可能性。我年輕時加入貝爾實驗室（Bell Labs），那是個改變一生的經驗。想想看，你走進一棟建築物，裡面有幾千位世界級的科學家，分成小組研究同一個計畫。儘管許多創新研究來自大學，

> 當某個領域得到的政府預算增加時，私人部門的研發預算就會隨之增加14到15倍，而讓該領域產生重大改變。

我們還是需要一些地方，可以在同一個屋簷下擁有那樣大量的智能激盪來研究能源問題……能源問題沒有簡單的解決之道，我們還沒找到答案。」

「不過真正令我感到樂觀的是，」朱棣文告訴我：「我發現我的學生，以及全國各地的學生都想研究這個問題。他們知道能源問題已經成為國家和國際危機，想要一起參與解決。可惜的是，基礎的能源研究資金幾乎沒有增加，學生排隊想要加入，但招募站還是大門緊閉。」

不穩定的經費會讓人裹足不前

加州大學柏克萊分校能源政策專家康曼說，如果把美國聯邦政府撥給能源研究的經費加總起來，來自政府的經費大概有30億，私人部門及創投基金約有50億，差不多是在伊拉克作戰九天的費用。能源產業的市場每年為1兆美元，而投入從事研發的資金約80億美元，僅占其營收的0.8%。

康曼補充說道，自從1970年代第一次石油危機之後，即使投資在能源研發上的經費如此微薄，但經費數字還是像雲霄飛車般上下起伏，這嚴重傷害了能源研究界。「如果經費每年這樣起伏不定，沒有研究者可以成立實驗室，雇用最好的研究生。一個真正優秀的學生如果投入這領域工作就太傻了，因為相較之下，研究生物科技或資訊科技的人將有足夠資源完成計畫，而且之後確定能找到工作。」

　　康曼並將能源研究與醫療保健做了比較。在1982到1990年間，美國的醫療保健預算有計畫性的增加，直到國家衛生研究院的預算加倍，然後就一直維持這個數字。所以，提高預算並維持是有可能的，何況美國根本沒有醫療保健上的危機。「當某個領域得到的政府預算增加時，私人部門的研發預算就會隨之增加14到15倍，而讓該領域產生重大改變。當企業看到國家嚴肅看待某個領域，就會跟著投資，所以現在美國才能自誇於生物科技革命的成功。不過，美國卻還沒有把這種策略應用在能源研究上。」

　　奇異擁有龐大的醫療保健事業。執行長伊梅特估算了醫療保健業和能源業的研發支出後發現，兩者過去20年來的差距大概是500億美元，由醫療保健業占上風。再從歷史資料來看這個問題，依據美國國會研究服務處（Congressional Research Service）2005年5月25日發表的「再生能源」研究顯示：截至2003年為止，核能從1948年起每年所獲得的經費，均占能源部能源研發資金總額的56%，而包括煤、石油及天然氣等化石燃料占24%，再生能源占11%，能源效率占9%。

　　柯林頓政府時期的資深官員羅姆說，經由比較，發現美國在醫療保健研究上投資這麼多，而在能源研究上投資這麼少，唯一可感到安慰的是：「至少大家會活得夠久，看到我們把事情搞得多糟。」

　　康曼表示，1977到1980年間，美國政府確實在能源方面做出重大投資，將聯邦研究預算由25億增加到60億以上，不過，當時一些獲撥資金的計畫並不是那麼成功。「你無法總是押對寶，但還是有些驚人的成功，例如太陽能科技就是因為這筆經費而進展神速。目前這個產業興盛發展，所使用的技術大多是那個時期研發出來的。」不過，另一方面，美國的許多創新研究卻因為缺乏國內市場支持，最後就被日本或歐洲太陽能公司收購，結果美國納稅人實際上資助了他國的研發工作。

　　怎麼會發生這種情形？康曼說：「從1945年以來，美國經濟每10到15年就必須自我再造，以增加就業機會。就業機會的大幅成長，來自於一波波的技術

創新，例如資訊科技和生物科技。下一個興盛技術將是綠色能源，但這個認知還未穿透到我們的總體經濟政策分析。創新將帶來經濟成長，如果不發展新的綠色能源技術並出口到其他國家，便會在下一波經濟景氣大好時被淘汰出局。目前印度、中國和印尼這些國家，都在設置新的發電廠。」美國具有設計和建造太陽能、風能、太陽光熱能、地熱和其他下一代尖端技術的能力，美國要把下一代綠色能源技術賣給他們。

但美國並未起而掌握機會，在研發支出還不到整體產業1%的狀況下（其他產業中，研發支出通常占8%到10%），無法在一代之內重新打造一個1兆美元的能源產業。

既然如此，只好船到橋頭自然直了……

來自美國的太陽能公司，卻在德國取得成功

如果你認為這種態度不會帶來任何嚴重後果，讓我告訴你第一太陽能公司（First Solar Inc.）的故事，該公司可能是美國首屈一指的太陽能公司。我先警告：這故事會令美國人想哭……

第一太陽能創業於俄亥俄州托雷多市（Toledo），他們不像其他公司一樣，使用矽來製造太陽能電池，而是以碲化鎘（一種由鎘和碲製成的半導體）薄膜包覆在玻璃上發電。這些碲化鎘太陽能電池的效率目前並不如矽製品，但是它們比較便宜，而且可在較多元的氣候及光線條件下運作，同時能輕易融入建築物外觀。執行長賀恩（Mike Ahearn）告訴我他們的故事。

「我們是從1992年開始的，當時有一小組科學家和工程師合作研發了一項技術，可以把半導體材質的薄膜放到玻璃片上，然後把這些玻璃片加工成太陽能板，就能吸收陽光轉換成電力。我們的夢想是希望大幅降低太陽能發電的成本，達到能夠滿足工業化國家大部分的日間用電需求，然後把低廉的電力提供給地球上數百萬目前只有極少電力或毫無電力可用的人。整整12年，我們同仁努力把專利技術轉化為可行的製造過程，期間忍受技術失敗、資金危機、員工

摩擦，以及許多其他問題。當我們可能因為缺乏資金而倒閉時，公司投資人、擁有沃爾瑪家族財富的沃爾頓（John Walton）陪著我們度過一些非常艱困的時期，讓我們能順利繼續下去。直到2004年底，總投資超過1億5千美元後，第一條小型生產線才終於可以完全運作。」

這條工廠生產線使用第一太陽能公司最初設計和自行製造的機器，可以生產大量的太陽能電池，而且可在世界任何地方複製，這在太陽能業界可不是簡單的技術。

「完成第一條生產線的三年後，我們的年產量增加了800%，成為世界上最大的太陽能板製造商。到2007年年底，我們的年度營收由600萬美元增加到超過5億美元，並把太陽能板的發電成本，從2004年的每瓦將近3美元，降到2007年年底的每瓦1.12美元，使我們逐漸接近創始時的願景，也顯示結合半導體技術與規模生產的力量。2007年11月，我們成為上市公司，目前公司市值接近200億美元。當我和一個朋友討論這個故事時，他說：『這只會發生在美國。』沒錯，我們的故事乍看之下，似乎具有經典美國夢的許多特徵，但事實上，第一太陽能在很大程度上是個德國的成功故事。」

這怎麼可能？賀恩解釋：「2003年，我們開始初步生產，並著手尋找可以提供一定規模的市場，好推動大量生產，進而增進效率。當時，日本是世界上第一個訂定太陽能獎勵計畫的國家，自1990年左右就開始以家用系統為基礎實施，這是日本經濟產業省大力協調的成果，夏普、京瓷美達、三洋及三菱都在推動下，成為全球太陽能市場的領導者，而夏普在日本市場占有主導地位。你可以看到他們如何把供應鏈、生產及經銷通路結合成一個有效可行的模式，以成為低成本的太陽能製造商。那時日本市場比全球所有市場加起來還要大，當然有效的排除了非日本公司。」

賀恩說：「所以我們說，如果要擴展事業且降低成本，需要有自己的『日本』。但要到哪裡才能找到贊助者來擴大規模？我們已經發明了令人讚嘆的技術，看來應該可以成功，公司的科學家和工程師不斷問我：『我們要到哪裡去

找需要2,500萬瓦的市場？這是我們的年度生產目標。』而我不斷告訴他們：『你們解決技術問題就好，我們會把產品賣出去。』但是我在到處查看後，也問自己：『到底要把東西賣到哪裡去？』我們需要找到方法，用符合成本效益的方式把產品大量投入市場，才可以讓價格降到我們認為有辦法開發大型市場的程度，接近美國零售能源價格，也就是每度電8到10分美元。當時，也就是2003年的時候，我們的製造成本是每瓦超過3美元，所以前路漫漫，非常需要找個地方來擴大產量。」

這個總部設在亞利桑那州、工廠在俄亥俄州的美國公司，自然想要開發美國的太陽能市場，問題是，那時候根本沒有美國太陽能市場，而且無論在華府或其他任何地方，沒有人對創造這個市場有特別興趣。

賀恩回想當時的狀況，「我們到華府，然後到西南部各州，向一些公用事業說，我們只有剛開始時會賠錢。因為我們知道規模漸大之後，成本就會下降。但即使如此，還是找不到任何買主，當時我們有100名員工……我們跟亞利桑那州和俄亥俄州的國會議員商談，他們都反對必須由納稅人負擔的可能，因此興趣缺缺。但因為有沃爾頓做為後盾，我們告訴這些國會議員：『我們會承擔風險，只要你們承諾會買這些電力。』有些人同意了，但當案子上到高層後，卻無疾而終……

「這時我們決定去德國。」

明智的獎勵計畫 vs. 政治角力的阻攔

「1990年德國統一，政府訂定並通過太陽能發電的優惠收購電價法（feed-in law），這個需求獎勵計畫已被美國以外的許多國家仿效，並在德國境內擴大實施，使德國成為世界上最大的太陽能產品市場。這個計畫開始時規模很小，但2004年時德國人自問：要怎樣才能真正確保，私部門對於技術和設備的資金與實際投資能達到一定的規模？德國決定直接面對終端使用者，也就是住家或公司，問他們：『什麼等級的優惠才會讓你毫不考慮加入？』所以在2004年，德

國政府改變了收購優惠比率，告訴所有德國消費者：如果你在住家、辦公室、農地、垃圾掩埋場或任何地方裝設太陽能發電系統，當地的電力公司都必須連接你的電力系統，並依據你的太陽能系統注入電網的電力度數付錢給你，價格由國家法律訂定，效期20年。20年！真是個簡單又明智的方法。」

在德國，每年新的太陽能計畫可以享有較去年低5％的優惠，以激勵效率的改善。這種做法真是聰明。我們透過學習曲線研究發現，當銷量加倍時，價格通常能降低約20％，所以量的大小在此極為重要，數量愈大，便可愈快且愈大幅度的移至學習曲線下端，達到可以在中國和印度開展規模的價格水準。

賀恩說：「我們在德國進行初步的市場測試後，瞭解到優惠收購電價計畫將會創造讓我們提升規模的市場，同時也瞭解到，這個計畫已經創造了一個技術優越的中心，許多創新正萌芽待發。所以我們雇用了一些德國科學家和工程師，或是跟他們合夥，他們對公司有重要貢獻。現在我們生產線所使用的設備，超過半數都來自德國製造商，而東德的供應商可說是我們最重要的商業夥伴。」

再看看美國的狀況。賀恩說：「美國市場太不集中，你很難想像可以在這裡擴大商業規模。不只德國在2004年大幅提升內需，使我們得以開始成長，西班牙、義大利、法國、希臘及葡萄牙都建立了非常類似的優惠收購電價市場，這使得相關資本大量流入歐洲。美國政府的獎勵計畫時有時無，每幾年就會變動，你永遠不知道什麼時候補助會發下來或停止；德國就不是這樣，他們的計畫沒有時間限制，現有的太陽能發電計畫獎勵保證至少持續20年，所以不會讓人心裡七上八下。我們最初的生產線在俄亥俄州，之後又增加兩條，然後就得興建另一間工廠。應該蓋在哪裡呢？我們決定在東德奧德河畔的法蘭克福（Frankfurt Oder）設廠，提供540個待遇極佳的就業機會。我們知道如果兩年內在德國建廠完成，到時市場還會在；但如果在美國境內建廠，就無法確知結果。接著我們與德國客戶簽下累進計價的長期合約，所以我們知道自己有能力償還工廠的投資，可以規劃所有的現金流量……」

　　由於優惠收購電價法，德國市場已經發展成熟。「德國發展了太陽能供應商和系統整合者的廣大網絡，技術能力優異，可以協助我們有效的把新產品推廣到市場。」賀恩說：「我們在德國成立了一個業務與行銷子公司，在梅因茲（Mainz）設置業務與技術支援小組，目前是我們全球業務與行銷的基地，公司的營收超過一半以上來自德國……事實上，我提到的增產800%，絕大部分都來自法蘭克福的工廠，它是世界上最大的薄膜太陽能電池廠，代表太陽能產業有史以來最大的一宗外國直接投資。」

　　那間工廠原本可以在俄亥俄州建造，但賀恩說：「我們希望能離商業夥伴近一些，並向德國政府表示，為了感謝他們在創造市場上所做的投資，我們準備提供經濟回饋給這個區域。同時，東德是個發展製造業的好地方，有訓練良好的人員、良好的製造基礎建設、穩定的經濟及政經基礎架構；我們也可以獲得歐盟及德國政府的財務獎勵……德國政府推了我們一把，我們認為應該有所回報，他們踏出第一步，寫下支票使我們的理論生效，所以我們讓自己成為德國公司。」

　　賀恩告訴我，世界上大部分的國家已經注意到他們。「許多國家和我們聯絡，希望我們下一個工廠能設在他們國家，但是到目前為止，並沒有來自美國的電話……」

　　2006到2008年間，第一太陽能公司的市值從15億美元擴增到200億美元。你可能以為這樣就會引起俄亥俄州議員的注意，但是並沒有。2007年開始討論能源法案時，對於以下兩個問題：是否要納入再生能源組合標準、使美國太陽能市場確實可獲成長，以及是否要延長建造太陽能電廠享有的30%投資租稅抵減，俄亥俄州共和黨參議員沃諾維奇（George Voinovich）兩案都投反對票。沒有一個

> 美國政府對太陽能發電的獎勵計畫時有時無，每幾年就會變動，業者永遠不知道什麼時候補助會發下來或是突然停止。

密西根州的議員敢投票反對汽車公司，即使這些公司連年赤字還解雇勞工。但在啟動全新產業，以利創造真正就業、巨額獲益及嶄新科技時，來自生產太陽能各州的共和黨參議員卻毫不猶豫的跟著政黨投票，完全不顧當地公司的實質利益。

那些參議員是怎麼對你說的？我問賀恩。他回答：「我們一直聽到的說法是，很多人支持再生能源，只是在政治角力的過程中受到影響。也就是，因為缺乏領導，使這種無關緊要的政治過程阻礙了整個新產業的啟動。」

我瞭解政治，我也不天真，然而我知道危機就是轉機，如同我的朋友前史丹佛大學經濟學家羅墨（Paul Romer）喜歡講的一句話：「糟蹋危機實在太可惜了。」但我們已經糟蹋得夠多了。

這樣還不夠讓人心痛嗎？

現在不做，未來就等著被下一代質疑

即使美國還沒笨到搞不清楚狀況，一個簡單的事實依然存在：就算態度正面積極，將汙染性能源系統改造成綠色能源系統，還是很困難。即使在綠色能源技術上有突破，要建造能夠與智慧電網整合的傳輸線仍然非常困難，這一點，只要問問南加州愛迪生電力公司的人就知道了。他們所儲存的再生電力超過世界上任何公用事業。我問他們的高層主管，如果增加一個風力發電廠到他們的電力組合，大概是什麼情形？聽起來很棒對不對？我們來加一些風力吧，一個小小的風力發電廠，沒問題。

但你可以等十一年嗎？

這裡有個故事。許多人因為加州的再生能源命令而在該州投資風力發電。唯一的問題是，州內風勢最強勁且時間最長、又能安置風力渦輪機、且干擾民眾最少的地方，距離主要城市都相當遠。由於南加州愛迪生公司希望大批投資風力發電，所以必須耗資20億美元，建造一條長約275英里的傳輸線，好連接洛杉磯和愛德華空軍基地（Edwards Air Force Base）以北的泰哈查比隘口（Tahachapi

Pass），因為該處設有許多新的大型風力發電廠。

第一道障礙是傳輸規劃，即研究連接的過程，包括探尋新傳輸線的必要性、傳輸的路徑，以及最重要的是誰來出錢。在這過程中，新的電線到底有多少部分用來傳輸風力發電、又有多少部分僅是增進電網可靠度，而且各個部分的錢應該由誰出，都引發了爭執。參與過程的各方都分到一杯羹，包括聯邦能源管理委員會及加州獨立系統運作公司（California Independent System Operator），後者是非營利的公眾利益公司，負責管理絕大部分的加州高壓電力配送網路。這個審查過程是公開的，所有的風力發電業者都拿著地圖前來，爭說傳輸線應通過何處以及他們應該出多少錢。

這樣吵了幾個月之後，南加州愛迪生公司負責傳輸與配送業務的資深副總裁里辛格（Ron Litzinger）說：「我們最後終於說，『好吧，所有的錢都由我們出，有公共政策的支持，應該可以確保投資回收，現在大家可不可以把筆放下，我們繼續下一個程序？』」

真正好玩的部分這才開始。

里辛格說：「研究過程就要花上兩年，接下來會有一年的時間沿著路線進行環境調查，研究該處生長的植物，以及可能會碰到什麼樣的瀕危物種。再來有一年半到兩年的時間和公用事業委員會（Public Utilities Commission）周旋，他們會再次確定電線設置的必要性，審查環境評估，雇用另一個單位進行獨立的環評複審。由於傳輸線還須穿過一些聯邦土地，因此必須取得某個特別的聯邦土地機構另外開具的許可，這每次都是個問題。州和聯邦法律在這方面並不同步，所以當國家森林局人員說：『我不希望傳輸線通過我的森林』，我們也得想辦法解決……然後必須提交一份減緩環境衝擊的計畫，等到這個計畫獲得同意後，才可以開始動工。如果一切順利的話，一條傳輸線從最初的過程到取得許可和路線，需要五年的時間。」

這些審查都很重要，你不可能身為環保人士，還對它嗤之以鼻；但如果你找不到一個簡化過程的方法，使對的計畫及時完成，你也不算是環保人士。

建造工程本身只花了兩年，還不到獲得許可所需時間的一半。里辛格說：「我們在泰哈查比大概可以取得45億瓦電力，我們的計畫從2002年開始，現在（2008年2月25日），我們拿到能完成三分之一的計畫所需的許可。我們從2008年1月3日開始建造，希望2009年能傳送約7億瓦的電力到洛杉磯盆地的住家。整個計畫獲得許可、建造和完全運作將是2013年，整個過程總共要花十一年。」

十一年才完全連接一個風力發電廠，我不認為這樣的效率有辦法在目前這個世界成就任何事。中國每兩週就設立新的燃煤發電廠，規模足以供應我家鄉明尼蘇達州所有的家庭用電。你可能會說，因為建造汙染性的燃煤發電廠比較容易。沒錯，你說得對，建造潔淨且超高效能的發電廠的確困難得多。然而儘管中國現在主要還是設立汙染性的電廠，但他們很快就會以同樣的效率建造風力發電廠、太陽能發電設施和核電廠，你可以用自己的房子來打賭。雖然需要時間，但中國最後將會試圖比美國更加綠化，他們不得不如此，否則就會無法呼吸。

> 中國現在每兩週就能設立新的燃煤發電廠，不久後，他們也能以同樣的效率建造風力發電廠、太陽能發電設施和核電廠。

至於美國呢？美國會加快行動嗎？美國不能變成中國一天，不該有此需要，也不應有此希望，但這是對美國能源政策現在到底有多不連貫、多急就章以及多缺乏系統的一種評量，情況嚴重到居然能讓我腦中閃過如此空想。如果美國無法找到方法，克服這些問題，規劃出明智的能源政策，美國的這一代最好先有所準備，因為退休後的生活將困難重重，而且還須面對兒女們提出的一些不太客氣的問題。

奇異執行長伊梅特說：「我一直認為，每一代都會回顧上一代所做的事，然後提出一個重要的問題：為什麼他們會做出或沒做某些事？我們這一代要問前一代的重要問題是：『為什麼連好人都會對黑人和婦女懷有如此偏見？』我

相信當我們的孩子五十歲時，將會回顧我們這一代，然後問：『你們到底在想什麼？你們是世界上最富有的國家，擁有可以扭轉像全球暖化這類事件的技術，為什麼你們該去做對的事，動作卻這麼慢？』然後他們會感嘆：『喔，天哪，你們到底在幹什麼啊！』」

第十七章

現在就做，才能挽救未來

要能成功完成綠色革命，

需要對未來有強烈責任感的人民，

瞭解更綠一籌才有競爭力的企業，

有使命感、強而有力的國家領導者，

從現在開始，共同面對現有的挑戰，

讓自己、也讓後代子孫，

在這個又熱、又平、又擠的世界裡擁有美好的未來。

12歲女孩的演講

　　當美國是世界唯一強權的那些年，美國人做了什麼改變世界的事？事實上，我們的孩子已經提出這個問題一段時間了。2007年7月，我參加由KPCB創投公司在科羅拉多州主辦的綠能技術會議。會議中，全世界一些頂尖的能源創新者和科學家齊聚一堂，由氣候與能源專家引領發人深省且大多極為技術性的討論。會議閉幕時，主辦人表示將放映一段過去的新聞畫面。

　　螢幕上出現1992年里約熱內盧地球高峰會議的錄影畫面，畫質略微模糊。畫面中，是高峰會全體出席者聆聽來自加拿大的12歲女孩鈴木（Severn Suzuki）發表演說。攝影機偶爾會拍到台下的各國環境部長，只見他們跟我們一樣全神貫注傾聽她口中說出的每個字。鈴木的演說，是我在能源氣候年代初期所聽過最具說服力的表述，她在說明真正綠色革命的策略與道德目標上，超越了所有其他任何年齡的人。她的演講稿和演講一樣有可讀性，摘述如下：

　　大家好，我是鈴木，今天在這裡代表兒童環境組織（Environmental Children's Organization，ECO）發聲，我們是一群12和13歲的小孩，包括蘇提（Vanessa Suttie）、蓋斯勒（Morgan Geisler）和奎格（Michelle Quigg），我們正努力造成一些改變。我們募得所有費用來到這個離家5千英里的地方，為的是想告訴你們這些大人，必須改變自己的做法。

　　今天站在這裡，我沒有隱藏的議題，我要為我的未來奮戰，失去未來可不是像選舉失敗或股市失利。我在這裡要替未來的世代說話；我在這裡要代表在世界各地挨餓、沒有人聽到他們哀號的兒童說話；我在這裡要替地球上因為無處可去而面臨死亡的無數動物說話。

　　現在我不敢出去曬太陽，因為臭氧層有破洞；我甚至不敢呼吸，因為不知道空氣中有什麼化學物質。過去我和爸爸會在我的家鄉溫哥華釣魚，可是幾年前我們發現魚全身長滿了癌；現在我們每天都會聽到某些動、植物絕種，永遠

消失不見。我曾夢想這輩子要去看一大群野生動物，以及充滿鳥類和蝴蝶的叢林、雨林，但現在我懷疑它們能否活得夠久，讓我的孩子也能看到。當你們像我一樣大的時候，需要擔心這些事情嗎？

這些情況都發生在我們眼前，而我們卻表現得好像還有充裕的時間，也都知道怎麼解決。我只是個孩子，我不知道該怎麼解決，但我希望你們瞭解，你們也不知道……你們不知道怎麼讓鮭魚重新回到乾涸的小溪；不知道怎麼讓絕種的動物死而復生；也不知道怎麼讓現在變成沙漠的森林重新生長。如果你們不知道怎麼修復，就請別再破壞！

在學校，甚至在幼稚園裡，你們教導我們在這世界上應如何守規矩，你們教導我們：不要和別人打架、想辦法解決事情、尊重別人、清理善後、不要傷害其他生物、要分享、不要貪心。但為什麼你們做的，都是你們告訴我們不要做的事？不要

> 如果你們不知道怎麼修復，就請別再破壞！

忘記你們為什麼參加這些會議，你們做這些事是為了誰。我們是你們的孩子，你們正在決定我們會在什麼樣的世界成長。父母應該有辦法安慰孩子，告訴他們：「一切都會沒事」、「這不是世界末日」，還有「我們正在盡力而為」。但我想你們已經沒辦法再告訴我們這些話了，我們或許根本不在你們的優先名單上吧！

我爸爸總是說：「看一個人要看他做的事，而不是他說的話。」你們做的事讓我在晚上哭泣，你們大人說愛我們，但我感到懷疑。希望你們能說到做到，謝謝。

每次我重聽這個演講，都覺得有點沮喪，尤其是那句「看一個人要看他做的事，而不是他說的話」。對我而言，鈴木這場演講的動人之處、力量及效果，即在於她毫不掩飾的提醒我們綠色革命的真實面貌，不是地球日音樂會，

不是雜誌的綠色專題特刊，不是205種輕鬆綠化的方法，也不僅是最新的網路淘金潮或行銷熱。綠色革命是生存的策略，是我們為了保存先人傳下的自然世界這個巨大無比的挑戰，所採取的因應行動。但是在這個過程中的某個地方，這個大目標消失了，以致「綠色」往往讓人感覺很好卻不需要真正做好，提高意識卻不需要實際改變行為。

領導者非常重要

經常有人問：我想過綠色生活，怎樣才能造成改變？我的回答通常分兩方面，首先，從關心並使自己的生活盡量符合讓環境永續的要求做起。沒有人做得很完美，我當然也不是，但是得確定自己對環境的認知與行為永遠在進步。這點極為必要，但仍然不夠。

無論你、孩子或鄰居的個人承諾是什麼，還必須以法律、規定及條約將它們制度化，成為國家及國際的承諾。這就歸結到我的第二個回答：改變你的領導者，比更換你的燈泡重要得多。

領導者制訂法律與規定，而法律與規定可在一夕之間發展出市場，並改變數百萬人的行為與動機。無論你開燈或記得關燈，領導者制訂的法律都規範著你的燈泡必須達到什麼樣的效能；無論你買的是Prius油電複合動力車或是悍馬，領導者制訂的法律都規範著你的車每加侖必須行駛多少英里；無論公司的總經理是思想先進或極端守舊，領導者制訂的法律都規定你的公用事業公司必須購買多少綠色能源；無論你是否有錢使用空調，領導者制訂的法律都規範著你的冷氣必須達到什麼樣的效能；領導者制訂的法律還關係到綠色能源傳輸線是否可以穿越你的土地，或是會遭受阻礙而必須纏訟10年；他們制訂的法律也規定國會提供或不提供獎勵性稅制誘因給開發風能、生質能及太陽能的業者；他們制訂的法律還評估應該課徵什麼樣的碳稅來發展市場；他們制訂的法律也規範溫室氣體限量管制與交易制度的限制標準高低；他們制訂法律禁用塑膠購物袋、降低速限、限制生質燃料的作物種植地區，並決定政府對公用發電廠的補

助是為了鼓勵用電還是節能。

　　但應該如何推舉出能夠制訂適當法律的領袖呢？他們在哪裡，而我們又能如何要求他們真正的撥亂反正？這些都是我想在這一章結論裡試著回答的重要問題。首先，綠能革命應參考兩個前例：民權運動和美國動員投入第二次世界大戰。

民權運動的啟示

　　綠色革命和民權運動的相似處，在於兩者都關係到個人道德，卻不僅止於個人道德。美國民權運動促使美國白人以自己想被對待的方式來對待美國黑人，但這不僅是要求大眾對新搬來的非裔美籍鄰居表示友好，或開放他們申請當地游泳俱樂部的會員資格。最終而言，這個運動是要修訂法律，讓任何人不再可以選擇歧視他人。最後能改變數千萬人行為和觀念的，正是這些法律。

　　美國民權運動的開端是公民的行動，是由那些黑人運動者開始，他們坦然坐在清一色白人的午餐桌；他們拒絕坐到公車後方或讓位給白人；他們反抗種族主義份子，無畏的從前門走進密西西比大學或喬治亞大學。他們的典範與勇氣激勵了其他人，最後運動興起並達到高峰。1963年8月28日那一天，100萬名群眾從林肯紀念堂（Lincoln Memorial）的台階一路延伸到國家廣場（National Mall），聆聽金恩博士發表名為「我有個夢想」的演說。公民行動加上富啟發性的想法，激勵了所有人，整個國家逐漸意識到不該繼續坐視狀況發展而不採取行動，因為它已不容忽視。

　　終於，這些抗議及抗議者的數目引發地區、各州及聯邦立法者的注意，這些立法者中雖有許多人早已意識到種族隔離的問題，也知道國內多數人並不樂見這種情形，卻認為改變太過麻煩，不如維持現況。可是當他們看到國家廣場上呼籲改革的大規模運動以及其他各地的許多抗議活動時，政治風向隨之轉變，因為修訂種族法律的任務雖然艱難，但毫無作為卻為國家帶來更多苦難。

　　沒錯，顯然改變帶來了分裂，程度非常嚴重，並且歷時20年之久，但是現

在沒有人會說，那不是美國人該為國家做的事。如同凱瑞（John F. Kerry）參議員在2008年4月28日《新聞週刊》發表的一篇論述：「只有在人民發起規模夠大的運動、使華府除了聽從之外別無選擇時，真正的改變才會發生……這是改變國家唯一的方式。」

> 綠色革命不是地球日音樂會，不是雜誌的綠色專題特刊，不是205種輕鬆綠化的方法，也不僅是最新的網路淘金潮或行銷熱。綠色革命是生存的策略。

這也是綠色革命必須採取的下一步，目前其訴求或群眾的呼籲，尚未達到令政治人物無法忽視的程度，綠色多半仍是一種選擇而非必要。

2008年4月20日，國家廣場舉行了一場地球日音樂會暨大會，我受邀去演講。當我接受邀請時，還心想不知是否會有政治領袖現身帶領這樣一個大規模集會，如同1963年金恩博士一般。音樂會那天下著雨，當我開始對群眾發表演說時，一個搖滾樂團還在我身後調音。我認為自己應該避免喊一些空泛的口號，而是直接談實際層面，例如台下聽眾可以如何運用影響力，促使立法通過太陽能或風能租稅抵減，因為此案在國會擱置已經快一年了。但我很快就瞭解，許多人只是來聽樂團演唱，並不想聽政治策略。

後來，一道閃電迫使主辦單位緊急結束集會，我的評論也因而中斷。我疲累的在雨中走到地鐵站搭車回家，有幾個參加活動的人和我搭乘同一節車廂，其中一人走過來和我聊天。這個人將近30歲，目前正在美國國際發展局的合約商另類發展公司（Development Alternatives Inc.）工作。他一開始便說：「我喜歡你想要表達的概念，可惜你沒辦法講完，很多人只是去那裡聽音樂而已。」沒錯，我同意，也許那個場合不適合發表如何遊說國會這麼嚴肅的演說。

這就是綠色運動和民權運動的根本差異，後者之所以能受到關注，令人無法等閒視之，是因為領導者在國家廣場集合了100萬個民眾，要求所有人應享有平等權利，同時從事真正的非暴力抗議，並願意因此而下獄。

如果要讓人們對綠色運動嚴肅以對，最少得有100萬個民眾集合在國家廣場要求價格訊號，例如碳稅、溫室氣體總量管制與交易制度，或國家再生能源命令。我們需要人民要求政府修訂規範全國能源效率的法律——這些新的法規及稅賦，就相當於民權法案的綠色版本。

雖然不太可能會有人因為主張課徵碳稅而遭逮捕，但綠色運動的倡導者必須能夠懲罰那些阻礙綠色行動法案通過的議員，並獎勵推動者，設法讓從政者瞭解他們是玩真的。如果政治人物看到這些情形，他們的行為就會隨之改變，對於碳或汽油稅或嚴格的溫室氣體總量管制與交易制度這些重要的解決之道，不會再告訴我們均「不予以討論」。

不過，要集合100萬人到國家廣場要求平等權利，尤其是為了他們並不住在當地的地區或社區，難度遠低於把他們集合到那裡，呼籲政府課徵碳稅或發布國家綠色能源命令，要求各地區至少必須生產多少再生動力，而最後實際上可能只嘉惠到他們的孩子。

除非大眾讓政治人物相信，人們願意接受必要的價格提高及法規改變，以啟動綠色能源的革命，並呼籲政治人物懲罰拒絕改變的人民或公司，否則政治人物還是會認為維持現狀比較容易，沒有必要與石油、煤礦和天然氣公司及代表這些公司的議員作對。如果大眾傳達給政治人物的訊息，仍是他們只關心205種輕鬆綠化的方法，政治人物就不會提議能真正發揮影響力的一或兩個困難的方法。

行動永遠比言語有力

所以美國人可以如何改變現況？首先，需要不同的策略，以分別影響企業和一般大眾。若想改變企業，需要跟經驗豐富的美國華府圈內人士打交道，因為他們瞭解國會如何運作、如何籌措選舉經費以及如何保護地盤。像艾克森美孚、全球最大的煤礦民營公司皮博迪能源（Peabody Energy）及通用汽車都知道，國會中的圍堵聯盟和Facebook網站會員的不同——他們不是Facebook的會員，這些

人可是會直接面對阻礙他們的議員。如果美國民眾想要這些公司轉向較綠色的政治，就必須到這些圈內人士面前，並進入他們制訂法律的政府廳堂，這些人可不會去參加什麼地球日音樂會。

　　好消息是，目前許多企業已經開始自動轉變，支持綠色議題，瞭解到更綠一籌代表競爭的機會而非負擔。這些公司目前已經夠多也夠分量，有潛力改變綠色議題的政治，使美國能重新訂定某些法律。

　　「你必須運用和打敗香菸公司一樣的策略，」貝克曾是峰巒協會在美國華府的說客，現在擔任私人環境顧問，他主張：「在美國，你必須致力於改變法律，詆毀壞蛋，同時向他們展現其他賺錢方式。」面對那些對淨化無動於衷的汙染性燃料公司，「我們必須讓他們處於劣勢風險，稱他們是危害我們孩子未來的公司，使他們處於和香菸公司一樣的地位……燃燒是危害氣候的邪惡根源，所以我們必須減少燃燒。抽菸會產生二手菸而損及他人，是危害健康的不良行為，而二手碳更糟糕，因為它危害的是整個地球。同時，我們必須向他們展現不同的未來，讓他們知道如果開始大幅投資真正的綠色能源，將能賺到很多錢。」

　　當你改變這些生產與消耗能源的大型公司的關注重點，並使他們啟動綠色行動，他們將會發揮巨大無比的影響力。以沃爾瑪倡導高效能燈泡所造成的影響為例，「去年，沃爾瑪宣布一個野心勃勃的目標，希望在一年內銷售1億個省電燈泡，」TreeHugger.com網站於2007年10月23日提到：「現在該公司宣布已經達成這個目標。他們估計這些省電燈泡的效用，相當於馬路上減少70萬輛汽車，節約的能源可供45萬個家庭使用。」

　　沃爾瑪正積極實現2005年訂下的目標，也就是在2008年底之前，讓公司所有7,200輛聯結貨車的燃料效能提升25%，這幾乎相當於馬路上減少了6萬8千輛汽車。到了2015年，他們的目標則是提升100%的效能。由於不斷的擴張，沃爾瑪每增加一個新據點，都會增加大量能源的需求，所以，他們在成長時能夠盡可能符合綠化原則顯得格外重要，這不僅是為了他們自己，也事關他們能將多

少科技進展推廣給每個人。

貝克在這方面有個發人深省的親身經驗。2007年美國參眾兩院，為了是否提高美國境內銷售車輛的行駛油耗標準及提高多少幅度而爭執不休，汽車公司彼此之間也意見分歧。一些公司準備要在2020年達成每加侖35英里的新油耗標準，但通用、福特及克萊斯勒這底特律三巨頭，卻反對任何有關油耗標準的重大改變，直到他們因為時勢所趨才不情願的妥協，同意在2022年達成每加侖32英里的草案。

> 只有在人民發起規模夠大的運動、使華府除了聽從之外別無選擇時，真正的改變才會發生⋯⋯這是改變國家唯一的方式。

美國日產汽車公司（Nissan USA）知道自己能輕易達成較高的標準，所以屬於主張2020年達到每加侖35英里的陣營。日產在美國的製造工廠多數位於南方，如密西西比州等。日產代表告知這些州的參議員他們希望的投票結果，其中包括密西西比州的共和黨重量級參議員拉特（Trent Lott）。

「我在國會為環境議題奔走許多年了，但從未見過拉特，」貝克說：「他在環境議題上的投票紀錄可說是國會中最糟糕的，但是密西西比州現在有一間日產公司的工廠⋯⋯我極力遊說國會通過較嚴苛的油耗標準，而日產是我們的盟友。辯論期間某天，我站在參議院的樓層，看到拉特走出來，馬上向前自我介紹，準備提出我的意見。當時我穿著簡單樸素的西裝，他對我說：『丹，你們沒收到通報嗎？今天是泡泡紗日❶。』他一直往前走進入電梯，然後說：『我支持你們。』接著電梯門關上。」

換言之，較嚴苛的油耗標準之所以能通過，並不是因為邏輯的力量，而是

---

❶「泡泡紗日」（seersucker day）為拉特議員在1996年所定，在每年六月中旬的星期四，參議員們會穿著這種輕薄、有條紋和皺紋的布料所製作的西裝上班。

透過遊說的權力平衡。「峰巒協會無法說服拉特，所以日產必須拉到拉特和史帝芬斯（Ted Stevens；阿拉斯加州參議員，投票時通常站在石油產業那一邊）的票，如果沒有他們，我們絕不可能成功。」貝克說：「日產說動這些極為保守的參議員，因為他們公司在這些參議員代表的各州設廠……密西西比州也有環保人士，但拉特知道他們沒有把票投給他。」

因為日產，拉特變得比較支持綠色議題，至少在那一天是如此。而讓日產變綠的，則是他們的顧客。最終的結論總是：行動永遠比言語有力。

是危機，也是轉機

在激發真正的綠色革命上，我們今天所面對的重大挑戰是：受氣候變遷影響最大的不太會是「我們」。那些遭受能源及自然資源供需失衡、產油國獨裁、氣候變遷、能源匱乏及生物多樣性消失等嚴重影響的人沒辦法投票，因為他們還沒出生。歷史上政治改革運動的發生，均肇因於人們遭到某個政策或情況的不當影響或侵害，當一無所有的人累積到一定數目時，最後便產生足夠的力量引進民主制度。

但綠色議題，尤其是氣候變遷，「並不是擁有者和一無所有者的對立，」如同約翰霍普金斯大學孟達邦教授所說：「而是現在與未來、今日世代與其子女及尚未出生的兒孫輩的對立。問題在於，工人可以形成組織爭取勞工權益，老年人可以形成組織爭取健康照護，但『未來』如何成為組織？他們無法遊說，也無法抗議。」

在美國的民主模式中，政治是利益團體衝突下的產物，但綠色利益團體尚未完全成形，如果再有幾個卡崔娜颶風襲擊其他幾個城市，或許這個團體會正式形成。孟達邦教授說：「屆時它將會是有史以來最大的利益團體，但等到那時，一切可能都已經太遲了。」

這樣不尋常的情況需要我們這些地球管家的倫理，就像是父母為子女所做的：高瞻遠矚，長期規劃，使他們能享有較好的未來。當然，要每個家庭為他

們的後代籌劃，遠比要求他們為整個社會籌劃來得容易。這仍是我們的挑戰。

　　我們的父母在許多方面接受過這樣的挑戰，因為他們那個世代曾經全體動員，致力於解除生活方式上的威脅。譬如第二次世界大戰，日本攻擊珍珠港，使所有美國人深感悲痛，引發全國上

> 因為抽菸而產生二手菸，是危害他人健康的不良行為；二手碳更糟糕，因為它危害的是整個地球。

下投入大規模努力，運用所有經濟資源與人力來解決問題，直到取得勝利，因為當時的美國人瞭解自己的生活方式岌岌可危。每個人都必須犧牲，都必須參與，無論是鉚釘工蘿西❷、在勝利花園❸中的祖父母，或是被羅斯福總統要求停產汽車、製造坦克的通用公司。

　　我們需要類似的動員，來啟動真正的綠色能源系統，不過我們所做的是要在事情發生前防範未然，而不是在發生之後才採取因應措施。

　　這不太容易做到，畢竟美國在希特勒崛起時也沒有立即投入二次世界大戰，這也是為什麼我在本書中不斷強調，面對能源氣候年代的挑戰，不僅是面對一個新的危機，同時也可以是掌握一個新的機會。二次大戰不能算是個「機會」，純粹只是應盡的義務；而能源氣候年代則兩者皆是，我們既有義務確保各個物種都享有安穩的地球環境，同時這也是個讓國家革新再生的機會。

　　如果我們的父母是最偉大的世代，那麼我們就必須是「再世代」（Regeneration）。我第一次聽到這個名詞，是出自戴爾電腦創辦人戴爾（Michael

---

❷ 鉚釘工蘿西（Rosie the Riveter）代表美國二次世界大戰期間600萬個進入工廠工作的女性，最有名的形象是一張海報，標題是：「我們做得到！」（We can do it!）

❸ 勝利花園（victory garden）指的是第二次世界大戰時，美國、加拿大及英國私人住宅內種植蔬果的園圃，目的在減輕戰時食物供給的壓力，民眾在栽種過程中，覺得既付出一己勞力，又能收穫作物，因而提振了民心士氣。

Dell）之口，這名詞是他們的行銷總經理賈維斯（Mark Jarvis）創造的。戴爾向我解釋：「這是指不分年齡的所有人，對再生能源、資源回收及其他讓地球自然環境永續發展的方法，皆具有共同的興趣。」

界定再生世代的標準並非年齡、而是觀點。所有人都有相同概念，知道世界已變得又熱、又平、又擠，若不致力於回收、重複使用及重建更潔淨、更有效能的動力，生活品質將會降低、衰退及受限。此外，我還要提出另一項界定再生世代的標準，即是一種使自己國家重生、同時幫助世界的熱情。

美國再生世代將由每一個學生、每一所學校、每一位教師及每一處社區開始逐漸茁壯，以綠色為中心來改變文化。綠色不僅是「趕時髦」，更是我們生活的重心。但是我們不能欺騙自己，目前綠色革命還未達到所需的境地，還沒有一個國家級的政治人物出來主張，我們應該藉由在日常生活的每個層面去體現，來使綠色消失。目前綠色僅是政治人物必須勾選的一個項目，而非施政理念。

目前政治人物簡化而倉促的說詞仍是，我們需要一個發明綠色能源的「曼哈坦計畫」，就像發明原子彈而結束了二次世界大戰的「曼哈坦計畫」一樣。不過，正如我希望我已經清楚表明的，這樣的想法只是避重就輕，想以此取代對整個問題進行嚴肅而有系統的思考。「沒錯，我們需要原子彈結束戰爭，」孟達邦教授說：「但如果沒有大規模的軍隊、徵兵、發動攻擊日，以及家鄉後方所有人的犧牲奉獻，勝利的時刻不會到來。」美國能夠打贏戰爭要感謝所有軍隊的努力（也別忘了我們的盟友），但這些軍隊則來自美國人民。

> 如果你把綠化看做是成本或是一般投資，那一定會失敗；如果你將它看做是非凡的投資，可以帶來轉變性收穫與驚人利益，那麼你就會成功。

美國今日所面臨的真正能源短缺是，無論公民或政治階層都缺乏必要的動

能，能夠嚴肅看待潔淨能源系統這樣龐大的目標，並致力實現。這也是我在本書一開始所提到的，美國的政治效能不彰已久，陷入一種想要結果卻不想要過程的模式，不管個人或政治皆是如此。我們所做的事就代表我們，而我們在創造綠色能源系統上的作為，到目前為止實在不怎麼樣。

阿列格尼學院的馬尼茲教授在2007年11月22日的《華盛頓郵報》發表的評論，對此說得最好：

人類的歷史，就是那些棘手又令人傷神的挑戰，和如實說出這些挑戰的領導者，如何激發我們個人及社會的想像、創造及奉獻的過程。否則李維爾❹不會奔馳在米德爾塞克斯郡（Middlesex County）兜售關於「懶惰的革命者」（The Lazy Revolutionary）的書；羅斯福總統不會條列出10種輕鬆反法西斯主義的方法來動員全國；金恩博士的「我有個夢想」演說或「伯明罕獄中書」（Letter from Birmingham Jail）的文稿，也不太可能勾勒出一種深植於個人主義及消費者中心行動的務實改革政治。

我們面對的最大環境問題不是冰雪消融、降雨減少或石油供給緊縮及汽油價格攀升，而是當美國人問：「我如何造成改變？」時，那些環保菁英份子及政治領袖卻認為我們只是孩子，不是過於膽怯而不敢激發我們最好的一面，就是過於盲目，而看不出我們之所以能成為偉大國家的內在本質。

領袖為何舉足輕重

這就是為何找出或塑造領導者如此重要，無論你面對什麼樣的艱鉅挑戰，如結束種族隔離或投入世界大戰，領導者的特質通常是關鍵因素。在能源氣候年代，我們需要的領導者必須要能夠形塑議題，讓人們瞭解為什麼忽略這些議

---

❹李維爾（Paul Revere）是一名銀匠，也是美國獨立戰爭時期著名的愛國者，以連夜騎馬奔馳傳達英軍入侵的消息給波士頓居民、使民軍得以做好迎戰準備而聞名。

題有相當大的危險，而奮起因應則有相當大的機會。我們也需要領導者不僅瞭解運用系統化的方式處理問題的重要性，也能夠真正創造願景、樹立權威以整合整個系統。

這道理似乎顯而易見，但我卻看不出美國政治制度有辦法培養出能夠解決如此重大問題的領袖。這問題跨越好幾個世代、呈現多種面向，並且將花費數兆美元。我一直記得史丹佛大學氣候學家史奈德告訴我的一個小故事。

他說：「民主能否經得起複雜問題的考驗？這就是能源、環境問題所代表的意義。這個問題極為困難，涉及多種等級和多門學科，某些領域極其確定，某些領域則相反，問題既無法逆轉又可以逆轉，而直到結束前，我們都不知道自己到底做得如何。也許40年後我們才會知道，這就是為什麼氣候問題的複雜性對民主是種挑戰，因為民主是短期的。1974年我29歲時，正在為美國國家大氣科學研究中心工作。當時的總統是尼克森。某天我對白宮一些對氣候與安全感興趣的行政部門演講，場子是由中情局安排的，可是我並不知道。主講人除了我之外，還有一位資深人員。當我說到『無法逆轉』（irreversibility）及11年和22年的乾旱週期時，有個坐在後排、穿著皺巴巴的外套、領帶向後折的傢伙大聲的說：『小伙子，你不瞭解，這裡只有2年、4年和6年任期。』稍後我和他碰面，才知道他是中情局的人，而他一眼便看穿了事實。」

這就說到本章的核心，我們如果不是透過民主制度及民選領袖激發意志、凝聚焦點和樹立權威，看得比最新消息的週期還遠，盡一切努力設計並執行綠色能源系統，帶領我們的國家邁向另一個階段，這也是中國目前透過比較獨裁的方式想達成的目標，否則我們就會淪為香蕉共和國。

香蕉共和國

不，別誤會，不是那種香蕉。當我說「香蕉共和國」（Banana Republic），並不是指1960年代某種拉丁美洲獨裁專政❺。我用「香蕉」這個詞是套用公用事業專家的說法，你聽過「NIMBY」嗎？意思是「別在我家後院」（not in my backyard），例句是：「我喜歡風力發電機，但就是別建在我家後院」。而「BANANA」則是範圍更廣的同類用語，代表「build absolutely nothing anywhere near anything」，意思是「一無建樹」。

美國這個民主國家已日漸變成這種「香蕉共和國」，我們需要更多核能，但沒有人希望廢料貯存在自家附近；我們認為風力發電機可以大幅增進電網效能，但是拜託別擺在麻州海安內斯港（Hyannis Port），那可能會妨礙我欣賞海景；太陽能，沒錯，太陽能就是答案，不過要從可以大規模生產太陽能的亞利桑那州的沙漠到最需要用電的洛杉磯，沿途建一條高壓電傳輸線，你想都別想！天然氣在發電上好像優於燃煤，但你最好別膽敢在美國任何沿岸社區建造液化天然氣接收站（這可以讓我們進口更多天然氣）；好，沒關係，我們就靠碳封存的煤好了，可是如果你在地下洞穴封存煤中的二氧化碳，然後讓它外洩到我家廁所，我絕對會告得你沒完沒了，所以不要把這些東西貯存在我家附近；至於潮汐發電，好啊，可以啊，只要你別把那種巨大的潮汐發電機擺在我最喜歡的沙灘上。

基於這些理由，如果我們要喚起推展真正綠能革命的意志、焦點及權威，需要一位不畏於採取任何必要行動來領導的總統。林肯總統為了贏得南北戰爭，必須以民主方式取走各州政府的權力，歸入聯邦政府，創造出美國建國以來最壯大強盛的中央政府，他甚至暫停了人身保護令（habeas corpus）。羅斯福總統則必須將軟弱單薄的聯邦政府轉化為今日的巨型機構，以克服經濟大蕭條，並贏得二次世界大戰。

任何想要建構新的綠色能源及保育系統的美國總統，也必須做同樣的事：以民主制度的方式取得授權，結合現有拼湊的動力網絡，創造出一個較為整合的國家能源系統。所以如果有人曾聽到羅斯福總統說：「噢，真希望我既是總

---

❺香蕉共和國，過去指只靠香蕉等單一經濟作物出口且受腐敗政府控制的拉丁美洲小國，有貶低的意味。

統、又是國會,只要十分鐘就好了。」,並不讓人感到意外。大部分的總統如果聽過美國現今能源「系統」的相關簡報,應該也會說同樣的話,因為它就像個三頭六臂的大怪物。

多頭馬車的系統

以下是個速寫。美國各地及區域公用事業提供電力和天然氣給大多數的美國人,但它們受到各州規範,由州政府裁決各事業生產的動力及傳輸線的建造應如何收費。美國國家環境保護局監管空氣、用水及燃料的品質標準;而運輸部則負責訂定汽車、卡車的油耗標準;能源部科學辦公室是國家能源研究最大的資金來源,能源部也負責訂定家電用品的效能標準和國家模範建築法規;乙醇的生產則由農業部說了算;美國陸軍工兵團負責建造與維護許多水力發電水壩;聯邦能源管理委員會監管州際電力傳輸線;核子管理委員會規範核能廠的建造與營運;隸屬總統的經濟顧問委員會則裁定任何能源提案在經濟上的可行性。同時,參議員、眾議員及州長都向這些機構內的每個人遊說,想要為自己州裡生產的某種特定能源,尋求更多保護或增加更多使用,有時他們會借用私人投資者的力量,但有時又會持反對立場。當說客不滿某個政府機關處理他們議題的做法時,則會尋求另一個機關來圍堵,最後演變成政府部門的內閧。

這個「系統」大部分是在二次世界大戰後成形的,當時的假設是天然氣價格會一直維持在每百萬英熱單位(million metric BTU)2美元,原油價格則會在每桶10到24美元之間浮動,除非碰上戰事或政治危機,否則不會超出這個範圍。因此,美國政府沒有一個機構的任務是構想並執行綠能革命,我們也從未想過可能有此需要。

正如環境顧問貝克所說,整個系統「設計得讓什麼都不做比較簡單,要轉變則幾乎毫無可能。」所以無論過去、現在,都沒有主要的策略,也沒有任何人或部門看到全貌,或思考如何分工合作。國際保育協會的普里克特說:「這狀況就好像我們正在打二次世界大戰,但只有上尉、上校,卻沒有將軍,每個

人都只是朝自己的方向前進。」

在這個又熱、又平、又擠的世界，下一任美國總統必須也是個能源長，能找出一種合乎民主的方式來建立權威，駕馭這個不斷吼叫並朝多個不同方向拉扯的美國能源

無論如何都抱持希望，就如同輕易絕望一樣危險。

怪獸，使它重新集中焦點，致力於唯一的要務：藉由聰明的系統，創造綠色能源、提升能源效率及節約能源。除非聯邦政府中成立單一組織，而這個組織被賦與的任務與權力，就是訂定並施行一個全面且連貫的國家能源策略，組織的首長並直接向總統報告，獲得總統充分的支持，否則我們不可能會有全面及連貫的國家能源政策。

這意謂著要創造一個真正的「能源部」，協助發展真正的綠能革命。大多數美國人並不知道，目前美國能源部的主要任務是看管美國儲備的核武，而不是引領綠能革命。我們需要一個真正的能源部監督所有的能源政策，就像一個有效能的國防部監督戰事一樣。

將這些權力聚集在同一個機構下，並且使國會和各州隨之行動，絕非易事，這就是為什麼國家首先需要一位可以適切的將這個挑戰定位為機會及義務的總統。「如果你把綠化看做是成本，一定會失敗，」印度軟體外包巨頭薩蒂揚公司的拉主說：「如果你將它看做是一般投資，也一定會失敗；如果你將它看做是一項非凡的投資，可以帶來轉變性收穫與驚人利益，是個大好機會，那麼你就會成功。」

這是很好的忠告。直到目前為止，太多綠色運動的領導者只聚焦於問題、而非機會，但能源氣候年代有趣的地方在於，雖然所有的問題正開始影響我們，但機會卻早已來臨。即使世界還沒有熱到不行，又平又擠的現象就已需要新的能源工具來處理，也因而開展了綠色能源及提升能源效率的龐大機會。我們現在發現高漲的能源、食物及自然資源費用將迫使我們改變。錯過引領變革

革的機會，正如同忽視這些問題一樣的魯莽且短視。

審慎的樂觀

2007年夏天，我到科羅拉多州巴梭特（Basalt）參加落磯山研究中心成立25週年慶，這個機構是美國環境創新的重要中心。晚餐前，我和友人先德勒（Auden Schendler）在一個由大型私人賽馬場巧妙布置成的慶典跳舞廳裡，談到科羅拉多州的環境保護主義。先德勒是亞斯本滑雪公司（Aspen Skiing Company）的社區與環境事務專員，當我們結束談話時，我向他索取名片以便日後聯繫。

「我才剛換過名片，」他對我說。噢，你搬家了？我問。沒有，先德勒解釋，他並沒有搬家或換工作，他重新印名片是因為想把名片下方的引言換掉。

「我的舊名片引述的是（生物學家及環保人士）迪博（René Dubos）所說的話：『趨勢不是命運』。然後有一天我對自己說：『嘿，或許就氣候而言，趨勢就是命運，沒有任何事可以阻止我們不讓大氣層中的二氧化碳含量加倍。』所以我把名片改了，現在引用的是一個愛喝酒的酒吧鬧事者，（已故作家）布考斯基（Charles Bukowski）詩集的名字：《最重要的是你如何浴火而行》（*What matters most is how well you walk through the fire.*）。我們還沒開始為這個問題奮戰，而我已經決定要開始，即使我認為這是場長期抗戰。我現在37歲，對我們到目前為止所做的事感到遺憾，我希望有生之年能看到我們贏得這一戰，希望看到最後如何結束。我曾說這是我們兒女的問題，但事實上我們大概有10年的時間可以改變狀況，所以這實際上是我們的問題。」

先德勒說得沒錯，這真的是我們的問題，我們處在決定這個能源氣候年代會如何轉變的歷史樞紐。如果我們要設法管控不可避免的，避免不可管控的，就必須確定我們從此刻起的任何作為，都有助於建構實際、永續且可衡量的解決之道。明確容易的路徑皆已封閉，現在真正重要的是我們如何浴火而行。

這項任務如此艱鉅而影響深遠，我們該如何避免過於樂觀或悲觀？我們必須走在先德勒兩張名片的交界線上：一邊是諸事可成的樂觀主義，另一邊則是

敏銳察覺到時間已晚，而問題卻過於嚴重。

　　人們需要希望，才有辦法承擔如此巨大、長期又艱難的任務，沒有希望就無法激起、延續一個廣泛的政治運動。如果你告訴人們：「面對現實吧，我們完蛋了，你把數字加一加就知道，大氣中已經有那麼多二氧化碳，之後一定還會增加好幾噸。真實的情況就是，你的孫子只能在過期的《國家地理雜誌》上才看得到北極熊。」那他們的反應一定是：「喔，如果我們做任何事都沒辦法擋住火車的話，不如就及時行樂吧。」

　　可是，如果你告訴人們解決之道唾手可得，或是只要靠最近一期園藝雜誌裡的205種輕鬆綠化方法，就能創造整個新的綠色能源系統，並且打敗全球暖化，許多人的態度也會是：「喔，既然這麼簡單，那現在就可以開慶祝派對了。」我欣賞蒙畢爾特（George Monbiot）在他的《熱：如何阻止地球燃燒》（*Heat: How to Stop the Planet Burning*）一書中所說的：「無論如何都抱持希望，就如同輕易絕望一樣危險。」

　　至於我，我想我會自稱是一個審慎的樂觀者，我喜歡同時持有先德勒的兩張名片。如果我們對規模這麼大的挑戰不審慎以對，就是不用心；但如果你不是個樂觀主義者，就根本不可能創造需要的群眾運動，以達到需要的規模。

就從現在開始

　　追悼詞不該是本書的結尾，但是落磯山研究中心的羅文斯在環保專家米道斯的追思儀式講詞中，表達了許多我自己的希望，所以我忍不住在此分享其中的部分。米道斯是任教於達特茅斯學院的環保專家及作家，她於2001年2月21日去世，生前曾鼓勵及教導過我許多從事綠色運動的友人。羅文斯的追悼詞如下：

　　某位生物學家——可能是威爾森，他注意到蜜蜂、螞蟻及白蟻雖然個別來說不是非常聰明，但群體而言卻有很高的智慧，然後他說：「人類似乎正好

時愈來愈常出現，她也是那些演化程度更高的靈長類之一，他們的愛、邏輯、擇善固執、勇氣與熱情喚醒其他人拯救世界的能力與責任……她三年前曾寫過這樣的句子：「我天生就是樂觀的人，對我來說，所有的杯子都只是半滿。」但她也不會避而不談壞消息，總是會提出如何做得更好來激勵他人。她將未來視為選擇而非宿命，以她清晰的洞見說明如何去做（有時不得不做的）必要的事。她的觀點與迪博相同，認為絕望是種罪惡，所以當被問及是否還有足夠的時間防止巨災時，她總是說，我們還有足夠的時間，只要能從現在做起。兩年前，有篇負面評論談及令她流淚的一個事件，她將評論以電子郵件寄給我，但附加了以下注記做為對比：「有個總經理某天在照顧他的小女兒時，想看報紙卻一直被打斷，令他十分無奈。當他看到報上有一整版太空總署從太空拍攝的地球照片時，想到了一個聰明的點子，他把報紙撕成一小片一小片，要女兒把它拼起來，然後他愉快的準備享受半個小時的平靜與安寧。但是只過了幾分鐘，他的女兒又回到他身旁，臉上滿是笑容。他問：「妳已經拼完了？」「嗯。」「妳怎麼拼的？」「喔，我看到背面是一個人的圖片，所以我把那個人拼好，地球也就拼好了……」

這篇追悼詞有許多值得欽佩的地方：堅信未來是我們的選擇，而不是宿命；把人拼起來，地球就拼起來了，宇宙中沒有什麼比60億人的頭腦全數投注到一個問題上的力量還大。最重要的是，我聽過表達審慎樂觀最好的說法是：我們還有足夠的時間，只要能從現在做起。

所以我要以開始時說的話來結束這本書：從我們開始，從美國開始。環保法律專家登巴（John Dernbach）有次告訴我，分析到最後，「美國對永續發展所做的決定並不只是表面上的技術性決定，也不僅是關於環境的決定，而是決定我們是誰、價值是什麼、我們想要生活在怎樣的世界以及希望在後人心中留下什麼印象。」

我們是身處能源氣候年代的第一代地球人，這不再只跟鯨有關，而是跟我

們自己有關。我們在面對能源與氣候、保護與保育挑戰時的作為，將會告訴後代子孫我們的真實面貌。我們運氣好的地方在於，我們成長的時代極為繁榮並充滿科技創新，運氣差的地方則是，如果要擴展繁榮並到達科技發展的新高峰，不能再因循舊方式，開採全球的公有地，認為宇宙和大自然以我們為中心運轉。

> 把人拼起來，地球就拼起來了，宇宙中沒有什麼比60億人的頭腦全數投注到一個問題上的力量還大。

我們需要重新界定綠化，在這麼做的同時，也重新發現自己以及身為地球人所代表的意義。如果我們不改變過往的認知，地球還會在，但我們會成為瀕危物種。但如果我們起而面對這個挑戰，真正成為再生世代，重新界定綠化，重新發現、喚起、創造，那麼我們及世界將不只能生存，同時也會在這個又熱、又平、又擠的時代中欣欣向榮。

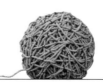

謝詞

　　當我思考自己寫這本書，到底希望達成什麼目標時，有人提醒我美國前財政部長及哈佛大學校長桑摩斯（Larry Summers）曾說過的一段話。桑摩斯在離開哈佛之後，將事業重心擺在促進人們對全球化及其對中產階級的影響產生新的討論。2007年6月10日《紐約時報雜誌》（The New York Times Magazine）刊出一篇有關他的側寫，文中提到他曾說：「我認為一個人必須準備接受長串的因果鏈。也就是說，如果你想探討一個問題，並提出解決之道，你不會在隔天就看到結果。但是，這會影響到整個輿論的氛圍，事情會從無法想像轉變成不可避免。」這本書若是在任何方面能對創造真正的綠能革命有所貢獻，由美國打前鋒，從無法想像轉變成不可避免，我就會認為這是一本成功的書。

　　這本書涵蓋的主題及地區如此廣泛，如果沒有許多很好的意見，根本無法成書，我幸而在知識、見解及觀察角度方面，得助於許多人慷慨大度的幫助。

　　這是我在《紐約時報》任職期間所寫的第五本書，如同前四本書，若非報社及傑出同仁的支持，我不可能完成。我特別要感謝發行人舒茲伯格（Arthur Sulzberger, Jr.）讓我寫作專欄，使我看到這個又熱、又平、又擠的世界許多面貌，並且同意我休假，才得以完成此書。我同時要感謝社論版總編輯羅森索

（Andrew Rosenthal）積極支持這項計畫，並安排我的休假。

　　說到提供我指導與幫助的人，一定要先提到約翰霍普金斯大學外交政策專家孟達邦，我們關於能源、政治及外交政策的無止境的討論，一直有助於磨利我的觀點。

　　在生物多樣性議題上，我的頭號老師是普里克特，我們兩人由巴西的大西洋雨林旅行到中國西藏的香格里拉，從委內瑞拉南方荒野至印尼的最南端。普里克特是國際保育協會的資深副會長，內人安則是該組織的董事。普里克特在環境及生物多樣性領域上，已忘記的東西比我這輩子所知道的還多，一路走來，他在這些主題上對我的教導超過任何人。他對保護自然世界的熱情，非常具有感染力。國際保育協會的領導人密特邁爾及薩利格曼（Peter Seligmann）也一直積極支持我的工作；該組織的兩位生物多樣性專家布魯克斯及托騰，花時間閱讀本書重要部分，並提出建議。印尼分部的蘇普利特納和厄德曼不僅是令人折服的導遊，還提供了有關印尼群島領土及海洋多樣性的極佳洞見；在雅加達執行美國國際開發局環境計畫的中妻亦是如此。

　　普里克特介紹我認識許多人，其中最重要的就是華森，他任職於自然資源保護委員會時，發展出LEED綠建築評估系統，目前為生態技術國際公司執行長。華森是個熱心又有耐心的老師，他高瞻遠矚的洞見屢見於本書中。自然資源保護委員會主席班耐克，邀請我一起討論我的一些構想，該會許多人士也增益了本書不同章節的內容，特別是杜克、黃氏，以及該會巨星級的公用事業專家卡瓦納夫。我非常感謝他教導我有關公用事業的種種，並反覆閱讀書中相關章節。

在氣候變遷這項複雜議題上，我獲益於兩位良師：加州理工學院的路易斯教授，及哈佛大學與林洞研究中心的侯德倫教授。兩年前我去加州理工學院演講時，路易斯教授負責接待我。這是我的運氣，他在使用一般人也能瞭解的語言解釋深奧科學議題上，能力無與倫比。我們在該校教職員俱樂部內花很長的時間吃午餐，這頓午餐使我能串連起書中各點，也是這個計畫進行期間，最令我珍惜的回憶。我透過華森認識侯德倫，他也是位極有耐心的私人教師，教導我有關氣候變化的內部活動，並且花時間仔細審視我的一些論點。能和這兩位傑出的科學家仔細討論構想，真是難得的樂事。

羅文斯啟發我有關綠色能源對地緣經濟及地緣戰略的重要性，我非常感謝他的友誼與指導。

我在寫作本書的後期，結識了前柯林頓政府能源部資深官員羅姆。我很高興能認識他，他以堅毅信念批評有關氣候變遷的誤導科學，使我獲益匪淺。他也花時間審視本書許多段落。如果本書還有什麼錯誤，都應歸咎於我。

氣象頻道的卡倫也大幅增進我對氣候議題的瞭解，我在筆記本內寫下了許多她的真知灼見。普林斯頓大學的巴卡拉及史丹佛大學的史耐德，也都大方的撥出許多時間賜教。

由布萊恩及萊徹領導的Google.org能源小組，非常客氣的讓我在該公司園區內待了一個下午，瞭解他們對綠能科技商機的評估，而柯雷默總是隨時準備好回答我的詢問。他對插電式電動車的熱衷研究，使得這種車即將在美國問世。

管理協助計畫組織的主任莫斯柯維茲，及麻省理工學院政治學副教授史坦非爾德，幫助我大幅增進對中國能源挑戰的瞭解。加州大學柏克萊分校的康曼

教授，陪著我走過被正確與錯誤資訊所包圍的能源研究資金雜林。我也很感謝維勒格，他在石油方面對我的教導無人能比。

我曾與李維斯（Ken Levis）及戴瑞（Ann Derry）合作，為探索頻道製作兩部紀錄片。李維斯致力於追蹤能正確描述美國當前能源挑戰的聲音，使我對這個議題的瞭解更加豐富。我也感謝羅斯教導我相關的各個系統。對我的老師和朋友伊薩，我一直心存感謝。

如果沒有桑德爾這位睿智的友人提供高見，我無法完成任何一本書。桑德爾是任教於哈佛大學的政治哲學家，協助我思考綠色能源，以及管理與保護道德間的關係。他在哈佛的同僚、偉大的生物學家威爾森，則大方的與我分享他對目前生物多樣性受威脅的觀點。在他的實驗室裡與他共度，是我的殊榮。勞倫斯柏克萊國家實驗室主任朱棣文，集合該實驗室令人驚嘆的能源專家指導我兩天，讓我滿載豐富洞見而歸。太平洋西北國家實驗室的戴維斯、普拉特及伊姆霍夫也提供了相同的幫助，我們之後還談了許多。這些研究機構真的是國家至寶。

環保領域之外，史丹佛國際研究中心總裁及執行長卡森不僅是令人愉悅的筆友、宣導者，也是本書各方面的顧問。貝泰（Riley Bechtel）親切的引見我認識他的資深經理人、負責再生能源議題的亞韋登。我們成為朋友，他也是我瞭解能源業基本要點的個人教師。奇異公司執行長伊梅特以及他的整個小組，包括薛佛（Gary Sheffer）、克瑞尼基（John Krenicki）、狄寧及玻爾辛格（Lorraine Bolsinger），教育我發電業錯綜複雜之處。杜克能源公司總經理羅傑斯，以及南加州愛迪生公司總裁布雷森，慷慨的撥冗向我解釋公用事業界的經濟學，並審

視本書的某些部分。以其所從事的乏味行業而言，他們兩位真的非常有趣。南加州愛迪生公司的資深副總裁里辛格，也在傳輸線議題上給予我指導。網點公司的柯塞爾、薩博雅（Louis Szablya），以及高盛集團的凱勒曼，很有耐心的和我一起探索智慧型電網錯綜複雜之處，並審視書中相關內容。和他們三位的對話，讓我學到公用事業的許多層面，之前我對這些均毫無所知。

我和綠色企業策略家夏比洛有過長時間的對話，他為本書提供許多真知灼見，也對書的內容提出寶貴建議。我享受每一次在賽德門夫婦家和他們共進早餐的時光。某次在早餐桌上經過長時間討論，他們創造出「更綠一籌」這個詞彙。我很珍惜我們之間的友誼。制高點投資公司的能源專家愛德華茲，及高盛集團的能源專家瓦克斯曼（Alan Waxman），經常親切的和我聊起這本書並提供高見。道格拉斯在昇陽電腦公司管理永續計畫，他提供我各種絕佳構想，以及環保對電腦業之意涵的特別高見。邦威電力行政署副署長希維斯坦（Brian Silverstein）和我一起探索複雜的電網。能源部負責能源效能與再生能源的助理部長卡斯納，對能源計畫基金籌募所知甚詳，無人能及，在本書寫作的每個階段都給予寶貴的建議。

某次在由東京飛往華盛頓的班機上，布希總統的首席環保顧問康諾頓（Jim Connaughton）正好坐在我身邊，就這樣不得不接受了我13個小時愉快的訪談。諾蘭與摩豪斯，是幫助我瞭解美國軍方節能之鷹運動的重要教師。麻省理工學院的奧伊、國際戰略研究所的范迪、史丹佛大學的戴雅門、風險資本家海德瑞、科學家葛雷易克、風力專家波斯基、社會企業家瓊斯、軍事專家威爾斯、殼牌石油公司方案小組，以及來自倫敦的艾許頓（John Ashton）和布爾克，及

《紐約時報》前北京分部部長康恩（Joe Kahn）都在過程中投入他們的高見。麥肯錫全球研究所的法雷爾，和我在過去15年內不斷討論全球化，對我寫作本書也多有助益。

微軟公司的蓋茲與蒙迪，曾和我就能源議題的各個層面及本書內容，有過長時間的討論。除非讓這兩位測試過，要不然你的構想不算是經過壓力測試！這過程雖然令人筋疲力竭，但正如我撰寫《世界是平的》一樣，對於強化我的論點，及激發我撰寫「能源匱乏」一章可說貢獻匪淺。但若非薩蒂揚公司的執行長拉主邀請我至海德拉巴，並與我分享其家族基金會在安得拉邦村莊所進行的令人印象深刻的工作，該章恐怕永遠無法得見天日，太陽能電氣照明基金會的執行長佛瑞林，在形塑我對能源匱乏的想法上也非常重要。「耶魯全球」的錢達安，協助我破解有關中國能源挑戰及其環保意涵的密碼。印福思科技公司主席奈里坎尼對我前一本書提供相當大的協助，對本書也十分大方的提供其高見。

從祕魯雨林到巴西蔗田，杜爾都是令人愉悅的旅伴，他對減緩氣候變化所做的努力相當鼓舞人心，他介紹我認識他的風險投資公司所支持的綠色能源企業家，價值非比尋常。其中布盧默能源公司創始人史歷哈提供最多協助，在能源和環境議題上，絕對無法找到比他更溫和體貼的人。

我也要感謝以下人士提供的建議：峰巒協會執行長波普及顧問貝克。美國聯邦能源管理委員會（FERC）委員威寧霍夫、達科森、奧格、譚氏夫婦、康姆、諾佛格拉茲、瑞斯克。最後但非最不重要的是，IBM公司主辦本書首次研討會的寇里及他的同仁弗萊明（Martin Fleming）和安柏洛西歐（Ron Ambrosio）。

我受惠於杜邦公司的賀利得及其小組大力協助，也感謝友人舒茲的睿智建議，和電資系統公司的威克、立茲（Bill Ritz）的洞見。

　　有件值得一提的重要事情：我每次到加州帕洛阿爾托（Palo Alto）都投宿花園飯店（Garden Court Hotel），當我的筆記型電腦故障時，飯店總經理葛洛絲（Barbara Gross），將她個人的筆記型電腦借給我，接下來三天的訪談及回華盛頓的飛機上，我都靠它完成工作，可說是服務到家。我的高爾夫球友芬克爾史坦（Joel Finkelstein）、寇茲（Alan Kotz）及史蒂芬斯（George Stephens, Jr.）比我的出版商更早知道本書內容，我感謝他們的陪伴。

　　我的出版小組，包括文學經紀人紐柏格（Esther Newberg）、FSG出版公司總裁葛拉西（Jonathan Galassi）及行銷主管希洛依（Jeff Seroy）、公關主管瓦瑪（Sarita Varma）、美術主管米契（Susan Mitchell）、銷售主管李（Spenser Lee）、主編哈爾凡德（Debra Helfand）、文稿編輯麥克康乃爾（Don McConnell）、負責查證的普拉克（Jill Priluck）及我的編輯艾立（Paul Elie），從創世紀以來就一直和我同在，至少我感覺如此。我很幸運擁有他們的支持與友誼，艾立使本書的每一頁變得更好，擁有這樣聰明投入的編輯，是作者的福氣。我在紐約時報的助理高曼（Gwenn Gorman）使所有列車都準時行駛，包括我的書、專欄和旅行，我對此及對她的認真工作十分感謝。

　　我親愛的母親瑪格麗特在我撰寫本書時去世，我曾告訴她我正在努力寫作，但不確定能否撥雲見日，我會懷念將第一版書送到她手中的感覺。母親的一生跨越了不平凡的時期，她生於1918年，正逢第一次世界大戰的末期，成長時經歷經濟大蕭條，珍珠港事變後加入海軍，在二次大戰期間為國效力；

她活的年歲夠長，以致於能和住在西伯利亞的人玩網路橋牌，她在這世界變得又熱、又平、又擠的時候離開我們。我的女兒奧莉和娜妲莉，以及她們整個世代，將會接下這項挑戰，我希望這本書能成為對她們有用的指引，尤其她們為我的人生帶來如許光明。

當你寫一本關於能源和環境的書時，人們理所當然想知道你過什麼樣的生活。我想就像許多人一樣，我會把自己家裡的綠化描述為逐步進展中。寫這本書的我，在2001年以前，很少想到自己的碳足跡，現在卻常常思考這件事。五年前，我和妻子安買下馬里蘭州附近最後一塊大片土地，避免它被開發分割成多塊小面積建築用地。我們必須以高過開發商的價格才能得標。後來我們自己規劃，在土地的一端建了一間大房子，其餘的地方，則設計成公園般的綠色空間。我們保存原本的所有標本樹木，又新種了近200棵樹及上千株開花植物，這裡成為鹿、兔子、小鳥、蝴蝶及一、兩隻狐狸的藏身處。

為了降低家中的能源足跡，我們裝設了運用地熱的冷暖氣及通風（HVAC）系統，以及兩個大型太陽能電池陣列供應家中7%的電力，其他的電力需求則是向綠色能源計畫❶（Green-e）認證的朱斯能源公司（Juice Energy）購買風力再生能源權利金（energy credit），我和安都開混合動力車。安是國際保育協會的董事，為其中的企業環保領導力中心（CI's Center for Environmental Leadership

---

❶ 綠色能源計畫（Green-e），為美國非營利機構「資源解答中心（Center for Resource Solutions）」所主導的消費者保護計畫，提供零售市場再生能源認證與核實及溫室氣體減緩產品。

in Business）籌措資金，協助公司綠化及該組織在祕魯的運作，以避免道路通過
生態敏感的雨林區而造成森林消失。這就是我們的進展，我們不會停止，除非
達到零耗能。

　　安和以往一樣親密的參與本書的製作，她很早就編輯了初稿，陪我到印尼
一些奇風異俗的角落（以及別的地方）參加研究，並聆聽我的每一個構想。她
致力於環境保育（更別提我們自己的花園），對我就是一種啟發，為此及多年
來無法盡數的一切，謹將這本書獻給她。

　　　　　　　　　　　　　　　　　　　　　　　　湯馬斯・佛里曼

　　　　　　　　　　　　　　　　　　　　　　　　馬里蘭州畢士大市

　　　　　　　　　　　　　　　　　　　　　　　　2008年7月

財經企管｜CBP002B

世界又熱、又平、又擠

全球暖化、能源耗竭、
人口爆炸危機下的新經濟革命

Hot, Flat, and Crowded:

Why The World Needs a Green Revolution—
And How We Can Renew Our Global Future

國家圖書館出版品預行編目資料

世界又熱、又平、又擠：
全球暖化、能源耗竭、人口爆炸危機下的新經濟革命
湯馬斯‧佛里曼 (Thomas L. Friedman) 著；丘羽先等譯
-- 第二版. -- 台北市：天下遠見, 2009.2
面； 公分. --（財經企管；CBP002B）
譯自：Hot, Flat, and Crowded：
Why The World Needs a Green Revolution—
And How We Can Renew Our Global Future
ISBN 978-986-216-290-3 精裝
1. 能源 2. 能源政策 3. 氣候變遷
4. 環境保護 5. 綠色革命 6. 能源技術
554.68   97015357

作者	湯馬斯‧佛里曼（Thomas L. Friedman）
譯者	丘羽先、李欣容、許貴運、童一寧、黃孝如、楊舒琄、蔡菁芳、顧淑馨
專案副主編	郭貞伶
責任編輯	方雅惠（特約）、李桂芬、李靜宜、黃佩俐（特約）、 黃雅蕾、郭貞伶、張毓如
封面設計	張議文
內頁設計	江孟達工作室（特約）
出版者	天下遠見出版股份有限公司
創辦人	高希均、王力行
遠見‧天下文化‧事業群 董事長	高希均
事業群發行人／CEO	王力行
出版事業部總編輯	許耀雲
版權暨國際合作開發協理	張茂芸
法律顧問	理律法律事務所　陳長文律師
著作權顧問	魏啟翔律師
社址	台北市104松江路93巷1號
讀者服務專線	（02）2662-0012
傳真	（02）2662-0007；（02）2662-0009
電子郵件信箱	cwpc@cwgv.com.tw
直接郵撥帳號	1326703-6號　天下遠見出版股份有限公司
電腦排版／製版廠	立全電腦印前排版有限公司
印刷廠	崇寶彩藝印刷股份有限公司
裝訂廠	精益裝訂股份有限公司
登記證	局版台業字第2517號
總經銷	大和書報圖書股份有限公司　電話（02）8990-2588

出版日期／2008年10月1日第一版　　　定價 500元
　　　　　2009年2月28日第二版第1次印行

原著書名／Hot, Flat, and Crowded by Thomas L. Friedman

Copyright ©2008 by Thomas L. Friedman

Complex Chinese Edition Copyright © 2009 by Commonwealth Publishing Co., Ltd., a member of Commonwealth Publishing Group

Published by arrangement with International Creative Management, Inc. through Bardon-Chinese Media Agency, Taiwan.

ALL RIGHTS RESERVED

ISBN：978-986-216-290-3（英文版ISBN：978-0-374-16685-4）　書號：CBP002B

天下文化書坊 http://www.bookzone.com.tw

※ 本書如有缺頁、破損、裝訂錯誤，請寄回本公司調換